Noyon, Heidenreich
Schwierige Situationen in Therapie und Beratung

Alexander Noyon • Thomas Heidenreich

Schwierige Situationen in Therapie und Beratung

30 Probleme und Lösungsvorschläge

2., erweiterte Auflage

Anschriften der Autoren:

Prof. Dr. Alexander Noyon
Hochschule Mannheim
Fakultät für Sozialwesen
Paul-Wittsack-Straße 10
68163 Mannheim
E-Mail: A.Noyon@hs-mannheim.de

Prof. Dr. Thomas Heidenreich
Hochschule Esslingen
Fakultät Soziale Arbeit, Gesundheit und Pflege
Flandernstraße 101
73732 Esslingen
E-Mail: thheiden@hs-esslingen.de

Dieses Buch ist auch als E-Book erhältlich.
(ISBN 978-3-621-28111-9)

Das Werk und seine Teile sind urheberrechtlich geschützt. Jede Nutzung in anderen als den gesetzlich zugelassenen Fällen bedarf der vorherigen schriftlichen Einwilligung des Verlages. Hinweis zu § 52 a UrhG: Weder das Werk noch seine Teile dürfen ohne eine solche Einwilligung eingescannt und in ein Netzwerk eingestellt werden. Dies gilt auch für Intranets von Schulen und sonstigen Bildungseinrichtungen.

Haftungshinweis: Trotz sorgfältiger inhaltlicher Kontrolle übernehmen wir keine Haftung für die Inhalte externer Links. Für den Inhalt der verlinkten Seiten sind ausschließlich deren Betreiber verantwortlich.

2., erweiterte Auflage 2013
1. Auflage 2009

© Beltz Verlag, Weinheim, Basel 2013
Programm PVU, Psychologie Verlags Union
http://www.beltz.de

Lektorat: Dr. Svenja Wahl
Herstellung: Sonja Frank
Umschlaggestaltung: Federico Luci, Odenthal
Umschlagbild: Fotolia, New York, USA
Satz: Beltz Bad Langensalza GmbH, Bad Langensalza
Gesamtherstellung: Beltz Bad Langensalza GmbH, Bad Langensalza

Printed in Germany

ISBN 978-3-621-28089-1

Inhalt

Vorwort 7
Einführung 11

1	Abbruch der Behandlung durch den Klienten	19
2	Abschluss von Beratung und Therapie	24
3	Abweichende Wertvorstellungen und Ziele	31
4	Abwertendes und überkritisches Verhalten	36
5	Aggressives Verhalten und Gewalt	41
6	Antriebslosigkeit	50
7	Beratungsanliegen im persönlichen Kontext	54
8	Intellektualisieren	61
9	Kurzfristige Terminabsage oder Nicht-Erscheinen des Klienten	64
10	Machtkampf	71
11	Mangelnde Veränderungsmotivation	76
12	Negative Gefühlsäußerungen und exzessives Jammern	83
13	Nicht-Einhalten von Absprachen	88
14	Persönliche Einladungen von Klienten sowie weitere Angebote zur Veränderung des Settings	95
15	Persönliche Fragen von Klienten	100
16	Plaudermodus bei Klienten	107
17	Schweigen und „Ich weiß nicht"	115
18	Ständiges Reden („Logorrhoe")	122
19	Strafbare Handlungen von Klienten	127
20	Suizidalität	135
21	Therapeutische Vorprägung	149
22	Umgang mit Tod und Sterben	155
23	Ungünstige Arbeitsbedingungen	169
24	Verliebtsein bei Klienten	179

25	Verliebtsein von Behandlern	187
26	Wenig Eigenverantwortung	195
27	Zerstrittenheit bei Paaren	202
28	Zufällige Begegnungen mit Klienten im privaten Kontext	207
29	Zwangskontexte	216
30	Zweifel von Klienten an Behandlern	224

Fazit: Kompetenzen für den Umgang mit schwierigen Situationen — 232

Anhang

Musterformulare

A1	Muster Behandlungsvertrag	237
A2	Musteranschreiben 1 – Ausfallstunde	240
A3	Musteranschreiben 2 – Ausfallstunde Mahnung	241
A4	Muster Notfallplan bei Suizidalität	242
A5	Muster Schweigepflichtentbindung	243

Literatur — 245

Sachwortverzeichnis — 251

Vorwort zur ersten Auflage

Jede Beraterin (und jede Psychotherapeutin, jeder Psychotherapeut und jeder Berater) kennt diese (oder eine ähnliche) Situation: Der Terminkalender offenbart, dass als nächstes Herr M. zum Gespräch erscheinen wird. „Oh nein", denkt die Beraterin, „Der schon wieder! Dem muss ich jede Stunde immer wieder jeden einzelnen Wurm aus der Nase ziehen. Das ist so anstrengend!"

Wir alle haben in unseren Praxen, Beratungsstellen und Kliniken – oder wo auch immer wir als Helfende tätig sind – Situationen, mit denen wir sehr gut zurechtkommen, und solche, die uns Kopfzerbrechen bereiten. Oft haben wir den Eindruck, dass gerade der Kontakt zu einzelnen „speziellen" Klienten besonders schwierig ist. In diesem Buch wird ausdrücklich auf spezifische Situationen und konkrete Verhaltens- und Erlebnisweisen fokussiert. Wir sprechen nicht von generell „schwierigen Klienten" und beschreiben die entsprechenden Verhaltensweisen nicht in Termini von „Persönlichkeitsstörungen". Es ist eine interessante Diskussion, ob die Stellung einer solchen Diagnose im jeweiligen Einzelfall angemessen ist, aber da diese Frage hier nicht Thema dieses Buches sein soll, verweisen wir den Leser an dieser Stelle auf die hierzu lesenswerte Literatur (Fiedler, 2007; Lieb, 1998; Sachse, 2004).

Wir möchten mit dem vorliegenden Buch einen Beitrag dazu leisten, im therapeutischen und beraterischen Alltag mit schwierigen Situationen besser fertig zu werden. Seit mehreren Jahren werden wir im psychotherapeutischen Ausbildungskontext regelmäßig mit Fragen von Supervisanden bzw. Workshopteilnehmern zu schwierigen Situationen konfrontiert – zusätzlich zur eigenen Erfahrung als Therapeuten in solchen Situationen. Im Lehrkontext der Sozialen Arbeit sind wir darüber hinaus im Laufe der letzten Jahre einer Reihe vergleichbarer, jedoch auch eigener schwieriger Situationen begegnet. Als schwierige Situationen begreifen wir dabei im weitesten Sinne problematisches Verhalten und Erleben von Behandlern und Klienten im Rahmen professioneller Kontakte. Es hat sich eine Fülle charakteristischer und durch bestimmte Merkmale ausgezeichneter Situationen ergeben, die wir hier nun systematisch darstellen möchten, um Beratern und Psychotherapeuten jeden Wissensstandes Angebote zu machen, wie man in einer kritischen Situation reagieren kann. Dabei sind einzelne der dargestellten Situationen klar setting-spezifisch, andere beziehen sich auf typische Verhaltens- und Erlebnisweisen von Klientinnen (etwa die Neigung, im Gespräch zu schweigen) und wiederum andere haben etwas mit uns selbst zu tun (etwa wenn Gefühle der Verliebtheit gegenüber Klienten auftreten).

Therapie und Beratung lassen sehr viel Raum für unterschiedliche Meinungen, und deshalb haben wir hier nicht die Möglichkeit oder gar den Anspruch, „richtige" Reaktionen auf spezifische Problemsituationen zu vermitteln. Der Leser sei an dieser Stelle ausdrücklich darauf hingewiesen, dass die im Folgenden zusammengestellten Interventionsvorschläge dem Erfahrungsschatz der Autoren und unzähligen Gesprächen mit Kollegen und Supervisanden entstammen und keinerlei Anspruch auf wissenschaftliche Korrektheit erheben. Da es in Therapie und Beratung nicht *ein* Paradigma oder *ein* Menschenbild gibt, kann keine Möglichkeit bestehen, auch nur eine einzige Intervention vorzuschlagen, die in der therapeutischen Gemeinde ausschließlich Zuspruch und keinerlei Ablehnung erfährt. In diesem Sinne sind sich die Autoren der Tatsache bewusst, dass manche der im Folgenden vorgeschlagenen Interventionen oder Betrachtungen möglicherweise befremden oder auch Widerspruch beim Leser auslösen. Wir sehen uns mit dem Dilemma konfrontiert, in einem Bereich, in dem es keine „Wahrheiten" gibt, mit sehr konkreten Hilfestellungen dienen zu wollen.

Der Leser ist somit gehalten, die hier präsentierten Ideen für sich und seine Klienten sehr kritisch zu prüfen, sie als Anregung und nicht als Handlungsanweisung im Sinne eines Therapiemanuals zu verstehen. Unsere Ausbildungskandidaten, Supervisanden und Teilnehmer verschiedener Theorie-Praxisgruppen bewerteten unsere im Rollenspiel vorgebrachten wörtlichen Interventionen fast immer als hilfreich und instruktiv, weshalb wir auch hier solche sehr konkreten Vorschläge in wörtlicher Rede angeben. Selbstverständlich ist es stets erforderlich, den Vorschlag der eigenen Sprache, dem konkreten Patienten usw. anzupassen.

Noch ein Wort zur gender- und berufsgruppengerechten Schreibweise: Da wir das vorliegende Buch sowohl für Beraterinnen und Berater als auch für Psychotherapeutinnen und Psychotherapeuten konzipiert haben, die mit Klienten, Klientinnen, Patienten und Patientinnen arbeiten, resultiert eine kaum noch verständliche gender- und berufsgruppengerechte Sprachregelung. Wir haben uns deshalb dafür entschieden, wann immer möglich von „Behandlerinnen" bzw. „Behandlern" statt Therapeuten/Beratern zu sprechen. Wir werden sowohl das Geschlecht als auch das jeweilige Setting (Beratung vs. Therapie) im Laufe der Kapitel permutieren und bitten die geneigte Leserin bzw. den geneigten Leser, sowohl auf der Seite der Behandlerinnen und Behandler als auch auf der Seite der Klientinnen und Klienten jeweils beide Geschlechter „mitzudenken".

Mannheim und Esslingen, im Frühjahr 2009   Alexander Noyon
                                                 Thomas Heidenreich

Vorwort zur zweiten Auflage

Liebe Leserin, lieber Leser,

seit dem Erscheinen der ersten Ausgabe des vorliegenden Buches sind vier Jahre vergangen, in denen wir gemäß unseres Wunsches an Sie, uns weitere schwierige Situationen bzw. Aspekte von Situationen mitzuteilen, viele Zuschriften von Ihnen erhalten haben. Wir möchten uns bei den Kolleginnen und Kollegen, die sich an uns gewandt haben, herzlich bedanken! Die Zuschriften waren durchgehend positiv formuliert und drückten Wertschätzung für unsere sehr praktisch gehaltene Herangehensweise aus. Gleichzeitig erhielten wir auf diesem Weg Hinweise auf eine Reihe weiterer schwieriger Situationen, die in der ersten Auflage nicht enthalten, oder auch besondere Spielarten von Situationen, die in den von uns behandelten Fallvignetten nicht abgedeckt waren. Wir haben Ihre Zuschriften möglichst direkt und im Format unseres Buches beantwortet und neben sechs neu hinzugenommenen Situationen auch in den einzelnen Kapiteln versucht, durch Ergänzungen von Lesern gestellte Fragen zu beantworten. Darüber hinaus haben wir uns in den zurückliegenden Jahren intensiver mit existenziellen Themen in der Psychotherapie beschäftigt (Noyon & Heidenreich, 2012), so dass uns eine grundlegende Überarbeitung des Kapitels „Umgang mit Tod und Sterben" sinnvoll erschien.

Die positive Rezeption der ersten Auflage hat uns gefreut und teilweise überrascht. Wir hatten das Buch in erster Linie für Therapie- und Beratungskontexte konzipiert und stellten sowohl aufgrund von Rezensionen als auch anderen Rückmeldungen fest, dass der Bereich, in dem das Buch eingesetzt wurde und wird, breiter ist als von uns ursprünglich gedacht – das Buch wird z. B. im Kontext der Unternehmensberatung ebenso eingesetzt wie in Mediationsausbildungen ... Durch den großen Anwendungsbereich wurde auch schnell deutlich, dass das Format dazu geeignet ist, „in Serie" zu gehen – aktuell existiert z. B. schon ein Buch „Schwierige Situationen in der Therapie von Kindern und Jugendlichen" (Borg-Laufs, Gahleitner & Hungerige, 2012).

Wie bereits in der ersten Auflage würden wir uns freuen, wenn Sie uns weiterhin Anmerkungen, kritische Stellungnahmen oder noch fehlende „schwierige Gesprächssituationen" mitteilen (unter A.Noyon@hs-mannheim.de bzw. thheiden@hs-esslingen.de.

Mannheim und Esslingen, im Frühjahr 2013 Alexander Noyon
Thomas Heidenreich

Einführung

Bevor wir auf einzelne konkrete schwierige Situationen in Beratung und Therapie eingehen, möchten wir ein paar aus unserer Sicht allgemeine und für das Verständnis sämtlicher Situationen sinnvolle und notwendige Informationen liefern. In der verfügbaren Literatur gibt es zwar viele gute Empfehlungen für den Umgang mit schwierigen Situationen – diese sind jedoch weit verstreut, und es ist teilweise nicht einfach, möglichst schnell Informationen zu einer aktuell belastenden Situation zu finden. Eine nennenswerte Ausnahme ist ein in der Zeitschrift „Psychotherapie im Dialog" erschienener Artikel „‚Grenzliches'. Schwierige Situationen im therapeutischen Alltag" (Fliegel & v. Schlippe, 2005), der erfahrenen Psychotherapeuten jeweils eine Standardsituation vorgibt und die unterschiedlichen Antworten protokolliert. Lesenswert ist hier aus unserer Sicht vor allem, wie vielfältig die therapeutischen Antworten ausfallen.

Im Folgenden wollen wir zunächst einige Charakteristika schwieriger Situationen herausarbeiten und dann eine kurze Übersicht zu Ansätzen geben, denen wir uns verpflichtet fühlen.

1. Merkmale schwieriger Situationen

Möglicherweise haben Sie sich gefragt, weshalb wir uns in diesem Buch dafür entschieden haben, die schwierigen Situationen in alphabetischer Reihenfolge darzustellen. So scheint es zwar plausibel, dass das „Schweigen" (Kap. 17) direkt vor dem „Ständigen Reden" (Kap. 18) kommt – weniger plausibel ist allerdings die Folge von „Zerstrittenheit bei Paaren" (Kap. 27) und „Zufällige Begegnungen mit Klienten im privaten Kontext" (Kap. 28). Die alphabetische Reihung erfolgt schlicht aus pragmatischen Gründen – alle Versuche, eine wie auch immer geartete „Ordnung" entlang klarer Dimensionen zu etablieren, erwiesen sich als unmöglich. Gleichzeitig ermöglichten uns diese Überlegungen, uns der Vielfalt an Anwendungsbereichen klarer zu werden:

- **Setting:** von Streetwork und Beratungsstellen bis zu Privatpraxen
- **Dauer:** von einem einzelnen Gespräch bis zu einer Langzeittherapie
- **Motivation:** von Zwangskontexten bis zu hoch motivierten Patienten
- **Behandler:** von Novizen bis Experten
- **Klienten:** von stark beeinträchtigt bis hoch funktional
- **Frequenz:** Manche Situationen sind so selten, dass sie in einem Berufsleben nur einmal oder gar nicht erlebt werden, andere sind an der Tagesordnung
- **Behandlung:** zu Beginn, in der Mitte, am Ende

Unabhängig von diesen Unterscheidungsmerkmalen bestehen zwischen den einzelnen in diesem Buch genannten schwierigen Situationen einige bedeutsame Gemeinsamkeiten, auf die wir im Folgenden kurz eingehen wollen.

Schwierige Situationen sind *schwierig*!
Dieser Satz ist tautologisch, erscheint uns aber trotzdem bedeutsam. Erwarten Sie nicht von sich, in einer schwierigen Situation immer sofort eine elegante und leichte Lösung zu finden! Genau darin besteht ja das Wesen einer schwierigen therapeutischen Situation, dass sie den Behandler sehr stark herausfordert und mit den Grenzen seiner Fertigkeiten in Berührung bringt. In einer schwierigen Situation nicht sofort – oder vielleicht sogar gar nicht – eine hilfreiche Lösung zu finden, bedeutet nicht, dass Sie ein schlechter Behandler oder eine schlechte Behandlerin sind. Zum einen hat jeder Berater oder Therapeut, egal wie gut er sein mag, seine Grenzen; zum anderen hat auch unser Handwerkszeug an sich seine Grenzen, die Sie auch durch noch so große Perfektion nicht werden überwinden können. Hier gilt grundsätzlich eine 50 %-Regel: Sie kontrollieren in der Behandlungssituation höchstens die Hälfte des Geschehens, den anderen Teil kontrolliert der Klient. (Dabei ist der Zusammenhang in der Praxis eher multiplikativ als additiv: Selbst wenn Sie Ihre 50 % einbringen, werden Sie bei einem passiven Gegenüber [0 % Engagement] keinen 50 %-igen Behandlungserfolg erringen, sondern das Resultat wird Null sein …) In schwierigen Situationen ist es somit nicht garantierbar, dass Sie – auch bei bestmöglichem Verhalten – das Problem lösen können, denn Sie kontrollieren nur die Hälfte der Faktoren. Deshalb ist es auch wichtig, die Güte der eigenen Arbeit nicht primär am Erfolg der Therapie(stunde) festzumachen. Das Hauptaugenmerk der eigenen Qualitätskontrolle sollte darauf gerichtet sein, ob man als Behandler seine eigenen 50 Prozent sach- und fachgerecht verwirklicht hat. Ist das gegeben, dann hat man sich auch im Falle eines ungünstigen Ausganges der Stunde oder der Behandlung nichts vorzuwerfen. Denn anders als in manch anderen Berufen haben Berater und Therapeuten alles andere als eine vollständige Ergebnis- bzw. Erfolgskontrolle: Ein Tischler kann bei gut ausgebildeten Fähigkeiten sicherstellen, dass nach entsprechender Bearbeitung aus einem Holzklotz ein Tisch wird; ein Berater oder Therapeut kann sich des Erfolges seiner Arbeit auch bei besten Fähigkeiten nie sicher sein. Deshalb ist es für uns als Berater und Therapeuten wichtig, stets den Angebotscharakter unserer Arbeit gegenwärtig zu haben. Der bereits genannte Tischler kann seinem Holzklotz die Tischwerdung gewissermaßen aufzwingen; eine solche Macht haben wir (zum Glück) unseren Klienten gegenüber nicht. Auf einen etwas saloppen Nenner gebracht: In Therapie und Beratung gehen wir stets Zeitverträge ein („Ich biete Ihnen x Sitzungen über eine Zeit von y Tagen/Wochen/Monaten/Jahren mit einer Frequenz z an.") und niemals Werkverträge („Wir arbeiten so lange zusammen, bis es Ihnen wieder gut geht.").

Auch hier: Vorbeugen ist besser als Heilen und „first things first".
So sehr wir im vorigen Absatz betont haben, dass schwierige Situationen in Beratung und Therapie nie vollständig vermieden werden können (was wir auch nicht für sinnvoll halten würden!), sind wir doch der Meinung, dass wir eine Menge tun können, um die Wahrscheinlichkeit des Eintretens solcher Situationen zu erhöhen oder zu vermindern. Um einige Beispiele zu nennen: Ein durch Unkonzentriertheit und Überdruss geprägter Beratungs- oder Therapiestil wird mit hoher Wahrscheinlichkeit „schwierige" Situationen produzieren. Solche Situationen wären dann – aus Sicht der Klienten – auch durchaus gesund, da diese sich gegen eine problematische Behandlung wehren. Auch eine problematische Sequenzierung einzelner Beratungs- und Therapieelemente wird mit hoher Wahrscheinlichkeit zu schwierigen Situationen führen: Zu Beginn einer jeden Behandlung steht immer eine sich über kürzere oder längere Zeit hinziehende Beziehungsaufnahme mit einer Klärung des Settings (selbst wenn es sich um eine nur einstündige Beratung handelt!) gefolgt von einer Betrachtung der Anliegen, des Anlasses der Beratung oder Therapie sowie möglicher Ziele und Werte (sog. „Ziel- und Wertklärung"; auch dies, je nach Behandlungskontext von deutlich unterschiedlicher Dauer) etc. Insbesondere eine zu frühe Einführung „therapeutischer Strategien" wird völlig zu Recht Reaktanz und Widerstand bei Klienten auslösen – was auf Seiten der Behandler dann wiederum als „schwierige Situation" erlebt wird. Wir plädieren demnach für die Haltung, einerseits zu versuchen, Beratung und Therapie möglichst „gut genug" zu gestalten, und sich andererseits offen und möglichst unverkrampft auf schwierige Situationen einzulassen. Häufig zeigen sich solche Situationen im Rückblick als besonders wertvoll für die therapeutische Beziehung und auch für die Veränderungen bei Klienten (auch therapeutische und beraterische Krisen können zu einer Weiterentwicklung führen).

Ruhe bewahren! Überhastet reagieren ist fast nie günstig.
Sind Sie mit einer schwierigen Situation konfrontiert, dann ist es in den meisten Fällen günstig, sich erst einmal zurückzulehnen und tief durchzuatmen. Problematische Situationen lassen sich meist nicht automatisch lösen, und deshalb wird eine automatische und voreilige Reaktion oft nicht zum gewünschten Erfolg führen. Versuchen Sie trotz der Schwierigkeit der Situation, sich nicht unter Druck setzen zu lassen. Machen Sie sich das Leben nicht zusätzlich mit Gedanken wie „Ich müsste als guter Behandler jetzt *sofort* wissen, was zu tun ist!" schwer. Sich „zurückzulehnen" ist hierbei übrigens wörtlich gemeint: Wenn Sie eine innere Anspannung bei sich selbst wahrnehmen – und schwierige Situationen lösen dies natürlich häufig aus! –, dann fangen Sie auf der körperlichen Ebene an, sich zu entspannen und lehnen Sie sich in Ihrem Sessel zurück. Das hilft Ihnen auch dabei, zu der aktuellen Situation eine Distanz herzustellen, die Sie handlungsfähiger macht. In der Regel wird es auch hilfreich sein, aus einer achtsamen und distan-

zierten Perspektive die eigenen Gedanken zu beobachten – dies gegebenenfalls nach der Bitte um eine kurze Pause.

Natürlich gibt es auch Ausnahmen für diese Empfehlung. Wenn Ihr Patient soeben agitiert aufgesprungen ist und mit glaubhaften Suiziddrohungen das Zimmer zu verlassen beginnt, dann ist schnelles Reagieren angesagt. Darauf werden wir im entsprechenden Kapitel noch eingehen (Kap. 20).

Es geht um jeweils konkrete Situationen, nicht um Persönlichkeitseigenschaften!
Dieses Buch führt schwierige Situationen in alphabetischer Reihenfolge auf und unterscheidet sich demnach von einem typischen Lehrbuch der Psychiatrie und auch der Klinischen Psychologie, da in diesen nach einer Einführung typischerweise unterschiedliche Störungsbereiche bzw. psychische Krankheiten vorgestellt werden. Dabei wird in der Regel von einzelnen Symptomen (z. B. „Klient äußert sich abfällig über Behandler") auf ein etwas weitergehendes Syndrom (z. B. „Klient weist eine überhöhte Meinung von sich auf") und von dort auf eine Diagnose (z. B. „narzisstische Persönlichkeitsstörung") geschlossen. So wertvoll dieser Ansatz für die Akkumulation von Störungswissen ist, so wenig hilfreich ist er häufig in einzelnen schwierigen Situationen: Diese treten bei einer Vielzahl von Klienten mit unterschiedlichsten Problemen auf (als Beispiel sei der plötzliche Abbruch der Behandlung genannt), und manche Situationen sind so weit verbreitet, dass in spezialisierten Büchern kaum etwas darüber steht.

Wir möchten also in diesem Buch dafür plädieren, jeweils das konkrete „schwierige" Verhalten Ihres Klienten in der konkreten Situation zu betrachten und erst in einem später folgenden Schritt Generalisierungen vorzunehmen. Wir sind der Meinung, dass – wie im Vorwort bereits angemerkt – das Problemverhalten häufig im Rahmen spezifischer Muster („Schemata") zu beobachten ist und dass es deshalb sehr hilfreich sein kann, sich mit entsprechenden Mustern auszukennen. Diese so identifizierten Muster dürfen jedoch dann kein „Eigenleben" entwickeln, das den Klienten wieder auf eine einmal identifizierte Rolle festlegt. Oder anders ausgedrückt: Wir wählen in diesem Buch ganz dezidiert den Weg „bottom up" und plädieren dafür, durchaus Fallkonzeptionen vorzunehmen, um die Probleme einzuordnen – dies sollte jedoch immer äußerst vorsichtig erfolgen. Als sehr problematisch sehen wir allerdings eine Reihe von personalisierenden Begriffen und Denkmustern, für die ein eigenes klinisches „Wörterbuch des Teufels" zu verfassen wäre: In diesem Sprachgebrauch findet man „Borderliner", „Narzissten", „Dependente" und noch mehr, die „spalten", „agieren", „aussaugen" und noch viele andere Dinge tun.

Beziehen Sie den Kontext in Ihre Betrachtung ein.
Ein altes Sprichwort besagt „Ein Unglück kommt selten allein", und fast wären wir versucht, etwas Ähnliches auch für schwierige Situationen zu postulieren.

Dieses Phänomen kann natürlich ansatzweise mit Klientenunterschieden erklärt und damit „personalisiert" werden – wir möchten Sie jedoch einladen, darüber hinaus auch den Kontext der jeweiligen Behandlung und dessen Auswirkungen auf das Behandlungsgeschehen zu betrachten. Eine Vielzahl von Faktoren beeinflusst die jeweilige Behandlung: zum Beispiel das Setting, die Finanzierung sowie potenzielle Rollenkonflikte, die sich für Sie als Behandler ergeben. In vielen Arbeitsfeldern finden sich auch erhebliche Schnittstellenprobleme, d. h. es ist nicht klar, wie ein Patient von einer Behandlung A in eine möglicherweise geeignetere Behandlung B vermittelt werden kann. Sollten Sie somit eine Häufung schwieriger Situationen bemerken, lohnt es sich in der Regel, den Blick zu erweitern – eine klassische Metapher beschreibt dies so: Natürlich können Sie immer perfekter lernen, wie Sie Menschen aus dem Wasser ziehen – in der Regel lohnt es sich jedoch auch herauszufinden, wie es kommt, dass die Menschen ins Wasser gefallen sind.

Kollegialer Austausch: Supervision und Intervision!
Bleiben Sie nicht alleine mit Ihren schwierigen Situationen, sondern besprechen Sie diese mit Kollegen. Das hat mehrere günstige Effekte: Zum einen werden Sie erleben, dass auch andere Behandler solche schwierigen Situationen kennen und um ein Patentrezept verlegen sind, was sich positiv auf etwaige dysfunktionale Gedanken im Sinne von „Ich bin ein schlechter Berater, wenn ich damit Schwierigkeiten habe" auswirkt. Zum anderen bietet die Diskussion schwieriger Situationen zusammen mit Kollegen natürlich die Möglichkeit, ein Problem aus verschiedensten Blickwinkeln zu betrachten und somit auch auf Lösungsideen zu kommen, die einer alleine nicht so gut zu finden vermag.

Unserer Erfahrung nach haben sowohl Anfänger als auch erfahrene Berater und Therapeuten ihre speziellen Hemmungen, über schwierige Situationen in ihrer Arbeit zu sprechen: Die Unerfahrenen betrachten ihr Problem mit einer schwierigen Situation als Beleg für ihre Insuffizienz und schämen sich vor ihren Kollegen, während die Erfahrenen befürchten, durch das Zugeben einer schwierigen Situation ihren Status einzubüßen. Beide Motive sind unseres Erachtens fehlgeleitet, aber natürlich handelt es sich um einen brisanten Zusammenhang. Deshalb empfehlen wir jedem Behandler, sich einen Kreis von Gleichgesinnten aufzubauen, zu denen ein gutes Vertrauensverhältnis besteht, und in diesem dann über den Schatten der Scham bzw. des Stolzes zu springen.

Achten Sie auf Ihre eigene Balance.
Es ist leicht nachvollziehbar, dass schwierige Situationen dann noch schwieriger sind, wenn Sie als Beraterin oder Berater nicht „im Lot" sind. Um das eingangs genannte Bild vom Tischler noch einmal aufzugreifen: In unseren Beratungen und Therapien sind wir in der Regel Werkbank, Säge und Maßband in Personalunion; und besondere Verantwortung liegt darin, dass jeder unserer Klienten ein „Unikat" ist, für das wir keine Probeversion machen können. Wir möchten

hier nicht für einen therapeutischen Allstar plädieren, der stets vollständig ausgeglichen, mit sich selbst im Reinen und gut gelaunt ist (auch Berater und Therapeuten haben wie alle anderen Menschen ihre Höhen und Tiefen), aber sehr wohl für einen guten Umgang mit sich selbst. Diese „Selbstfürsorge" ist nicht nur eine Voraussetzung für den Erhalt unserer Arbeitsfähigkeit als Berater und Therapeuten, sondern auch die Basis für ein glückliches (Berufs-)Leben. Eine gut lesbare und sehr praxisnahe Ausarbeitung dazu findet sich bei Hoffmann und Hofmann (2012), auch Potreck-Rose und Jacob (2012) liefern nicht nur für Klienten hilfreiche Anregungen.

Jede Behandlung unterliegt dem Spannungsfeld von Akzeptanz und Veränderung.
Behandler sind in der Regel veränderungsorientiert und messen den Erfolg ihres Handelns an den Veränderungen, die sich im Leben ihrer Klienten ergeben haben. So wichtig diese Veränderungen sind, können sie doch auch den Blick darauf verstellen, dass in vielerlei Hinsicht zunächst Akzeptanz vonnöten ist. Linehan (1994, S. 73) bezeichnet Veränderung und Akzeptanz als die „zentrale Dialektik der Psychotherapie" und bringt darin zum Ausdruck, dass nur bei hinreichender Realisierung beider Elemente eine erfolgreiche Behandlung möglich ist: Ein Übermaß an Veränderungsinitiative wird in der Regel dazu führen, dass Klienten sich in ihrem Leiden nicht ernst genommen fühlen („Der will gleich, dass ich xy mache; offensichtlich versteht er gar nicht, wie schlecht es mir geht"). Auf der anderen Seite kann auch eine zu starke Betonung der Akzeptanz zu Problemen führen („Jetzt sagt er schon die siebte Sitzung in Folge, *wie* gut er versteht, dass es mir bei dieser Lebensgeschichte mies geht, aber was bringt mir das?"). Die Balance dieser beiden zentralen Prinzipien wird also einen wichtigen Anteil an der Bewältigung schwieriger Situationen haben.

2. Theoretische Hintergründe

Dieses Buch ist ein Buch aus der Praxis und für die Praxis, so dass eine Erörterung theoretischer Positionen möglicherweise verzichtbar erscheint. Dies ist aus unserer Sicht jedoch in keiner Weise so: Wir schließen uns in vollem Umfang Kurt Lewins mittlerweile geflügeltem Wort an, wonach „nichts so praktisch ist wie eine gute Theorie" – der häufig konstruierte Gegensatz von Theorie und Praxis scheint uns demnach auf einem grundlegenden Missverständnis zu beruhen. Gleichzeitig ist es an dieser Stelle nicht möglich und deshalb auch nicht unser Anspruch, sämtliche Theorien und Theoretiker, die uns für die im Rahmen dieses Buches behandelten Dinge wichtige Anregungen gegeben haben, entsprechend zu würdigen oder auch nur erschöpfend zu nennen. An dieser Stelle wollen wir deshalb in erster Linie festhalten, dass wir uns sprichwörtlich „auf den Schultern von Riesen" fühlen, was unser Verständnis dieser schwierigen Situationen angeht.

Im Bereich Psychotherapie und Beratung ist es auf den ersten Blick nicht leicht, sich Rechenschaft über die Beschaffenheit dieser „Riesen" zu verschaffen – zu unterschiedlich sind häufig die theoretischen Vorstellungen und zu stark waren historisch die Anfeindungen und Auseinandersetzungen zwischen verschiedenen therapeutischen Schulen. Wir sind der Meinung, dass ein reiner **Methoden-Purismus**, der auf den Erhalt und die „Reinhaltung" einer wie auch immer gearteten Lehre besteht, hoch problematisch ist und in vielen – gerade schwierigen – Situationen zu einer gewissen „Betriebsblindheit" führen kann. Ein **eklektischer Ansatz**, der die „passenden" Elemente in jeweils angemessenen Situationen verwendet, erscheint auf den ersten Blick vielversprechender – allerdings birgt auch dieser Ansatz seine Probleme: Nämlich immer dann, wenn Elemente eines weniger vertrauten Ansatzes in die eigene Arbeit integriert werden sollen (und nicht immer die entsprechende Kompetenz dafür vorhanden ist). **Integrative Ansätze** schließlich, wie sie beispielsweise von Prochaska, DiClemente und Norcross (1992) sowie Grawe und Caspar (2011) vorgeschlagen wurden, bieten aus unserer Sicht die besten Perspektiven – auch wenn eine der Gefahren solcher Integrationen ist, dass die charakteristischen Merkmale der einzelnen Ansätze verlorengehen.

Zweifellos verdanken wir den wichtigen „Klassikern der Psychotherapie" mittelbar oder unmittelbar die meisten der in diesem Buch genannten Anregungen. Gerade an dieser Stelle kann es nicht unser Ziel sein, auch nur die wichtigsten Autoren und Autorinnen zu nennen. Für eine systematische Übersicht verweisen wir auf Kriz (2007). Ohne einen Anspruch auf Vollständigkeit zu erheben, wollen wir wesentliche Quellen nennen. Der personzentrierten Therapie und insbesondere **Carl Rogers** sind wir verpflichtet, weil aus unserer Sicht in seiner Konzeption einer durch Empathie, Wertschätzung und Kongruenz geprägten beraterischen und therapeutischen Beziehung unabdingbare Qualitäten für eine erfolgreiche Behandlung benannt sind. Um es sehr salopp auszudrücken: Der kunstvolle Einsatz dieser Elemente stellt eine der wichtigsten Möglichkeiten dar, schwierige Situationen in Therapie und Beratung so weit wie möglich zu verhindern und so konstruktiv wie möglich zu bewältigen. **Fred Kanfer** sei als Repräsentant einer für uns kaum überschaubaren Anzahl an Kolleginnen und Kollegen aus der kognitiv-behavioralen Tradition genannt. Neben seinen bis heute unschätzbaren Arbeiten zur Analyse problematischer Verhaltensweisen sind wir ihm und vielen Kollegen vor allem dadurch verpflichtet, dass sie Beratung und Therapie als empirisch zu begründende und zu untersuchende Gegenstände begriffen haben – ein Unterfangen, das in Jahrzehnten empirischer Psychotherapie- und Beratungsforschung mittlerweile zu einem beachtlichen Korpus an Erfahrungswissen geführt hat. Der tiefenpsychologischen Tradition in der Folge der Arbeiten **Sigmund Freuds** schulden wir Anerkennung für ihre grundlegenden Analysen zu Phänomenen der Übertragung und Gegenübertragung, die wir auch im Rahmen der hier genannten Situationen für äußerst bedeutsam halten. Kolleginnen und Kollegen aus dem Bereich systemischer Forschung, für die hier stellvertretend

Helm Stierlin genannt werden soll, sind wir für die sorgfältige Analyse menschlicher Kommunikation in ihrer Bedeutung für die Probleme, die uns in Therapie und Beratung ständig beschäftigen, dankbar. Aus der existenziellen Perspektive möchten wir **Viktor Frankl** und **Irvin Yalom** nennen: Beide haben uns geholfen, das in Beratung und Therapie allgegenwärtige Leid in einer diesem Gegenstand angemessenen Perspektive zu sehen: der Existenz des Menschen mit all ihren grandiosen Möglichkeiten und all ihren harten Prüfungen. **William Miller** sind wir dankbar für seine Vorschläge zur Förderung der Motivation, die uns nicht nur im Suchtbereich, wo diese am häufigsten eingesetzt werden, sondern auch in praktisch allen anderen Beratungs- und Therapiesituationen sinnvoll erscheinen. **Jon Kabat-Zinn** möchten wir als Vertreter für Kolleginnen und Kollegen nennen, die das Wagnis eingegangen sind, Elemente aus meditativen Traditionen in den Bereich „westlicher" Beratung und Therapie einzuführen.

An einzelnen Stellen dieses Buches haben wir uns explizit auf einzelne oder mehrere der hier genannten Kollegen bezogen, während deren Einfluss an anderen Stellen eher „unterschwellig" sein dürfte.

1 Abbruch der Behandlung durch den Klienten

> Morgens empfängt Sie auf dem Anrufbeantworter in Ihrer Praxis die folgende Nachricht: „Ja, hallo, hier ist Monika M. Ich wollte Ihnen sagen, dass ich die Behandlung bei Ihnen nicht fortsetzen will. Irgendwie bringt das alles nichts, hab ich das Gefühl, und mir geht es im Moment gerade echt nicht so toll. Lassen wir es einfach, das ist das Beste." Jetzt sitzen Sie da und fragen sich, was Sie tun sollen.

Im Abschnitt über das (reguläre) Ende einer Behandlung (vgl. Kap. 2) ist der erwünschte Fall beschrieben, dass eine Beratung oder Therapie nach einem kürzeren oder längeren Prozess in möglichst beiderseitigem Einvernehmen beendet werden kann. Dort wird auch dargestellt, dass das Behandlungsende häufig genug prozesshaften Charakter hat und in diesem Prozess abschließend wichtige Dinge bearbeitet und zu Ende gebracht werden können.

Manchmal wählen Klienten jedoch einen anderen Weg und brechen die Behandlung mehr oder weniger plötzlich und aus den verschiedensten Gründen ab – wobei wir über diese Gründe häufig nichts erfahren. Wir möchten betonen, dass Klienten selbstverständlich ohne eine Nennung von Gründen das Recht haben, die Behandlung abzubrechen. Dies ist vom Behandler grundsätzlich zu akzeptieren. Da die Gründe für einen Behandlungsabbruch jedoch auch sehr problematisch sein können, sollten wir uns stets darum bemühen, diese zu untersuchen und somit auch eine Chance anstreben, einen Abbruch doch zumindest in ein geklärtes Beenden verwandeln zu können.

Ein erstes Element, das bereits sehr früh in diese Richtung zeigt, ist ein Passus im Behandlungsvertrag, der ausdrückt, dass die Behandlung von beiden Seiten mit einer Frist von 2 Wochen einseitig gekündigt werden kann (s. Anhang A1). Durch diese Zweiwochenfrist ist zumindest in Bezug auf die vereinbarten Regeln festgelegt, dass nach dem Aussprechen des Beendigungswunsches noch zwei Wochen verbleiben, in denen die Dinge geklärt werden können. Doch uns Behandlern muss natürlich klar sein, dass ein solcher Passus einen Klienten im Fall des Falles nicht daran hindern wird, die Behandlung schlicht fristlos zu beenden. Zumindest gibt ein solcher Passus aber unter Umständen eine Möglichkeit der Bezugnahme, was wir in den folgenden Beispielen aufzeigen werden.

Abbruch mit Kontakt
Unseren wesentlichen Wunsch nach Klärung werden wir natürlich dann am besten verfolgen können, wenn uns der Klient seinen Entschluss persönlich mitteilt, wir somit die Möglichkeit der direkten Reaktion haben. Es bietet sich dann bei-

spielsweise folgender Satz an: „Ich respektiere Ihren Wunsch, die Behandlung abzubrechen. (Falls aus therapeutischer Sicht angemessen, kann hier ergänzt werden: „Meiner Einschätzung nach ist es allerdings ein schwieriger Zeitpunkt.") Ich würde gern besser verstehen, was Sie zu diesem Abbruch bringt. Würden Sie es mir vielleicht noch besser erklären?" Patienten, die uns ihren Entschluss zum Abbruch der Behandlung mitteilen, werden in der Regel auf diese Frage bereitwillig antworten. Häufig geben sie die Erklärung bereits von sich aus. Das weitere Vorgehen hängt dann natürlich entscheidend von dem konkreten Grund des Abbruchs ab, weshalb wir hierauf nicht mehr ausführlich eingehen werden. Grundsätzlich ist der Maxime zu folgen, die jeweiligen Gründe – soweit möglich – ausführlich zu klären und aus professioneller Sicht zu bewerten und zu reagieren. Wird als Grund beispielsweise mangelnder Behandlungserfolg benannt, so sollte dies offen aufgenommen und untersucht werden. Wie genau sieht die Bilanz des Klienten aus? In welchen Bereichen hat er sich eine stärkere Verbesserung erhofft? Warum ist diese Verbesserung nicht eingetreten? Sind dafür Faktoren verantwortlich, die durch eine Revision des Behandlungsplanes beeinflusst werden könnten? Gefragt ist hier somit eine selbstkritische Haltung des Behandlers, und nicht eine enttäuschte und vorwurfsvolle. Es sollte auch klar sein, dass der Patient nicht dazu gezwungen werden sollte oder darf, die Gründe für einen eventuellen Therapieabbruch darzulegen. Im Idealfall lässt sich durch eine solche Vorgehensweise möglicherweise eine Fortsetzung der Behandlung erreichen. Sollte dies jedoch trotz allem nicht möglich sein, so ist der Wunsch des Klienten zu respektieren, und ihm kann nur noch angeboten werden, gemeinsam zu prüfen, wie es nun am besten weitergehen kann.

So ist auch zu reagieren, wenn die Abbruchgründe nicht in einer Unzufriedenheit bestehen, sondern in unveränderlichen (oder vom Klienten für unveränderlich gehaltenen) Faktoren. So hat beispielsweise eine unserer Klientinnen die Behandlung ihrerseits abgebrochen, weil sie sich in den Therapeuten zu verlieben begonnen und bemerkt habe, dass sich dies nicht gut auf ihre Partnerbeziehung auswirke. Ein Angebot zur Klärung der dieser Verliebtheit zugrundeliegenden Motive mit dem Ziel ihrer Auflösung hat die Patientin nicht akzeptiert, weshalb in diesem Fall ihrem Abbruchwunsch ohne Weiteres zu folgen war.

In jedem Falle empfehlen wir, von einer gekränkten Reaktion Abstand zu nehmen. Wenn möglich soll dem Klienten ein „Weg zurück" angeboten werden: „Ich verstehe Ihren Wunsch nach Abbruch der Behandlung jetzt besser und respektiere diesen. Sollten Sie in der nächsten Zeit Ihre Meinung ändern und die Behandlung doch fortsetzen wollen, so steht Ihnen meine Tür offen. Rufen Sie mich dann ruhig an, und wir schauen, ob es irgendwie weitergehen kann."

Abbruch ohne Kontakt
Häufig wird es auch so sein, dass ein Klient zu einem vereinbarten Termin einfach nicht erscheint und die Behandlung bei Ihnen auf diese Art und Weise abbricht. Damit wäre der Fall gegeben, den wir im Kapitel über kurzfristige

Terminabsagen oder Nicht-Erscheinen des Klienten ausführlich beschreiben (s. Kap. 9, Abschnitt „Absagen und Nicht-Erscheinen beim niedergelassenen Therapeuten – Termin wird nicht abgesagt"). Prinzipiell läuft es, wie dort beschrieben, darauf hinaus, angemessene Versuche des Erreichens des Klienten zu unternehmen, diese dann aber auch beizeiten zu beenden. Die genaue Vorgehensweise findet sich im angegebenen Kapitel.

Abbruch in einer Krisensituation

Mitunter kommt es vor, dass Klienten die Behandlung zum aus Behandlersicht ungünstigst möglichen Zeitpunkt beenden, beispielsweise dann, wenn sie suizidal gefährdet sind. Der Abbruchwunsch entspringt in diesem Falle häufig einer generellen Hoffnungslosigkeit. In diesen Fällen dürfen wir den Abbruch natürlich nicht so ohne Weiteres akzeptieren, wie dies in den bislang geschilderten Fällen möglich war. Wenn akute Selbst- und/oder Fremdgefährdung gegeben sind, müssen wir unsere akzeptierende und respektierende Grundhaltung aufgeben und dem Klienten unmissverständlich deutlich machen, dass wir dem Behandlungsabbruch aus fachlicher Sicht nicht zustimmen können. Der Grund ist dabei klar zu benennen: „Unter normalen Umständen würde ich Ihren Wunsch nach Abbruch der Behandlung natürlich akzeptieren. Aber im Moment ist mir das so nicht möglich, weil ich mir sehr starke Sorgen darum mache, dass Sie sich etwas antun könnten. Wir haben in den letzten Stunden viel an Ihren Suizidgedanken gearbeitet, aber diese sind nach wie vor sehr präsent." Die weitere Situation ist dann so zu gestalten, wie wir dies im Kapitel über suizidale Klienten beschreiben (Kap. 20).

Auswirkungen von Behandlungsabbrüchen auf den Behandler

Viele Berater und Therapeuten verbinden mit einem Abbruch der Behandlung eine Kritik an der eigenen Person bzw. dem jeweiligen Vorgehen. In manchen Fällen mag dies auch gerechtfertigt sein. Behandler sind auch „nur Menschen", und als solche machen sie Fehler, und diese Fehler können sich unter anderem auch so auswirken, dass Klienten den Kontakt abbrechen. Wir möchten betonen, dass das prinzipielle Problem nicht im Begehen eines therapeutischen Fehlers besteht – von sehr schwerwiegenden Fehlern einmal abgesehen. Wirklich ungünstig wird es erst, wenn im Anschluss kein professioneller Umgang mit einem solchen Fehler möglich ist – entweder dadurch, dass sich die Klienten wirksam dem Einfluss des Behandlers entziehen (und somit eine weitere Bearbeitung nicht zulassen), oder dadurch, dass sich die Behandler selbst aufgrund ihrer Kränkung auf eine Verteidigungsstrategie konzentrieren, statt einen professionellen Umgang mit dem eigenen Fehlverhalten zu versuchen. Wir Behandler sollten auch und gerade im Umgang mit eigenen Fehlern und Schwächen als Vorbilder und gute Modelle auftreten, um unseren Klienten zu verdeutlichen, dass durch einen Fehler die Welt nicht untergeht und auch ein Kontaktabbruch nicht nötig ist. Wenn das gelingt, dann kann ein Behandlungsfehler im Endeffekt sogar sehr gute

Folgen haben, da er auf der Beziehungsebene wichtige Lernprozesse ermöglicht („Wir sind alle nur Menschen, und Menschen machen Fehler, die man wieder gutmachen kann, und anschließend kann alles wieder weitergehen."). Zu diesem Denkprinzip finden sich gerade in der klinischen Psychologie viele Analogien: Bei einem Angstpatienten ist nach der Therapie nicht das neuerliche Aufkommen von Angst das Hauptproblem, sondern ein möglicher vermeidender Umgang damit; bei einem Suchtpatienten ist nach längerer Abstinenz nicht ein erstes Wiedertrinken („Vorfall") die Katastrophe, sondern diese wird erst durch die häufige „Jetzt ist alles egal"-Haltung samt ungebremstem Trinken („Rückfall") eingeleitet. Gerade solchen Klienten können wir somit durch einen professionellen Umgang mit eigenen Fehlern verdeutlichen, dass mit einem Fehler alleine noch längst nicht alles entschieden ist. Insofern sollten Behandler sich nicht krampfhaft und übermäßig um die Vermeidung von Fehlern bemühen – denn diese können trotzdem passieren –, sondern sich vor allem einen kompetenten Stil im Umgang mit eigenen Fehlern angewöhnen. Und dieser besteht im Ansprechen, Klären, Zugeben, ggf. Entschuldigen (ohne übertriebene Selbstkasteiung) und Korrigieren.

In vielen Fällen wird dieser gesamte Prozess jedoch nicht möglich sein, weil die Klienten sich ohne weitere Klärungsmöglichkeit der Behandlung entziehen, also einen kontaktfreien Abbruch inszenieren. Nach unserer Erfahrung machen sich viele Behandler in solchen Fällen deutliche Vorwürfe, obwohl sie überhaupt nicht wissen, ob der Abbruch auf irgendein Verhalten des Behandlers zurückgeht. Gerade Anfänger, aber häufig auch fortgeschrittene Berater und Therapeuten haben quasi eine „eingebaute Bereitschaft", Behandlungsabbrüche als Signal eigenen Versagens zu interpretieren. Das halten wir für sehr schädlich, zumal diese Haltung meist damit einher geht, positive Erfahrungen deutlich schwächer zu gewichten. So kann es resultieren, dass neun gute Feedbacks von Klienten (durch gute Behandlungsergebnisse oder deutliches Aussprechen von Zufriedenheit usw.) als „selbstverständlich" wahrgenommen werden und kaum weiteren Einfluss haben, während dann ein negatives Feedback (z. B. durch Behandlungsabbruch, in welchem Falle es auch nur ein so gedeutetes und nicht objektiv negatives Feedback wäre) eine therapeutische Selbstwertkrise einleiten oder begünstigen kann.

Diese Ausführungen machen deutlich, wieso der Versuch der Klärung eines Abbruchs auch aus der Sicht des Behandlers notwendig ist: Sie sollten sich darum bemühen, die konkreten Gründe eines Abbruchs zu erfahren, um zu wissen, ob diese Gründe überhaupt mit Ihnen zu tun haben. In Fällen, in denen das so ist, sollte dann ein persönlicher Umgang mit dem gefundenen Fehler erfolgen, wie wir ihn oben schon beschrieben haben. Wenn Sie vom Klienten keine Angaben mehr erhalten können, weil dieser auf Ihre Kontaktangebote einfach nicht mehr reagiert, so ist ein angemessen selbstkritischer Auseinandersetzungsprozess mit der Behandlung nötig. Das wesentliche Wort in diesem Satz ist dabei das Wort „angemessen"! Selbstkritischsein bedeutet nicht, in unklarer Lage einseitig von einem eigenen Fehler auszugehen. Am besten sprechen Sie die konkreten Ereignisse mit einem Kollegen oder Supervisor Ihres Vertrauens durch, um durch diese externe Unterstützung einen klareren Blick auf den Sachverhalt bekommen zu können. Sollten Sie dabei keine klaren Hinweise auf eigenes Fehlverhalten finden können, so ist das auch zu akzeptieren. Erinnern Sie sich an die 50 %-Regel, die wir in der Einleitung beschrieben haben: Sie kontrollieren nur die Hälfte des Geschehens, der Klient kontrolliert mindestens die andere Hälfte. Sie können alles noch so richtig machen, und trotzdem kann es zu einem negativen Behandlungsverlauf oder einem Abbruch kommen.

Dos	Don'ts
▶ Gründe für den Abbruchwunsch klären, wenn das möglich ist ▶ Grundsätzliches Respektieren des Abbruchwunsches ▶ Angemessen selbstkritische Reflexion des eigenen Verhaltens im Verlauf der Behandlung ▶ Angemessene Versuche der Kontaktaufnahme mit dem Klienten, falls der Abbruch nicht persönlich erfolgt (ein bis zwei Anrufversuche, ein abschließender Brief)	▶ Gekränkt und beleidigt reagieren ▶ Jeden Abbruch grundsätzlich auf sich selbst beziehen und in Selbstvorwürfen versinken ▶ Den Abbruch nicht akzeptieren und den Klienten fortgesetzt zu kontaktieren versuchen

2 Abschluss von Beratung und Therapie

> Über eineinhalb Jahre lang haben Sie und Ihre Klientin Frau S. nun an ihrer depressiven Problematik gearbeitet, und es war ein sehr erfolgreiches Jahr. Frau S. geht es wieder gut, sie ist schon seit geraumer Zeit wieder stabil, auch über Rückfallprophylaxe haben Sie schon gesprochen, und somit ist klar, dass die Behandlung sehr bald beendet werden kann. Es sind vom Therapiekontingent noch fünf Stunden übrig, und Sie spüren, dass sich Frau S. darüber sorgenvolle Gedanken macht. Doch sie spricht es nicht offen an, und Sie fragen sich, wie Sie nun mit der Situation umgehen sollen.

Abschluss der Behandlung in verschiedenen Therapieschulen
Die unterschiedlichen „Therapieschulen" widmen dem Abschluss einer Behandlung sehr unterschiedliche Aufmerksamkeit. Wir möchten hier illustrierend auf zwei wesentliche Perspektiven eingehen: In der Verhaltenstherapie wird das Therapieende häufig als relativ einfach angesehen. So sagt Hautzinger im Lehrbuch „Psychotherapie" von Reimer, Eckert, Hautzinger und Wilke (2007): „Die Beendigung einer Verhaltenstherapie ist selten ein Problem" (Hautzinger, 2007, S. 221). Das Therapieende wird auf insgesamt einer guten Achtelseite beschrieben, wobei wie für die Verhaltenstherapie kennzeichnend vor allem auf das „Ausschleichen" der Therapiesitzungen verwiesen wird. Dieses steht im Interesse des Selbstmanagement-Ansatzes der Verhaltenstherapie, da vergrößerte Abstände zwischen den Sitzungen es dem Klienten erlauben, immer stärker seine Selbständigkeit zu entfalten.

In demselben Lehrbuch befasst sich der tiefenpsychologisch orientierte Experte mit dem Ende der Therapie mehr als vier Seiten lang (Reimer, 2007, S. 110–114). Auch wenn dieser Vergleich in seinem reinen Fokus auf Quantität natürlich nur begrenzt bedeutsam ist, gibt er gut wieder, wie unterschiedlich Beziehungs- und Prozessmerkmale von den verschiedenen Richtungen teilweise noch gesehen werden.

Wir vertreten diesbezüglich eine mittlere Position, die vor allem von der Länge und Intensität der Behandlung ausgeht. Natürlich ist die Variationsbreite enorm: Bei sehr umgrenzten und spezifischen Beratungsfragen kann das Ziel der Klienten möglicherweise schon mit einem oder wenigen Gesprächen erreicht werden. In diesen Fällen wird der „Abschluss" lediglich die letzten Minuten oder Teile einer Stunde betreffen. Auch bei mittellangen Behandlungen mit spezifischen Behandlungsaufträgen ist es häufig so, dass der Behandlungsbeziehung kein herausragender Stellenwert zukommt, sondern vor allem die Arbeit an konkreten Problemen im Vordergrund stand. In beiden genannten Fällen vertreten wir die oben nach Hautzinger (2007) zitierte Position, dass das Ende einer solchen

Behandlung vermutlich wenig Probleme verursachen wird und insbesondere Aspekte wie Rückfallprophylaxe, Warnsignale, Risikomerkmale, Vertiefung des Selbstmanagements usw. im Vordergrund stehen. Hierfür finden sich insbesondere in verhaltenstherapeutischen Therapiemanualen viele Hinweise, welche Inhalte bedeutsam sind (vgl. z. B. die Reihe „Fortschritte der Psychotherapie" des Hogrefe-Verlags oder die Reihe „Praxismaterialien" des Beltz-Verlags). Im Gegensatz dazu ist es in der stark auf zwischenmenschliche Interaktionen ausgerichteten „Interpersonellen Therapie" (Klerman, Weissman, Rounsaville & Chevron, 1984; Schramm, 2009) üblich, das Therapieende als einen typischen interpersonellen Belastungsfaktor auch bei relativ kurzer Therapiedauer – üblich sind 16 Sitzungen – ausführlich zu thematisieren.

Insbesondere bei tiefgreifenden Therapien ist es nicht ungewöhnlich, dass der gesamte Prozess mitunter mehrere Jahre dauert (auch in der Verhaltenstherapie). Es ist wichtig, sich in solchen Fällen vor Augen zu führen, dass der Klient eine für ihn sehr wichtige Bezugsperson verliert, die ihn eine bedeutsame Strecke lang begleitet hat. Je länger ein Behandlungsprozess angedauert hat, umso wichtiger und intensiver wird in aller Regel die Behandlungsbeziehung für den Klienten sein. Wenn das so ist, dann sollten Sie davon ausgehen, dass der Abschluss nicht ein Moment, sondern vielmehr ein Prozess ist, für den Zeit eingeräumt werden muss. Nur in diesen Fällen wird ein Behandlungsabschluss eine „schwierige Situation" sein, weshalb wir uns diesem Bereich (unter anderem unter Rückgriff auf Reimer, 2007) nun noch etwas vertieft widmen.

Bedeutung für den Klienten
Unser Hauptaugenmerk beim Behandlungsabschluss gilt natürlich dem Klienten. Dieser verliert wie bereits angedeutet eine Person, die für ihn für längere Zeit sehr wichtig war. Bei verschiedenen Störungsbildern kann es ohne Weiteres sein, dass der Klient gar *die* wichtigste Person der letzten Zeit verliert, und zwar immer dann, wenn der Klient außerhalb der therapeutischen Beziehung nur wenige oder keine Sozialkontakte unterhalten hat. Unter anderem deshalb sollte eine gut geplante Therapie bei solchen Klienten auch immer eine Aktivierung im sozialen Bereich als eines der – notfalls vom Therapeuten einzubringenden – Ziele enthalten. Ist es gelungen, im Verlauf der Behandlung gute und stabile Sozialkontakte aufzubauen, so ist dies natürlich in allererster Linie für das gesamte Leben des Klienten von besonderer Bedeutung; als Begleiteffekt wird aber auch das Therapieende für den Klienten erträglicher werden, da er nicht in die Einsamkeit fällt.

Doch auch in diesen Fällen sollte damit gerechnet werden, dass das Therapieende für den Klienten eine schwere Zeit ist, denn Verlust bleibt Verlust. Reimer (2007) geht so weit zu sagen, dass problematische Gründe vorliegen müssen, wenn das Ende einer tiefenpsychologischen Therapie nur ruhig verläuft. Wir stimmen dieser Einschätzung auch für sehr intensive Verhaltenstherapien zu. Es sollte als normal erachtet werden, dass ein Klient dem Ende seiner langjährigen Behandlung mit Sorge, Trauer, Ärger oder anderen negativen Gefühlen entgegen blickt. Dem Klienten sollte unbedingt ermöglicht werden, diese Gefühle auch zum Ausdruck zu bringen, wozu es wichtig ist, das Ende der Behandlung rechtzeitig zu thematisieren: „Unsere Therapie wird in … Stunden beendet sein. Wie geht es Ihnen damit?" Es ist schwierig, den Zeitpunkt dieser Botschaft exakt zu terminieren, da er wie so vieles im Bereich Psychotherapie sehr individuell liegt. Grundsätzlich sollte die Begrenztheit (und somit auch Endlichkeit) der Behandlung von Anfang an thematisiert werden, also bereits in den ersten Gesprächen. So wird das Therapieende als Thema idealerweise sehr früh schon vorweggenommen und kann präsent bleiben, wenn das wichtig ist. Für das weitere Vorgehen ergeben sich unserer Erfahrung nach zumindest im niedergelassenen Bereich durch die bewilligten Stundenkontingente erste Leitlinien (wir gehen im Folgenden nur auf die Bewilligungskontingente bei Verhaltenstherapie ein; für Tiefenpsychologie und Psychoanalyse gelten teilweise deutlich umfangreichere Kontingente). Bei einer Kurzzeittherapie (25 Stunden) sollte spätestens in der Mitte zu einem gemeinsamen Bilanzieren eingeladen werden, welches auch die Möglichkeit bietet, den ersten potenziellen Endzeitpunkt anzusprechen: „Wir sind heute in der 13. Stunde, das ist ziemlich genau die Hälfte der bewilligten Stunden. Ich würde mit Ihnen gerne bilanzieren, was wir schon geschafft haben und was noch offen steht. Das hilft uns auch dabei zu planen, ob wir mit den 25 Stunden hinkommen oder ob wir auch über eine Verlängerung der Behandlung nachdenken sollten." Spätestens in der 20. Stunde steht dann wiederum ein Bilanzieren an, mit dem Primärziel, zu entscheiden, ob eine Verlängerung (also Umwandlung in Langzeittherapie) notwendig sein wird oder nicht. Falls nicht, so sind dann noch fünf Stunden für das Beenden der Behandlung übrig, was gut ausreichen sollte, um Aspekte der Rückfallprophylaxe, verlängerte Intervalle zwischen den Stunden, vertieftes Selbstmanagement usw. sowie auch das Verabschieden selbst zu verwirklichen. In diesem Rhythmus geht es in den folgenden Verlängerungsschritten weiter, also Bilanzierungen ungefähr in der dann insgesamt 35. Stunde (Langzeittherapie, 45 Stunden), 50. Stunde (nach Verlängerung bis maximal 60 Stunden) und 70. Stunde (nach letztmaliger Verlängerung bis maximal 80 Stunden, womit das Kontingent Verhaltenstherapie erschöpft ist).

Spätestens bei dieser letzten Bilanzierung in der 70. Stunde ist klar, dass die Behandlung nun definitiv beendet werden wird (von wenigen Ausnahmen der Sonderverlängerung einmal abgesehen). Die entsprechenden Stunden sollten gut geplant und in ihrem „endgültigen" Charakter auch deutlich gemacht werden, damit der Klient spätestens jetzt für ihn wichtige Dinge und auch die bereits angeführten negativen Gefühle im Hinblick auf den Therapieabschluss zum Ausdruck bringen kann: „Wir haben nun noch … Stunden. Was ist Ihnen für diese unsere letzten Stunden noch wichtig? Womit möchten Sie sich noch befassen?" Der Klient wird gegebenenfalls direkt ermutigt, auch die negativen Aspekte zur Sprache zu bringen: „Wir haben jetzt [Zeitdauer] zusammen gearbeitet. Das ist eine ganz schön lange Zeit. Ich könnte mir vorstellen, dass Sie wegen des nun nahenden Therapieendes vielleicht Sorgen haben, oder vielleicht irgendwelche anderen negativen Gefühle. Ich fände es gut, wenn Sie das sagen, wenn es so etwas gibt." Diese Gefühle werden dann so bearbeitet, wie teilweise in Kapitel 12 über die negativen Gefühlsäußerungen von Klienten beschrieben. Der Fokus beim Therapieende liegt stark darauf, diese negativen Gefühle zuzulassen und zu validieren. Der Klient soll also darin bekräftigt werden, dass Wut/Ärger/Trauer/... angemessen sind. Der Therapeut hat die Aufgabe, das „auszuhalten" und nicht bestrafend oder ausweichend zu werden, sondern – auch hier noch ein letztes Mal – empathisch mitzuschwingen und Modell zu sein: „Ja, es kommt bei mir an, dass Sie wütend und traurig darüber sind, dass unsere gemeinsame Zeit jetzt bald enden wird. Und dass Sie sich jetzt auch noch schuldig fühlen, weil Sie irgendwie wütend auf mich sind. Das ist in Ordnung so für mich, mir ginge es an Ihrer Stelle wahrscheinlich genauso, und ich nehme Ihnen nichts übel. Das sind Gefühle, wie sie zu einem Abschied wohl einfach dazugehören. Dass es Ihnen so geht, zeigt ja auch, dass die Zeit, die wir hatten, und die Arbeit, die wir geleistet haben, für Sie wichtig waren. So habe ich das auch immer gesehen, deshalb hätte es mich gewundert und ich wäre wahrscheinlich sogar gekränkt gewesen, wenn wir jetzt ganz locker hätten Abschied nehmen können." Mit einer solchen Intervention würdigt auch der Behandler noch einmal die Beziehung, die bestand; deshalb halten wir das bei besonders intensiven Therapien auch für wichtig und angemessen, aber natürlich kann das das Aufkommen von Verlängerungswünschen oder gar Freundschaftsphantasien schüren.

Verlängerungs- oder Beziehungswünsche in der Abschlussphase
Es ist sehr häufig, dass sich Klienten in der Abschlussphase einer längeren Behandlung Gedanken darüber machen, ob sie denn auch ohne ihren Therapeuten zurecht kommen werden. Das kann ohne Weiteres dazu führen, dass Symptome wieder schlimmer werden, es also scheinbar zu einem „Rückfall" kommt. In einem solchen Falle sollte nicht voreilig die Behandlung verlängert, sondern zuerst geprüft werden, ob der Grund des neuerlichen Aufflammens von Symptomen eben im bevorstehenden Ende der Behandlung liegt. Nach unserer Erfahrung lässt sich diesem Entwickeln neuerlicher Symptome bedingt durch Angst vor komplettem Selbstmanagement gut durch das bereits angeführte Ausschleichen der Behandlung begegnen. Wir empfehlen, die letzten Stunden einer Behandlung in größer werdenden Abständen zu vereinbaren. Dies gibt den Klienten die Möglichkeit, das in der Therapie neu Erlernte unter sehr realen Bedingungen länger zu proben, ohne aber schon den Kontakt zum Therapeuten aufzugeben. Sie wissen sozusagen, dass sie wieder in die Therapie „zurück können", sollte sich das Alleine-zurecht-Kommen nicht bewähren. Eine Möglichkeit zur Verteilung der letzten fünf Stunden kann wie folgt aussehen: Die ersten beiden Stunden 14-tägig, die nächsten beiden monatlich, eine abschließende Stunde nach weiteren drei Monaten. Auf diese Weise ergibt sich noch einmal eine Phase von einem halben Jahr. Prinzipiell sind im Einzelfall über den Abrechnungsmodus der

„therapeutischen Gespräche" auch noch weitere Sitzungen bzw. Booster Sessions über einen längeren Zeitraum hinweg möglich. Dies bietet die Möglichkeit, bei entsprechender Indikation weitere Sitzungen durchzuführen, z. B. in Krisensituationen oder bei einem erneuten Auftreten von Symptomen. Wir halten diese Möglichkeit für ein „zweischneidiges Schwert": Auf der einen Seite können entsprechende zusätzliche Sitzungen sehr hilfreich für die Bewältigung einer Krise sein, auf der anderen Seite besteht die Gefahr, dass es nie zu einem richtigen Abschluss der Therapie kommt und die Klienten dementsprechend dauerhaft an ihre Therapeuten gebunden bleiben und deshalb nicht die Erfahrung machen können, dass sie auch schwierige Situationen eigenständig bewältigen können. Wir halten es für sinnvoll, mit Klienten klare Absprachen für eine Wiederaufnahme der Gespräche zu treffen und die Implikationen klar zu thematisieren:

▶ „Ich kann es gut verstehen, dass Sie für den Fall einer erneuten Verschlechterung Ihrer Symptomatik gerne die Möglichkeit hätten, wieder Kontakt zu mir aufzunehmen. Das finde ich auf der einen Seite sehr gut im Sinne der Suche nach Unterstützung, auf der anderen Seite könnte es dazu führen, dass Sie nicht die Erfahrung machen können, dass Sie der Situation auch ohne mich gewachsen sind. Ich würde deshalb gerne mit Ihnen vereinbaren, dass Sie vor einer erneuten Kontaktaufnahme alles im Rahmen Ihrer Möglichkeiten Stehende tun, um die Situation zu bewältigen. Wenn Sie dann zu der Entscheidung gelangen, dass eine erneute Kontaktaufnahme sinnvoll ist, können Sie sich gerne melden."

Beim Vorliegen dependenter Züge auf Seiten des Klienten sollten Sie mit dem Patienten sehr transparent besprechen, dass eine erneute Kontaktaufnahme den Rückfall in ein problematisches Verhalten darstellen kann („Ich schaffe es nicht alleine und brauche eine mächtige Gestalt an meiner Seite, um mein Leben bewältigen zu können."). In jedem Fall sollte eine Zustimmung zu einem oder mehreren weiteren Gesprächen auf dem Hintergrund der individuellen Fallkonzeption reiflich überlegt werden. Natürlich kann es sein, dass sich bei Klienten im Laufe der Zeit völlig neue Störungen ergeben, die den Rahmen des bisher Erarbeiteten vollständig übersteigen und für die die obigen Anmerkungen zur eigenständigen Bewältigung unter Verwendung des in der Therapie Gelernten keine Gültigkeit besitzen. In solchen Fällen halten wir eine Kontaktaufnahme zum bereits bekannten Behandler in jedem Fall für zulässig.

Ein anderes Problem ist das Entstehen von sog. Privatisierungswünschen, also der Idee, die therapeutische Beziehung nun, nach dem Ende der Behandlung, in eine private Beziehung umzuwandeln. Es ist wichtig, diesem nicht nachzugeben, sondern ggf. mit dem Klienten gemeinsam aufzudecken, welche Gründe hier vorliegen (vgl. dazu auch die Kapitel über verliebte Klienten (Kap. 24), persönliche Fragen (Kap. 15) und persönliche Einladungen (Kap. 14)). Taucht die Vorstellung tatsächlich erst am Ende der Behandlung auf, so kann es sich um ein starkes Vermeidungsmotiv handeln: Die Schmerzen der Trennung und der Verlust sollen vermieden werden. Folgerichtig wird mit dieser Vermeidungstendenz dann in der letzten Phase der Behandlung noch einmal eine wichtige

Arbeit geleistet, und die Therapie kann als Modell dafür dienen, die Endlichkeit von Beziehungen zu erleben, damit abwertungsfrei umzugehen und Trauer und Schmerz in einer lebensbegünstigenden Art und Weise zu bearbeiten.

Perspektive des Behandlers
Auch aus Sicht des Beraters oder Therapeuten kann das Ende der Behandlung große Wichtigkeit besitzen. Auch er verliert unter Umständen schließlich eine Person aus seinem Kreis, mit der er längere Zeit verbracht hat und die für ihn wichtig geworden ist. Wir haben es schon erlebt, dass junge Therapeuten sich ihrer diesbezüglichen Gefühle geschämt haben und davon ausgegangen sind, dass eine „professionelle Arbeitsbeziehung" damit einher gehen muss, dass einem der Klient nicht so nah rücken kann, dass er einem wichtig werden würde. Dem ist nicht so! Es ist ganz natürlich, dass auch uns Behandlern einige unserer Klienten „ans Herz wachsen" und somit auch für uns der Abschied schmerzvoll werden kann. In solchen Fällen können die oben geschilderten Privatisierungswünsche durchaus auch von den Behandlern ausgehen (s. hierzu auch Kapitel 25 über den verliebten Behandler). Wir vertreten hier das Abstinenzgebot und raten dazu, mit Patienten und Klienten auch nach dem Ende von Behandlungen keine privaten Beziehungen wie Freundschaften einzugehen (und natürlich erst recht keine Liebesbeziehung). Der Behandler sollte kompetentes Modell sein für das Aushalten von mit dem Verlust einhergehenden unangenehmen Gefühlen, ohne dabei unklar zu werden. Auf diese Weise artikuliert, können die Gefühle des Therapeuten dabei noch einmal zu einem „letzten Geschenk" für den Klienten werden: „Ich glaube, für mich werden die kommenden Donnerstage 14 Uhr komisch sein. Das war jetzt zwei Jahre lang unsere Zeit. Ich werde unsere Gespräche vermissen." In solch einer Würdigung kann auch der Klient hören, dass er für den Behandler wichtig war, was sehr bereichernd sein kann, ohne dass jedoch eine Unklarheit entsteht.

Dos	Don'ts
▶ Behandlungsende früh thematisieren ▶ Regelmäßig bilanzieren ▶ Negative Gefühle der Klienten ausdrücklich zulassen und validieren („Es ist verständlich, dass Sie jetzt wütend sind. Mir würde es an Ihrer Stelle genauso gehen, glaube ich.") ▶ Eigene Gefühle ausdrücken, aber glasklar bleiben („Heute ist es also unsere letzte Stunde. Da wir uns jetzt nicht mehr sehen werden, möchte ich Ihnen sagen, dass die Zeit mit Ihnen auch für mich wichtig war. Ich werde unsere Gespräche vermissen.")	▶ Vermeidungsverhalten, d. h. Behandlungsende nicht (rechtzeitig) ansprechen ▶ Verwässern („Ja, das ist zwar jetzt das Ende der Therapie, aber wenn es so nicht geht, dann melden Sie sich in zwei Wochen wieder, dann machen wir weiter.") ▶ Klienten für negative Gefühle bestrafen („Wie undankbar von Ihnen, dass Sie jetzt auch noch sauer sind, dass die Behandlung vorbei ist!") ▶ Privatbeziehungen eingehen („Jetzt, wo wir fertig sind, können wir ja eigentlich Freunde werden, oder?")

3 Abweichende Wertvorstellungen und Ziele

> Melanie K., 23 Jahre alt und von Beruf Bürokauffrau, befindet sich seit zehn Sitzungen wegen depressiver Verstimmungen in psychotherapeutischer Behandlung. Die Therapie entwickelt sich im Sinne der Therapeutin positiv; zum aktuellen Zeitpunkt wurde gemeinsam vereinbart, Aktivitätenaufbau zu betreiben. Im Wochenplan berichtet Frau K. davon, am Wochenende bei einem Treffen der „Deutschen Jugend" gewesen zu sein. Diese setze sich dafür ein, dass „Deutschland den Deutschen" gehören solle und wende sich gegen „Überfremdung". Das Treffen habe ihr so gut gefallen, dass sie eine dauerhafte Mitgliedschaft erwäge. Sie habe auch einen Mann kennengelernt, der ihr aufgrund seiner klaren Haltung gut gefallen habe.

In der beraterischen oder therapeutischen Situation treffen zwei Personen mit ihren jeweiligen Weltanschauungen, Werten, Definitionen usw. aufeinander (vgl. Hutterer-Krisch, 2007). Da bleibt es nicht aus, dass die beiden Beteiligten in zentralen Positionen sehr unterschiedlicher Anschauung sein können, wie es unser einleitendes Fallbeispiel anhand der Toleranz für politische Positionen illustriert. Andere Bereiche, in denen regelhaft Diskrepanzen zwischen Therapeut/Berater und Patient/Klient auftreten können, betreffen z. B. die sexuelle Orientierung (z. B. Homosexualität) oder auch grundsätzliche Auffassungen über die Menschenrechte (z. B. Diskriminierung von Frauen).

Wenn sich solche Diskrepanzen direkt zu Beginn einer Behandlung zeigen, ist es zuerst einmal zentral, den konkreten Dienstauftrag zu klären: Was will der Klient von Ihnen? Was ist das Behandlungsziel? Und steht das „Abweichungsproblem" damit im Konflikt? Wir halten es für günstig, wenn dem Klienten bezogen auf diese erste Phase frühzeitig erklärt wird, dass es sich bei den ersten Stunden um ein unverbindliches Kennenlernen handelt, in welchem beide – sowohl Berater als auch Klient – für sich prüfen, ob sie alle Bedingungen einer Zusammenarbeit als gegeben ansehen. Nicht nur Klienten haben das Recht, sich vor dem Hintergrund einer ungünstig verlaufenen Anfangsphase gegen eine Fortsetzung der Behandlung zu entscheiden; dieses Recht haben auch Berater und Therapeuten. Wenn sich deutliche Diskrepanzen erst im Laufe der Behandlung ergeben (d. h. wenn bereits eine Behandlungsvereinbarung geschlossen wurde), muss überprüft werden, ob unter diesen Bedingungen eine Fortsetzung der Behandlung sinnvoll und möglich ist oder ob eine weitere Zusammenarbeit auch vor dem Hintergrund der bisher stattgefundenen Sitzungen nicht indiziert ist.

Wir möchten im Folgenden auf verschiedene Abweichungsprobleme eingehen, und zwar unterschieden danach, ob sie unmittelbar mit dem eigentlichen Behandlungsziel in Verbindung stehen oder nicht.

Abweichungen stehen nicht unmittelbar mit dem Behandlungsziel in Verbindung (Nicht-zentrale Abweichungsprobleme)
Hiermit bezeichnen wir Situationen, in denen Behandler und Klient zwar in einem wichtigen Punkt unterschiedlicher Anschauung sind, was sich aber nicht negativ auf den Dienstauftrag auswirken muss. Trotzdem können aus solchen Konflikten schwer oder nicht lösbare Situationen entstehen. Wir hatten einen homosexuellen Supervisanden, der sich mit einem homosexuellenfeindlichen Patienten konfrontiert sah, der unter einer Angststörung litt. Die Gesinnung des Patienten ist kein grundsätzliches Problem in der Planung einer Konfrontationstherapie, aber für den Supervisanden war es aufgrund seiner persönlichen Betroffenheit durch die homosexuellenfeindlichen Ideen des Patienten sehr schwer, von seiner Seite aus eine positive Beziehungsgestaltung in Gang zu setzen.

In einem Fall, wie dem geschilderten, kommt es auf ein Abwägen des Behandlers an: Kann ich meine eigenen Anteile an der potenziell negativen Situation so weit kontrollieren, dass sie mein professionelles Arbeiten nicht stören oder ist mir das nicht möglich? Kann ich konzentriert am Dienstauftrag arbeiten, oder wird uns die Abweichung immer wieder in den Weg kommen? Wenn eine Arbeit möglich erscheint, dann sollte sich der Berater um eine möglichst enge Orientierung am Behandlungsplan bemühen. Solche Behandlungen bieten dem Berater darüber hinaus auch die Möglichkeit, seine eigene Toleranz zu erweitern und auch bei solchen Personen ressourcenorientiert zu arbeiten, die Merkmale oder Ansichten aufweisen, die davon eher ablenken.

Ist die Zusammenarbeit aus Sicht des Behandlers jedoch nicht möglich, so muss dies dem Klienten angemessen mitgeteilt und nach einer Ausweichlösung gesucht werden. Wir möchten an dieser Stelle deutlich betonen, dass das auch das Recht, ja sogar die Pflicht eines jeden Behandlers ist, da wir nun Situationen fokussieren, in denen ein bestimmter Behandler aufgrund spezifischer Bedingungen kein adäquates Angebot machen kann. In einem solchen Fall wäre es unethisch, die Behandlung trotzdem durchzuführen. In diesen „persönlichen" Fällen – im Gegensatz zu den unten beschriebenen mit dem Behandlungsziel verbundenen Abweichungsproblemen – ist es Aufgabe des Behandlers, dem Klienten das Problem angemessen zu vermitteln und ihm bei der Suche nach einem besser geeigneten Behandler zu helfen. Hierzu ist es hilfreich, wenn der Behandler die Verantwortung für die Entscheidung, die ja schließlich auch seine ist, vollständig übernimmt. Im Beispiel: „Ich möchte Ihnen mitteilen, dass ich Ihnen keine Behandlung anbieten kann. Ich habe in den ersten Stunden gemerkt, dass ich in meiner Arbeit eingeschränkt bin durch […; z. B. Ihre politische Weltanschauung]. Es ist mein Problem, dass ich damit nicht gut umgehen kann, aber unter diesen Bedingungen kann ich kein optimales Angebot machen, und ich arbeite nur dann mit einem Klienten, wenn ich überzeugt bin, ihm auch ein gutes Angebot machen zu können. Ich werde Ihnen helfen, einen besser geeigneten Behandler zu finden."

Nach einer Erklärung dieser Art sollte dem Klienten unbedingt die Gelegenheit gegeben werden, darüber zu sprechen, was diese Eröffnung in ihm auslöst: „Wie geht es Ihnen mit dem, was ich gerade gesagt habe?" Viele Klienten werden dieses Vorgehen als Zurückweisung verstehen, was nicht vermeidbar ist, aber dann zumindest besprochen werden sollte. Behandler haben hier – wie auch in anderen schwierigen Situationen – generell die Vorbildwirkung wahrzunehmen, auch zu unpopulären Themen zu stehen und nicht zu vermeiden, sondern ihren Klienten aufzuzeigen, dass man auch über negative Gefühle und Konflikte miteinander reden kann. Das muss nicht angenehm sein, aber es muss möglich und konstruktiv sein. Zeigt der Klient dann Betroffenheit und persönliche Kränkung, so hat der Behandler nochmals die Gelegenheit, die Verantwortung für die Entscheidung auf sich zu nehmen und dem Klienten zu erklären, dass es sich hier um eine persönliche Nicht-Passung handelt, an der keiner von beiden „schuld" ist und für die sich keiner von beiden etwas vorzuwerfen hat.

Unter Umständen können Probleme wie hier beschrieben auch auf die Notwendigkeit bzw. Sinnhaftigkeit von Selbsterfahrung zum jeweiligen Thema hinweisen. Dies wird umso stärker der Fall sein, je deutlicher und dauerhafter ein Behandler emotional reagiert. So wäre im kapiteleinleitenden Fallbeispiel beispielsweise denkbar, dass eine Behandlerin, die einmal Opfer eines nationalsozialistisch orientierten Täters war, durch die Äußerungen der dort beschriebenen Patientin wieder an den traumatisierenden Vorfall erinnert wird. Auf solche Anzeichen sollte jeder Therapeut bzw. Berater gut achten, um stets eine ausreichende Selbstfürsorge zu betreiben (vgl. Hoffmann & Hofmann, 2012).

Abweichungen stehen mit Behandlungsziel in Verbindung (Zentrales Abweichungsproblem)

Ein zentrales Abweichungsproblem sehen wir dann gegeben, wenn es zu einem unmittelbaren Konflikt mit dem Dienstauftrag oder dem fachlichen Hintergrund des Behandlers kommt. Beispiel: Ein schwer depressiver Klient sucht bei Ihnen um Therapie nach, will aber auf keinen Fall eine psychiatrische Abklärung akzeptieren und die Einnahme von Medikamenten erwägen. Eine Mutter sucht Sie als Schulsozialarbeiterin auf und fordert Sie auf, der Tochter im Gespräch deutlich zu machen, dass ihre Schulschwierigkeiten die Schuld des sich unmöglich verhaltenden Ex-Mannes der Mutter sind. In solchen Fällen wären Sie vor dem Hintergrund Ihres Fachwissens verpflichtet, den Dienstauftrag in dieser Form nicht zu akzeptieren. Anderes Beispiel: Ein alkoholabhängiger Klient, der täglich zwei Flaschen Rum konsumiert, kommt in Ihre ambulante Therapie und möchte von Ihnen ohne Umweg über eine stationäre Behandlung den kontrollierten Umgang mit Alkohol erlernen. Und noch ein weniger eindeutiges, aber aufgrund des Gesundheitsaspektes immer noch klares Beispiel: Ein unter einer Erschöpfungsdepression („Burnout") leidender Klient bittet um eine Therapie, weil er lernen möchte, den Anforderungen, die an ihn gestellt sind, noch perfekter zu genügen und seine Leistungsfähigkeit noch weiter hochzuschrauben. In solchen Fällen wäre etwa wie folgt zu reagieren: „Ich muss Ihnen leider mitteilen, dass ich Ihnen bei Ihrem Ziel nicht helfen werde, da ich es fachlich nicht verantworten kann. Die Behandlung einer schweren Depression ohne Hinzuziehung eines Arztes und Prüfung der Notwendigkeit von Antidepressiva/einer Alkoholsucht ohne stationäre Vorbehandlung/… wäre ein Kunstfehler. Ich möchte Sie gerne behandeln, aber das geht nur unter bestimmten Bedingungen. Und die möchte ich Ihnen jetzt gerne näher erklären, damit wir gemeinsam zu einer Entscheidung finden, wie es jetzt weitergehen sollte."

Das sind eindeutige und fachlich klare Fälle. Interessanter wird es, wenn es um beispielsweise moralisch anzweifelbare Dienstaufträge geht. Ein Beispiel dafür könnte ein narzisstischer Patient sein, der in der Therapie Möglichkeiten erlernen möchte, seine Frau besser in Richtung seiner eigenen Bedürfnisse zu manipulieren. Während sich der Behandler in den oben genannten Beispielen relativ leicht vor dem Hintergrund seiner professionellen Ausbildung orientieren kann, ist er in letzterem Fall auf seine eigenen Moralvorstellungen zurückgeworfen. Somit liegt dieser Fall gewissermaßen zwischen den oben geschilderten nicht-zentralen Abweichungsproblemen und den fachlich bedingten zentralen Abweichungsproblemen. Entsprechend ist die Argumentation des Behandlers in einem solchen Fall auch anzupassen: „Ich muss Ihnen leider mitteilen, dass das, was Sie von mir möchten, ein Therapieziel ist, bei dem ich Sie nicht unterstützen werde. Ihr Ziel widerspricht wichtigen Grundsätzen meiner Arbeit, und die möchte ich nicht übertreten. Ich werde Ihnen das auch gerne näher erklären und würde danach am liebsten mit Ihnen schauen, ob wir andere Ideen finden, die Sie in Ihrer Situation auch als hilfreich empfinden würden und bei denen ich Sie gerne unterstützen würde."

Unterstützung für den Umgang mit Abweichungsproblemen

Für alle hier geschilderten Situationen wird somit deutlich, dass sich der Behandler sehr klar sein muss über die Bedingungen seines Angebotes: Unter welchen Bedingungen kann ich arbeiten und unter welchen muss oder will ich eine Behandlung ablehnen? Diese Bedingungen sind zum Teil „objektive" Bedingungen (weil fachlich begründet und somit überindividuell gültig) und zum Teil „subjektive" Bedingungen (weil stärker mit der Person des Behandlers verknüpft, somit eher „Geschmackssache" und nicht überindividuell gültig, weil von Behandler zu Behandler verschieden). Es ist uns wichtig zu betonen, dass jeder Behandler das Recht hat, klare Bedingungen für sein Angebot aufzustellen! Gerade im Bereich der subjektiven Bedingungen erleben wir häufig, dass Therapeuten und Berater sich scheuen, solche Bedingungen zu artikulieren. Doch das ist sehr zentral, da ein Behandler beim Übertreten für ihn selbst wichtiger Regeln und Grundsätze mit hoher Wahrscheinlichkeit in seiner Wirksamkeit eingeschränkt sein wird. Supervision, Selbsterfahrung und interkollegialer Austausch sind geeignete Settings, um sich mit seinen eigenen Bedingungen auseinanderzusetzen, gute und klare Regeln für die eigene Arbeit zu formulieren und diese dann Klienten gegenüber auch klar, freundlich-bestimmt und konsequent zu artikulieren und einzuhalten. Wenn es dazu kommt, dass aufgrund eines solchen Bedingungs- bzw. Abweichungsproblems eine unüberbrückbare Kluft entsteht, dann muss der Behandler die Arbeit mit dem Klienten folgerichtig auch abbrechen bzw. gar nicht erst beginnen. Aus seiner Fürsorgepflicht folgt allerdings, dass er den Klienten nicht einfach nach Hause schickt, sondern angemessene Möglichkeiten des „Wie geht es jetzt weiter?" mit dem Klienten bespricht, Empfehlungen gibt, Kontakt zu anderen Behandlern oder Einrichtungen herstellt usw.

Dos	Don'ts
▶ Deutliche Stellungnahme („Ich muss Ihnen leider mitteilen, dass ich Ihnen bei Ihrem Ziel nicht helfen werde, da …") ▶ Wenn möglich, Patienten entlasten („Es ist mein Problem, dass ich mit unseren unterschiedlichen Ansichten im Bereich X nicht umgehen kann, das liegt nicht an Ihnen.") ▶ Anbieten, negative Gefühle zu äußern („Wie geht es Ihnen damit, dass ich … sage?" oder deutlicher: „Ich könnte mir vorstellen, dass es Sie ziemlich ärgert, dass ich jetzt … Trifft das bei Ihnen zu?") ▶ Intensive Abwägung des Abweichungsproblems vor dem Hintergrund eigener Werte und Normen	▶ Vermeidung mit dem Gedanken: „Vielleicht merkt der Patient ja nicht, dass ich mit seiner für die Therapie zentralen Ansicht X gar nicht klar komme." ▶ Patienten ohne konkreten Lösungsvorschlag wegschicken ▶ Unterwürfige Entschuldigungs- und Selbstanklagehaltung („Es tut mir wirklich so leid, dass ich das nicht kann. Bei einem besseren Therapeuten als mir wären Sie wirklich besser aufgehoben!") ▶ Prinzipielle Ablehnung „schwieriger" Patienten, Bevorzugung von YAVIS-Klienten (YAVIS = young, attractive, verbal, intelligent, successful)

4 Abwertendes und überkritisches Verhalten

> Sie haben soeben einen Klienten verabschiedet und erledigen in der kurzen Pause bis zur nächsten Stunde noch einige Schreibarbeiten. In diesem Moment klopft es an der Tür, trotz des dort hängenden „Bitte nicht stören"-Schildes. Sie öffnen die Tür und es zeigt sich, dass der Klient der nächsten Stunde – ein Erstgespräch – das Schild ignoriert hat und sich bemerkbar machen wollte. Sie bitten ihn, noch kurz zu warten, schließen die Tür wieder und bringen Ihre Notizenarbeit zu Ende. Dann bitten Sie den Klienten herein. Noch im Reinkommen, unmittelbar nach der Begrüßung sagt er: „Also, diese Wartezimmer-Musik ist wirklich schlimm, viel zu laut und dieses moderne Zeug. Dass das die anderen Patienten nicht stört… Vielleicht können Sie die ja in Zukunft ausmachen, bevor ich komme. Sonst muss ich weiter vorne im Gang warten." In diesem Sinne geht es weiter, zum Beispiel, als Sie mit dem Klienten zum Ihnen geeignet erscheinenden Zeitpunkt Formales rund um die Behandlung besprechen möchten. Er daraufhin: „Müssen wir denn jetzt über so was sprechen? Ich bin doch wegen meiner Probleme hier, nicht wegen Formalkram. Und wieso eigentlich fünfzig Minuten? Eine Stunde hat doch sechzig. So leicht wie Sie würde ich mein Geld auch gerne verdienen." So geht es weiter, und Sie sind heilfroh, als Sie die Tür endlich wieder hinter diesem Klienten schließen können.

Gelegentlich sind Behandler mit Verhaltensweisen von Klienten konfrontiert, die sie subtil oder auch deutlich abwerten. Solche Abwertungen können sich dabei auf spezifische Merkmale beziehen („Sie sind doch sowieso viel zu jung, als dass Sie mir helfen könnten!") oder auch die Arbeit oder die Person des Beraters insgesamt zum Ziel haben („Die Behandlung bei Ihnen bringt mir überhaupt nichts. Meine frühere Therapeutin Frau X. war viel besser als Sie!"; vgl. hier auch das Kap. 21 „Therapeutische Vorprägung"). Insgesamt kostet die Arbeit mit Klienten, die solche Verhaltensweisen an den Tag legen, enorm viel Kraft, weshalb es wichtig ist, besonnen und sich selbst schützend zu reagieren. In jedem Fall entsteht für den Therapeuten eine höchst belastende Situation, da es ungemein schwer ist, harter Kritik oder Abwertungen gegenüber eine professionelle Distanz zu wahren und nicht mit großer persönlicher Betroffenheit zu reagieren. Wir betrachten nun zuerst den Fall, dass die Abwertungen aus Sicht des Beraters noch in einem akzeptablen Rahmen bleiben und die Arbeit nicht grundsätzlich gefährden.

Konstruktiver Umgang mit Abwertungen und Kritik
In der zuvor genannten professionellen Distanz liegt ein erster Versuch, mit abwertendem Verhalten gewinnbringend umzugehen. Es ist wichtig, die zentralen Gründe der Abwertung zu erfahren. Dazu ist es hilfreich, sich zunächst vom eigenen Erleben ein wenig zu distanzieren und die Aufmerksamkeit auf den Patienten zu richten. Die Distanzierung kann zum Beispiel dadurch erfolgen, dass man sich als Behandler Folgendes selbst sagt: „Wer hier kritisiert/abgewertet wird, das bin nicht ich als Person, sondern es sind Merkmale meiner Rolle als Berater. Was hier passiert, hat mit der konkreten Situation zu tun, und nicht damit, was für ein Mensch ich bin." Zur Unterstützung dieser Distanzierung können Sie auch versuchen, mit Vorstellungsübungen zu arbeiten. Hoffmann und Hofmann (2012) schlagen vor, sich eine „verstellbare, schützende Glaswand oder einen Glasschild zwischen sich und dem Patienten vor[zu]stellen: Egal, was er tun wird, er kann Ihnen nichts anhaben" (S. 159f). In der Regel wird es auch hilfreich sein, sich eine möglichst konkrete Vorstellung davon zu machen, welches Verhalten auf Seiten des Behandlers Anlass für das abwertende Verhalten des Patienten war.

Mitunter hilft beim Herstellen professioneller Distanz auch das diagnostische Wissen des Behandlers. So gehören bei bestimmten psychischen Störungen Abwertungen von Interaktionspersonen zum Problemverhalten des Patienten und sind somit von vornherein zu erwarten und in keiner Weise erst durch die Person des Therapeuten hervorgerufen. Das sicherlich populärste Beispiel sind hier die Borderline-Persönlichkeitsstörung und die narzisstische Persönlichkeitsstörung, aber auch bei anderen Störungen können sich Interaktionsprobleme der geschilderten Art zeigen (vgl. Fiedler, 2007).

Gelingt es dem Behandler, nicht in zu große persönliche Betroffenheit zu geraten, so wird er am ehesten dazu in der Lage sein, die Abwertungen differenzierend zu ordnen, um den Gründen auf die Spur zu kommen. Denn das ist in der konkreten Beziehungsklärung mit dem Klienten eines der wichtigen anstehenden Ziele: Worauf bezieht sich die Abwertung, wie ist sie motiviert und mit welchem Zweck wird sie vorgenommen?

Häufig wird es sich empfehlen, das Wahrgenommene direkt und offen anzusprechen: „Mir ist aufgefallen, dass Sie mich in Punkt X anscheinend sehr kritisch sehen. Ich würde darüber gerne mehr erfahren. Können Sie sich dazu genauer äußern?" Ähnlich wie in vielen anderen schwierigen Situationen verfolgt der Behandler somit einen offenen und auch unpopuläre Dinge ansprechenden Stil. Oftmals ist es auch notwendig, dem Klienten die Folgen seines Handelns direkt vor Augen zu führen, entweder erst einmal mit einem explorativen Ansatz („Was glauben Sie/Haben Sie eine Vorstellung davon, wie ich mich fühle, wenn Sie ... sagen?") oder auch direkt konfrontativ („Wenn Sie ... sagen, dann kommt darüber bei mir ziemlicher Ärger auf. Können Sie das nachvollziehen?/War das Ihre Absicht?").

Zur konkreteren Verdeutlichung kann es auch hilfreich sein, dem Klienten sein Verhalten per Video-Aufnahme direkt transparent zu machen. Im konstruktiven Sinne sollte das in einer möglichst wenig demonstrativen und nicht den Klienten entwertenden Weise geschehen. Einleiten kann man das zum Beispiel, indem man sagt: „Mir ist an Ihrem Verhalten in der letzten Stunde etwas aufgefallen, das mir bezogen auf Ihren Umgang mit Menschen sehr wichtig erscheint. Ich würde Ihnen das gerne einmal zeigen, und zum Glück hatten wir ja letzte Stunde das Band mitlaufen. Sind Sie einverstanden, dass ich Ihnen die entsprechende Stelle mal zeige und Ihnen meine Wahrnehmung dazu mitteile?" Durch die Formulierung in diesem Beispiel soll verdeutlicht werden, dass es sich hierbei um ein Angebot handelt, das der Klient nutzen kann, wenn er möchte, das er aber nicht nutzen muss. Mit einer solchen Angebotshaltung wird man als Berater in der Regel die größte Aussicht darauf haben, dass sich der Klient für die darin liegenden Möglichkeiten auch öffnet (vgl. dazu auch die sog. „motivierende Gesprächsführung", Miller & Rollnick, 2005 sowie Kap. 11 zu mangelnder Veränderungsmotivation).

Es ist wichtig, die kritischen Aspekte in der beraterischen Beziehung genau zu beleuchten und in ihren Auswirkungen zu betrachten, da sie dabei helfen können, dem Klienten Diskrepanzen zwischen seinen (Ober)Plänen in der Beziehungsgestaltung, seinem konkreten Vorgehen und den entsprechenden Erfolgen im Verfolgen seiner Pläne transparent zu machen (vgl. dazu die „Plananalyse", Caspar, 2007): Häufig kommt es vor, dass Klienten sehr gut nachvollziehbare und gut begründete Wünsche (z. B. „Ich möchte ernst genommen werden") mit ungünstigen Verhaltensweisen zu erreichen versuchen (z. B. durch übertrieben starkes Auftreten). Die Analyse dieser Pläne der Beziehungsgestaltung ist jedoch kein Selbstzweck, sondern dient natürlich stets der Verbesserung der realen Beziehungen des Patienten, weshalb es wichtig ist, zu diesem Bereich Verbindungen herzustellen: „Gehen Sie mit anderen Menschen ähnlich um? Fallen Ihnen Beispiele aus Ihrem Alltag dazu ein?"

Bis hierhin wurde der konstruktive Umgang *mit* den Abwertungen des Patienten besprochen. Doch natürlich darf eine solche Grundhaltung nicht dahingehend missverstanden werden, dass der Behandler sich vom Klienten jedes abwertende Verhalten gefallen lassen muss. Wie auch in anderen Situationen gibt es Grenzen, die ein Berater für sich erkennen und festlegen sollte und bis zu denen für ihn sinnvolles Arbeiten möglich ist. Darauf gehen wir im Folgenden ein.

Beraterverhalten bei zu weitreichenden Abwertungen

Führen die Abwertungen und kritischen Äußerungen des Klienten beim Behandler zu sehr starker Betroffenheit und daraus folgend auch zu einer Beeinträchtigung des Behandlers, so sollte dies dem Klienten sehr klar vermittelt werden: „Ihre Haltung mir gegenüber im Punkt … macht es mir schwer, Ihnen wirksam zu helfen. Wie können wir das ändern?" Der Berater macht somit deutlich, dass er ein bestimmtes Verhalten nicht länger zu tolerieren bereit ist und dass dieses geändert werden muss. Ist das dem Klienten nicht möglich, dann muss die Behandlung gegebenenfalls beendet und bei einem anderen Therapeuten oder Berater fortgeführt werden. Das sollte aber nur in Ausnahmefällen nötig sein. In der Regel soll die therapeutische oder beraterische Beziehung dem Klienten ja als korrigierende Erfahrung angeboten werden. Kommt es aufgrund des Klientenverhaltens zu einem Abbruch durch den Behandler, so setzt sich für den Klienten nur ein pathologisches Muster fort, das sein Interaktionsverhalten auch in seinem Alltag reguliert. Doch dieses Argument darf keinen Berater dazu verführen, sich in einer selbstaufopfernden Haltung langfristig Klienten zuzumuten, deren Verhalten die eigene Schmerzgrenze deutlich überschreitet. Mindestens erforderlich ist seitens des Klienten eine grundsätzliche Einsicht in die Auswirkungen seines Verhaltens und die selbstkritische Erklärung, dies in der therapeutischen oder beraterischen Arbeit auch wirklich ändern zu wollen. In vielen Fällen wird sich im Bereich abwertenden Verhaltens auch ein (u. U. die Einzelbehandlung begleitendes) soziales Kompetenztraining empfehlen, um die Klienten umfassender in einem sozial verträglichen Interaktionsverhalten zu unterstützen (vgl. Heidenreich & Noyon, 2004). Dies ist gerade auch bei den in diesem Abschnitt gemeinten Klienten mit sehr weitreichendem abwertenden Verhalten günstig, da die Vergrößerung der Feedback-Menge und die Verteilung auf mehrere „therapeutische Schultern" Druck vom Einzelbehandler nehmen kann.

Ständige Abwertungen unter Aussparung des Behandlers
Ein Sonderfall kann dann vorliegen, wenn ein Klient sich zwar fortwährend über irgendetwas bzw. irgendjemanden negativ äußert, dabei aber den Berater verschont. So schimpfen nicht wenige Klienten beispielsweise gerne über frühere Behandler oder auch Ärzte, bei denen sie sich zeitgleich in Behandlung befinden (vgl. hier auch Kap. 21 „Therapeutische Vorprägung"). In solch einem Fall kann es dem Berater passieren, dass er das Problemausmaß eines solchen Interaktionsverhaltens unterschätzt (da er selbst eben nicht im Kreuzfeuer der Kritik steht) oder sich sogar zum „Mitschimpfen" hinreißen lässt. Beides ist sehr ungünstig und dem dauerhaften Wohlbefinden des Klienten in der Regel nicht zuträglich. Somit sollte auch mit solchermaßen auffälligem Klientenverhalten offen und konstruktiv der Umgang gesucht werden: „Mir fällt auf, dass Sie an Ihren früheren Therapeuten oder jetzt an Dr. X., bei dem Sie ja auch noch sind, kein gutes Haar lassen. Haben Sie mit diesen Leuten über das, was Sie konkret gestört hat, einmal gesprochen?" Häufig wird dann die Antwort negativ ausfallen, woraufhin der Berater fragen wird: „Sie haben denen also nie gesagt, womit Sie unzufrieden waren, obwohl Sie aber ja ganz offensichtlich wirklich sehr unzufrieden waren. Besteht die Gefahr, dass Sie über Dinge, die Ihnen in unserer Arbeit nicht gefallen, auch erst in der nächsten Therapie sprechen?" Von einer solchen Intervention ausgehend kann das konkrete Klientenverhalten dann doch in die beraterische Beziehung hineingeholt und entsprechend bearbeitet werden. Das gilt natürlich auch dann, wenn nicht ehemalige Therapeuten, sondern andere

Personen Gegenstand ständiger Kritik sind, ohne dass die Betroffenen davon selbst erfahren.

Ein besonderer Fall ist in diesem Zusammenhang dann gegeben, wenn der Berater aus der Schilderung des Klienten Anhaltspunkte für problematisches Verhalten von Vorbehandlern erhält. Dies kann z. B. darin bestehen, dass ein Vorbehandler relativ viel Zeit seiner Sitzungen damit verbringt, über eigene Stärken zu sprechen und dass verschiedene Klienten konsistent ähnliche Erfahrungen berichten. In diesem Fall wird es auf der einen Seite notwendig sein, die Wahrnehmungen des Klienten zu validieren („Sie haben recht: Es ist nicht Ziel einer Beratung, dass die Beraterin Ihnen regelmäßig die Hälfte der Sitzung von ihren Leistungen und Fähigkeiten berichtet.") und gleichzeitig die Aufmerksamkeit auf Möglichkeiten zu legen, wie mit solchen Verhaltensweisen umgegangen werden kann.

Dos	Don'ts
▶ In Maßen innere Distanz herstellen („Hier bin nicht ich als Person gemeint, sondern meine Rolle als Therapeut steht im Mittelpunkt.") ▶ Offener und klärender Stil („Sie haben sich gerade im Punkt X sehr kritisch über mich geäußert. Habe ich Sie da richtig verstanden? Was genau denken Sie an dieser Stelle über mich?") ▶ Konkretes Verhalten benennen und ggf. Videos der Stunden verwenden, um dem Patienten seine Abwertungen präzise vor Augen zu führen ▶ Initiierung eines Trainings sozialer Kompetenzen ▶ Ggf. Wahrung eigener Grenzen („Ich kann mit Ihnen nicht arbeiten, wenn Sie sich mir gegenüber weiterhin … verhalten. Ich möchte, dass wir schauen, wie Sie das ändern können.")	▶ „Überhören" der Abwertungen in der Hoffnung, dass es sich nicht wiederholt ▶ Verteidigend reagieren („Aber das stimmt doch gar nicht! In unserer dritten Stunde haben Sie noch gesagt, dass Sie mich toll finden!") ▶ Impulsen zum Gegenangriff stattgeben („Glauben Sie wirklich, mit Ihrem gescheiterten Leben in der Position zu sein, mich hier zu kritisieren?") ▶ Von vornherein davon ausgehen, dass Patienten mit den in den abwertenden Äußerungen enthaltenen Aussagen unrecht haben („Immunisierung")

5 Aggressives Verhalten und Gewalt

> Nach Ihrem vierwöchigen Urlaub sehen Sie Frau F., eine anorektische Patientin, zum ersten Mal wieder. Sie sind sofort erschrocken, denn offensichtlich hat sie in der kurzen Zeit massiv an Gewicht verloren. Sie sprechen das direkt an und erhalten dafür auch Bestätigung. Frau F. lässt sich motivieren, sich zu wiegen, was Ihren Verdacht eines gefährlich niedrigen Body-Mass-Index bestätigt. Sie machen ihr klar, dass es nun nicht mehr ambulant weitergehen kann, sondern sofort eine stationäre Behandlung eingeleitet werden muss. Daraufhin springt Frau F. auf und beginnt, wie ein eingesperrter Tiger im Käfig hin und her zu laufen. Sie ballt die Fäuste und öffnet sie wieder, und stößt zischend aus: „Ich wusste, dass Sie das sagen. Das geht auf keinen Fall! Ich kann nicht! Am liebsten würde ich jetzt irgendwas zertrümmern!" Und dann greift sie sich die Vase, die auf Ihrem Therapietisch steht, und schmeißt sie an die Wand.

Im Kapitel „Abwertendes und überkritisches Verhalten" (Kap. 4) wurde bereits ein Interaktionsverhalten charakterisiert, das man als aggressiv bezeichnen kann. In Abgrenzung dazu möchten wir uns in diesem Abschnitt nun aber mit Klienten befassen, bei denen stärkere und offenere Formen von Aggressivität vorliegen und es nicht nur bei Abwertungen des Beraters bleibt, sondern im Extremfall der Behandler sogar tätliche Angriffe fürchtet. Die Übergänge zwischen beiden Bereichen sind jedoch fließend, so dass dieser Abschnitt Überschneidungen zum eingangs genannten Kapitel aufweist und dieses insofern ergänzt, als dass diese Situationen in der Regel noch schwieriger zu bewältigen sind. Entsprechend kommt in diesem Abschnitt auch stärker der Klärungsaspekt der Selbst- und/oder Fremdgefährdung zur Sprache. Die Selbstgefährdung werden wir jedoch aufgrund der großen Bedeutung insbesondere der Suizidalität in einem eigenen Kapitel thematisieren (s. Kap. 20). Wir werden hier schwerpunktmäßig auf Aggression und gewalttätige Handlungen eingehen, die im Rahmen von Störungen der Impulskontrolle auftreten (d. h. den Klienten gelingt es nicht, ihren mehr oder weniger nachvollziehbaren Ärger zu kontrollieren). Eine weitere Form aggressiven Verhaltens besteht in der bewussten Einschüchterung von Interaktionspartnerinnen und -partnern, um damit eigene Ziele zu erreichen (sog. instrumentelle Aggression). Auf dieses Problemfeld werden wir am Ende des Kapitels eingehen.

Mildere Formen der Aggression
Hiermit sind Klienten gemeint, deren aggressives Verhalten sich rein auf den verbalen Bereich bezieht. Es kommt zu Abwertungen, unter Umständen auch regelrechten Beschimpfungen und stärkeren verbalen Attacken („Sie sind genauso unfähig wie alle anderen Therapeuten, die ich bisher hatte. Das kotzt mich echt an!"). Nicht selten richten sich diese Aggressionen auch gegen andere Personen als den Behandler („Meine Arbeitskollegen sind allesamt Arschlöcher. Die haben von Tuten und Blasen keine Ahnung, aber mir machen sie das Leben schwer!"). Gegen den Berater gerichtete Aggressionen dieser Art sind am besten so aufzunehmen wie im Abschnitt über Abwertungen herausgearbeitet (vgl. Kap. 4). Da wir hier tendenziell eher von heftigeren Formen der Abwertung sprechen, wird der Behandler auch eher abgrenzend und direktiv in Erscheinung treten müssen. „Ich erlebe Ihren Ton als sehr aggressiv; so möchte ich nicht mit mir umgehen lassen. Ich bitte Sie, das zu ändern." Verbale Aggressionen anderen gegenüber sind mitunter ganz anders zu handhaben. Gerade in der Phase des Beziehungsaufbaus können sie – bei zumindest tendenziell nachvollziehbarer bzw. adäquater Aggression – vom Berater gut genutzt werden: „Ich kann Sie gut verstehen. Bei dem, was Sie da erzählen, wäre ich an Ihrer Stelle wahrscheinlich auch stocksauer". In einem solchen Falle würde der Behandler also die Gefühlsqualität an sich validieren, auch wenn er die Intensität nicht angemessen findet. Es ist jedoch wichtig, an dieser Stelle nicht stehen zu bleiben, sondern den Klienten zu angemessener Zeit auch zu einem konstruktiveren Stil zu verhelfen. „Sie ärgern sich jetzt seit einer Woche über … Geht es Ihnen mit diesem Ärger eher gut oder eher schlecht?" – „Na ja, toll geht's mir nicht, aber wenn dieser Drecksack doch …" – „Moment, das zweite war nicht die Frage. Wir sind uns ja darüber einig, dass … wirklich sehr ärgerlich war. Aber Sie sagten gerade, dass es Ihnen mit dem Ärger eigentlich nicht mehr gut geht. Deshalb die nächste Frage: Was ist Ihnen wichtiger – den Ärger weiter zu behalten, oder dass es Ihnen wieder besser geht?" Der Zeitpunkt für eine solche Intervention muss gut gewählt sein, damit der Klient nicht den Eindruck bekommt, dass der Behandler ihn in seinem Ärger nicht ausreichend ernst nimmt. Wie in vielen anderen Fällen auch entspricht die Strategie hier einer Gratwanderung zwischen den Polen „Empathie/Verständnis/Validierung" und „Veränderungsimpuls setzen" (zur Erinnerung: Marsha Linehan bezeichnet dieses Spannungsfeld, auf das wir bereits in der Einführung ausführlicher eingegangen sind, als „zentrale Dialektik der Psychotherapie"; vgl. Linehan, 1994, S. 73).

Umgesetzt auf den oben kurz angerissenen Dialog bedeutet die Gratwanderung, dass der Behandler seinem Klienten auf der einen Seite genügend Verständnis (Empathie) für seinen Ärger über X zeigt, darin aber nicht steckenbleibt: Ansonsten wird der Behandler – z. B. mit zu vielen Äußerungen im Sinne von „Das ist aber auch wirklich unmöglich, wie da mit Ihnen umgegangen wird." – nur immer weiter Öl in das Ärgerfeuer des Klienten gießen und diesem dabei helfen, in seinem wenig hilfreichen emotionalen Zustand zu verharren. Auf der anderen Seite muss er das richtige Ausmaß an Änderungsdruck entfalten (im Dialogbeispiel oben durch die Frage „Was ist Ihnen wichtiger – das Beibehalten des Ärgers oder ein größeres Wohlbefinden?"), ohne dabei jedoch zu stark auf diese Seite zu fallen (z. B. durch fortgesetztes Unterbrechen des Patienten, wenn dieser Ärger berichtet, oder durch zu direktives Vorgehen wie z. B. „Jetzt hören Sie endlich auf sich zu ärgern, das tun Sie schon lange genug.").

Mittelstark ausgeprägte Aggression
Hiermit meinen wir Klienten, die deutlich stärkere verbale Aggressivität zeigen, mitunter auch schon Drohungen von körperlicher Gewalt abgeben, die aber doch noch Selbstkontrolle besitzen, so dass zumindest keine unmittelbare Gefahr besteht.

Prinzipiell ist zu sagen, dass ein Berater mit Angst kein guter Behandler mehr ist. Insofern ist hierin jedenfalls ein mögliches Abbruchkriterium zu sehen. Sollten Sie sich von Drohungen Ihrer Klienten so eingeschüchtert fühlen, dass Sie merken, dass Sie in Ihren Interventionen zu Vermeidung tendieren („Das sage ich lieber nicht, auch wenn es eigentlich wichtig wäre, aber sonst geht er mir vielleicht an die Gurgel."), dann ist wohl der Zeitpunkt gekommen, über ein Ende der Behandlung bzw. zumindest den Abbruch der Sitzung nachzudenken. Auf jeden Fall muss aber der Interaktionsstil mit dem Klienten deutlich in den Mittelpunkt gerückt werden, und das bestimmter und kategorischer als im vorangegangenen Abschnitt. Wichtig ist dabei allerdings, dass der Klient sich nicht seinerseits bedroht fühlt. Der Behandler muss somit das Kunststück schaffen, die Aggressionen des Klienten zu konfrontieren, ohne dabei seinerseits durch Aggression noch Öl ins Feuer zu gießen. Das kann möglicherweise wie folgt geschehen: „Der Ton in unserer Zusammenarbeit ist für mich im Moment problematisch. Sie wirken ziemlich aggressiv auf mich. Ich habe Verständnis für Ihre Situation, diese ist sehr schwierig. Und mir ist auch klar, dass … Sie sehr wütend macht. Aber bei einer Atmosphäre, wie sie hier im Moment herrscht, kann ich nicht gut arbeiten. Es ist mir wichtig, dass wir das ändern, damit ich Ihnen wirklich effektiv helfen kann. Wie kann das gehen? Was brauchen Sie dazu von mir?"

Wichtig ist es in solchen Fällen, sowohl verbal als auch nonverbal Festigkeit zu signalisieren: Die Stimme sollte also klar und fest sein, die Körperhaltung aufrecht, aber entspannt (nicht vorgebeugt-bedrohlich), der Blickkontakt stabil, nicht ausweichend, aber auch nicht „niederstarrend". Das lässt sich auch relativ gut in Rollenspielen üben. Dazu empfehlen wir beispielsweise unseren Ausbildungskandidaten in Psychotherapie und Studierenden der Sozialen Arbeit in Veranstaltungen zu „Gesprächsführung", dass sie sich in Dreierteams zusammentun und problematische Situationen nachspielen. Der Dritte übernimmt dabei die Rolle des Beobachters von außen und prüft, ob es jenem, der die therapeutische Rolle übernimmt, gelingt, stabil und sicher aufzutreten, ohne dabei seinerseits bedrohlich oder ausweichend zu werden. Teilweise kann man dies auch alleine zu Hause vor dem Spiegel üben. In der Regel ist das Künstliche und „Lächerliche" dieser Situation bei entsprechendem Engagement bald überwunden und der Spiegel kann zur guten Informationsquelle dafür werden, ob die Reaktionen nonverbal adäquat sind.

Starke Aggression
Nun ist die Rede von Klienten, bei denen wirklich der Durchbruch aggressiver Impulse droht und tätliche Handlungen möglich oder wahrscheinlich sind. Jeder Berater oder Therapeut (vor allem natürlich Therapeutinnen und Beraterinnen!) sollte es sich gut überlegen, ob er sich auf solche Situationen einlassen möchte und wenn ja, unter welchen Bedingungen. Wie im vorangegangenen Abschnitt festgehalten, kann ein Behandler in ängstlichem Zustand nicht gut intervenieren. Also muss auch im Umgang mit real bedrohlichen Klienten eine große Sicherheit hergestellt werden. Planen Sie solche Stunden gewissenhaft, indem Sie dafür sorgen, dass im Notfall wirklich Hilfe zur Stelle ist (keine Stunden, wenn außer Ihnen niemand mehr in der Institution ist; vorher mit Kollegen Alarmsysteme absprechen etc.). Institutionen, in denen von einem sehr hohen Risiko für aggressive Verhaltensweisen ausgegangen werden muss (z. B. psychiatrische Stationen, Gefängnisse), verfügen in der Regel über fest verankerte Notfallpläne (etwa einen „Notfallknopf" und die Möglichkeit, einen „Hausalarm" auszulösen). Wir empfehlen Ihnen, sich mit diesen Vorkehrungen und der konkreten Initiierung von Notfallmaßnahmen sehr gut vertraut zu machen. Machen Sie sich klar: Ihre Sicherheit hat absoluten Vorrang, auch vor allen Interessen und Belangen Ihrer Klienten! Sollte sich im Verlauf einer Stunde eine sehr bedrohliche Situation ergeben, so ist jedes Mittel recht, um Ihre Unversehrtheit zu garantieren. Wenn Sie das Gefühl haben, dass eine Situation Ihnen zunehmend entgleitet und Ihre Angst größer wird und Sie nicht mehr wissen, was Sie tun sollen, dann verlassen Sie unter einem Vorwand den Raum und holen sich Hilfe („Ich hole uns erst mal eine Flasche Wasser, zumindest ich brauche jetzt mal was zu trinken, damit ich weiterarbeiten kann."). Dann beraten Sie sich – sofern möglich – kurz mit Ihren Kollegen und überlegen, was weiter zu tun ist. Die schwerwiegendste, aber in extremen Fällen natürlich nicht zu umgehende Maßnahme ist dann die Einschaltung der Polizei. Das heißt: Im Extremfall schließen Sie sich mit Ihren Kollegen zusammen in irgendeinem Raum mit Telefon ein, rufen die Polizei an, schildern die Situation und geben damit die Verantwortung komplett ab. Sollte der aggressive Klient währenddessen entweder die Einrichtung der Institution beschädigen oder aber auch das Gebäude verlassen (mit dem Risiko weiterer Fremd- oder auch Selbstgefährdung; s. dazu weiter unten), so ist das hinzunehmen und ein akzeptabler Preis für Ihre Unversehrtheit. Dies ist der zweitschlimmste Fall, der in Situationen mit aggressiven Klienten eintreten kann, und die Ausführungen hier sollten deutlich machen, dass bei konsequentem Zu-ende-Denken auch diese schwierige Situation zwar sehr unangenehm, aber keine Katastrophe ist.

Doch damit bleibt noch der Worst Case übrig, nämlich, dass es Ihnen nicht mehr gelingt, den Raum, den Sie mit dem aggressiven Klienten teilen, unversehrt zu verlassen. Hiermit ist also das Restrisiko gemeint, dass Sie durch die Aggression eines Patienten wirklich zu Schaden kommen. Zu dieser Frage gibt es nicht allzu viele empirische Studien, und in ihren Ergebnissen weichen sie stark voneinander ab: Die Quoten dafür, mindestens einmal im Berufsleben tätlich angegriffen zu werden, schwanken zwischen 12 % (niedergelassene Therapeuten) und 40 % (Psychiater) (Bernstein, 1981; Menninger, 1993, zitiert nach Comer, 2008; Messer, D'Amelio & Pajonk, 2012). Die Wahrscheinlichkeit, als Berater oder Therapeut Opfer eines aggressiven Klienten zu werden, hängt also sehr von der Berufsgruppe und dem Arbeitssetting ab. Die oben zitierten Zahlen mögen für manchen alarmierend klingen, wir möchten aber entgegen halten, dass in unserer bisherigen Berufslaufbahn ernsthaft gefährdende aggressive Ausbrüche von Patienten ausschließlich in Extremsituationen zu beobachten waren (z. B. im Rahmen akuter psychotischer Krisen auf einer psychiatrischen Station). Doch natürlich bleibt je nach Behandlungssetting ein mehr oder weniger großes Restrisiko bestehen. Zur konstruktiven Bewältigung solcher Situationen wurde deshalb eine Reihe von Fortbildungsmaßnahmen entwickelt. Beispielsweise unter dem Stichwort „Preventing" werden verschiedentlich Kurse angeboten, in denen man sich unter anderem in der Frühwahrnehmung von Warnzeichen, professionellem Deeskalieren und sogar effektiver körperlicher Gegenwehr weiterbilden kann (z. B. www.preventing.nl). Manche Therapeuten oder Berater fühlen sich auch geschützt, wenn sie Selbstverteidigungskurse besuchen. Allerdings sollte nicht aus den Augen verloren werden, dass die Haltung, mit der wir auf Patienten zugehen, eine wichtige Determinante für den weiteren Verlauf der Situation darstellt: Schmidt (2008) hat beispielsweise darauf hingewiesen, dass neben sehr hilfreichen und damit wünschenswerten Kompetenzen, sich in schwierigen Situationen wehren zu können, eine allzu „martialische" Haltung („Ich war beim Selbstverteidigungskurs, soll mir mal einer kommen.") problematisch sein kann. Letztlich ist an dieser Stelle ein Stück Selbsterfahrung angezeigt: Jeder Behandler muss für sich herausfinden, wie genau er sein Sicherheitsbedürfnis befriedigen kann und unter welchen Bedingungen er kein Angebot mehr aufrecht erhalten kann. Wir möchten hier nachhaltig dafür eintreten, diese persönlichen Grenzen zu akzeptieren und sie sich nicht aufgrund von Vergleichsprozessen mit anderen („Aber meine Kollegin X. hat da gar keine Angst, obwohl sie viel kleiner ist als ich!") zu verbieten. Subjektiv als gefährlich empfundene Klienten oder Arbeitsplätze gehören zu den Angstkontexten, in denen Vermeidung ausnahmsweise ausdrücklich erlaubt ist!

Instrumentelle Aggression
Bereits oben haben wir darauf hingewiesen, dass neben der hier im Zentrum stehenden Aggression, die sich aus einer Störung der Impulskontrolle ergibt (und somit meist „ich-dyston" ist, d. h. nicht im Einklang mit dem Selbstbild

steht), gelegentlich auch eine ich-syntone (d. h. im Einklang mit dem Selbstbild stehende), „instrumentelle" Art von Aggression und Gewalt zu beobachten ist. Besonders häufig tritt dies bei Menschen mit antisozialen und narzisstischen Persönlichkeitszügen auf. Typische Verhaltensweisen in diesem Kontext sind Drohungen, Einschüchterungen und auch körperliche Gewalt, die sich häufig auf wichtige Bezugspersonen, gelegentlich jedoch auch gegen Behandler richten. Aus unserer Sicht ist es zunächst wichtig, diese Form der Aggression zu erkennen und von der aus einer verringerten Impulskontrolle resultierenden Aggression zu trennen. In einem nächsten Schritt sollte entschieden werden, ob es in der Situation gefahrlos möglich ist, dem Klienten eine direkte Rückmeldung zu seinem Verhalten zu geben („Ich habe den Eindruck, dass Sie gegenüber Ihrer Frau ganz bewusst Drohungen einsetzen, um Ihre Ziele zu erreichen.") oder ob dadurch eine in letzter Konsequenz für den Behandler gefährliche – gewalttätige – Entwicklung zu befürchten ist. In letzterem Fall sollten Sie zunächst „gute Miene zum bösen Spiel" machen und überprüfen, ob die Behandlung aktuell sinnvoll fortgesetzt werden kann. Da solchen Verhaltensweisen sehr häufig eine grundsätzliche Unfähigkeit zugrunde liegt, sich in das Erleben anderer Menschen einzufühlen, ist eine langfristig denkbare – in ihrer Effektivität jedoch durchaus umstrittene – Möglichkeit, in einem sog. „Empathietraining" Klienten die Konsequenzen ihres Verhaltens für andere vor Augen zu führen (beispielsweise im forensischen Rahmen; vgl. hierzu auch Kap. 29). Bezieht sich das instrumentell aggressive Verhalten auf Sie als Behandler, ist es unabdingbar, klare Grenzen zu ziehen: Dies geschieht dadurch, dass Sie das Verhalten klar ansprechen („Sie haben gerade gedroht, mir diese Vase an den Kopf zu werfen, wenn ich Ihnen diese Woche nicht noch einen Termin gebe. Solche Drohungen haben in meiner Praxis keinen Platz und ich möchte Sie deshalb nachdrücklich auffordern, sie nicht zu wiederholen, da ich sonst mein Beratungsangebot für Sie nicht aufrechterhalten kann."). Therapeutisch können solche Situationen insofern genutzt werden, als im Sinne der komplementären Beziehungsgestaltung herausgearbeitet werden kann, welcher legitime Wunsch (Unterstützung zu erhalten) mit welchen ungeeigneten Mitteln (Drohungen) erreicht werden soll. In diesem Fall könnte ein entsprechendes Gesprächsangebot etwa folgendermaßen lauten: „Ich kann verstehen, dass Sie sich in diesen schwierigen Zeiten mehr Unterstützung wünschen. Lassen Sie uns analysieren, ob der von Ihnen eingeschlagene Weg erfolgversprechend ist." Dennoch möchten wir an dieser Stelle nochmals betonen, dass schon allein aus Gründen der Psychohygiene für die Behandler an allererster Stelle eine klare Abgrenzung und eine Überprüfung des Behandlungsangebotes stehen sollten.

Institutionelles Bedrohungsmanagement

Aus den obigen Erwägungen wird deutlich, dass Institutionen, die einem relativ hohen Risiko für aggressive Verhaltensweisen ausgesetzt sind (neben den oben genannten müssen hierzu leider aufgrund von Fällen sog. „school shootings" auch Schulen und Hochschulen gezählt werden) gut daran tun, sich bereits im Vorfeld Gedanken zu machen und ein entsprechendes Konzept für den Umgang mit Bedrohungen entwickeln. Bezogen auf Therapie und Beratung sind z.B. psychiatrische Kliniken, Krankenhäuser, öffentliche Verwaltungen und Arbeitsagenturen solche Kontexte. Im deutschen Sprachraum hat sich insbesondere Jens Hoffmann mit dieser Problematik befasst und wichtige Hinweise entwickelt (Hoffmann, 2011). Der Beginn eines institutionellen Bedrohungsmanagements dürfte stets in der Bildung eines Krisenteams bestehen, das einerseits als Ansprechpartner für entsprechende Belange dient und das andererseits kontinuierlich Konzeptentwicklung betreibt. Im Krisenteam müssen Repräsentanten unterschiedlicher Gruppen vertreten sein (z.B. Leitungsebene, Personalabteilung, Justiziar etc.). Grundsätzliches Ziel des Bedrohungsmanagements ist, dass sich alle Personen, die sich in der entsprechenden Institution aufhalten, so sicher wie möglich fühlen und sich ohne Angst vor Gewalt, Bedrohung oder Stalking bewegen können. Institutionelles Bedrohungsmanagement kann somit dazu beitragen, eine „Kultur des Hinsehens und der Wertschätzung" zu fördern, die es Angehörigen der Institution ermöglicht, kritische Beobachtungen mitzuteilen. Für den Krisenfall liegt ein klares Konzept vor, das das Vorgehen regelt – hier werden zunächst umfassend Informationen gesammelt und ggf. werden weitere Experten bzw. die Polizei hinzugezogen. Im Konzept ist ebenfalls klar geregelt, in welchen Situationen gehandelt werden sollte. Beispiele dafür sind jede Form körperlicher Gewalt, Gewaltandrohungen, Ausdruck von Gewaltphantasien, Suizidäußerungen, sexuelle Übergriffe oder Stalking. Ein Beispiel für die Umsetzung eines Bedrohungsmanagements, das ich (A.N.) kürzlich an der Hochschule Mannheim implementiert habe, finden Sie unter: https://www.hs-mannheim.de/fileadmin/user_upload/hauptseite/einrichtungen/Bedrohungsmanagement/Flyer_Bedrohungsmanagement.pdf.

Stalking

Eine Sonderform aggressiven Verhaltens, das wir an dieser Stelle nur kurz erwähnen wollen, ist das sog. „Stalking". Die Bezeichnung stammt aus dem Englischen und bezeichnete ursprünglich das „Anpirschen" bei der Jagd. Im übertragenen Sinne sind damit Verhaltensweisen gemeint, bei denen ein Mensch einem anderen Menschen „nachstellt", so dass dessen Lebensqualität erheblich beeinträchtigt wird. Typische Verhaltensweisen reichen von unerwünschten Telefonanrufen zu verschiedenen Tages- und Nachtzeiten bis hin zu Androhungen von körperlicher Gewalt. Während in der Öffentlichkeit vor allem Fälle sogenannten Prominentenstalkings bekannt sind, scheinen auch Psychiater, Therapeuten und Berater relativ häufig Opfer entsprechender Verhaltensweisen zu werden: In einer Studie von McIvor, Potter und Davies (2008) berichteten 21 % der befragten britischen Psychiater, in der Vergangenheit schon einmal Stalking durch Patienten erlebt zu haben. In immerhin 34 % der berichteten Fälle fand sich die Androhung körperlicher Gewalt. Sollten Sie von Stalking durch Patienten betroffen sein, empfehlen wir zunächst, Kontakt mit einem Kollegen bzw. einer Kollegin Ihres Vertrauens herzustellen und die Situation ausführlich zu schildern. Dies ermöglicht es, nicht in eine dysfunktionale Verheimlichung des Sachverhalts zu kommen, die aufgrund von Scham gelegentlich beobachtet werden kann. Legen Sie gemeinsam eine entsprechende Vorgehensweise fest. Diese sollte in der Regel zumindest umfassen, den Patienten klar auf sein Verhalten hinzuweisen („Ich habe vergangenen Sonntag beobachtet, dass Sie sich auffällig lange vor meinem Haus aufgehalten haben/Sie haben mich seit unserer letzten Sitzung dreimal privat angerufen.") und eine ebenso klare Aufforderung folgen zu lassen: „Ich möchte Sie bitten, dieses Verhalten in Zukunft zu unterlassen, da ich mich dadurch belästigt fühle." Während dies in einfachen Fällen von Stalking eine hinreichende Intervention darstellt, führen in der großen Mehrzahl der Fälle entsprechende Appelle nicht zum gewünschten Ergebnis. Ebenfalls im kollegialen Kontakt sollten Sie eine Einschätzung treffen, inwiefern das Stalking-Verhalten auf eine ggf. bestehende psychische Störung Ihres Klienten zurückzuführen ist (z. B. im Sinne eines „Liebeswahns" oder bei Persönlichkeitsstörungen). Im Falle ernstzunehmender Belästigung sollten Sie juristischen Beistand suchen: Der Gesetzgeber hat den Straftatbestand „Nachstellung" 2007 dem Strafgesetzbuch hinzugefügt (§ 238 StGB, vgl. „Gesetz zur Strafbarkeit beharrlicher Nachstellungen" vom 22. März 2007). Darin wird geregelt, dass Stalking mit einer Freiheitsstrafe von bis zu 3 Jahren geahndet werden kann; geht mit dem Stalking-Verhalten eine erhebliche Gefahr des Todes für das Opfer oder diesem nahestehenden Personen einher, beträgt das Strafmaß bis zu 5 Jahren (§ 238 StGB Abs. (3)). Es muss an dieser Stelle nicht wiederholt werden, dass es sich dabei buchstäblich um das letzte einzusetzende Mittel handelt, da die beraterische oder therapeutische Beziehung durch ein solches Vorgehen erheblichen Schaden erleiden dürfte. Im deutschen Sprachraum hat sich Fiedler (2006) ausführlich mit dem Problem „Stalking" auseinandergesetzt und sehr hilfreiche Hinweise formuliert. Wir widmen uns im Kapitel 19 „Strafbare Handlungen von Klienten" ausführlich schwierigen Situationen im Kontext der Fremdgefährdung.

Dos	Don'ts
▶ Nonverbale Sicherheit: klare, aufrechte Körperhaltung; Blickkontakt; feste und klare, aber freundliche Stimme ▶ Immer Selbst- und Fremdgefährdungsgefahr prüfen ▶ Klartext sprechen und Bedenken auf den Punkt bringen („Ich mache mir Sorgen darüber, ob Sie Ihrem Mann vielleicht etwas antun könnten. Was denken Sie darüber?") ▶ Sicherheitssysteme mit Kollegen vereinbaren („Gut, du bist also im Nebenraum, und wir haben ausprobiert, dass du mich hören kannst, wenn ich laut schreie und dass du dann in fünf Sekunden da bist und mir hilfst. Damit fühle ich mich sicher.")	▶ Aggression mit Gegenaggression beantworten ▶ Defensiv und unsicher reagieren ▶ Um den heißen Brei reden ▶ So tun „als wäre nichts" (Vermeidung) ▶ Demonstrativ einschüchterndes bzw. drohendes Verhalten zeigen

6 Antriebslosigkeit

> Ein Blick in Ihren Terminplan offenbart, dass gleich Frau L. kommt. Sofort überfällt Sie eine bleierne Müdigkeit, weil Sie daran denken müssen, wie zäh es mit dieser Klientin immer läuft. Sie ahnen, dass auch heute wieder der Satz „Ich kann nicht" das Gespräch dominieren wird, und dass einmal mehr vor allem Ihr Geschick im Unterdrücken von Gähnkrämpfen verlangt sein wird. Denn Frau L. ist antriebslos, sie kann sich zu nichts aufraffen, und egal, was Sie sich einfallen lassen – was haben Sie nicht schon alles probiert: sportliche Aktivierung, wieder im Chor singen, morgens einen Waldspaziergang machen –, alles wird versickern.

Besonders bei depressiven Klienten ergibt sich häufig das Problem, dass eine weitreichende Antriebslosigkeit therapeutische Schritte unmöglich zu machen scheint. Doch auch in weniger gravierenden Fällen (z. B. Eheberatung oder Schuldnerberatung) kann die folgende Situation eintreten: Der Berater oder Therapeut weiß mehr oder weniger genau, was nun der nächste richtige Schritt wäre, doch was auch immer er mit dem Klienten erarbeitet oder diesem vorschlägt, die Antwort bleibt die gleiche: „Ich kann mich einfach zu nichts aufraffen."

Effekte auf den Behandler
Bei den oben beschriebenen und noch einigen anderen Verhaltensweisen (z. B. Unmotiviertheit, vgl. Kap. 11) kann das Phänomen eintreten, dass der Behandler sich selbst unter immer größer werdenden Druck setzt, jetzt doch endlich „das Richtige" zu finden, das für diesen Klienten schließlich die Lösung darstellt! Es kann sich dann eine Interaktion entwickeln, die folgende Dynamik entfaltet: Behandler macht Vorschlag – Klient lehnt ab („Das schaffe ich nicht") – Behandler macht den nächsten Vorschlag – Klient lehnt wiederum ab („Das schaffe ich auch nicht") – Behandler rückt weiter im Stuhl vor, wird unruhiger, fühlt sich unter Druck, wird immer aktiver – Klient lässt sich schlaff zurücksinken, wird immer passiver, wird zum reinen „Therapiekonsumenten". Damit ist ein Teufelskreis in Gang gekommen, der schwer wieder zu stoppen ist. Es muss deshalb an dieser Stelle daran erinnert werden, dass Therapie und Beratung nicht ohne die Mitwirkung des Klienten auskommen. Bei einer Antriebsstörung ist aber gerade dieses Potenzial zur Mitwirkung reduziert. Dieser Verlust kann aber nicht durch gesteigerte Aktivität des Behandlers beliebig stark kompensiert werden. Dies geht nur bis zu einer gewissen Grenze; diese im Sinne übersteigerter Berateraktivität zu übertreten, hat keinen Sinn und führt auch nicht zu erwünschten Effekten. Das Einzige, was dadurch effektiv – wenn auch nur kurzzeitig – bekämpft wird,

ist das schlechte Gewissen des Behandlers. Im Interesse des Klienten jedoch steht die Ermittlung des angesichts der Antriebsstörung noch verbliebenen Aktionsspielraumes. Sollte dieser für eine ambulante Behandlung zu gering sein (z. B. bei schwer depressiven Personen, s. unten), so kann der Therapeut dies nicht durch Aktionismus seinerseits lösen, sondern muss eine alternative/zusätzliche (z. B. medikamentöse) sowie im Extremfall sogar stationäre Behandlung in die Wege leiten.

Antriebslosigkeit bei Depression
Gerade letzterer Fall wird bei schwer depressiven Patienten häufig eintreten. Es erscheint uns sehr bedeutsam, darauf hinzuweisen, dass Antriebslosigkeit bei depressiven Klienten ein biologisch bedingtes Merkmal der Störung sein kann. Somit lässt sich diese häufig auch nicht ohne Weiteres psychotherapeutisch beseitigen. Bei weitreichenden Antriebsstörungen ist eine ärztliche Mitbehandlung häufig sehr sinnvoll, mindestens die Abklärung ist unbedingte Pflicht.

Häufig ergibt sich die Antriebslosigkeit gerade bei Depression auch aus deutlicher Überlastung. Deshalb ist einer der wichtigsten ersten Schritte im Rahmen einer Depressionsbehandlung oft die Entlastung (vgl. hierzu Hoffmann & Hofmann, 2001). Diese beinhaltet zunächst die Erklärung, dass Depression regelhaft mit weitgehender und nicht selbst verschuldeter Handlungsunfähigkeit einhergeht. Das liefert die Erlaubnis, im Moment bestimmte Dinge eben nicht erreichen oder erledigen zu müssen (im Denken depressiver Menschen spielt sich häufig ein Kreislauf aus „Ich müsste dies tun, ich müsste das tun, ich hätte dies und das schon lange erreicht haben sollen" ab) und bestimmten – echten wie vermeintlichen – Verpflichtungen nicht nachkommen zu müssen. Als nächster Schritt steht in der Regel die Aktivierung externer Ressourcen und Unterstützungsangebote an („In Ihrem aktuellen Zustand ist es nicht sinnvoll, dass Sie ... [entsprechende Aktivität, z. B. Hausputz] tun. Ich schlage deshalb vor, dass ich aktiv werde und ... [entsprechenden nächsten Schritt, z. B. Putzdienst organisieren] veranlasse."). Dieses zunächst untypische Vorgehen (scheinbar nehmen wir Klienten dabei die Arbeit und die Verantwortung ab) ist bei Antriebslosigkeit sinnvoll einzusetzen, da erst durch die Entlastung wieder Energie für behandlungsrelevante Maßnahmen frei wird. Selbstverständlich dürfen solche entlastenden Maßnahmen, bei denen die Beraterin sehr viel direktiver ist als in sonstigen Situationen, nur auf einen engen Zeitrahmen begrenzt sein, da Klienten sonst die erneute (auf lange Sicht äußerst negative) Erfahrung machen, dass andere Menschen (in diesem Falle die Beraterin) die Dinge „besser hinkriegen".

Prinzipiell müssen die Ziele bei Antriebslosigkeit sehr nah gesetzt werden („baby steps"). Auch dies ist dem Umstand geschuldet, dass Überlastungen vermieden werden sollen. Häufig bewährt es sich, die Frage gewissermaßen umzudrehen und nicht mehr danach zu suchen, was jemand aktuell machen *sollte*, sondern danach zu fragen, was jemand noch machen *kann*: „Wir haben beim

Besprechen des Modells herausgefunden, dass es gut wäre, wenn Sie aktiver wären. Zu den bislang von uns für nützlich erachteten Aktivitäten fühlen Sie sich aber nicht in der Lage. Ich frage einmal umgekehrt: Was ginge denn noch? Was könnten Sie denn tun, was können Sie sich vorstellen? Für was wäre genügend Energie da?"

In manchen Situationen bewährt sich auch, was wir die „Vorordnung des Sinn- vor dem Lustprinzip" nennen. Sehr häufig gehen Menschen bei der Auswahl ihrer Aktivitäten lustorientiert vor; sie tun eben, wozu sie *Lust* haben. Das Wesen einer Depression bzw. schwerwiegenden Antriebsstörung ist jedoch gerade, dass die Betroffenen zu gar nichts Lust haben. Die Lust ist somit kein guter Wegweiser des Verhaltens. Häufig lässt sich aber auch in einer solchen Situation mit dem Klienten herausfinden, was denn *sinnvoll* wäre, auch wenn der Klient dazu keine Lust hat. Er geht dann also eine Vereinbarung mit sich selbst ein: „Ich habe herausgefunden, dass es sinnvoll wäre, am Sonntag … zu machen. Ich weiß jetzt schon, dass ich dazu wahrscheinlich gar keine Lust haben werde, dass ich keinen Antrieb dazu haben werde, aber ich werde mich trotzdem dazu überwinden, weil ich es eben für sinnvoll halte. Deshalb erwarte ich auch gar nicht, dass mich beim Gedanken an … Lust überkommt, sondern höchstens, dass ich hinterher eine gewisse Erleichterung verspüren werde, etwas Sinnvolles getan zu haben." Oftmals machen Klienten, die so vorgehen, dann die (natürlich erwünschte, aber vom Behandler nicht vorhergesagte!) Erfahrung, dass im Verlauf des Tuns doch irgendwann sogar eine gewisse Befriedigung aufgetaucht ist. Neuere verhaltenstherapeutische Ansätze wie „Behavioral Activation" (Veale, 2008) oder die „Akzeptanz- und Commitmenttherapie" (Hayes et al., 1999) messen dem wertebasierten Aktivitätsaufbau („Was ist mir wichtig?") im Gegensatz zum „Aufbau positiver Aktivität" eine zentrale Bedeutung zu.

Sport als Energielieferant
Es mag eine Banalität sein, doch wir möchten nachdrücklich darauf hinweisen, dass sportliche Aktivität sowohl kurz- als auch mittel- und langfristig das persönlich erlebte Energielevel erhöht und somit Antriebsstörungen wirksam bekämpfen kann. Zahlreiche Studien zeigen die sowohl antriebssteigernde als auch stimmungsaufhellende Wirksamkeit von sportlicher Betätigung auf (z. B. Knubben, Reischies, Schlattmann, Bauer & Dimeo, 2007). Es ist günstig, depressiven Patienten dieses Wissen zugänglich zu machen und sie durchaus direktiv in diese Richtung zu motivieren: „Ganz besonders stark machen möchte ich mich dafür, dass Sie mit einer regelmäßigen sportlichen Betätigung beginnen. Sie leiden ja sehr unter Ihrer Antriebslosigkeit, und zum Glück funktioniert Sport da als Maßnahme sehr gut. Das haben auch viele wissenschaftliche Studien gezeigt. Wahrscheinlich haben Sie darauf gar keine Lust, aber ich möchte die Möglichkeiten gerne mit Ihnen untersuchen, denn ich bin sehr zuversichtlich, dass Ihnen das helfen würde" (vgl. auch Bartmann, 2009).

Antriebslosigkeit = Unmotiviertheit?

In manchen Fällen wird das eigentliche Problem nicht in einer realen Antriebslosigkeit (= Energiedefizit; „Ich kann nicht") bestehen, sondern darin, dass zwar eine gewisse Energie vorhanden ist, der Klient aber nichts findet, wozu er seine Energie einsetzen soll (= Unmotiviertheit; „Ich will nicht"). Es ist nicht immer leicht, das eine vom anderen zu unterscheiden, da praktisch kein Klient von sich aus „Ich will nicht" sagt, sondern fast immer nur „Ich kann nicht". Eine wichtige therapeutische oder beraterische Aufgabe besteht somit häufig darin, ein ausgesprochenes „Ich kann nicht" als ein eigentliches „Ich will nicht" zu erkennen und dies dem Klienten freundlich, aber deutlich zu erklären. Damit wechselt dann auch der Fokus der Arbeit, indem es nunmehr um Motivationsaufbau geht (s. dazu das Kapitel über unmotivierte Klienten, Kap. 11).

Dos	Don'ts
▶ Bei depressiven Klienten: Ärztliche Abklärung herbeiführen und dadurch ggf. medikamentöse Begleitbehandlung herbeiführen ▶ „baby steps" ▶ Anforderungen reduzieren ▶ „Lust-Prinzip" hinterfragen und durch „Sinn-Prinzip" ersetzen ▶ Eigenen Ärger wahrnehmen	▶ Sich unter Druck setzen lassen und ständig neue therapeutische Ideen „aus dem Hut zaubern" ▶ Vorwurfsvolle Haltung einnehmen („Sie wollen wahrscheinlich nicht, dass es Ihnen besser geht, sonst würden Sie sich mehr bemühen.") ▶ Aufbau hilfreicher Aktivitäten ganz aufgeben ▶ Dem Klienten dauerhaft sämtliche Verantwortung abnehmen und alles für ihn erledigen

7 Beratungsanliegen im persönlichen Kontext

> Es ist Mittwochabend und Sie sitzen nach einem mit Beratungen und dienstlichen Besprechungen angefüllten Tag gemeinsam mit Ihrem Mann auf der Couch und schauen sich einen Krimi an. Als das Telefon klingelt und Sie sehen, dass es Ihre Freundin Andrea ist, sagen Sie zu Ihrem Mann: „Ich mache das Gespräch kurz und wir gucken gleich weiter". Allerdings stellt sich dann heraus, dass Andrea völlig aufgelöst ist, weil ein Bekannter von ihr ihr gesagt hat, dass sein Leben keinen Sinn mehr mache. Sie sagt, sie wisse jetzt gar nicht, was sie tun solle, und setzt offensichtlich für die Bewältigung dieser Ausnahmesituation große Hoffnung in Sie, da Sie ja „vom Fach" sind.

Solche oder ähnliche Situationen dürften jedem Berater und Therapeuten vertraut sein: Ähnlich wie die Situation in Kapitel 28 zu zufälligen Begegnungen mit Klienten im privaten Kontext zeigen auch solche und ähnliche Anliegen von Freunden, Familienmitgliedern und Bekannten, dass schwierige Situationen im Umkreis Therapie und Beratung nicht auf das Beratungssetting per se begrenzt sind, sondern auch im ganz normalen Alltag eine Rolle spielen. Ich (T.H.) kann mich noch an eine Situation zu Beginn meines Psychologiestudiums erinnern, als die Freundin eines Bekannten bei unserer ersten Begegnung ausführlich den Versuch unternahm, ihre schwierige Kindheit zu schildern und mich mit den Worten „Du bist doch angehender Psychologe und kannst mir da sicher helfen" erheblich unter Druck setzte. Auch in Supervisionen und Gesprächskontakten mit Studierenden hören wir häufig von solchen Situationen, die regelmäßig mit einer teils erheblichen Verunsicherung verbunden sind. Die Spannbreite dieser Situationen reicht von eher „harmlosen" Anfragen (z. B. „Wo finde ich einen kompetenten Psychotherapeuten?" bis zu krisenhaften Situationen wie im einleitenden Fallbeispiel Wir werden zunächst grundlegende Merkmale der hier vorliegenden Situation erörtern und uns dann mit den zur Verfügung stehenden Handlungsmöglichkeiten beschäftigen.

Rollenkonflikte. Zunächst ist zu fragen, was diese Situationen schwierig macht: In der Regel ist die Konstellation so, dass jemand aus dem persönlichen Umfeld (Familie, Freunde, Bekannte) entweder selbst ein schweres Problem hat oder wiederum jemanden kennt, der unter einem Problem leidet. Bis dahin ist diese Konstellation absolut menschlich und alltäglich und Berater/Therapeuten unterscheiden sich darin in keiner Weise von anderen Menschen. Brisant wird die Konstellation jedoch durch die Erwartung der Freunde/Familienangehörigen/Bekannten, dass Sie als Profi mittels der erworbenen professionellen Kompetenzen in der Lage (und willens) sein müssten, bei der Lösung des Problems mitzuhelfen. Uns Professionelle stürzt das in einen (Rollen-)Konflikt: Agieren wir hier als Privatperson, der die Unterstützung unserer Freunde oder Familienmitglieder am Herzen liegt, oder handeln wir als Professionelle, die anderen Menschen helfen, eine Krise zu bewältigen? Psychologisch betrachtet handelt es sich hier um einen klassischen Interrollenkonflikt, der bei unsachgemäßer Behandlung erhebliche negative Konsequenzen sowohl für die Rat suchenden Personen als auch für uns selbst haben kann. Beispiele für solche negativen Konsequenzen sind z. B. dass Freunde sich schlecht beraten fühlen und dass deshalb die Freundschaft zumindest bedroht wird oder dass durch die Asymmetrie der Beratungsbeziehung eine Störung der Freundschaftsbeziehung entsteht.

Den Konflikt zu ignorieren würde beispielsweise bedeuten, unmittelbar das freundschaftliche Gespräch in eine Beratungssituation umzuwandeln – aber so kompetent bestimmte Probleme im beruflichen Kontext anzugehen sein mögen, so schwierig sind sie im Rahmen von Freundschaften (insbesondere dadurch, dass beraterische Beziehungen im Gegensatz zu freundschaftlichen Beziehungen notgedrungen asymmetrisch sind und eine Reihe weiterer Merkmale wie Schweigepflicht etc. aufweisen). Eine andere Art, den Konflikt zu umgehen wäre der Versuch, auf solche schwierigen Situationen gar nicht einzugehen und entsprechende Versuche rüde abzublocken: „Ich habe jetzt Feierabend und möchte mir nicht noch mehr Leidensgeschichten anhören.". Doch es wird jedem klar sein, dass diese Lösung wiederum für die persönliche Beziehung nicht günstig sein dürfte. Der hier bereits durch die Anfrage entstandene Rollenkonflikt darf aus unserer Sicht auf keinen Fall unterschätzt werden: Wir müssen davon ausgehen, dass unsere professionellen Kompetenzen im privaten Bereich aus prinzipiellen Gründen nicht vollständig zum Tragen kommen können (und natürlich sollen). Es fehlt die Distanz zu einer kritischen Einschätzung der Situation, es können persönliche Interessen vorliegen, die der Problembearbeitung im Weg stehen und schließlich sind teilweise erhebliche negative Konsequenzen für die persönliche Beziehung zu erwarten.

Helfersyndrom. Eine besondere Konstellation ist dann gegeben, wenn ein Berater oder Therapeut dazu neigt, in seinem Privatleben mehr oder weniger systematisch Strukturen aufzubauen, die den professionellen Strukturen in Beratung und Therapie gleichen, etwa dadurch, dass Freundschaften dahingehend asymmetrisch sind, dass stets der Berater in der Rolle des Problemlösenden ist. Wolfgang Schmidbauer (1992) hat diese Problematik in seinem Buch „Hilflose Helfer" als „Helfersyndrom" beschrieben: Dieses Syndrom ist dadurch charakterisiert, dass die Gefahr besteht, dass Menschen in helfenden Berufen ihren Selbstwert vor allem dadurch aufrechterhalten, dass sie anderen Menschen helfen. Dementsprechend sind sie nicht in der Lage, reziproke und symmetrische Beziehungen aufzubauen, sondern rutschen unwillkürlich in verschiedensten Situationen in die Beraterrolle. Selbstverständlich gehen wir davon aus, dass eine solche Haltung kontraproduktiv und gefährlich sowohl für die Betroffenen als auch für ihr soziales Umfeld ist.

Selbsterfahrung. Der Umgang mit Beratungsanliegen im persönlichen Kontext dürfte im Regelfall Bestandteil der beraterischen oder therapeutischen Ausbildung sein (allerdings gibt es nach unserer Kenntnis an keiner Ausbildungsstelle ein Seminar, das sich explizit mit der sozialen Rolle als Therapeut oder Berater beschäftigt). Stattdessen sind entsprechende Themen häufig Gegenstand von Supervision und Selbsterfahrung. Im Sinne der Selbsterfahrung ist es insbesondere sinnvoll, sich Fragen zu stellen wie: „Neige ich dazu, berufliche und persönliche Haltungen zu vermischen? Sind meine Freundschaften davon geprägt, dass ich meine Freunde ständig unterstütze, aber wenig zurückkommt, wenn es mir mal schlecht geht? Wie möchte ich meine persönlichen Kontakte gestalten?"

Verschiedene Beratungsanliegen

Im Rahmen von Beratungsanliegen im persönlichen Kontext lassen sich unterschiedliche Ausprägungsgrade unterscheiden. Wir werden diese im Folgenden benennen und jeweils spezifische Vorschläge für den Umgang damit formulieren.

Gut bearbeitbare Beratungsanliegen

Zunächst einmal gilt es anzuerkennen, dass das Anliegen des Interaktionspartners durchaus nachvollziehbar und sinnvoll sein kann (vielleicht kennen wir es auch von uns selbst, dass wir schon einmal einen befreundeten Elektriker gefragt haben, wie eine Lampe angeschlossen werden sollte). Beispiele für solche Beratungsanliegen könnten folgende Fragen sein: „Ich habe den Verdacht, dass mein Sohn unter einer Aufmerksamkeits-Defizitstörung leidet – kannst Du mir sagen, was wir da am sinnvollsten tun sollten?" oder „Ich habe letzte Woche einen total beängstigenden Zustand erlebt: Mein Herz hat gerast, ich habe keine Luft mehr bekommen und dachte, dass ich einen Herzinfarkt habe – in den beiden Tagen danach war ich in der Kardiologie und wurde ‚auf Herz und Nieren' durchgecheckt und es haben sich keine auffälligen Befunde ergeben – trotzdem habe ich jetzt totale Angst, dass die was übersehen haben oder dass ich sowas noch einmal erlebe". Wir gehen davon aus, dass Anliegen und Anfragen dieser Art durchaus sinnvoll beantwortet werden können und dass – wenn es sich wirklich um seltene, gut bearbeitbare und zu einem verträglichen Zeitpunkt geäußerte Anliegen handelt – eine tiefere Auseinandersetzung mit möglichen Rollenkonflikten etc. hier unterbleiben kann. Allerdings muss bereits früh im Gespräch betont werden, dass der Weg zur Lösung der Probleme grundsätzlich nicht über eine Behandlung durch uns (den direkt Angesprochenen) erfolgen kann, sondern dass es notwendig ist, fachlich indizierte Diagnostik- und Behandlungsmöglichkeiten aufzuzeigen: Wir halten es für sinnvoll, eine konkrete fachlich fundierte Antwort zu geben, die solche Behandlungsmöglichkeiten darstellt, etwa: „In dem, was du im Verhalten deines Sohnes schilderst, finden sich in der Tat Anhaltspunkte für ADHS. Es ist aber sehr wichtig, eine solche Diagnose nicht leichtfertig zu stellen, und deshalb würde ich dir raten, eine gründliche Abklärung vornehmen zu lassen. Infrage kommen dafür Kinder- und Jugendlichen-Psychiater oder Kinder- und Jugendlichen-Psychotherapeuten, umfassende diagnostische Einschätzungen lassen sich zum Beispiel in der Ambulanz der hiesigen Klinik für Kinder- und Jugendlichenpsychotherapie vornehmen".

Oder im Fall des Freundes mit den Herzbeschwerden: „Ich kann gut verstehen, dass dir das Angst eingejagt hat – auf jeden Fall ist es zunächst mal gut, dass die Kardiologen da nichts gefunden haben. Zum medizinischen Bereich kann ich natürlich nicht viel sagen, solche Zustände kommen aber auch im Rahmen von psychischen Belastungen vor, zum Beispiel in Form von sogenannten Panikattacken – wenn dich das weiter belastet, kann es sinnvoll sein, dass du dich bei einem Psychotherapeuten mit Spezialkenntnissen im Angstbereich vorstellst".

Aus unserer Erfahrung können solche kurzen und wenig aufwändigen Beratungen verblüffend wirksam sein: In einem Fall berichtete einer meiner (T.H.) Freunde, dass sein 17jähriger Sohn seit einer Klassenfahrt vor wenigen Monaten nicht mehr mit dem Bus fahren könne, weil er intensive Angst davor habe, erbrechen zu müssen (dies war ihm angesichts enger Passstraßen im Beisein seiner Schulkameraden passiert) – diese Angst stelle die Familie vor eine riesige Herausforderung, da man den Sohn seit dieser Zeit in die Schule fahren müsse. Völlig eskaliert sei die Situation, seit der Sohn die Angst entwickelt habe, er müsse im Klassenzimmer erbrechen, und sich deshalb weigere, in die Schule zu gehen. Der knappe Hinweis, dass diese Problematik (so ungewöhnlich sie auf den ersten Blick aussieht) durchaus bekannt sei und – bei genauerer Untersuchung und Diagnosestellung – den Namen „Emetophobie" trage nebst der Empfehlung einer Internetquelle und dem Hinweis auf Behandlungsmöglichkeiten, führten dazu, dass die Störung weitgehend spontan remittierte: Der Sohn konnte die Problematik einordnen und reduzierte spontan sein Vermeidungsverhalten.

In den hier beschriebenen Kontext „gut bearbeitbarer Beratungsanliegen" passt auch die eingangs (direkt nach dem Fallbeispiel) geschilderte Situation, bei der Sie möglicherweise zu einem relativ frühen Ausbildungszeitpunkt z. B. auf einer Party angesprochen werden. In diesem Fall empfehlen wir eine freundliche und gleichzeitig entschiedene Absage zu erteilen: „Ich kann gut verstehen, dass du dir Unterstützung von mir ‚als Psychologen' erhoffst, aber zum einen bin ich im Rahmen meines Studiums/meiner Therapieausbildung erst relativ am Anfang und zum anderen (was noch wichtiger ist) kann und möchte ich in dieser (Party-)Situation nicht als Psychologe tätig sein."

Häufigere, umfangreichere und grundlegende Beratungsanliegen

Die meisten Therapeuten und Berater dürften schon einmal mit Anliegen von Bekannten, Freunden oder Familienangehörigen konfrontiert gewesen sein, die im Gegensatz zu den gerade geschilderten „unschädlichen" Anliegen entweder im Hinblick auf die Häufigkeit (z. B. mehrmals im Monat) oder den Umfang (hoch komplexe Situationen, bei denen eine sehr sorgfältige Analyse notwendig ist), den Zeitpunkt (wie im einleitenden Fallbeispiel) oder auch die Bedeutung („Kannst du mir helfen, mit meiner schwierigen Kindheit zurechtzukommen?") von Anfang an problematisch sind. Eine klare Unterscheidung dieser beiden Situationsklassen ist selbstverständlich nicht möglich: Es kann sein, dass eine vermeintlich „einfache" Situation sich im Nachhinein als wesentlich komplexer darstellt als zunächst vermutet oder dass auf eine erste unproblematische Anfrage eine Fülle neuer Anfragen folgen. Dies ist auch der Grund dafür, dass wir dringend davon abraten, die Situation (selbst wenn sie im obigen Sinne unproblematisch erscheint) im diagnostischen Sinne zu umfangreich zu explorieren: Natürlich wäre es z. B. leicht möglich (und nicht sehr zeitaufwändig), mit einem an Depression erkrankten Freund den entsprechenden Abschnitt eines strukturierten klinischen Interviews durchzuführen oder ihm einen Fragebogen (z. B. das BDI) zu geben – dies würde jedoch die oben dargestellten Rollenkonflikte ignorieren und mit hoher Wahrscheinlichkeit zu Problemen in der freundschaftlichen Beziehung führen. Auch hier ist – völlig analog dem obigen Vorgehen – zunächst einmal darauf hinzuweisen, dass das Anliegen durchaus sinnvoll und nachvollziehbar ist: „Ich kann gut verstehen, dass du dich mit diesem Problem an mich wendest, weil ich mich ja beruflich mit solchen Dingen beschäftige". Analog der oben geschilderten Situation kann dann ein entsprechender Hinweis gegeben werden („Die geschilderten Symptome deuten in der Tag darauf hin, dass du eine Depression entwickelt haben könntest"), gleichzeitig sollte direkt auf professionelle Behandlungsmöglichkeiten verwiesen werden („Da eine Diagnosestellung eine umfangreichere Abklärung erfordert, würde ich dir empfehlen, einen Arzt mit entsprechender Qualifikation oder einen Psychologischen Psychotherapeuten aufzusuchen"). Gleichzeitig sollte auch ein Hinweis auf die potenziellen Rollenkonflikte erfolgen: „Vielleicht bist du jetzt enttäuscht, dass ich dir lediglich eine Empfehlung gebe und dir nicht direkt helfe – das hat aber seinen guten Grund: Du bist mir als Freund wichtig, und als Freund werde ich dich auch in jeder Hinsicht unterstützen, allerdings besteht ein riesiger Unterschied zwischen einem Freund und einem Therapeuten. Würde ich dir als Therapeut gegenübertreten, würde sich unsere Beziehung unweigerlich so verändern, dass unsere Freundschaft gefährdet ist".

Im Einzelfall kann dieses Spannungsfeld dann im Sinne einer ausführlichen Erläuterung des Rollenkonflikts noch detaillierter erörtert werden („Obwohl ich beruflich mit solchen Problemen befasst bin, kann ich dir damit nicht weiterhelfen: Unsere Freundschaft beruht natürlich neben all den anderen Dingen auch darauf, dass wir uns gegenseitig auch schmerzhafte Dinge erzählen können – trotzdem kann und will ich nicht in die Rolle des Beraters/Therapeuten rutschen. Diese unterscheidet sich nämlich grundlegend von einer Freundschaft: Wir treten uns als Freunde ‚von gleich zu gleich' gegenüber, während eine professionelle beraterische oder therapeutische Beziehung immer asymmetrisch ist in dem Sinne, dass der Behandelte in gewissem Sinne zum ‚Objekt' des Behandlers wird". Wie diese Sachverhalte im Einzelfall vermittelt werden, lässt sich auf keinen Fall schematisch beantworten: So mag in einem Falle der mit einem Augenzwinkern verbundene Hinweis „Mann, ich bin dein Freund und nicht dein Therapeut" völlig ausreichend sein. Verkomplizierend wirkt aus unserer Sicht das Phänomen, dass psychologische Inhalte zwischenzeitlich gesellschaftlich so verbreitet sind, dass viele Alltagsbeziehungen (unter Nicht-Beratern und -therapeuten) stark therapeutische Qualitäten aufweisen (manchmal reicht in diesem Fall ein unwillentlich mitgehörtes Telefonat in der Straßenbahn). In einem entsprechenden Klima, in dem auch Nicht-Therapeuten sich permanent beraten und therapieren, erscheint die Weigerung gerade eines Beraters oder Therapeuten umso unverständlicher.

Krisenhafte Beratungsanliegen
Häufig wird – wie im zu Beginn des Kapitels stehenden Fallbeispiel – der Hintergrund eines entsprechenden Anliegens eine akut zugespitzte Krise entweder des Betroffenen oder eines Freundes/Familienmitglieds/Bekannten sein. In diesem Falle gilt es, soweit möglich eine kurze Einschätzung der Dringlichkeit der Situation vorzunehmen und ggf. den Anfragenden zu unterstützen, entsprechende Schritte zu unternehmen (z. B. kann es bei akuter Selbst- oder Fremdgefährdung notwendig sein, ggf. auch gegen den Willen des/der Betroffenen eine Einweisung in eine psychiatrische Klinik vornehmen zu lassen). Hinweise zum Vorgehen bei akuter Selbst- und Fremdgefährdung finden sich in den Kapiteln 5 „Aggressives Verhalten und Gewalt", 19 „Strafbare Handlungen von Klienten" und 20 „Suizidalität". Das eingangs dargestellte Fallbeispiel vereint mehrere schwierige Charakteristika entsprechender Situationen: Obwohl der Zeitpunkt (abends, Krimi gucken) ungünstig gewählt ist, scheint uns angesichts der Dringlichkeit des Anliegens ein einfaches „Ich habe Feierabend" nicht angemessen – der Grad des Engagements dürfte sich aber stark nach der Intensität der Freundschaft bemessen: Während in einzelnen Fällen der Hinweis „Bei akuter Fremdgefährdung solltest du die Polizei rufen" genügen mag, kann es in anderen Situationen der Freundschaft angemessen sein, „alles stehen und liegen zu lassen" und die Freundin tatkräftig zu unterstützen. Im hier vorliegenden Kontext ist es jedoch wichtig, dass der Berater nur solange unbedingt notwendig in der professionellen Rolle der Krisenintervention bleibt.

Dos	Don'ts
▶ Dringlichkeit der Situation einschätzen ▶ Grenzen setzen („Ich kann verstehen, dass dich dieses Problem erheblich beschäftigt, aber jetzt ist nicht der Ort und die Zeit, darüber zu sprechen") ▶ Rollenklärung („Bevor wir über diese schwierige Situation sprechen, ist es mir zunächst einmal wichtig zu klären, dass wir hier als Freunde sprechen und ich keine Berater- oder Therapeutenrolle übernehmen möchte.") ▶ Aufzeigen professioneller Behandlungsmöglichkeiten („Auch wenn es einige Zeit dauern kann, bis du einen Therapieplatz für deine Tochter bekommst, halte ich eine Vorstellung bei einem Kinder- und Jugendlichenpsychotherapeuten für angemessen.") ▶ Falls notwendig: Krisenintervention in die Wege leiten ▶ Bei mangelnder Einsicht des Interaktionspartners deutliche Worte finden („Ich bin nicht bereit, eine Beratungsstunde durchzuführen.")	▶ Unmittelbar in Beratungs- oder Therapiemodus verfallen („Wie sieht das genau aus? Wie geht es dir mit dieser Situation?") ▶ Aggressives Abblocken („Ich bin deine Freundin und nicht deine Therapeutin, also behellige mich bitte nicht mit solchen Dingen.") ▶ Persönliche Befriedigung aus privaten Beratungskontakten ziehen

8 Intellektualisieren

> Der Blick in den Terminkalender offenbart, dass als nächster Patient Dr. Helmut K. kommt, den Sie nur „den Philosophen" nennen. Sie fühlen sich schon müde und angestrengt, noch bevor die Stunde angefangen hat, denn Sie wissen, dass jetzt wieder 50 Minuten Analysieren, gedankliches Sezieren und komplexes Nachvollziehen auf mindestens vier ineinander verschachtelten Verständnisebenen vor Ihnen liegen. Sie hören Herrn K. im Geiste auf eine Ihrer Interventionen schon mit „Das ist eine interessante Frage!" antworten, meist seine Einleitung für einen längeren elaborierten Monolog – außer, Ihre Frage lautet beispielsweise „Wie haben Sie sich bei … gefühlt?", denn da blickt er Sie nur hilflos an.

In den meisten Formen der Psychotherapie stehen menschliche Emotionen zumindest mit im Mittelpunkt der Arbeit. Auch bei Beratungen sind emotionale Inhalte in der Regel sehr wichtig (z. B. Paarberatung), es sei denn, der Beratungsanlass ist sehr sachorientiert (z. B. Bewerbertraining).

Die beiden wichtigsten Patientengruppen für niedergelassene Psychotherapeuten – Menschen mit depressiven Störungen und Angststörungen – zeigen die große Bedeutung der Emotionalität besonders deutlich. Mitunter werden Behandler aber mit Klienten konfrontiert, die zu ihren Emotionen keinen guten Zugang zu haben scheinen oder die aus anderen Gründen nicht bereit dazu oder in der Lage sind, sich den emotionalen Anteilen ihrer Problemsituation zuzuwenden.

Eine Möglichkeit der „Abwehr" in solchen Situationen ist das Intellektualisieren. Solche Klienten beherrschen es sehr gut, ein Problem in all seinen Details gründlich zu analysieren und zu elaborieren, doch die emotionale Beteiligung dabei bleibt auf der Strecke. Besonders prekär kann die Lage dann werden, wenn ein akademisch hochgerüsteter Klient auf einen sehr kognitiv und analytisch geprägten Behandler trifft (zwei Akademiker unter sich!). Dann besteht die Gefahr, dass die Behandlung zu einem intellektuellen Machtkampf degeneriert („Wer ist der Schlauere von uns beiden?"). Eine beispielsweise falsch verstandene sokratische Gesprächsführung (vgl. dazu Stavemann, 2007) kann einen solchen Trend noch weiter verstärken.

Interventionen
In solchen Fällen muss der Behandler versuchen, den Schwerpunkt der Interaktion zu verschieben, und das in einer wohlwollenden und ressourcenorientierten Art und Weise: „Ich finde es gut, wie präzise und treffsicher Sie Ihre Schwie-

rigkeiten beschreiben können. Ich würde gerne noch mehr darüber erfahren, wie Sie sich dabei gefühlt haben." Solche Schwerpunktverschiebungen weg vom Intellekt können auch gut durch die Fokussierung auf den Körper eingeleitet werden. „Was haben Sie in Ihrem Körper gespürt, als ... passiert ist?" statt „Was haben Sie gedacht, als ... passiert ist?"

Je höher der Intellektualisierungsgrad eines Klienten ist, desto eher sind nach unserer Ansicht therapeutische Vorgehensweisen, die stark auf den Körper fokussieren, günstig. Görlitz (2009, 2011) zeigt eine Reihe konkreter Übungen auf, die benutzt werden können, wenn über den Körper der Zugang zur Emotionalität gesucht werden soll. Die von ihr geschilderten Übungen sind zum großen Teil gruppentherapeutisch konzipiert, können aber teilweise auch in der Einzelarbeit eingesetzt werden. Sehr fruchtbar erscheint uns auch die Kombination von achtsamkeitsbasierten Ansätzen (vgl. Heidenreich & Michalak, 2009) mit körperfokussierten verhaltenstherapeutischen Vorgehensweisen (Klinkenberg, 2007; sehr konkret beschriebene und umsetzbare Übungen samt einer dazu gut einsetzbaren Begleit-CD). Die konkrete Beschreibung solcher Übungen würde den Rahmen dieses Buches sprengen, deshalb sei der interessierte Leser, der sich körperorientiertes Arbeiten mit intellektualisierenden Klienten gut vorstellen kann, auf die genannten Quellen verwiesen.

Wenn nötig – falls Klienten auch durch weniger konfrontative Interventionen nicht in Bewegung kommen – kann man deutlicher die eigene Wahrnehmung anbieten: „Aus meiner Sicht haben Sie beim Berichten von ... sehr sachlich, fast schon emotional unbeteiligt gewirkt. Wenn ich mir ... vorstelle, dann löst das bei mir ... (Emotionen) aus. Wie geht es Ihnen damit?"

Vielen Klienten kann bereits wirkungsvoll geholfen werden, wenn ihnen ein Zugang zum Bereich des Erlebens ermöglicht wird: Dabei sollen sie durch entsprechende Interventionen auf die sinnliche Erfahrung zurückgeführt werden, die häufig zugunsten des intellektuellen Zuganges zur Welt vernachlässigt wird. Es geht konkret also darum, wieder bewusster und gezielter die Sinnesorgane einzusetzen und sich dieser Erfahrung zu widmen. Besonders wertvoll erscheinen uns hierbei Riechen, Schmecken und Fühlen, weil diese Sinne häufig sehr direkt mit emotionalem Erleben in Zusammenhang stehen. Als Übung kann – nach entsprechender Vorbereitung, also Klärung der Notwendigkeit, einen stärkeren Zugang zur Emotionalität zu finden – in diesem Sinne zum Beispiel „bewusstes Baden" verordnet werden: „Bei vielen Menschen sind Fühlen und Riechen gute Wege zur Emotion. In diesem Sinne wäre eine gute Idee, wenn Sie sich einmal Zeit und Ruhe für ein langes und ausgiebiges Bad nehmen könnten. Welche Düfte riechen Sie sehr gerne? Dann könnten Sie sich einen Extrakt besorgen und diesen ins Wasser geben." Häufig wird es nötig sein, entsprechende Klienten erst einmal im achtsamen Erleben zu unterweisen (vgl. z. B. Kabat-Zinn, 1990, 1994), damit die Erfahrungen bei einem solchen „bewussten Bad" überhaupt wahrgenommen werden können. Auch Übungen aus der Euthymen Therapie (auch „Genusstraining" genannt) sind bei Klienten, die Schwierigkeiten haben, einen direkten Zugang zum eigenen Erleben zu erhalten, sehr hilfreich (vgl. Lutz, 2009). Nach der Formulierung sog. „Genussregeln" (z. B. „Genuss braucht Zeit") werden die Patienten angeleitet, sich auf konkrete sensorische Erfahrungen wie Geschmack, Geruch etc. zu konzentrieren.

Bei alledem sollte nicht übersehen werden, dass Intellektualisieren möglicherweise auch ein Kontrollmechanismus sein kann, um überwältigende Emotionen nur dosiert oder auch erst einmal gar nicht lebendig werden zu lassen (beispielsweise bei einer Posttraumatischen Belastungsstörung). In diesen Fällen sollte der Behandler nicht zu früh versuchen, das Intellektualisieren zu durchbrechen, um den Klienten nicht zu überfordern.

Dos	Don'ts
▶ In Maßen: Dumm stellen („Wie Sie das gerade beschrieben haben, das hörte sich ziemlich beeindruckend an, aber ich bin irgendwie nicht so richtig mitgekommen. Das war ziemlich komplex. Können Sie mir das vielleicht auch einfacher beschreiben, zum Beispiel indem Sie mir sagen, wie genau Sie sich bei … gefühlt haben?") ▶ Auf den Körper beziehen („Wenn Sie nicht sagen können, wie Sie sich gefühlt haben, können Sie denn sagen, *wo* im Körper Sie es gefühlt haben?") ▶ Achtsamkeitsübungen, Sinneserfahrungen, Leibesübungen	▶ Einsteigen in den intellektuellen Machtkampf („Ich werde dir schon zeigen, wer hier der Schlauere ist. Ich verstehe alles, und egal, wie komplex du es ausdrückst, ich finde garantiert eine noch komplexere und elegantere Paraphrasierung dafür!") ▶ Innerliches Abschalten („Ich lass ihn einfach reden, irgendwann wird er ja wohl fertig sein.")

9 Kurzfristige Terminabsage oder Nicht-Erscheinen des Klienten

> Es war ein hektischer Freitagmorgen bei Ihnen zu Hause, aber Sie schaffen es zum Glück gerade noch zehn Minuten vor Ihrer ersten geplanten Therapiestunde mit Frau X. in die Praxis. Dort angekommen finden Sie auf Ihrem Anrufbeantworter die folgende, acht Minuten alte Nachricht vor: „Hallo, hier ist X., ich kann leider zu unserer Stunde nachher nicht kommen, denn mein Chef hat angerufen und mich in die Firma zitiert. Sorry, aber ich rufe dann wegen einem neuen Termin an! Danke!" Sie ärgern sich darüber, dass Sie jetzt völlig umsonst so gehetzt sind, aber na ja, Frau X. kann ja eigentlich auch nichts dafür, und Sie haben ja noch so viel Schreibkram zu erledigen, da ist die Freistunde ja eigentlich gar nicht so schlecht …

Jeder Berater oder Therapeut wird über kurz oder lang und in seinem weiteren Berufsverlauf immer wieder damit konfrontiert, dass Patienten Termine sehr kurzfristig absagen oder auch ohne Rückmeldung einfach nicht zum Termin erscheinen. Uns erscheint ein professioneller Umgang mit dieser Situation, sowohl aus organisatorischen wie auch therapeutischen Gründen, sehr wichtig, wie im Weiteren deutlich werden soll. Entscheidend ist natürlich, in welchem Setting Sie tätig sind: Für niedergelassene Therapeuten, die Geld nur dann verdienen, wenn ihre Klienten auch erscheinen, sind die im Folgenden beschriebenen Vorgehensweisen nicht nur therapeutisch, sondern auch existenziell wesentlich. Für beispielsweise Angestellte einer Beratungsstelle hingegen kann ein ausfallender Termin einfach nur angenehm sein, weil sich kein persönlicher finanzieller Schaden ergibt, aber Zeit für andere Arbeiten frei wird. Dieser rein persönliche Vorteil kann dazu führen, dass übersehen wird, dass institutionell sehr wohl ein Schaden entsteht und darüber hinaus das Ausbleiben von Konsequenzen kurzfristiger Absagen für den Klienten auch therapeutisch ungünstige Auswirkungen haben kann. Wir möchten auf beide Settings im Folgenden eingehen.

Absagen und Nicht-Erscheinen beim niedergelassenen Therapeuten

Notwendige Basis für einen professionellen Umgang mit Terminabsagen ist eine gut vorbereitete Ausgangssituation. Wir empfehlen dringend, mit jedem Klienten zu Beginn der Behandlung einen Vertrag aufzusetzen, in dem der Umgang mit

Absagen geregelt wird (vgl. auch Anhang A1). Nach unserer Erfahrung bewährt sich folgende Regelung: Termine müssen spätestens 48 Stunden bzw. 2 Werktage (Berücksichtigung der Wochenenden) vorher abgesagt werden; dann gilt der Termin als rechtzeitig abgesagt und wird nicht berechnet. Wird ein Termin nicht rechtzeitig oder gar nicht abgesagt, so ist ein Ausfallhonorar zu verlangen. Dies gilt gerade auch dann, wenn Sie als niedergelassener Therapeut mit den Krankenkassen abrechnen, da Sie nicht stattgefundene Stunden den Kassen nicht in Rechnung stellen dürfen. Die Höhe Ihres Ausfallhonorars hängt selbstverständlich von Ihrer regulären Honorarhöhe ab. Im Bereich niedergelassener Berater und Therapeuten sind nach unserer Kenntnis der Marktlage gegenwärtig Stundenhonorare zwischen 70 und 100 Euro üblich. Wir empfehlen, als Ausfallhonorar etwa 2/3 des üblichen Arbeitshonorars anzusetzen. Bei einem gesetzten Ausgangsniveau von 75 Euro ergibt sich somit als Ausfallhonorar 50 Euro. Zu dieser Honorarforderung kann man unter allen Umständen stehen. Es ist jedoch auch möglich – und hat sich in unserer therapeutischen Praxis bewährt –, in Abhängigkeit vom Grund des Stundenausfalles zu unterscheiden: Bei ausgefallenen Stunden, für welche die Verantwortung im Kontrollbereich des Klienten liegt (z. B. Stunde vergessen, Friseurtermin nur zu dieser Zeit bekommen etc.), wird das volle Ausfallhonorar verlangt. Stundenausfälle aufgrund „höherer Gewalt" (z. B. Unfall auf dem Weg zum Termin, kurzfristig eingetretene Erkrankung etc.), reduzieren das Ausfallhonorar um die Hälfte, Behandler und Klient „teilen sich somit den Schaden". Diese Bedingungen werden in einem Behandlungsvertrag ausführlich erläutert (s. Anhang A1 als Vorlage).

Es hat sich jedoch sehr bewährt, es hier nicht nur beim Aushändigen des Vertrages zu belassen, sondern gerade diese Ausfallregelungen vor der Unterzeichnung noch einmal mit dem Klienten zu besprechen: „Ich möchte Ihre Aufmerksamkeit besonders auf den Passus des Behandlungsvertrages richten, in dem geklärt wird, wie mit abgesagten Stunden umzugehen ist." – und dann eine Erläuterung. Diese Vorgehensweise hat sich aus mehreren Gründen bewährt. Erstens ist so sichergestellt, dass der Klient diese Regelungen wirklich zur Kenntnis genommen hat. Viele unserer Supervisanden haben sich in der Vergangenheit schlecht damit gefühlt, ein Ausfallhonorar zu verlangen, weil sie sich nicht sicher waren, ob den Patienten diese Regelung überhaupt klar war. Das ist nach einem hinreichend ausführlichen Besprechen nicht mehr möglich. Zweitens lässt sich in diesem Gespräch auch die Höhe des Ausfallhonorars thematisieren. Behandler entwickeln gerade hier häufig Schuldgefühle, die gemindert bzw. vermieden werden können, wenn sie zu einem sehr frühen Zeitpunkt mit den Patienten darüber sprechen: „… dann werden, wie Sie sehen, je nach Situation 25 oder 50 Euro Ausfallhonorar fällig. Ist das für Sie okay oder haben Sie dazu noch Fragen?" Damit wird den Klienten explizit ermöglicht, zu dem Betrag Stellung zu nehmen. Die meisten Klienten niedergelassener Berater oder Therapeuten haben nach unserer Erfahrung keine Probleme mit diesen Beträgen. Manche Personenkreise – z. B. Harz-IV-Empfänger – haben mitunter aber sehr wohl Schwierigkeiten damit, und dann ist es sehr viel günstiger, wenn über den Betrag gesprochen wird, bevor der „Ernstfall" eingetreten ist. Es spricht aus unserer Sicht nichts dagegen, sich mit dem Klienten auf einen anderen Betrag zu einigen. Behandler sollten sich vorher gut überlegen, wo ihrer Ansicht nach eine angemessene Untergrenze liegt. Da der Fall in den meisten Behandlungssettings nicht allzu häufig eintreten wird (Ausnahmen sind z. B. die Schuldnerberatung), erscheint uns für Härtefälle eine Untergrenze von 10 Euro pro Ausfallsitzung denkbar. Aber hier muss jeder Behandler eine eigene Wirtschaftlichkeitsprüfung durchführen.

Hiermit wird nun auch bereits der therapeutische Effekt des Ausfallhonorars berührt. Zum einen ermöglicht die hier geschilderte Vorgehensweise es dem Behandler, einen offenen und bewussten Umgang mit einem problematischen Thema zu zeigen und somit dem Klienten zu demonstrieren, dass man auch bei solchen Themen ohne Vermeidungsorientierung am ehesten zu einem gewünschten Ergebnis kommen wird (Modellwirkung für den Umgang mit Problemen; „Ich kann auch Negatives aushalten."; „Beziehungen werden durch Schwierigkeiten nicht zerstört, sondern lassen sich bei einem angemessenen Umgang aufrecht erhalten."). Zum anderen zeigt der Behandler damit auf, dass er sich gut um sich selbst kümmert und er für seine Arbeit bezahlt werden möchte (Modellwirkung für ein angemessenes Eintreten für eigene Bedürfnisse; „Ich bin mir wichtig, und ich möchte ein gutes Leben haben, und dazu muss ich angemessen Geld verdienen."), was gleichzeitig den professionellen Charakter der Beziehung unterstreicht und somit die therapeutische Beziehung anhand eines konkreten Beispiels beschreiben hilft.

Sehr wichtig ist natürlich, beim Eintreten des Ernstfalles das Ausfallhonorar auch zu verlangen, um nicht unglaubwürdig zu werden (Modellwirkung als verlässlicher und konsequenter Partner; „Ich halte mich an Vereinbarungen, und das sowohl hinsichtlich meiner Pflichten als auch meiner Rechte."). Nach einer Vorbereitung wie gerade beschrieben wird es den meisten Behandlern schon viel leichter fallen, das Ausfallhonorar im Fall des Falles auch zu verlangen. Wir unterscheiden nun die beiden wichtigen Formen des Ausfalltermins, nämlich der telefonisch abgesagte Termin sowie schlichtes Nicht-Erscheinen.

Telefonische Terminabsage

Sollte Ihr Klient Sie anrufen und Ihnen die Absage direkt mitteilen (nicht über Anrufbeantworter), so empfehlen wir, die Thematik Ausfallhonorar nicht bei diesem Telefonat zu besprechen, da das Telefonat dadurch nur unnötig in die Länge gezogen wird (und Sie noch mehr unbezahlte Zeit investieren). Wenn Ihr Klient Sie anruft und einen Termin zu kurzfristig absagt, dann vereinbaren Sie mit ihm einen neuen Termin und besprechen Sie das Ausfallhonorar dann während dieser Stunde. Falls der Klient seinerseits am Telefon schon nach dem Ausfallhonorar fragt, dann antworten Sie: „Darüber haben wir ja schon gesprochen, als wir den Behandlungsvertrag abgestimmt haben. Wie es jetzt genau weitergeht, sage ich Ihnen in der nächsten Stunde, okay?" Lediglich den Grund des Terminausfalles sollten Sie in Erfahrung bringen, doch den werden die Klienten in aller Regel bereits zu Beginn des Telefonates von sich aus vorbringen.

Hat Ihr Klient lediglich eine Nachricht auf Ihrem Anrufbeantworter hinterlassen, so kommt es darauf an, ob es einen regulären nächsten Termin gibt oder nicht. Falls ja, so tun Sie nichts weiter und besprechen die Angelegenheit bei diesem Termin so wie unten beschrieben. Falls nicht, so rufen Sie den Klienten an und führen ein Telefonat wie gerade beschrieben.

Wenn die erste Stunde nach dem Ausfalltermin dann gekommen ist, sprechen Sie selbst direkt zu Beginn der Stunde das Ausfallhonorar an und warten nicht darauf, dass der Klient das von sich aus tut. „Die letzte Stunde haben Sie ja zu kurzfristig abgesagt. Deshalb werde ich, wie zu Beginn der Therapie in unserem Vertag vereinbart, ein Ausfallhonorar berechnen. Ich habe Ihnen eine Rechnung geschrieben." – und diese dann gleich aushändigen. Manche Klienten werden dann direkt auf das Thema eingehen, und Sie sollten diese Gelegenheit unbedingt nutzen, um den beziehungserhaltenden Umgang mit einem schwierigen Thema zu demonstrieren. Geben Sie Ihren Klienten aktiv die Gelegenheit, negative Gefühle zu berichten, wenn diese das nicht von sich aus tun, Sie aber den Eindruck haben, dass hier auf Seiten des Klienten etwas zurückgehalten wird: „Ich habe den Eindruck, dass Sie sich darüber ärgern, dass ich ein Ausfallhonorar berechnet habe. Ist das richtig?" Wir sind damit beim Umgang mit negativen Gefühlsäußerungen angekommen, der wie in Kapitel 12 beschrieben weiter zu verfolgen ist.

Manche Klienten werden versuchen, mit Ihnen zu verhandeln. Darauf sollten Sie sich nicht einlassen – die Gelegenheit zum „Verhandeln" war am Anfang, als über den Behandlungsvertrag gesprochen wurde: „Ich habe Sie zu Beginn der Behandlung über das Thema Ausfallhonorar aufgeklärt, und Sie haben auch zu dem Betrag explizit Ihr Okay gegeben. Deshalb möchte ich jetzt auch an unserer Vereinbarung festhalten." Zeigen Sie sich im Umgang mit dieser Situation als stabiles Modell, damit der Klient lernt, dass er sich auf Sie verlassen kann, und an Ihrem Beispiel erlebt, dass man eigene Bedürfnisse auch gegen den Widerstand anderer durchsetzen kann. Sprechen Sie das Thema auch in weiteren Stunden wieder an, wenn Ihnen das nötig erscheint; beispielsweise wenn ein Klient auch in einer Folgestunde in schlechter Stimmung erscheint, für die das Ausfallhonorar der Grund sein könnte.

Setzen Sie in Ihrer Ausfallrechnung ein Zahlungsziel (14 Tage), und überwachen Sie diesen Termin. Sollte der Klient nicht rechtzeitig zahlen, so sprechen Sie auch das in der Behandlung an. Sollte er dann ein weiteres gesetztes Zahlungsziel (noch einmal 7 Tage) nicht einhalten, so sprechen Sie das wiederum an und setzen die Behandlung bis zum Erhalt der Zahlung aus.

Termin wird nicht abgesagt
Problematischer ist die Situation, wenn Ihr Klient einfach nicht zum vereinbarten Termin erscheint. Nach einer angemessenen Zeit – etwa 15 Minuten – sollten

Sie versuchen, Ihren Klienten telefonisch zu erreichen. Gelingt das, so geht es wie oben beschrieben weiter. Gelingt das weder sofort noch bei zwei weiteren Versuchen zu anderer Zeit, so sollten Sie Ihren Klienten anschreiben (Beispielanschreiben für solche Fälle: Anhang A2). Das weitere Vorgehen hängt dann von der Reaktion des Klienten auf Ihr Schreiben ab. Reagiert er und kommt zum Termin, so geht es wie oben beschrieben weiter. Reagiert er nicht, so erhält er als nächstes von Ihnen eine Ausfallhonorar-Rechnung mitsamt einem weiteren Begleitbrief (s. Musterbrief in Anhang A3). Reagiert er auch darauf nicht fristgerecht, so müssen Sie entscheiden, ob Sie in ein Mahnverfahren einsteigen möchten oder nicht – das hängt im Übrigen sehr davon ab, wie Sie Ihren Behandlungsvertrag formulieren. Ein Inkassobüro dürfen Sie nur dann beauftragen, wenn Sie sich vom Klienten im Behandlungsvertrag für diesen Fall von der Schweigepflicht befreien lassen (s. entsprechenden Passus im Muster-Behandlungsvertrag, Anhang A1). Davor werden jedoch einige Behandler zurückschrecken. Es erscheint uns eine problemlose Investition, einer nicht bezahlten Ausfallrechnung nach Verstreichen des Zahlungszieles noch eine Mahnung folgen zu lassen. Wie energisch Sie das Ganze dann weiterverfolgen möchten (z. B. mit der Folgestufe des Mahnbescheides, die jedoch weitere, nicht unerhebliche Kosten verursacht), ist eine persönliche Entscheidung.

In aller Regel wird es im konkreten therapeutischen und beraterischen Alltag beim Stellen einer Ausfallrechnung samt mehr oder weniger unerfreulichem Gespräch mit dem Klienten darüber und seiner letztendlichen Zahlung bleiben. Neben dem therapeutischen Effekt auf den Klienten soll dieser Umgang mit Stundenabsagen auch einen klärenden Effekt auf den Behandler haben: Sie verdienen Ihr Geld mit Ihrem Beruf! Und dieses Geld steht Ihnen zu, Sie sollten keine Schuldgefühle dafür haben, dass Sie Ihre Arbeit nicht „umsonst" machen. Die Tatsache, dass Niedergelassene mit einer eigenen Kassenzulassung ihre Therapien über die Versichertenkarte abrechnen können, „hilft" dabei, die Professionalität therapeutischer Kontakte zu verschleiern, indem die Tatsache der Bezahlung nicht transparent wird. Unserer Erfahrung nach haben Therapeuten häufig ein problematisches Selbstbild bzw. Berufsverständnis, so als sei es etwas Schlechtes und Verwerfliches, Psychotherapie „nur" gegen Geld anzubieten. Wer sich hierin überhaupt nicht wiederfindet, den beglückwünschen wir zu einem angemessenen Verständnis des Aspektes, dass es sich bei Psychotherapie um eine bezahlte Dienstleistung handelt. Wer bei Erwähnung des Begriffes „Schuld" jedoch heftig mit dem Kopf nickt, den ermutigen wir dazu, diese Ausführungen hier zum Anlass einer Selbstreflexion zu nehmen und sein Verständnis zu überprüfen.

Absagen und Nicht-Erscheinen in der Institution

Wie bereits erwähnt wird sich die Situation aus Sicht eines institutionell angestellten Behandlers aufgrund des nicht entstehenden finanziellen Nachteils wohl weniger kritisch darstellen. Doch auch hier gelten alle im vorigen Abschnitt getroffenen Aussagen zu den therapeutischen Möglichkeiten, die in dieser Situation stecken. Deswegen empfehlen wir, auch die institutionelle Behandlung an vertraglich niedergelegte Bedingungen zu knüpfen. Diese Bedingungen, insbesondere welche Sanktionen dabei an Stundenabsagen zu knüpfen sind, muss jedoch der Leiter der Einrichtung festlegen. Insofern wird der Spielraum des einzelnen Beraters geringer als in der eigenen Praxis ausfallen. Wir empfehlen, in diesem Zusammenhang das Gespräch mit dem Einrichtungsleiter zu suchen und ihm das Anliegen zur Klärung und Fixierung der Bedingungen vorzutragen. So kann beispielsweise in einer Beratungsstelle genauso wie in der eigenen Praxis festgelegt werden, dass zweimaliges Verpassen einer vereinbarten Stunde ohne Absage zur automatischen Beendigung der Behandlung führt. Gemeinnützige Einrichtungen können ihren Klienten erklären, dass durch kurzfristig abgesagte Stunden den von der Institution begünstigten Gruppen ein Schaden entsteht, der beispielsweise durch eine Spende an Amnesty International wieder aufgewogen werden soll. Selbstverständlich unterscheiden sich Institutionen und Führungskräfte im Hinblick darauf, wie kompetent sie mit solchen und ähnlichen Problemen umgehen. In Kapitel 23 „Ungünstige Arbeitsbedingungen" haben wir Möglichkeiten für den Umgang mit problematischen institutionellen Aspekten dargestellt.

Dos	Don'ts
▶ Klare Regeln für das eigene Behandlungsangebot entwickeln (Behandlungsvertrag), diese früh in der Behandlung präsentieren und kritische Bereiche explizit besprechen („Ich möchte Ihre Aufmerksamkeit insbesondere auf folgenden Punkt im Behandlungsvertrag richten …") ▶ Höhe des Ausfallhonorars wenn überhaupt nur verhandeln, bevor der Ernstfall eingetreten ist ▶ Selbstbewusst, aber freundlich für die eigenen Interessen eintreten. Dabei höchstens einmal eine Erklärung anbieten, aber in Bezug auf die Entscheidung nicht auf eine Diskussion einlassen:	▶ Sich auf lange Diskussionen einlassen („Aber wieso muss ich das denn bezahlen?" – „Weil Sie nicht gekommen sind." – „Sie verdienen doch viel mehr als ich. Brauchen Sie das wirklich von mir?" – „So viel mehr als Sie verdiene ich auch nicht." – „Ach was! Sagen Sie doch mal, was Sie verdienen. Ich wette, es ist viel mehr!" – …) ▶ Auf Feilschen einlassen ▶ Die „Schuld" nach oben abwälzen („Tut mir ja leid, dass ich das Honorar jetzt berechnen muss. Ich würde es ja auch lieber lassen, aber mein Supervisor/Ambulanzleiter/Chef/… lässt mir da keine andere Wahl.")

[mit freundlicher Stimme] „Natürlich ist Ihnen das gar nicht recht jetzt, das wäre es mir auch nicht, ich kann das gut verstehen. Aber so lautet unsere Vereinbarung, und ich habe Ihnen erklärt, dass und warum ich ausgefallene Stunden berechnen werde. Also, was ist Ihnen lieber, eine Rechnung oder Barzahlung gegen Quittung?" – „Ich finde das aber einfach nicht richtig!" – [und dann wie im Sozialen Kompetenztraining: die eigene Position klar darstellen (ggf. mehrfach); nicht auf Diskussionen einlassen] „Wie gesagt, wir haben darüber bereits gesprochen. Deshalb noch mal: lieber Rechnung oder lieber bar?"

▶ Im Gegensatz zum vorigen Punkt (keine Diskussion bzgl. der Entscheidung) genügend Raum zur Besprechung der Bedeutung der Episode einräumen und aktiv dazu ermutigen („Ich kann mir vorstellen, dass Sie jetzt wütend auf mich sind, weil Sie mir Geld bezahlen, ohne etwas davon zu haben. Möchten Sie etwas dazu sagen?")

▶ Eigene Schuldgefühle und Unsicherheiten patzig und aggressiv übertünchen („Was soll denn jetzt diese Diskussion? Wir haben das doch alles schon geklärt. Aber wenn Sie wollen, können wir ruhig noch mehr von Ihrer Therapiezeit mit dem Thema verschwenden.")

10 Machtkampf

> In der Gesprächsgruppe herrscht eine knisternde Stimmung, Manfred F. steht wie bereits bei den beiden vorigen Terminen im Mittelpunkt der Aufmerksamkeit und wird von den restlichen sieben Mitgliedern gespannt beäugt. Denn gerade eben hat er Sie, den Gruppenleiter, zum wiederholten Male unterbrochen. „Ich glaube nicht, dass das, was Sie da gerade sagen, so gut auf unsere Astrid hier zutrifft. Was sie meiner Meinung nach jetzt unbedingt tun sollte, ist, sich mit ihren Eltern mal richtig auseinandersetzen." Astrid, eine Gruppenteilnehmerin, blickt zwischen Manfred F. und Ihnen hin und her und sagt nichts. Alle warten darauf, wie es nun weitergeht, und Sie fragen sich, wie Sie Ihre Position als Gruppenleiter behaupten können.

Menschen unterscheiden sich sehr stark darin, wie wichtig ihnen Kontrolle in verschiedenen Bereichen ist. Teilweise kann dies durch psychische Störungen noch weiter ins Extrem verlagert werden: So wünscht sich eine Person mit einer abhängigen Persönlichkeitsakzentuierung tendenziell eher, Verantwortung und damit auch Kontrolle abgeben zu können, während Personen mit vorsichtigem bzw. misstrauischem Persönlichkeitsstil sehr darauf bedacht sind, gerade zwischenmenschliche Interaktionen deutlich unter Kontrolle zu halten. Solche Muster können sich somit auch mehr oder weniger deutlich in beraterischer oder therapeutischer Arbeit niederschlagen. Immer dann, wenn Klienten äußerst stark entwickelte Kontrollbedürfnisse haben, besteht die prinzipielle Gefahr, dass Beratung und Therapie in Machtkämpfe ausarten.

Unterschiedliche Ziele als Auslöser
Im Idealfall ist eine Behandlung das gemeinsame Arbeiten an gemeinsamen Zielen. Dann ziehen beide – Behandler wie Klient – am selben Strang, und die Atmosphäre in der Behandlung wird im Wesentlichen entspannt sein. Manchmal jedoch haben Behandler den Eindruck, dass sich zwischen ihnen und ihren Klienten ein regelrechter Machtkampf entwickelt. Das zeigt sich dann zum Beispiel darin, dass Klienten „trotzig" nicht das machen, was situationsangemessen wäre bzw. sie sichtbar um Kontrolle in der Behandlung kämpfen. In vielen Fällen wird hinter einem solchen Machtkampf nichts anderes stecken als ein Motivationsproblem in dem Sinne, dass der Klient den Eindruck hat, dass es in der Behandlung nicht um seine Ziele geht, sondern um die des Behandlers. Deshalb sollte ein erster Schritt bei Machtkämpfen auf jeden Fall darin bestehen, eine Motivations- und Zielklärung anzustreben, damit der Behandler sich ggf. neu einstellen kann. Die meisten Klienten werden sich wieder kooperativ verhalten,

wenn deutlich ist, dass ihre Ziele und Wünsche in der Behandlung wirklich ernst genommen werden.

Kontrollierender Behandlerstil

Ein anderes Problem kann darin bestehen, dass es aus Sicht der Klienten zwar um die richtigen Ziele geht, sie sich aber durch die Art des Behandlers „dominiert" fühlen – sie deshalb, wie oben schon angedeutet, den Eindruck haben, das Geschehen in der Behandlung gar nicht kontrollieren zu können. Zu große Direktivität seitens des Behandlers kann beispielsweise zu einer solchen Dynamik führen – eine Gefahr, die insbesondere bei verhaltenstherapeutischen Ansätzen besteht, da diese tendenziell eher direktiv ausgerichtet sind. Deshalb sollte ein Behandler bei deutlichen Machtkämpfen mit Klienten überprüfen, wie seine Haltung dem Klienten gegenüber ist, und hierbei eben insbesondere die Beziehungsgestaltung untersuchen: Bin ich in der Beziehungsgestaltung hinreichend „klientenzentriert"? Unterbreche ich meinen Klienten oft? Empfinde ich häufig Ungeduld mit dem, was der Klient sagt und führe ihn dann mit sanftem Druck „endlich wieder zum Thema zurück"? Ist das von mir am häufigsten verwendete Wort in der Behandlung das Wort „aber"? Wenn Sie einige dieser Fragen nach einer Reflexion des Behandlungsprozesses – am besten unter Zuhilfenahme von Videoaufnahmen der Stunden, idealerweise gemeinsam mit Kollegen betrachtet – bejahen können, dann ist die Wahrscheinlichkeit groß, dass die Ursache des Machtkampfes in einem zu direktiven Behandlerstil besteht. Sollte dies der Fall sein, bietet es sich an – ggf. mit kollegialer Unterstützung – den eigenen Stil entsprechend zu modifizieren (Experimentieren mit nondirektiverem Vorgehen, Aufmerksamkeit auf das Vokabular legen etc.).

Störungsbedingte Machtkämpfe

Am schwierigsten ist der Umgang mit „Machtkämpfen" dann, wenn diese sich aus der „Störung" des Klienten ergeben – beispielsweise Menschen mit narzisstischen Persönlichkeitszügen, die in der Gruppenbehandlung zeigen möchten, dass sie dem Behandler im Grunde überlegen sind (zu Grundlagen der Behandlung in Gruppen verweisen wir an dieser Stelle auf Fiedler, 2005, sowie Yalom, 2010).

In solchen Fällen wird es sich häufig bewähren, Strategien im Sinne der komplementären Beziehungsgestaltung anzuwenden. Diese für jeden Persönlichkeitsstil darzustellen, der zu Machtkämpfen prädestiniert, würde den Rahmen dieses Buches sprengen, weshalb wir an dieser Stelle auf die ausgezeichneten Ausführungen von Sachse (2004) verweisen. Wir möchten nur kurz das Prinzip darstellen, da dessen Verständnis in der Regel schon funktionalere Umgangsweisen mit Klienten ermöglicht. Grundannahme hierbei ist, dass Menschen mit ihren Verhaltensweisen immer Ziele verfolgen, aber nicht immer jene Ziele, die oberflächlich betrachtet zum gezeigten Verhalten passen. Wie Sachse (2004) ausführt, liegt das Wesen einer Interaktionsstörung gerade darin, dass die Betroffenen es nicht schaffen, ihre Bedürfnisse auf eine von anderen Menschen ohne Weiteres

„lesbare" und akzeptable Art und Weise auszudrücken. Er spricht in diesem Kontext von doppelter Handlungsregulation, was vereinfacht ausgedrückt bedeutet, dass Menschen mit Persönlichkeitsstörungen ihre Motive nicht direkt und transparent in Verhalten umsetzen, sondern stattdessen (nicht notwendigerweise bewusst) „strategisch planend" vorgehen – daraus resultiert häufig Intransparenz, wodurch sich die Interaktionspartner nicht selten manipuliert fühlen. Folgerichtig geht dieses Verhalten somit „nach hinten los", da die Interaktionspartner nicht dem eigentlichen Motiv des Handelnden entsprechen. An einem konkreten Beispiel erklärt: Menschen mit narzisstischen Persönlichkeitszügen haben ein äußerst starkes Motiv, anerkannt zu werden. Dieses Motiv setzen sie sehr häufig inadäquat um, indem sie andere herabsetzen, in der Erwartung, von diesen in der eigenen Größe bestätigt zu werden, was natürlich nur in den seltensten Fällen gelingen wird. So kann sich dann ein Teufelskreis entwickeln: Der Mensch mit narzisstischen Zügen bekommt nicht die Anerkennung, die er braucht, deshalb zeigt er sein (dysfunktionales) Verhalten noch stärker, woraufhin er noch mehr Ablehnung erfährt usw. Komplementäre Beziehungsgestaltung ist ein möglicher Ausweg aus diesem Teufelskreis, da sie darin besteht, nicht auf das offen gezeigte Verhalten des Klienten zu reagieren, sondern auf das dahinter zu vermutende zugrundeliegende Motiv. Wieder am Beispiel: Gelingt es dem Interaktionspartner, der Person mit den narzisstischen Tendenzen trotz des eigentlich inadäquaten Verhaltens Anerkennung zu zollen, so fällt die Notwendigkeit zu weiterem großspurigen Verhalten weg, denn er hat seine Anerkennung ja bekommen. In dem sich dann entwickelnden Klima, welches durch eine sich verbessernde Beziehung gekennzeichnet sein wird, ist dann auch Raum für die übergeordnete Arbeit an den Persönlichkeitsstilen.

Im Rahmen von Machtkämpfen bedeutet das, dass zuerst eruiert werden sollte, welches zugrundeliegende Motiv sich in dem Verhalten des Klienten ausdrückt. Da wir in diesem Abschnitt störungsbedingte Ursachen in den Vordergrund stellen, wird die Suche bei zugrundeliegenden Persönlichkeitsstilen und entsprechenden Motiven hier häufig erfolgreich sein. Und auf diese Motive ist dann zu antworten. Für Menschen mit narzisstischen Zügen haben wir hier nun bereits konkrete Ideen gegeben. Bei Menschen mit einer paranoiden Persönlichkeitsstörung bzw. misstrauischen und vorsichtigen Persönlichkeitszügen wird das zugrundeliegende Motiv die eigene Sicherheit sein – Kontrollversuche von außen werden als Angriffe auf die eigene Person gewertet. Deshalb ergibt sich logisch, dass im Sinne einer komplementären Beziehungsgestaltung dem Klienten so viel Kontrolle wie nur irgend möglich über den Behandlungsverlauf gegeben werden soll: „Sie bestimmen, womit wir uns hier befassen, und ich sichere Ihnen zu, dass ich nichts tun werde, das Sie nicht wollen." Kontrollierendes oder an Machtkampf erinnerndes Verhalten solcher Klienten sollte entsprechend umgelabelt werden: „Ich weiß nicht genau, wie es Ihnen geht, aber seit ich vor zehn Minuten erklärt habe, wie eine Beratung hier ablaufen kann, habe ich den Eindruck, dass hier eine ziemliche Spannung im Raum ist. Möglicherweise ist der Eindruck entstanden, dass ich bestimmen wolle, wie das hier läuft. Wenn das so ist, dann ist es gut, wenn Sie sich dagegen verwahren, denn so soll das auch nicht sein. Sie sind hier sozusagen ‚der Chef', und Sie behalten immer die Kontrolle über das, was passiert."

Wie so häufig kann es sich auch gut bewähren, die Thematik offen anzusprechen, wobei wir wie üblich eine schrittweise und angemessene Annäherung ans Problem empfehlen. Dies kann – noch diagnostisch – erst einmal in einem schlichten Thematisieren der Beziehung geschehen: „Ich würde gerne noch mehr über unsere Beziehung erfahren. Wie fühlen Sie sich in Ihrer Beziehung zu mir?" Das gibt dem Klienten die Gelegenheit, die Beziehung aus seiner Sicht zu reflektieren, was dem Behandler häufig Material gibt, um das Geschehen besser zu verstehen. Mitunter muss der Behandler jedoch konfrontativer vorgehen, was er dann auch nicht scheuen sollte: „Ich habe den Eindruck, dass wir uns in einen Machtkampf hineinbewegen. Wie erleben Sie das?"

In den Fällen, die hier im letzten Teil angesprochen werden, ist davon auszugehen, dass sich das Thema „Machtkampf" auch in den anderen Beziehungen des Klienten zeigt. Es bietet sich hier demnach der Transfer auf die Alltagsrealität des Klienten an: „Kommt es auch in Beziehungen mit anderen Menschen als mir mitunter dazu, dass sich ein Machtkampf entwickelt?" Häufig wird es gelingen, dem Klienten über diesen Transfer die Problematik der Situation klar zu machen, wobei hier möglichst nicht auf den „gestörten Klienten" fokussiert werden sollte (dies entspräche einer einseitigen Schuldzuweisung), sondern auf die Interaktionen (Problem- und Lösungsorientierung): „Wenn es Ihnen nicht gut damit geht, dass es in Ihren Beziehungen zu Machtkämpfen kommt/Wenn Sie mit den Folgen solcher Machtkämpfe nicht glücklich sind, dann können wir vielleicht danach Ausschau halten, welchen Beitrag Sie – denn Ihre Beziehungspartner sind ja jetzt nicht da – leisten können, um der Entstehung von Machtkämpfen vorzubeugen. Und wir können gleich unsere Beziehung hier dazu nutzen, alternative Möglichkeiten zu erproben." Inhaltlich wird die Beziehungsarbeit dann in der weiteren Behandlung weitgehend an dem auszurichten sein, was Sachse (2004) zum Umgang mit Personen mit problematischen Persönlichkeitsstilen schreibt.

Machtkampf in der Gruppe
Ein besonders problematisches Setting ist dann gegeben, wenn sich der Machtkampf in einer Gruppe entspinnt. Das kann beispielsweise dann geschehen, wenn sich ein Gruppenmitglied entweder zum „Co-Therapeuten" aufschwingen will oder deutlich darstellen will, dass er die Gruppe überhaupt nicht braucht und deshalb Bemühungen des Gruppenleiters – insbesondere solche, die auf die Integration des Betroffenen gerichtet sind – unterwandert. Es besteht dann die Gefahr, dass der Gruppenleiter die restliche Gruppe dazu „benutzt", den „Problemklienten" in die Schranken zu verweisen (ihn also sozusagen der Gruppe „vorzuführen"), beispielsweise dann, wenn er sich als Leiter demontiert fühlt und sich Verbündete suchend an die Restgruppe wendet („Alle gegen einen").

Günstiger ist es, auch in der Gruppe mit einem solchen Mitglied komplementär zu arbeiten. In diesem Sinne sollte beispielsweise der nach Anerkennung dürstende „Co-Therapeut" diese bekommen („Ich finde es klasse, dass Sie so viele Ideen hier einbringen."), dann aber durch weitere Interventionen in seiner Rolle den restlichen Mitgliedern wieder behutsam gleichgesetzt werden (an die anderen Gruppenmitglieder gerichtet: „Wer hat noch Ideen, die wir hier sammeln können?" – und wenn der „Machtkämpfer" sich gleich wieder zu Wort meldet, wird er behutsam unterbrochen und in seiner Rolle noch einmal definiert: „Moment, warten Sie bitte kurz, ich möchte, dass sich hier alle Gruppenmitglieder beteiligen können.").

Bei sehr zähen Entwicklungsverläufen kann es auch in der Gruppe wichtig werden, das Thema direkter anzusprechen. Wir halten es in diesen Fällen für günstig, erst einmal einen explorativen Kurs einzuschlagen („Wie sehen Sie Ihre Position innerhalb der Gruppe? Was glauben Sie, wie die anderen Sie sehen?") und nicht zu konfrontativ zu werden. Gegebenenfalls muss ein Klient auch gegen hartes Gruppenfeedback in Schutz genommen werden. Dazu kann es kommen, wenn eine Person in der Gruppe schon seit geraumer Zeit eine besonders exponierte Rolle spielt, sich aber noch kein Gruppenmitglied getraut hat, dies zum Thema zu machen. Wird es dann doch irgendwann Thema, dann können „Dämme brechen" und einer nach dem anderen schießt sich auf den Betroffenen ein. Wir vertreten an dieser Stelle nicht die Position, dass man die Gruppe ihrer eigenen Dynamik überlassen sollte, sondern stattdessen sollte auch Feedback reguliert und dosiert werden: „Moment, ich möchte mal kurz unterbrechen. Aus meiner Sicht haben sich jetzt drei Teilnehmer sehr ähnlich und teilweise auch ziemlich heftig über Herrn F. geäußert. Herr F., wie geht es Ihnen damit, und möchten Sie auf dieses Feedback reagieren?" Sinnvollerweise geschieht dies auf Basis von vorab klar definierten Gruppen- und Feedbackregeln.

Dos	Don'ts
▶ Komplementäre Beziehungsgestaltung	▶ Auf den Machtkampf einsteigen („Dir zeig ich schon, wer hier der Stärkere ist!")
▶ Beziehung klären	
▶ So weit wie irgend möglich dem Klienten die Kontrolle über alles überlassen („Sie sind hier der Chef, Sie bestimmen, was gemacht wird.")	▶ Beleidigt reagieren („Jetzt will ich dir schon helfen, und du hast nichts Besseres zu tun, als mich abzuwehren …")
▶ Gruppen- und Feedbackregeln zu einem frühen Zeitpunkt einführen und Mitglieder darauf verpflichten	▶ Klienten in der Gruppe vorführen („Es hat den Anschein, dass Herr F. meint, der einzig gesunde Mensch in dieser Gruppe zu sein. Wie sehen das denn die anderen?")

11 Mangelnde Veränderungsmotivation

> Es ist die siebte Therapiestunde mit Peter M. Und wie schon einige Male zuvor reagiert er zum Stundenbeginn auf Ihre Frage danach, wie es mit den „Hausaufgaben" gelaufen ist, wie folgt: „Ja, hm, stimmt, wir hatten da was vereinbart. Ich bin aber leider nicht dazu gekommen. Ich wollte das eigentlich schon machen, aber als ich es dann am Freitag machen wollte, da kam kurz davor ein Anruf von einem Kumpel, ob ich noch mit in die Kneipe einen heben komme. Und ich dachte dann, dann mache ich das für die Therapie danach, aber dann bin ich halt erst sehr spät nach Hause gekommen … Tut mir echt leid, das nächste Mal wird es aber bestimmt klappen." Und Ihnen wird von Stunde zu Stunde klarer, dass Sie mit diesem Patienten noch einmal prinzipiell über Motivation sprechen sollten.

Behandlungs- und Veränderungsmotivation
Mitunter scheitern Behandlungen daran, dass die Klienten schlicht und ergreifend unmotiviert sind und – obwohl sie sehr wohl könnten – einfach keinen Willen zur Mitarbeit zu haben scheinen. Kanfer, Reinecker und Schmelzer (2012) argumentieren in diesem Zusammenhang, dass Klienten immer zu etwas motiviert sind, nur nicht immer dazu, wozu auch der Therapeut motiviert ist! Insofern steht bei „unmotivierten" Klienten häufig erst einmal die Frage der Zielklärung an. Möglicherweise zeigt sich dann schnell, dass es sich gar nicht um eine Demotiviertheit handelt, sondern um die Notwendigkeit, die Ziele wieder besser aufeinander abzustimmen. Aus unserer Sicht stellen Zielkonflikte bei Klienten eher die Regel als die Ausnahme dar, und es ist demnach unabdingbar, diese aktiv zu explorieren (vgl. Michalak, Heidenreich & Hoyer, 2009).

Im Einführungskapitel hatten wir darauf hingewiesen, dass in jeder Therapie und in jeder Beratung vor dem Einsatz spezifischer Interventionen immer eine sogenannte „Ziel- und Wertklärung" stattfindet. Das bedeutet, der Behandler sollte sich Zeit nehmen, um gemeinsam mit dem Klienten dessen Ziele, persönliche Werte und deren Zusammenhang herauszufinden. Erst vor dem Hintergrund solcher Überlegungen wird es in der Regel möglich sein, die Kraft und das Engagement für notwendige Veränderungsbemühungen zu sammeln. Unmotiviertheit kann somit immer auch als Hinweis verstanden werden, dass eine erneute Ziel- und Wertklärung stattfinden sollte.

Doch natürlich wird auch der Fall eintreten, dass Klienten „tatsächlich" unmotiviert sind. In sehr vielen Fällen wird es sich dabei um Personen handeln, deren Leidensdruck schlicht nicht groß genug ist. Es scheint in der Natur des Menschen zu liegen, zur Bequemlichkeit zu tendieren und eine einmal eingenommene Lage nur dann zu verlassen, wenn es dazu wirklich triftige Gründe gibt. Allerdings liegt es in der Natur der Verhaltenstherapie (wie auch jeder anderen wirksamen Form der Psychotherapie), dass Fortschritt nur durch Anstrengungen auf Seiten des Klienten zu erzielen ist (vgl. die 50 %-Regel in der Einleitung). Nach unserer Erfahrung überwinden Menschen (und damit auch unsere Klienten) den Veränderungswiderstand nur dann, wenn sie – heftig ausgedrückt – „stark genug bluten". Eine nur leicht blutende Wunde wird unter Umständen den Aufwand der professionellen Versorgung nicht wert sein. Daran können dann auch ständig raffinierter werdende therapeutische Ideen nichts ändern – denn keine therapeutische Idee kann dafür sorgen, dass eine wünschenswerte Veränderung plötzlich ohne jeden Aufwand eintritt. Anders ausgedrückt: Die Bilanz muss für jeden Klienten stimmen. Er wird sich auf einen therapeutischen Aufwand nur einlassen, wenn es für ihn mehr zu gewinnen gibt als zu verlieren (= Kraftaufwand), und bei nur leicht blutenden Wunden kann diese Bilanz fast nicht positiv ausfallen.

Allerdings stellt aus unserer Sicht der Leidensdruck lediglich eine notwendige, aber keinesfalls eine hinreiche Bedingung für Veränderungsmotivation dar: Hinzukommen muss die Zuversicht, dass eine entsprechende Anstrengung Aussicht auf Erfolg hat. Nach häufig jahrelangem Leiden und vielen gescheiterten Veränderungsversuchen sind unsere Klienten oftmals schlicht resigniert und verharren in „gelernter Hilflosigkeit", die keinerlei Änderungsbemühungen aussichtsreich scheinen lässt (Abramson, Seligman & Teasdale, 1978). Die Überwindung dieser Resignation und der Aufbau einer entsprechenden Zuversicht ist vordringliche Aufgabe eines jeden Beraters und Therapeuten. Damit wollen wir deutlich zum Ausdruck bringen, dass wir ein prinzipielles Labeln von Klienten als „unmotiviert", wie es gerade im Suchtbereich lange Zeit typisch war (Miller, 1985), für äußerst problematisch halten und darin in erster Linie einen unzulässigen Versuch von Behandlern sehen, mit dieser schwierigen Situation umzugehen (vgl. auch den folgenden Abschnitt „Motivational Interviewing").

In jedem Fall ist es wichtig, den realen Leidensdruck eines Patienten zu erfassen. Gerade dann, wenn Klienten unmotiviert in einer Lageorientierung verharren, sollte sich der Behandler nach einer motivationalen Klärung erst einmal fragen, ob es für den Patienten überhaupt genug zu gewinnen gibt. Ansonsten besteht die Gefahr, dass der Therapeut einen fruchtlosen Überzeugungskampf beginnt, und die Therapie mehr und mehr zu einem Tauziehen wird statt zu einer gemeinsamen Arbeit. Als basale Möglichkeiten zur „Messung" der gerade bestehenden Motivation bieten sich verschiedenste Fragen und Herangehensweisen an:

- ▶ „Wie wäre Ihr Leben, wenn Ihr Problem von heute auf morgen verschwunden wäre?"
- ▶ „Was wünschen Sie sich, wo möchten Sie zum Beispiel in einem Jahr, von heute an gerechnet, stehen?"
- ▶ „Angenommen, in der folgenden Nacht käme eine Fee herab und würde Ihre Probleme wegzaubern, aber Sie würden das nicht mitbekommen: Woran wür-

den Sie am nächsten Morgen als Erstes merken, dass Ihre Probleme nicht mehr da sind?" (die sog. „Wunderfrage" von Steve de Shazer, 2012)
- „Angenommen, es wäre möglich, durch eine Spende an Amnesty International auf einen Schlag das Problem loszuwerden, das Sie jetzt hier in die Therapie führt. Welchen Betrag würden Sie dann spenden?" – Die Antwort auf diese Frage gibt viel Aufschluss darüber, „wie stark ein Klient blutet". Wer hier mit „200 Euro" antwortet, bei dem dürfen Sie nicht viel erwarten. Wer anbietet, eine Hypothek auf sein Haus aufzunehmen und das Auto zu verkaufen, mit dem wird sich vermutlich arbeiten lassen!

Wichtig ist selbstverständlich neben dieser reinen Feststellung des motivationalen Status Quo auch der Aufbau von Veränderungsmotivation. Als Ansatz einer solchen prinzipiellen Motivationsarbeit befürworten wir besonders stark den Ansatz des „Motivational Interviewing" von Miller und Rollnick (2005). Eine erschöpfende Darstellung dieses Ansatzes würde den Rahmen dieses Kapitels sprengen. Aber wir möchten doch einige Aspekte beleuchten, um Ihnen einen Anreiz zu bieten, sich mit dieser von uns als sehr wertvoll erachteten Methode der Gesprächsführung zu beschäftigen.

Motivational Interviewing (MI)

In ihren Arbeiten gehen Miller und Rollnick (2002, 2005) von der Betrachtung der ambivalenten Situation aus. Schon in der Wortbedeutung des Begriffs „Ambivalenz" spiegelt sich das prinzipielle Dilemma: Der Begriff ist von „ambo" (= beide) und „valere" (= gelten) hergeleitet. In der Arbeit mit Klienten geht es somit erst einmal ausschließlich um das Verstehen der Ambivalenz und noch gar nicht darum, irgendeine Seite der Waagschalen zu stärken. Hier liegt eine erste wichtige Ausrichtung des MI: Als Behandler untersuchen wir mit dem Klienten gemeinsam seine Ambivalenz, ohne uns dazu verleiten zu lassen, argumentativ auf eine der Seiten der Waage zu springen! Denn Letzteres wäre eine Parteinahme, die den Klienten fast automatisch dazu veranlassen wird, auf die andere Seite der Waage zu springen, was jede Entwicklung blockiert. Die Aussage „Aus meiner Sicht ist es dringlich geboten, dass Sie Ihren Alkoholkonsum deutlich einschränken." ruft z. B. in der Regel Reaktanz und Trotz beim so adressierten Klienten hervor. Hiermit wird auch deutlich, dass es nicht der Behandler ist, der festzulegen hat, in welche Richtung die Entwicklung zu gehen hat. MI geht davon aus, dass es weder möglich noch sinnvoll ist, eine Veränderung anzustreben, die im Widerspruch zu den persönlichen Werten und Normen des Klienten steht. Insofern kann die einzuschlagende Richtung hinaus aus der Ambivalenz immer nur vom Klienten selber kommen, und wir sind als Behandler nur dazu da, durch geschickte, aber unparteiische Fragen dem Klienten dazu zu verhelfen, selber zu erkennen, welche der Seiten der Wagschale die für sein Leben passende ist. In diesem Sinne wurzelt das MI in seiner Grundhaltung dem Klienten gegenüber in Rogers Klientenzentrierter Psychotherapie, fokussiert aber direktiv auf die Untersuchung der Ambivalenz und strebt ähnlich der sokratischen Gesprächsführung an, dass Klienten selbst ihren Weg finden. Damit verbleibt die Verantwortung für die Veränderung auch dort, wo sie hingehört – beim Klienten. Das Ziel ist somit nicht, den Klienten durch Argumente zu überzeugen, sich für eine der beiden Seiten der Waage zu entscheiden. Vielmehr resultiert aus einem erfolgreichen MI, dass der Klient selber die Argumente für Veränderung präsentiert („Change Talk"). Wichtige Basisprinzipien, auf denen MI aufbaut, sind aus diesem Grund die Folgenden:

- **Empathie zeigen.** Der Berater soll sich wirklich bemühen, die Ambivalenz des Klienten „von innen" zu verstehen, dies reflektieren und auf Bewertungen, Kritik o. Ä. verzichten. Dieses Behandlungselement ist tief in der Personzentrierten Therapie von Carl Rogers verankert. Es geht somit um echte Akzeptanz, und wohlgemerkt nicht um Befürwortung (auch das wäre eine Bewertung). Die Grundhaltung ist somit ein respektvolles Zuhören mit dem gezeigten Wunsch, die Perspektiven der Person zu verstehen. Denn genau solch eine Haltung des Akzeptierens der Person so, wie sie ist, setzt diese für Veränderung frei, während Kritisieren („Was Sie da machen, ist schlecht für Sie – das müssen Sie ändern.") häufig nur Widerstand erzeugt.

- **Diskrepanz entwickeln.** Um Motivation zu entwickeln, ist es notwendig, dass der Klient einen erheblichen Unterschied zwischen dem Ist- und dem Soll-Zustand wahrnimmt. Dazu müssen mit dem Klienten seine persönlichen Werte und Ziele untersucht und geklärt werden, damit er sie in Zusammenhang mit seinem Ambivalenzkonflikt bringen kann: Je klarer sich eine Person über ihre Werte ist, desto deutlicher kann sie erkennen, welche ihrer konkreten Verhaltensweisen in Diskrepanz zu diesen Werten stehen. Und aus dieser Diskrepanz kann schließlich ein stärkerer Veränderungswunsch entstehen, der dann auch schon eine Richtung hat.

- **Mit dem Widerstand gehen („roll with resistance").** Die ungünstigste Situation ist dann gegeben, wenn der Behandler Argumente für Veränderung auffährt und der Klient sich mit Gegenargumenten verteidigt. Genau das passiert aber häufig, wenn sich Behandler dazu verleiten lassen, Gewichte in die eine Seite der Waage (die aus ihrer Sicht „richtige" Seite) zu legen. Es kann äußerst schwierig sein, dieser Versuchung zu widerstehen, weil wir Behandler ja so oft ganz genau *wissen*, was für unsere Klienten das Richtige ist! Zeigen Klienten Widerstand, so ist das in der Philosophie des MI ein Signal für den Behandler, seine Position zu verändern (also nicht von seiner „richtigen" Position aus weiter zu argumentieren). Beispiel: Ein Klient ist ambivalent in Bezug auf die Frage, ob er mit dem Rauchen aufhören soll. Sie haben das miteinander eine Zeitlang untersucht, und als Letztes hat der Klient gesagt: „Aber es ist halt so, dass Zigaretten mir einfach so gut schmecken." Dem automatischen Korrektur- und Überzeugungsreflex folgend würde ein Berater nun möglicherweise beginnen, Gegenargumente aufzufahren: „Ja, aber gerade haben Sie auch gesagt, dass Rauchen Ihre Gesundheit gefährdet." Damit würde der Berater wahrscheinlich mitten in den Widerstand des Klienten hineinlaufen, der nun seinerseits ein Gegenargument auffahren würde. Ein an MI orientierter Berater würde stattdessen mit dem Widerstand gehen („roll with resistance"): „Ja, ich verstehe, da kommt der Genuss deutlich heraus, den Sie beim Rauchen haben. Und das ist sehr wichtig für Sie." Paradoxerweise sind es nach solch einem „mit dem Widerstand gehen" in der Regel die Klienten, die dann den „Change Talk" beginnen („Ja, klar, ich genieße das, aber die Dinger sind halt auch so ungesund."). Und das ist das erste wichtige Zwischenziel des MI: Die Klienten sollen „Change Talk" zeigen, nicht die Behandler.

▶ **Selbstwirksamkeit fördern.** Die bisherigen drei Prinzipien können dabei helfen, dass ein Klient erkennt, dass er ein relevantes Problem hat und eine Veränderung herbeiführen sollte. Ohne die Überzeugung, diese Veränderung auch leisten zu können, ist das jedoch nichts wert. Deshalb bemüht sich MI auch darum, die Selbstwirksamkeit der Klienten zu unterstreichen, aufzubauen und zu fördern.

Diese sehr knappe Einführung in die Grundprinzipien des MI soll den Leser wie gesagt auf den Geschmack bringen, sich mit dieser Gesprächshaltung näher auseinanderzusetzen. Zum Abschluss geben wir hier basierend auf MI noch ein paar Empfehlungen, die für die Gesprächspraxis mit ambivalenten Personen förderlich sind:

▶ **Vermeiden der Expertenrolle.** Beim Untersuchen von Ambivalenz ist es ungünstig, wenn sich der Behandler als jemand anbietet, der „alle Antworten hat". Dann besteht die Gefahr, dass der Berater den Klienten zu belehren beginnt, was in aller Regel eine Entscheidungsrichtung vorschreibt, und das wiederum führt häufig zu Widerstand. Also nicht: „Da kenne ich mich aus, ich kann Ihnen ja einfach mal aus meiner Expertenrolle heraus alle Nachteile des Alkoholkonsums aufzählen, dann werden Sie schon sehen.", sondern besser im Geist einer sokratischen Haltung: „Lassen Sie uns doch mal miteinander untersuchen, was alles so die Vorteile und Nachteile des Trinkens sind. Womit möchten Sie beginnen?"

▶ **Übereilung.** Meistens kommen wir in Beratungen und Therapien dann am ehesten voran, wenn wir am langsamsten gehen. Miller und Rollnick (2002) zitieren Roberts (1997), der in seiner Arbeit mit Pferden die Paradoxie beobachtet hat, dass es mitunter den ganzen Tag dauern kann, etwas Bestimmtes zu erreichen, wenn man sich so verhält, als hätte man nur ein paar Minuten, und dass es umgekehrt nur ein paar Minuten dauert, wenn man so handelt, als hätte man den ganzen Tag. Unsere Klienten sind keine Pferde, aber die Analogie stimmt trotzdem, und deshalb laden wir Sie explizit zum Langsam-Machen ein!

▶ **Die wichtigste „Falle": Parteilichkeit.** Es wurde zwar bereits gesagt, ist für MI aber so wesentlich, dass es noch einmal wiederholt werden soll: Argumentieren ist keine geeignete Strategie, Veränderung herbeizuführen. Man sollte sich stets vergegenwärtigen, dass kaum jemand es genießt, eine Debatte zu verlieren bzw. fehlerhafter Ansichten „überführt" zu werden. Deshalb sollten Sie das Auffahren von Argumenten „pro change" vermeiden, denn das wird den Klienten wahrscheinlich vor allem dazu veranlassen, „No problem"-Aussagen zu bringen. Natürlich gibt es dafür Ausnahmen: Wenn akut selbst- oder fremdgefährdendes Verhalten innerhalb des Ambivalenzkonflikts vorliegt, bleibt dem Behandler keine andere Wahl, als aktiv zu handeln (vgl. Kap. 20 zum Umgang mit Suizidalität).

▶ **Offene Fragen stellen.** Mit gerichteten Fragen, die dem Klienten wenig Antwortspielraum lassen, geht häufig die Gefahr einher, dass bereits eine Seite der Ambivalenz betont wird. Für ein MI-geleitetes Untersuchen der Ambivalenz sind offene Fragen am besten geeignet. Offene Fragen ermöglichen eine tiefere Exploration, während geschlossene Fragen in der Regel nur kurze Antworten erfordern und damit die Gefahr bergen, an der Oberfläche zu verbleiben. Beispiel: „Ist es für Sie wichtig, Sinn in Ihrem Leben zu sehen?" ist eine geschlossene Frage, die strukturell nach einer „Ja"- oder „Nein"-Antwort verlangt. Offener explorativ wäre die Frage: „Was gibt Ihrem Leben einen Sinn?"

Transparenter Umgang mit zweifelhafter Motivation

Wie auch in den anderen Fällen, die hier besprochen werden, liegt ein Königsweg der Bearbeitung häufig darin, das Problem offen anzusprechen. „Ich habe den Eindruck, dass wir nicht am gleichen Strang ziehen. Geht Ihnen das ähnlich?" – und nach der hoffentlich positiven Antwort: „Wie können wir das ändern?"

Versuchen Sie in Fällen scheinbarer Unmotiviertheit besonders exakte Ziele mit Ihrem Klienten zu formulieren. Wenn das nicht möglich ist, dann sollten Sie auch das klar thematisieren: „Es scheint uns nicht zu gelingen, ein klares Ziel zu finden, das wir hier anpeilen können. Ohne Ziele funktioniert Beratung aber nicht. Was sollen wir Ihrer Meinung nach tun?"

Wenn es zwar Ziele gibt, die Klienten aber schlicht und ergreifend keine Schritte zu deren Verwirklichung unternehmen, dann empfiehlt sich – nach der Ausschöpfung üblicher Schritte wie Verhaltens- und Problemanalyse sowie der minutiösen Planung von Hausaufgaben etc. (vgl. Heidenreich, Junghanns-Royack & Fydrich, 2009) – die zeitliche Verdrahtung der Zielerreichung. „Wir sollten uns ein zeitliches Ziel setzen, da wir bislang nicht weiter gekommen sind bei dem Erreichen des Zieles X. Sollte es dann auch innerhalb einer sinnvoll abgeschätzten Zeit nicht gelingen, das Ziel zu erreichen, dann sollten wir es akzeptieren, dass unser Behandlungsansatz zumindest hier und jetzt und bei mir nicht das richtige Angebot für Sie ist." Dann wird mit dem Klienten ein realistisches Zeitziel vereinbart – zum Beispiel fünf Stunden –, das zu erreichende Ziel wird so klar wie möglich operationalisiert und der Realzustand nach fünf Stunden mit dem avisierten Zielzustand verglichen. Ist das Ziel nach wie vor nicht erreicht, dann sollte die Behandlung an dieser Stelle konsequent beendet oder aber zumindest unterbrochen werden. Diese Vorgehensweise hat neben dem Beenden eines fruchtlosen und häufig auch frustrierenden Bemühens auch den Begleiteffekt, dem Klienten den Wert der Ressource „professionelle Behandlung" transparenter zu machen. Im deutschen Gesundheitssystem kostet ambulante Psychotherapie den einzelnen Klienten auf den ersten Blick praktisch kein Geld, viele Beratungsstellen bieten ihr Angebot ebenfalls kostenfrei an – eine Faktenlage mit Vor- und Nachteilen, die hier nicht ausführlich diskutiert werden soll. Aber uns erscheint der Hinweis angemessen, dass sich häufig bewahrheitet, dass etwas, das nichts kostet, auch „nichts wert ist". Psychologen wissen schon aus dem Grundstudium und der Kenntnis der Dissonanztheorie, dass teure Dinge häufig aufgewertet werden, um die Kosten zu rechtfertigen (Festinger, 1957). Damit korrespondiert unsere Erfahrung, dass Klienten, die ihre Behandlung selbst bezahlen, häufig deutlich motivierter zu Werke gehen als Klienten, für die die Behandlung subjektiv „nichts kostet".

Ähnlich und noch deutlich mehr als beim „antriebslosen Patienten" (vgl. das entsprechende Kap. 6) möchten wir Sie somit an dieser Stelle dazu auffordern, nicht zu viel Verantwortung für den Prozess zu übernehmen (einer der Fälle, für die die „So wenig wie möglich, so viel wie nötig"-Regel gilt: Übernimm als Behandler so wenig Verantwortung wie möglich, aber so viel wie nötig). Gerade unmotivierte Klienten lösen in Behandlern häufig die irrige Vorstellung aus, dass sie „schuld" sind und doch nur auf die „richtige therapeutische Idee" kommen müssten, damit die Klienten aus ihrer Lageorientierung erwachen und endlich handeln. Für die Psychohygiene des Beraters erscheint es uns sehr wichtig, dass Sie akzeptieren, dass Ihnen Klienten begegnen werden, die auch trotz perfekter Motivationsarbeit keine Veränderungsmotivation aufbauen werden – möglicherweise deshalb, weil es ihnen (noch) nicht schlecht genug geht und somit der zu erwartende Gewinn den nötigen Einsatz (Anstrengung) nicht überwiegt oder weil der „Krankheitsgewinn" einfach zu groß ist. Das kann dann auch ein Behandler nicht durch stärkeres Engagement ausgleichen.

Dos	Don'ts
▶ Führen Sie bereits in der Frühphase der Beratung oder Therapie eine ausführliche Ziel- und Wertklärung durch und legen Sie gemeinsam mit dem Klienten die Behandlungsziele fest ▶ Vergegenwärtigen Sie sich, dass es sich um das Leben des Klienten handelt und dass Ihr Leben als Behandler nicht davon abhängt, welche Entscheidung Ihr Klient trifft ▶ Machen Sie sich mit den Grundregeln des „Motivational Interviewing" vertraut und vermeiden Sie konfrontatives Vorgehen	▶ Für den Klienten wissen, was gut ist, und dies unmissverständlich zum Ausdruck bringen („Sie müssen/sollten …") ▶ Eigenen Selbstwert von erfolgreichen Veränderungsbemühungen des Klienten abhängig machen ▶ Einnehmen einer vorwurfsvollen und verurteilenden Haltung gegenüber „unmotivierten Klienten"

12 Negative Gefühlsäußerungen und exzessives Jammern

Es ist die sechste Beratungsstunde des Tages und der sechste Klient, der 50 Minuten lang ungebremst seine schlechten Gefühle auf Sie niedergehen lässt. „Mir geht es wirklich furchtbar. Ich kann einfach nicht mehr. Diese Schwärze und Leere in mir, das macht einfach keinen Spaß mehr. Und ich bin auch so hoffnungslos, nichts gegen Sie, Frau Beraterin, aber trotzdem, irgendwie fühle ich mich einfach völlig hilflos und so einsam wie ein Stein am Boden des Ozeans. Ich kann einfach nicht mehr …" Sie merken, wie Sie einfach nur noch nach Hause wollen, möglichst weit weg von diesem Ansturm negativer Emotionen, den Sie sich kaum noch vom Leib halten können.

Negative Gefühle und ihre Bedeutung für die Behandlung
Das Äußern negativer Gefühle gehört natürlich sehr zentral in fast jede Behandlung – schließlich kommen unsere Klienten nicht deshalb, weil es ihnen so gut geht. Trotzdem fällt uns häufig auf, dass Supervisanden mitunter eine geringe Toleranzschwelle für negative Gefühlsäußerungen seitens ihrer Klienten haben. Das ist im Grunde auch nicht schwer zu verstehen: Generell sind Interaktionen belastend, in denen einer der beiden Partner ununterbrochen negative Gefühle äußert. Verschärft wird dies in der Beratung noch weiter dadurch, dass sich der Behandler verantwortlich dafür fühlt, seinem Klienten aus den negativen Gefühlen herauszuhelfen. In dem Moment, in dem ein Klient sich also enttäuscht/traurig/wütend/hoffnungslos/frustriert/verbittert/… zeigt, entsteht bei vielen Behandlern der Druck, daran sofort etwas zu ändern. So verständlich diese Haltung ist – und letztlich ist es ja auch „unser Job", unseren Klienten aus ihren negativen Gefühlszuständen herauszuhelfen –, so sehr widerspricht sie allerdings auch einer simplen Grundtatsache der Existenz: Negative Gefühle gehören untrennbar zum Leben. Somit ist die Toleranz eigener negativer Gefühle bzw. die Akzeptanz dieser Tatsache an sich sowie ihrer situativ unerfreulichen Folgen eine Komponente von Lebenstüchtigkeit. Deshalb sollten Behandler – im Sinne der Modellwirkung – möglichst deutlich veranschaulichen, dass negative Gefühle erlaubt und selbstverständlich sind, dass sie manchmal oder häufig nicht sofort geändert werden können, und dass es sehr gesund ist, negative Gefühle mitunter einfach zuzulassen und auszuhalten (vgl. hierzu den Ansatz der Akzeptanz- und Commitmenttherapie (ACT), z. B. Hayes, Strosahl & Wilson, 1999). Durch ihre Haltung sollten Berater und Therapeuten verdeutlichen, dass man negativen Ge-

fühlen nicht konsequent ausweichen oder sie stets vermeiden kann (oder sollte) und dies somit auch nicht das Ziel der Behandlung ist. Negative Gefühle dürfen sein, sind nicht per se beziehungsschädigend (wenngleich ihnen natürlich dieses Potenzial innewohnt) und lassen sich gut ins Leben integrieren (was einen angemessenen Umgang voraussetzt, wobei genau dieser dann in der Behandlung zu erlernen ist).

Diese Haltung wird dem Berater in der Regel dann noch einigermaßen leicht fallen, wenn sich die negativen Gefühlsäußerungen des Klienten auf dessen Leben/Partner/Arbeitsplatz/… beziehen. Sehr viel interessanter wird es, wenn der Behandler selbst Gegenstand der negativen Gefühle ist – wie beispielsweise durch die Stellung eines Ausfallhonorars (vgl. Kap. 9). Stehen sie selbst im Mittelpunkt der negativen Aufmerksamkeit, dann werden Behandler unserer Erfahrung nach sehr viel stärker vermeidungsorientiert als in anderen Fällen. Doch gerade hier bietet sich dem Berater oder Therapeuten natürlich eine wertvolle Möglichkeit, den professionellen und konstruktiven Umgang mit einer schwierigen Situation direkt „live on stage" zu demonstrieren und dies mit dem Klienten gemeinsam zu üben. Mitunter wird dies dadurch erschwert, dass Klienten ihre negativen Gefühle dem Therapeuten gegenüber nicht offen zum Ausdruck bringen, weil sie sich das aus unterschiedlichen Gründen nicht trauen. In solchen Fällen möchten wir Sie ausdrücklich dazu ermutigen, Ihre Klienten zur Äußerung der negativen Gefühle einzuladen: „Seit ich vor drei Wochen Ihrem Wunsch, in Zukunft jede Woche zwei Therapiestunden zu haben, nicht nachgekommen bin, habe ich den Eindruck, dass Sie in unseren Stunden reservierter sind und sich über mich ärgern. Liege ich damit richtig?" Sie können Ihren Klienten auch eine Brücke bauen, damit diesen der offene negative Gefühlsausdruck leichter fällt: „Ich glaube, ich hätte mich an Ihrer Stelle über mich geärgert. Ist es Ihnen genauso ergangen, oder fühlen Sie anders?" Auch die befürchteten Konsequenzen des Ausdrückens negativer Gefühle sollten offen bearbeitet werden: „Ich bin froh, dass wir jetzt offen darüber sprechen können, dass Sie sich über … geärgert haben. Es gab bestimmt gute Gründe, die Sie davon abgehalten haben, das von sich aus anzusprechen. Können wir das klären?" Auch hier kann ein Brückenbauen nötig sein: „Haben Sie befürchtet, ich würde die Behandlung abbrechen, wenn Sie Ihren Ärger von sich aus äußern würden?" – oder welcher Grund auch immer dem Behandler in der jeweiligen Situation plausibel erscheint. All diese Interventionen helfen dabei, dem Klienten zu verdeutlichen, dass ein konstruktiver Umgang mit negativen Gefühlen möglich ist, dass negative Gefühlsäußerungen nicht dazu führen müssen, dass die Beziehung zerstört wird, und dass es in der Regel nach dem offenen Umgang mit negativen Gefühlen eine deutliche Befindlichkeitsverbesserung gibt.

Die zuletzt genannten Interventionen veranschaulichen sehr deutlich, dass bei negativem Gefühlsausdruck dem Behandler gegenüber „Beziehungsarbeit" ansteht. Diese muss dann sozusagen vom Berater eingeleitet und aufrecht erhalten werden, um einerseits die Arbeitsbeziehung gut zu gestalten und zu erhalten, und um andererseits dem Klienten günstige korrigierende Erfahrungen zu ermöglichen. Beziehen sich die negativen Gefühlsäußerungen nicht auf den Berater, sondern auf Außenstehende, dann wird nicht so unmittelbar eine direkte Arbeit an der Arbeitsbeziehung angezeigt sein – sondern an den konkreten geäußerten Gefühlen bzw. Inhalten –, aber auch dann bieten sich Möglichkeiten der Beziehungsarbeit, und zwar solche der „Einzahlungen auf das Beziehungskonto" (Covey, 1989). Empathisches Mitschwingen sowohl auf der verbalen als auch der nonverbalen Ebene seitens des Beraters zeigt dem Klienten, dass er nicht alleine ist, dass er verstanden und in seiner Gefühlswelt validiert wird. All das sind Faktoren, die die Positivität der Beziehung zwischen Behandler und Klient fördern. Ein zu frühes „Gegenrudern" im Sinne eines Korrigierens dysfunktionaler oder irrationaler negativer Gefühlszustände kann demgegenüber beziehungsschädigend wirken. Hayes und seine Kollegen (1999) betonen in diesem Zusammenhang, wie wichtig es ist, dass als Therapie- oder Beratungsziel nicht primär stehen sollte: „Ich möchte mich gut fühlen", sondern dass es stattdessen darauf ankomme, „gut zu fühlen", also durchaus auch schmerzhafte Gefühle situationsangemessen zu erleben.

Sehr ungünstig sind auch leere Alltagsfloskeln wie „Das wird schon wieder." und „Wer weiß, wozu es gut ist." sowie Ablenkungsversuche, die häufig mit „Ja, aber" beginnen („Ja, aber schauen Sie doch mal, wie toll Ihr Leben im Bereich X ist."). Die hinter diesen Sätzen stehenden Gedanken sind oft genug richtig, aber so geäußert werden sich Klienten in der Regel eher unverstanden fühlen und sich verschließen.

Exzessives Jammern
Bei manchen Klienten hören die negativen Gefühlsäußerungen allerdings nicht mehr auf und gehen in ein chronisches Jammern über. Wir möchten deshalb ausdrücklich betonen, dass das empathische Mitschwingen mit negativen Gefühlsäußerungen seine Grenzen hat (an dieser Stelle sei analog auch noch einmal auf die „Gratwanderung" zwischen Empathie und Veränderungsdruck verwiesen, die wir in Kapitel 5 über den Umgang mit aggressivem Verhalten näher beschrieben haben). Wir empfehlen, zuerst einmal tatsächlich nach „Lücken im Strom der Klagen" Ausschau zu halten und in diese hinein zu intervenieren. Es gibt allerdings nicht wenige Klienten, die sich tatsächlich in eine permanente Jammerhaltung hineinarbeiten. Unserer Erfahrung nach sind dies häufig Klienten, die sich vom Leben oder von Personen enttäuscht fühlen und die Verantwortung für die Veränderung dann auch dort – also „draußen" – sehen und nicht bei sich selbst (vgl. in diesem Zusammenhang die von Linden, Schippan, Baumann und Spielberg [2004] beschriebene „posttraumatische Verbitterungsstörung"). Es ist wichtig, in solchen Fällen nicht zu lange zu warten, sondern wertschätzend, aber konsequent auf die Möglichkeiten von Therapie und die Mechanismen von Veränderung hinzuweisen: „Ihre Lage ist wirklich sehr schwierig, und ich finde es ganz nachvollziehbar, dass es Ihnen so schlecht geht. Leider hat ... [der vom

Klienten angeführte äußere Faktor] Sie zwar in diese üble Lage gebracht, aber heraushelfen wird … [er/sie/der Zufall/die Welt] Ihnen nicht. Auch wenn es ungerecht erscheint: Sie müssen sich selbst wieder heraushelfen. Wollen Sie das versuchen?" Dieser Formulierungsvorschlag versucht einerseits, den Klienten in seinem negativen Gefühlszustand zu validieren und ihn wertschätzend anzuerkennen, andererseits jedoch auch einen Impuls in Richtung Handlungsorientierung und Selbstverantwortung zu setzen.

In manchen Fällen wird das alleine noch nicht reichen, um einen Klienten aus einem Jammerteufelskreis herauszuholen. Die nächste Eskalationsstufe wäre dann, das Jammern selbst zu thematisieren, möglichst allerdings, ohne dieses äußerst negativ besetzte Wort zu benutzen: „Seit … Stunden habe ich in unserer Therapie den Eindruck, dass nicht viel passiert und es nicht vorwärts geht. Was aus meiner Sicht gesehen hier passiert, ist, dass Sie mir … [das kritische Ereignis] beschreiben und – verständlicherweise – darüber klagen, dass Ihnen das passiert ist. Ich kann mir sehr gut vorstellen, dass es in Ihnen – wegen der erlebten Ungerechtigkeit – das ganz starke Bedürfnis gibt, … [die kritische Situation] immer wieder darzustellen. Auch wenn es hart klingen mag: Durch Klagen alleine werden wir keine Fortschritte machen können. Wie kann ich Ihnen dabei helfen, über das Klagen hinaus zu kommen und konkret zu überlegen, wie Sie die Situation wieder zum Besseren wenden können?"

Mitunter wird auch das nicht helfen, und konsequenterweise wird der Therapeut dann noch eine Eskalationsstufe höher steigen müssen: „Ich merke, dass wir hier nicht vom Beklagen der Situation wegkommen. Ich glaube, Sie müssen eine Entscheidung treffen: Möchten Sie weiter über die erlittene Ungerechtigkeit klagen, oder möchten Sie lieber etwas ändern? Es war nicht Ihre Wahl und Verantwortung, dass Sie in der Situation X gelandet sind [falls das so ist; falls es doch die Verantwortung oder Teilverantwortung des Klienten ist, dann entsprechend umformulieren]; da waren Sie nicht frei. Aber es ist voll und ganz Ihre Wahl, ob Sie jetzt weiterklagen oder etwas tun wollen. Wie entscheiden Sie sich?"
Und wenn auch danach das Klagen noch anhält, dann hilft mitunter nur noch die letzte Stufe: „Solange Sie im Klagen stecken bleiben, können wir in unserer Arbeit nichts bewirken. Ich würde Ihnen gerne helfen, aber das kann ich erst, wenn Sie sich dazu entscheiden, aufs Klagen zu verzichten und trotz allem zu handeln. Im Moment scheint Ihnen das nicht möglich zu sein, deshalb werde ich die Behandlung nicht fortsetzen, denn damit würde ich nur noch dazu beitragen, dass Sie im Klagen verharren. Bitte melden Sie sich bei mir, wenn Sie sich entschieden haben, zu handeln statt zu klagen; dann werde ich die Behandlung gerne fortsetzen." Diese Intervention mag vielen Anfängern sehr hart erscheinen, doch mitunter ist das Fortsetzen einer Jammerbehandlung viel grausamer. Manchmal sind es tatsächlich die „harten Worte" oder Konsequenzen, die den Knoten platzen lassen und einen Menschen, der sich in seinen Problemen festgefahren hat, wieder mit seinem Handlungsspielraum in Kontakt bringen. Frank Farrelly hat dies zu seinem Therapieprinzip gemacht, weshalb der interessierte

Leser an dieser Stelle auf die „provokative Psychotherapie" (Farrelly & Brandsma, 2005) verwiesen sei.

Dos	Don'ts
▶ Aufrechterhaltung der professionellen Distanz: beim Klienten bleiben, aber sich nicht in den Strudel ziehen lassen ▶ Therapieziele Frustrationstoleranz und Akzeptanz verfolgen: Negative Gefühle gehören zum Leben ▶ Problematisches Verhalten konkret benennen („Sie klagen seit vier Sitzungen fast ununterbrochen über …") ▶ Handlungsspielräume und Wahlalternativen aufzeigen („Ich kann sehr gut verstehen, dass Sie Ihre Situation beklagen. Möchten Sie, dass wir danach suchen, wie die Situation verändert werden kann?")	▶ Übertriebenes Mitschwingen mit negativen Gefühlsäußerungen ▶ Beschwichtigende leere Floskeln („Das wird schon wieder"; „So schlimm ist es doch gar nicht.") ▶ In die Verantwortungsfalle gehen („Ich bin als Therapeut vollständig dafür verantwortlich, dass mein Klient sich gut fühlt!") ▶ Wutausbrüche („Ich halte es einfach nicht mehr aus, Ihr ständiges Gejammer anzuhören.")

13 Nicht-Einhalten von Absprachen

> Herr M. befindet sich seit mittlerweile zehn Sitzungen bei Ihnen in Therapie. Grund für die Aufnahme der Therapie sind intensive soziale Ängste sowie eine im Laufe der zurückliegenden Jahre zunehmend stärker werdende depressive Verstimmung. Um ein besseres Verständnis der für den Patienten schwierigen Situationen zu erlangen, haben Sie ihm bereits vor drei Sitzungen ein Tagebuch mitgegeben, in dem er diese Situationen protokollieren soll. Auch am heutigen Nachmittag erscheint Herr M. wieder pünktlich zur Sitzung und berichtet niedergeschlagen, dass er „einfach nicht geschafft habe", diese Aufgabe zu erledigen. Sie werden langsam ratlos, wie Sie Herrn M. behandeln sollen. Obwohl der Klient die Aufgabe zum wiederholten Mal nicht wie abgesprochen erledigt hat, haben Sie nicht den Eindruck, dass es ihm an Motivation fehlt. Sie fragen sich, wie das zu erklären sein könnte.

Unterschiedliche therapeutische Traditionen variieren erheblich in der Bedeutung, die der Bearbeitung von Aufgaben außerhalb der Therapiezeiten zugemessen wird: Während die klassische Psychoanalyse ihre Wirkung vor allem während des sich in den Sitzungen entfaltenden Übertragungs- und Gegenübertragungsgeschehens erzielt, setzen kognitiv-behaviorale Ansätze schwerpunktmäßig auf Anwendungen der in der Therapie erarbeiteten Prinzipien im realen Leben („Transfer"). Auch andere therapeutische Traditionen und insbesondere Beratungsansätze treffen Absprachen mit den Patienten bzw. Klienten und sind darauf angewiesen, dass Klienten diese Absprachen einhalten. Spezialfälle sind kurzfristige Terminabsagen oder Nicht-Erscheinen (Kap. 9) sowie Patienten, die Schwierigkeiten haben, Eigenverantwortung zu übernehmen (Kap. 26).

Häufig treten Probleme beim Einhalten von Absprachen bereits zu Beginn der Behandlung auf, es kann jedoch auch vorkommen, dass sich diese zu verschiedenen Zeitpunkten der Therapie bzw. Beratung manifestieren. Wir verwenden in diesem Kapitel bewusst den deutschen Begriff „Nicht-Einhalten von Absprachen": Im medizinischen Kontext wird häufig der Begriff „compliance" verwendet – dies impliziert aber ein eher passives „Mitmachen" des Patienten mit dem durch den Arzt vorgegebenen Behandlungsregime. Schon passender ist der ebenfalls häufig verwendete Begriff „adherence", der ausdrückt, in welchem Maße sich Patienten an die Vorgaben des Behandlers halten. Bereits im Begriff „Nicht-Einhalten von Absprachen" zeigt sich, dass wir davon ausgehen, dass diese Absprachen durch den Behandler und den Klienten gemeinsam getroffen und ggf. ausgehandelt werden. Das hier vorliegende Kapitel weist Überlappungen zu Kapitel 11 („Mangelnde Veränderungsmotivation") auf. Aufgrund der häufigen spezifischen Anfragen zum Nicht-Einhalten von Absprachen bzw. Noncompliance mit Therapieaufgaben haben wir uns entschieden, dieses neue Kapitel hinzuzufügen. In jedem Fall empfehlen wir Ihnen, auch die Ausführungen in Kapitel 11 zu lesen.

Wie kommt es zum Nicht-Einhalten von Absprachen?

Die einzelnen Gründe für das Nicht-Einhalten von Absprachen sind ebenso vielfältig wie die Klienten und ihre individuellen Lebenslagen: Im einfachsten Fall setzen Therapeuten auf Seiten des Klienten schlicht zu viel voraus bzw. sind sich nicht bewusst, welche Hürden ein bestimmtes Verhalten für den Klienten aufweist. So ist die Aufforderung, einen Fragebogen zur Lebensgeschichte auszufüllen für Analphabeten mit Scham verbunden und wird – insbesondere bei noch nicht gefestigter therapeutischer Beziehung – zum Versuch führen, die Aufgabe zu boykottieren. In anderen Fällen können tieferliegende motivationale Konflikte eine bedeutsame Rolle spielen: Ein Beispiel wäre eine Patientin, die im Rahmen ihrer depressiven Episode lernen möchte, wieder aktiver zu werden – jedoch die Absprachen für den Aufbau von Verhalten unterläuft; hier könnte ein Konflikt mit dem Ehemann vorliegen (dependente, aber Sicherheit versprechende Beziehung wird einerseits aufrechterhalten, andererseits im Rahmen der Therapie verändert). In wiederum anderen Fällen weist die Therapie aktuell schlicht keine hohe Priorität im Leben des Patienten auf – dieses Phänomen ergibt sich häufig gegen Ende von Therapien (vgl. hier Kapitel 16 „Plaudermodus bei Klienten"). Weitere Spezialfälle, die in anderen Kapiteln dieses Buches ausführlich behandelt werden, sind Nicht-Einhalten von Absprachen in Rahmen von (depressiver) Antriebslosigkeit (s. Kap. 6) und „Zweifel von Klienten an Behandlern" (Kap. 30). Wir wollen im Folgenden einige weitere wichtige Gründe für das Nicht-Einhalten von Absprachen darstellen und im Anschluss daran Empfehlungen für einen möglichen Umgang damit geben.
Ambivalenz im Hinblick auf die angestrebte Veränderung. Es ist davon auszugehen, dass Verhaltensänderungen nur in seltenen Fällen vollständig konfliktfrei sind: Trotz aller Schwierigkeiten bieten dysfunktionale Verhaltensweisen zunächst zumindest die Möglichkeit der Bewältigung von schwierigen Anforderungen des Lebens. Dysfunktionale Muster aufzugeben löst deshalb regelhaft Angst und Unsicherheit aus. Berater und Therapeuten sollten sich dieser Gesetzmäßigkeiten bewusst sein und entsprechend sensibel darauf reagieren: Sich als Berater regelmäßig vor Augen zu führen, dass Ambivalenz etwas völlig Normales ist, hilft, den Druck zu reduzieren der aus fehlender Mitarbeit resultieren kann. Ein Sonderfall dieser hier als alltäglich betrachteten Ambivalenz im Hinblick auf die angestrebte Veränderung sind tiefergehende motivationale Konflikte, die weiter unten thematisiert werden.

Überforderung. Obwohl Therapeuten und Berater in der Regel gut darin geschult sind, die Kompetenzen von Patienten einzuschätzen, kann es vorkommen, dass Absprachen getroffen werden, die die Klienten bzw. den Klienten in der jeweiligen Situation überfordern. Dies ist bis zu einem gewissen Punkt sogar zu erwarten, da die therapeutischen Aufgaben ja so gestaltet sein sollten, dass sie für Klienten gerade noch gut zu absolvieren sind (optimales Schwierigkeitsniveau): Wenn Berater und Therapeuten ausschließlich Aufgaben vergeben, die mit dem bestehenden Verhaltensrepertoire gut bewältigbar sind, ist die Chance gering, dass Klienten wirklich etwas nennenswert Neues oder Interessantes lernen – allerdings trifft dies auch auf Aufgaben zu, die den Klienten systematisch überfordern. Das „Finetuning" dieser beiden Anforderungen ist jedoch niemals einfach.

Wir haben die Erfahrung gemacht, dass insbesondere Therapeuten in Ausbildung eher unterschätzen, welche Anforderungen von „Hausaufgaben" ausgehen können. Im „realen Leben" können auch vermeintliche Kleinigkeiten für Patienten außerordentlich schwer umsetzbar sein, insbesondere dann, wenn es um regelmäßige Leistungen geht. Im Rahmen der verhaltenstherapeutischen Selbsterfahrung ist dies häufig Gegenstand des sogenannten „Selbstmodifikations-Projekts". Hierbei setzt der Therapeut in Ausbildung sich ein spezifisches Veränderungsziel und versucht dieses im Rahmen der Selbsterfahrung zu verwirklichen. Dabei merken Ausbildungskandidaten meist sehr deutlich – weil eben am eigenen Leib – wie schwer es sein kann, alte Gewohnheiten abzulegen oder neue zu entwickeln. Um hierzu nur ein Beispiel zu nennen: Vor kurzem habe ich (A.N.) mit den Teilnehmern eines Therapieausbildungskurses vereinbart, dass jeder bis zu unserem nächsten Zusammentreffen ein halbes Jahr darauf täglich einen Apfel essen soll – eine ohne Zweifel sehr gesunde und somit unspezifisch befürwortenswerte Angewohnheit. Von insgesamt 20 Anwesenden hatten dies beim Wiedersehen nach sechs Monaten genau 2 geschafft; auch ich selbst befand mich unter den „Gescheiterten". Sicherlich war diese Aufgabe auch vergleichsweise schwer, aber es sei daran erinnert, dass es sich hier um lauter „high potentials" handelte (Akademiker, „Leute vom Fach" etc.). Wir sollten unsere Anforderungen an Klienten somit drastisch anpassen und insbesondere auch mit dem Störungs- und Beeinträchtigungsgrad in Einklang bringen.

Prioritäten. Bereits Freud betonte, dass die Motivation, sich in einer Therapie zu engagieren, maßgeblich vom Leidensdruck des Patienten abhängt: Wenn Menschen mit ihrem Leben zufrieden sind, stellt sich natürlich die Frage, weshalb Anstrengung verlangende Veränderungen vorgenommen werden sollen. Auf der anderen Seite ist der Leidensdruck sicher keine hinreichende Bedingung für engagiertes Verhalten in der Therapie: Hinzukommen muss die Zuversicht, dass die Therapie geeignet ist, positive Veränderungen herbeizuführen. Absprachen verlangen dem Klienten eine Menge ab und setzen voraus, dass die mit der Beratung oder Therapie verbundenen Ziele hinreichend wichtig sind, um einen entsprechenden Aufwand zu rechtfertigen. Gerade gegen Ende einer Therapie, wenn bereits wichtige Ziele erreicht werden konnten, ergeben sich hier Probleme (s. Kap. 16 zu „Plaudermodus bei Klienten").

Motivationale Konflikte. Ein weiterer Grund für das Nicht-Einhalten von Absprachen kann darin bestehen, dass Klienten zwar vordergründig ein therapeutisches Ziel erreichen möchten, das Erreichen dieses Ziel jedoch mit anderen negativen Konsequenzen verbunden ist. Im Suchtbereich (Heidenreich, 2000) besteht dieses Problem beispielsweise darin, dass das angestrebte Ziel Abstinenz unter anderem damit verbunden ist, dass die Substanz nicht mehr weiter funktional eingesetzt werden kann (z. B. bei bestehenden sozialen Ängsten, die mittels Alkohol bewältigt werden). In solchen Fällen ist zunächst notwendig, den motivationalen Konflikt zu verstehen und ggf. Kompetenzen aufzubauen, die das Problemverhalten verzichtbar machen (z. B. eine erfolgreiche Behandlung der sozialen Ängste). Wir haben uns im Kapitel 11 „Mangelnde Veränderungsmotivation" ausführlich mit der Bedeutung motivationaler Konflikte beschäftigt und verweisen deshalb an dieser Stelle auf die dortigen Ausführungen.

Prokrastination. In Einzelfällen stellt das Nicht-Erledigen von Aufgaben nicht nur ein Problem unter vielen anderen dar, sondern ist das Problem, wegen dem der Klient Beratung oder Therapie aufsucht. Besonders häufig ist dies der Grund für Konsultationen in der Studentischen Beratung, wenn etwa Leistungsnachweise nicht abgeschlossen werden. Hier muss in jedem Fall angesprochen werden, dass das Hauptproblem in der „Verschieberitis" liegt und aller Wahrscheinlichkeit nach nicht in den einzelnen Problembereichen.

Umgang mit Nicht-Einhalten von Absprachen

Prävention von Nicht-Einhalten von Absprachen. Wie in vielen anderen der in diesem Buch behandelten Situationen zeigt sich auch hier die Bedeutung des Satzes: „Vorbeugen ist besser als Heilen". Ein konstruktiver Umgang mit dem Nicht-Einhalten von Absprachen beginnt lange vor dem ersten Auftreten dieser Phänomene: in der frühen Phase einer Beratung oder Therapie. Kanfer, Reinecker und Schmelzer (2012) tragen dieser Einsicht insofern Rechnung, dass eine ausführliche Ziel- und Wertklärung im ihrem Selbstmanagement-Modell bereits lange vor der Implementierung von konkreten Verhaltensänderungen stattfinden muss. Für Hinweise auf die korrekte Durchführung einer Ziel- und Werteklärung verweisen wir auf die entsprechenden Abschnitte bei Kanfer et al., an dieser Stelle soll lediglich darauf hingewiesen werden, dass es notwendig ist, sich umfassend mit den Zielen und Werten unserer Klienten zu beschäftigen: Mögliche potenzielle „Kollateralschäden" durch das Erreichen von therapeutisch erwünschten Zielen können so zumindest verstehbar gemacht werden und es kann eine Bereitschaft aufgebaut werden, diese (auch wenn es zunächst ängstigt) anzunehmen. Empfehlenswert ist hier in jedem Fall auch die Erstellung einer Pro-Contra-Liste, die für jedes therapeutische Ziel die kurz- und langfristigen Vor- und Nachteile auflistet. Wichtig hierbei ist, die Klienten auf mögliche „blinde Flecken" hinzuweisen: „Mir fällt bei Ihrer Pro-Contra-Liste auf, dass die Verhaltensänderung aus Ihrer Sicht gar keine negativen Auswirkungen hat – lassen Sie uns da noch etwas ausführlicher schauen".

Therapieziel: Reduktion der Einnahme von Schmerzmedikamenten

	Vorteile	Nachteile
Kurzfristig		
Langfristig		

Wenn Absprachen getroffen werden, ist es notwendig, dass diese sowohl vom Behandler als auch vom Klienten als bindend betrachtet werden: Auf Seiten des Behandlers bedeutet das, dass er die Einhaltung der Absprache überwachen muss, indem diese z. B. in der nächsten Sitzung wieder thematisiert wird. Es gehört sicher zu den demotivierendsten Erfahrungen von Klienten, wenn sie sich gemäß einer Absprache verhalten haben und der Behandler dann zu einer völlig anderen Tagesordnung übergeht. Auf Seiten des Klienten bedeutet das, dass er Verantwortung („Commitment") für die Durchführung der Absprache übernimmt, auch wenn sich Barrieren zeigen (Hayes et al., 1999).

Diagnostik des Nicht-Einhaltens von Absprachen. Aus den vorgenannten Dingen dürfte ersichtlich werden, dass eine erfolgversprechende Bearbeitung des Nicht-Einhaltens von Absprachen zunächst mit einer sorgfältigen Diagnostik beginnen muss: Erst wenn der Grund für die Nicht-Bearbeitung hinreichend klar ist, besteht Aussicht auf eine erfolgreiche Bewältigung. Da es sich bei Absprachen per definitionem um einen interaktionellen Prozess handelt, sollte zunächst die Absprache gemeinsam betrachtet werden. Es ist durchaus möglich, dass sich bei der Analyse des Nicht-Einhaltens von Absprachen zeigt, dass die Absprache selbst problematisch war: entweder zu diffus („Dann versuchen Sie bis zu unserer nächsten Sitzung doch einfach mal, die Dinge anders zu machen.") oder überfordernd. In solchen Fällen sollte der Behandler nicht zögern, seinen Anteil einzuräumen: „Jetzt wo wir darüber sprechen, wird mir klar, dass unsere Absprache schlicht zu unklar formuliert war/zu schwierig war – deshalb schlage ich vor, für das nächste Mal deutlich konkretere und kleinschrittigere Absprachen zu treffen". Auf Seiten des Klienten wird eine entsprechende Diagnostik in der Regel mit einer gründlichen Verhaltensanalyse beginnen: „Sie sagten mir, dass Sie nicht dazu gekommen sind, das Tagebuch zu bearbeiten. Können Sie mir bitte schildern, was Sie konkret daran gehindert hat, das auszufüllen?" In der Regel finden sich bereits an dieser Stelle wichtige Hinweise auf zugrundeliegende Ursachen, die dann bearbeitet werden können. Häufig zeigt sich schlicht ein schlechtes Zeitmanagement auf Seiten des Klienten: „Ich hatte es mir fest vorgenommen, aber dann ist doch immer wieder etwas dazwischengekommen." – in diesem Falle sollte ggf. eine Einheit zum Zeitmanagement eingeführt werden.

Wiederaufnahme der Ziel- und Wertklärung. Wenn sich in der Diagnostik des Nicht-Einhaltens von Absprachen zeigt, dass ein Motivationsproblem zugrundeliegt, sollte unmittelbar der Fokus der Therapie geändert werden: Statt Verhaltensänderungen steht zunächst eine erneute Ziel- und Wertklärung an. Ein Beispiel mag das verdeutlichen: Im Rahmen der Therapie sozialer Angststörungen werden sehr häufig Absprachen zwischen Therapeuten und Patienten getroffen, die Verhaltensexperimente im Zeitraum bis zur nächsten Sitzung beinhalten. Es ist keine Seltenheit, dass Klienten berichten, dass sie diese Absprachen nicht eingehalten haben, wobei der häufigste Grund für dieses Verhalten in der Vermeidung angstauslösender Situationen zu sehen ist. In diesem Fall sollte gemeinsam mit dem Patienten erneut das Pro und Contra der Verhaltensänderung thematisiert werden und auch durch den Therapeuten verdeutlicht werden, dass es ausschließlich die Entscheidung des Patienten ist, sein Verhalten zu verändern. Hoch problematisch ist es, wenn Therapeuten stark mit dem Veränderungspol der Ambivalenz identifiziert sind: dies kann u. a. zu Vorwürfen auf Seiten des Therapeuten führen („Sie sabotieren hier meine erfolgversprechende Therapie"). Stattdessen sollten sich die Behandler (durchaus nicht nur innerlich) „zurücklehnen" und darauf hinweisen, dass es ihrer Lebensqualität keinen Abbruch tut, wenn der Patient weiterhin in seiner vermeidenden Haltung verharrt.

Dos	Don'ts
▶ Gründliche Ziel- und Wertklärung vor der Implementierung von Veränderungen, Erstellung einer Pro-Contra-Liste bezogen auf Therapieziele, Aufbau von Veränderungsmotivation und Commitment auf Seiten des Klienten ▶ Nicht-Einhalten der Absprachen gründlich und aus einer neutralen Haltung heraus analysieren („Können Sie mir bitte schildern, wie es abgelaufen ist, als Sie sich an die Bearbeitung der Aufgabe gemacht haben? Was hat Sie davon abgehalten?") ▶ Analyse, ob es sich um ein grundsätzliches Muster des Klienten im Sinne von Prokrastination oder einem vermeidenden Persönlichkeitsstil handelt („Sie haben mir geschildert, dass es Ihnen nicht gelungen ist, diese Aufgabe zu machen – gibt es in Ihrem Leben andere Situationen, in denen Sie auch dazu neigen, wichtige Dinge aufzuschieben statt sie anzugehen?") ▶ Motivierende Gesprächsführung: Statements zu den Vorteilen einer Verhaltensänderung sollten nicht vom Berater/Therapeuten sondern vom Klienten kommen. ▶ Advocatus-Diaboli-Technik („Wenn ich mir Ihre Situation so anschaue, habe ich den Eindruck, dass Sie trotz Ihrer Panikattacken gut zurechtkommen, vielleicht sollten wir das Ziel ‚Konfrontation mit Angstsymptomen' aufgeben und uns mit anderen Inhalten beschäftigen?"	▶ Unmittelbare Verhaltensänderung anstreben („Der Klient leidet unter einer Panikstörung, also legen wir direkt mit einer Expositionsbehandlung los.") ▶ Vorwürfe machen („Wenn Sie unsere Absprachen nicht einhalten, brauchen Sie sich nicht zu wundern, wenn es Ihnen nicht besser geht.") ▶ Auf Einhaltung der Absprache pochen unter Betonung der Vorteile einer Verhaltensänderung („Wenn Sie die Aufgabe erledigen, erhöht das die Wahrscheinlichkeit, dass es Ihnen besser geht, wenn Sie es nicht machen, wird es auch nicht besser werden.") ▶ Eigenen Ärgerempfindungen freien Lauf lassen („Jetzt strenge ich mich hier schon so an und die engagiert sich überhaupt nicht.")

14 Persönliche Einladungen von Klienten sowie weitere Angebote zur Veränderung des Settings

> Die Therapie mit Herrn P. läuft seit fünf Monaten nun richtig gut, er macht große Fortschritte, die therapeutische Beziehung ist aus Ihrer Sicht vertrauensvoll, förderlich und intakt. In dieser Situation fragt Sie Herr P. plötzlich: „Sagen Sie mal, Herr Therapeut, wir kennen uns jetzt schon eine ganze Zeit, und ich fühle mich auch echt so richtig wohl bei Ihnen. Das Einzige, was mich stört, ist dieser förmliche Rahmen. Ich würde Sie gerne mal abends auf ein Bier einladen, eine Gelegenheit, bei der wir dann auch mit diesem lästigen ‚Sie' aufhören könnten. Und, was meinen Sie?"

Merkmale der Behandlungsbeziehung
Es wurde bereits verschiedentlich darauf hingewiesen, dass beraterische oder therapeutische Situationen sehr asymmetrisch sind. Nicht alle unsere Klienten kommen mit diesem Machtgefälle in der Beziehung problemlos zurecht; in manchen regen sich starke Wünsche, die Beziehung so zu verändern, dass sie „fairer" und austauschreicher wird. Das kann auf die Behandlung beschränkt sein, nicht selten ergibt sich aber auch der Wunsch, den Kontakt aus dem rein therapeutisch-beraterischen Setting heraus und den Berater in das eigene Leben stärker hinein zu nehmen. Dieses Gefühl kann übrigens durchaus auch wechselseitig bzw. vom Behandler ausgehend sein: Viele unserer Supervisanden und auch wir selber haben im Rahmen unserer Arbeit Menschen getroffen, mit denen unter der Bedingung eines Kennenlernens außerhalb des beruflichen Rahmens ohne Weiteres die Entwicklung einer Freundschaft oder auch mehr vorstellbar gewesen wäre. Doch hierin liegt der prinzipielle und aus unserer Sicht auch wichtige Unterschied: Die Bedingungen, unter denen man sich kennenlernt, sind hochrelevant, und deshalb ist diese eine der wenigen Stellen, an welchen sich zumindest eine sehr *einfache – wenngleich nicht immer einfach zu befolgende* – Regel aufstellen lässt: Wen Sie als Patient kennenlernen, der bleibt für Sie auch Patient bzw. später einmal Ex-Patient – der beruflich-professionelle Kontext wird nie verlassen.

Umgang mit persönlichen Einladungen
Damit ist auch die prinzipielle Entscheidung gefällt, wie mit persönlichen Einladungen, Du-Angeboten und anderen Versuchen des Aufweichens des professionellen Rahmens umzugehen ist: nämlich freundlich, aber ablehnend. Ansonsten besteht immer die Gefahr der Rollenkonfusion – die professionelle Distanz, die

Sie zu den Belangen Ihrer Klienten haben, ist ein Teil Ihres wichtigen therapeutisch-beraterischen Kapitals, das Sie verspielen, wenn Sie sich mehr als beruflich in den Kontext Ihrer Klienten hinein begeben. Die Dynamik Ihrer Arbeitsbeziehung steht zumindest in dem erheblichen Risiko, sich ungünstig zu verändern, wenn Sie den persönlichen Raum Ihrer Klienten betreten und diesen erlauben, auch in Ihr Privatumfeld einzudringen. Die weitere professionelle Arbeit wird davon nicht profitieren. Und auch dem „kompletten Wechsel" („Lass uns ab jetzt Freunde sein, nicht mehr Therapeut und Klient.") ist in der Regel keine gute Zukunft beschieden: Ihre unter professionellen Bedingungen etablierten Rollenmuster nehmen Sie mit in diese andere Phase hinein, Sie werden davon beeinflusst und möglicherweise warten bei dem dann erfolgenden „Sich-neu-Kennenlernen" einige unangenehme Überraschungen auf Sie – indem Sie zum Beispiel feststellen, dass Sie Ihren Klienten gar nicht mehr so sympathisch finden, wenn Sie sich nicht mehr vordringlich mit seinen Leidenszuständen befassen.

Diese einführenden Anmerkungen mögen genügen, um unsere in diesem Punkt deutlich abstinente Grundhaltung zu beleuchten. Nun bleibt jedoch zu prüfen, wie die Ablehnung von Einladungen etc. in einer Weise erfolgen kann, die den Klienten nicht brüskiert. Hier ergeben sich viele Ähnlichkeiten zu Kapitel 15 über persönliche Fragen von Klienten, weshalb wir die ergänzende Lektüre dieses Kapitels empfehlen.

Zuerst soll festgehalten werden, dass eine persönliche Einladung eines Klienten prinzipiell gesehen erst einmal große Wertschätzung Ihnen gegenüber zum Ausdruck bringt. Es handelt sich somit im Grunde um ein erfreuliches Ereignis, das Sie als an Ihre Person gerichtetes Lob interpretieren können. Dabei sollten Sie jedoch nicht stehen bleiben, sondern erst einmal drei Fragen klären:

1. Habe ich den Klienten durch unprofessionelles Verhalten zu dieser Einladung erst motiviert, oder kommt das wirklich und vollständig von ihm selbst?
2. An welche Teile meiner Person ist das positive Feedback gerichtet: an Merkmale und Kennzeichen meiner professionellen Rolle oder wirklich an „mich als Person"?
3. Welcher konkrete Veränderungswunsch steht hinter der Einladung, was davon ist für die Behandlung wichtig und wie lässt sich das ggf. verwirklichen, ohne die professionellen Grenzen zu verschleiern bzw. übertreten?

Die erste Frage ist darauf ausgerichtet, mögliches eigenes Fehlverhalten zu reflektieren und in das weitere Vorgehen einzubeziehen. Sie sollten sich Fragen stellen wie: Behandle ich diesen Klienten bevorzugt? Bin ich zu ihm herzlicher/offener/sympathiebekundender/… als zum Durchschnitt meiner anderen Klienten? Denke ich öfter an ihn und mache auch mehr, als für die Therapie eigentlich nötig wäre? Wenn Sie auf eine oder mehrere dieser Fragen ein „Ja" geben müssen, dann haben Sie den Klienten vermutlich zu seinem Verhalten ermutigt. Sie können somit sein Verhalten als Antwort auf Ihren eigenen unausgesprochenen Wunsch betrachten und sollten idealerweise in einer Supervisionssitzung erst einmal Ihre eigene Bedürfniswelt betrachten und sich eine klare Haltung erarbeiten, die es

Ihnen ermöglicht, mit allen Ihren Klienten und auch diesem einen jetzt speziellen Klienten fair umzugehen.

Erachten Sie Ihr Verhalten aber auch nach einer solchen kritischen Reflexion als professionell und durchgehend fair und klar, dann handelt es sich vermutlich doch um einen einseitigen Wunsch des Klienten. Wie in der zweiten Frage angedeutet kann sich dieser auf spezifische und typisch therapeutisch-beraterische Merkmale (nicht personenspezifisch, sondern behandlerübergreifend: guter Zuhörer, empathischer Helfer etc.) oder spezifische Charakteristika genau Ihrer Person beziehen (individuelle Merkmale: Ihr Temperament, Aussehen, Humor etc.). In Zusammenhang mit der dritten Frage sollte dieses im Weiteren genauer untersucht und auch beantwortet werden. Konkret empfiehlt sich eine Botschaft mit drei Elementen, die in der Regel auch in der nun gezeigten Reihenfolge verwirklicht werden sollten: „Es freut mich, dass Sie mich bei … dabei haben möchten [Element 1: Würdigung des positiven Feedbacks des Klienten], aber ich möchte dieses Angebot trotzdem nicht annehmen [Element 2: klare Absage]. Das möchte ich Ihnen sehr gerne auch erklären, weil ich nicht möchte, dass Sie sich gekränkt fühlen. Und zwar nehme ich solche Einladungen von Klienten grundsätzlich nicht an, weil … [Element 3: Erklärung des eigenen Motivs; weiter unten folgt eine Sammlung von Argumenten, die an dieser Stelle verwendet werden können]." Dieser Botschaft folgt nun die therapeutisch-beraterisch wichtige Phase, in der a) die Motive des Klienten geklärt werden („Was genau ist es, das Sie sich wünschen und davon versprechen, wenn wir uns im Weiteren duzen würden?") und b) nach einer mit Professionalität kompatiblen Lösung für den Wunsch des Klienten gesucht wird („Sie erhoffen sich von dem ‚Du' also mehr Nähe in unserer Beziehung und versprechen sich davon, dass Sie es dann leichter hätten, mir auch wirklich intime Dinge zu erzählen. Wie können wir das noch erreichen?").

Gerade bei gegengeschlechtlichen sowie homosexuellen gleichgeschlechtlichen Klienten besteht bei persönlichen Einladungen immer ein berechtigter Verdacht, dass auch Verliebtheit die Ursache sein könnte. Das ist somit als Motiv in solchen Konstellationen immer mit zu prüfen (s. dazu Kap. 24).

Das Nicht-Annehmen einer Einladung kann für Klienten sehr kränkend sein, weshalb es sehr wichtig ist, zur Besprechung solcher negativen Gefühle viel Raum zu bieten (vgl. dazu auch die Ausführungen in den Kapiteln über negative Gefühlsäußerungen (Kap. 12) und persönliche Fragen von Klienten (Kap. 15)). In jedem Fall wird aber eine Beziehungsklärung anstehen, damit für beide klar ist, wie es in der Zukunft weitergehen soll und welches die Rahmenbedingungen der Behandlung sind („Lassen Sie uns einmal einen Blick auf unsere Arbeitsbeziehung werfen. Was ist innerhalb dieser passiert, dass sich bei Ihnen der Wunsch geregt hat, mich zu X einzuladen? Wie genau stehen wir zueinander?"). So klar hierfür Raum zu geben ist, so deutlich möchten wir aber auch betonen, dass es unnötig ist, aus „einer Mücke einen Elefanten" zu machen. Wenn Sie im Rahmen der Beziehungsklärung schnell merken, dass es keine tieferen Geheimnisse, Frustrationen und Wünsche bei Ihren Klienten gibt, dann brauchen Sie das Thema auch nicht unnötig aufzublähen.

Argumentationshilfen bei persönlichen Einladungen

Im Folgenden bieten wir nun noch einige konkrete Argumentationshilfen, um Klienten plausibel zu erklären, warum wir ihre Einladungen nicht annehmen möchten (hier geht es nun jeweils nur um den Argumentationsteil, die Einleitung „Ich finde es schön, dass Sie mich zu … einladen möchten" sowie den Abschluss „Aus diesem Grund behalte ich zu meinen Klienten immer die professionelle Beziehung aufrecht und gehe nicht in eine private hinein. Und das mache ich mit allen meinen Klienten so, immer, das hat also nichts mit Ihnen persönlich zu tun" lassen wir jeweils weg):

- „Ihre Einladung anzunehmen würde bedeuten, dass ich zu Ihnen meinen professionellen therapeutischen Abstand verliere. Gerade dieser ermöglicht mir aber erst, Ihnen zu helfen. Das ist so wie beim Lesen: Die Buchstaben sind undeutlich, wenn Sie zu weit vom Buch weg sind, und sie verschwimmen, wenn Sie zu nah dran sind. So ähnlich geht es auch mir in meiner Arbeit: Ich kann die wichtigen Sachen am besten aus einem optimalen Abstand erkennen, weder zu weit weg noch zu nah dran."
- „Für unsere berufliche Arbeit sind ganz andere Merkmale, Eigenschaften, Fähigkeiten usw. meiner Person – und auch Ihrer Person – wichtig, als das im privaten Bereich der Fall ist. Würden wir uns privat treffen, so würden plötzlich diese ganzen anderen Dinge wichtig werden. Und das birgt das Risiko, dass wir plötzlich ‚Sand ins Getriebe' bekommen, weil es in diesen privaten Belangen vielleicht Reibungen gibt, die wir in unserer professionellen Arbeit nicht bemerken, weil sie nicht relevant sind. Das muss natürlich nicht so sein, aber das Risiko besteht, und ich habe für mich beschlossen, dieses Risiko nicht eingehen zu wollen."
- „Ich duze mich mit meinen Klienten grundsätzlich nie, weil die Grundlage meiner Arbeit die professionelle Arbeitsbeziehung ist, die wir zusammen haben. Dieses professionell- und eben nicht privat-persönliche wird für mich durch das ‚Sie' unterstrichen, weshalb ich sehr froh bin, dass wir das in der deutschen Sprache haben. Das heißt, das ‚Sie' macht es mir leichter, genau den richtigen Punkt zwischen ‚Abstand' und ‚Nähe' zu meinen Klienten zu haben [und anschließend ggf. Argumentation wie im ersten Beispiel dieser Liste]."
- „In meiner Arbeit geht es naturgemäß sehr häufig um sehr persönliche und private Dinge. Das heißt, rein inhaltlich ist der Abstand zu privaten persönlichen und zwischenmenschlichen Themen häufig sehr klein und dadurch in meinem Beruf eine Trennung zwischen Berufsleben und Privatleben oft nicht so einfach. Eine solche Trennung ist mir aber wichtig: Ich möchte, wenn ich die Praxis verlasse, den ‚Behandler' wirklich dort zurücklassen können, um mich auf mein Privatleben zu konzentrieren. Das kann ich nicht, wenn ich die Grenze zwischen Beruf und Privat nicht sehr genau ziehe, und deshalb unternehme ich mit Klienten auch nie etwas Privates, Freizeitliches etc."

Diese beispielhaften Argumente sollen ermöglichen, für die Entscheidung der Ablehnung der Einladung des Klienten auch wirklich die Verantwortung zu übernehmen, sie fest zu vertreten und anschließend mit den sich ergebenden Konsequenzen weiterzuarbeiten. Wir raten deutlich von verantwortungsabweisendem Herausreden und auch von Erklärungen, die eine Hintertür offen lassen, ab:

- „Ich würde mich ja auch gerne privat mit Ihnen treffen, aber das ist mir laut meiner Berufsordnung verboten.": Abwälzen der Verantwortung auf höhere Instanzen. Damit bleibt die eigentliche Erklärung verborgen, und der Behandler verpasst eine Chance, gutes Modell der persönlich begründeten Bedürfnisdurchsetzung zu sein.
- „Ich habe schon genug Freunde und Bekannte. Es passt leider einfach niemand mehr in mein Leben.": Hintertür („Aber vielleicht in einem Jahr?") und subtile Abwertung des Klienten („Ich kann mir das grundsätzlich vorstellen mit Klienten, aber zumindest mal bist du aus meiner Sicht nicht so ein toller Mensch, dass ich dir Priorität geben würde; die Menschen, die ich schon habe, sind eher wert, dass ich meine Zeit mit ihnen verbringe.").
- „Leider kann ich an dem von Ihnen genannten Tag nicht, wie schade!": Die ungünstigste Form des Vermeidens und letztlich nur ein Aufschieben („Okay, dann frag' ich Sie beim nächsten Konzert wieder. Vielleicht klappt es ja da!")

Dos	Don'ts
▶ Einladungen freundlich und rücksichtsvoll, aber klar ablehnen ▶ Verantwortung übernehmen: eigene Gründe beschreiben, aber keine Diskussion darüber beginnen ▶ Beziehung klären („Was ist bei uns passiert, dass sich bei Ihnen ein Beziehungswunsch in diese Richtung entwickelt hat?") ▶ Negativen Gefühlen Raum geben („Ich kann mir gut vorstellen, dass es Sie ziemlich kränkt, dass ich diese Einladung nicht annehme. Wie geht es Ihnen damit?")	▶ Einladungen annehmen („Es wird schon nichts Schlimmes passieren.") ▶ Verantwortung abwälzen („Ich darf nicht"-Antworten) ▶ Katastrophisieren („Oh Gott, sie hat mich eingeladen, sie muss in mich verliebt sein, und ich habe das sicher durch unprofessionelles Verhalten ausgelöst!") und dramatisieren („Jetzt müssen wir erst mal alle Therapieziele ad acta legen und uns die nächsten 20 Stunden um unsere Beziehung kümmern!")

15 Persönliche Fragen von Klienten

> Manuela F. ist völlig verzweifelt, als Sie sie im Erstgespräch sehen. Vor einer Woche hat sie erfahren, dass ihr Mann seit zwei Monaten eine Affäre mit ihrer vermeintlich besten Freundin hat. Das ganze geplante Leben zerfalle gerade vor ihren Augen, sagt sie. „Können Sie sich vorstellen, wie sich das anfühlt? Sagen Sie doch mal, sind Sie auch schon mal betrogen worden?" Heulend blickt Frau F. Sie an und wartet auf eine Antwort.

Wie bereits gesagt, Psychotherapie und Beratung sind sehr asymmetrische Situationen: Der Klient soll von seinen intimsten Problemen erzählen, während der Behandler kaum etwas von sich preisgibt; der Klient bekommt Hilfe, der Berater spendet sie; der Klient ist für den Behandler nur „einer von vielen", während umgekehrt der Klient nur einen einzigen Therapeuten bzw. Berater hat – vielleicht in seinem ganzen Leben. Angesichts dieses Ungleichgewichts und der Besonderheiten der therapeutischen Beziehung verwundert es nicht, dass Klienten mitunter versuchen, durch persönliche Fragen mehr Ausgeglichenheit herzustellen.

Berater sollten sich früh in ihrer Laufbahn – und nicht erst dann, wenn sie in einer konkreten Situation erstmalig damit konfrontiert werden – überlegen, was sie von sich preisgeben möchten und was nicht. Natürlich können diese Überlegungen nie erschöpfend sein, sondern nur relativ grob. Es ist jedoch günstig, zumindest eine allgemeine Klarheit darüber zu haben, welche Dinge man ohne Probleme von sich selbst erzählen mag und welche auf keinen Fall.

Wir vertreten hinsichtlich der Selbstöffnung von Beratern und Therapeuten einen mittleren Standpunkt: Ein vollständiges Abstinenzgebot ist uns zu weitreichend; es führt zu einer künstlichen Interaktion und dadurch mitunter dazu, dass Klienten – unserer Ansicht nach zu Recht – verärgert auf den „Psycho-Babble" des Beraters reagieren („Warum beantworten Sie eigentlich jede meiner Fragen mit einer Gegenfrage?"). Genauso abzulehnen ist jedoch auch ein zu freier Umgang mit Persönlichem seitens des Beraters, und dies aus mehreren Gründen:

a) Es besteht die Gefahr, dass es plötzlich nicht mehr um die Probleme/Person des Klienten, sondern um die des Behandlers geht; das wiederum führt natürlich komplett am Behandlungsauftrag vorbei, kann Klienten überlasten usw.;
b) Klienten können sich durch zu große persönliche Offenheit dazu eingeladen fühlen, mit dem Behandler eine andere Beziehung anzustreben als die professionelle (s. dazu auch Kap. 14 über persönliche Einladungen);
c) für den Behandler verwischt die Grenze zwischen Beruf und Privatleben, was psychohygienisch ungünstig ist.

Es wären noch weitere Gründe benennbar, doch die angeführten mögen als Argumente gegen eine persönlich zu freie Haltung genügen.

Selbstöffnung des Therapeuten ist ein in der Therapieforschung vieldiskutiertes Thema. Orlinsky und Howard (1986) benennen in ihrem „Generischen Modell der Psychotherapie" therapeutische Selbstöffnung als bedeutsamen Wirkfaktor. Sexton und Whiston (1994) fassen in ihrem empirischen Review 14 Studien zur therapeutischen Selbstöffnung und ihren Effekten zusammen. Insgesamt bestätigen diese Studien tendenziell günstige Effekte therapeutischer Selbstöffnung (so nehmen die Patienten sich selbst öffnende Therapeuten in aller Regel wohlwollender wahr), aber es gibt wie meist in der empirischen Forschung auch widersprüchliche Befunde (so ergaben sich in verschiedenen Studien wichtige Mediatoren bezüglich des Einflusses der Selbstöffnung, z. B. Geschlecht von Klient und Therapeut). Insgesamt bestätigt die Studienlage jedoch, dass angemessene Selbstöffnung den Therapieprozess fördern kann.

Es lässt sich natürlich nicht pauschalisieren, welche konkreten Informationen Sie als Berater bedenkenlos preisgeben können und welche nicht. Wie bereits oben angesprochen, muss hier jeder seine persönliche Grenze selbst finden. Doch einige allgemeine Hinweise sind als Orientierung denkbar:

▶ Äußere Merkmale, die man über Sie ohnehin mehr oder weniger leicht in Erfahrung bringen könnte, können in aller Regel ohne Bedenken berichtet werden (Antworten auf Fragen wie „Sind Sie verheiratet?", „Haben Sie Kinder?" etc.).

▶ Weitestgehend unproblematisch sind positive bzw. wertneutrale Selbstöffnungen, die insbesondere dazu dienen können, Ähnlichkeit zum Klienten zu betonen, was sich in der Regel beziehungsfördernd auswirkt (Therapeut: „Sie gehen im nächsten Urlaub bergsteigen? Ist ja spannend. Ich bin auch Bergsteiger. Wohin genau gehen Sie denn?"). Nur zwei Dinge sind hier zu beachten: a) Bei solchen Selbstöffnungen besteht die Gefahr, dass die Behandlung sich zu einer „Plauderei" über die gemeinsamen Interessen hin entwickelt; es ist somit wichtig, dies zu dosieren und bald wieder zum Therapieplan zurückzukehren (s. auch Kap. 16); b) Gemeinsame Interessen können im Klienten Phantasien gemeinsamer Aktivitäten wecken, was die Möglichkeit einer persönlichen Einladung fördert (s. dazu Kap. 14).

▶ Eine Selbstöffnung, die dem Klienten Schwächen des Therapeuten offenbart, ist häufig sehr hilfreich für die therapeutische Beziehung, weil sie Vertrauen fördert, den Therapeuten „menschlicher" macht und damit eine zu große und behandlungsbehindernde Imbalance reduziert. Diese Schwächen sollten aber nicht zusammenhanglos angesprochen werden, sondern immer nur dann, wenn der Klient dazu einen Einstieg anbietet. Völlig unbedenklich sind dabei „sympathische" Schwächen („Ich muss mir auch [das ‚auch' bezieht sich auf den Einstieg, den der Klient angeboten hat] immer alles auf gelbe Zettel aufschreiben und die an die Tür kleben, sonst vergesse ich alles."; „Von Computern habe ich auch keine Ahnung und bin immer froh, wenn der Brief endlich aus dem Drucker gekommen ist."). Sehr wirkungsvoll – im Sinne einer Steigerung der Glaubwürdigkeit des Therapeuten, seiner Authentizität und des Vertrauens in der Beziehung – kann auch das Eingestehen „echter" Schwächen sein, wobei aber beachtet werden muss, dass hier in der Regel nur überwundene Schwächen und Krisen benannt werden („Ja, ich kann Sie da gut verstehen, ich habe das mit dem Sportmachen auch jahrelang überhaupt nicht auf die Reihe bekommen, bis mir mein Arzt gesagt hat, dass genau daran mein Bluthochdruck lag. Das hat mir einen Riesenschrecken eingejagt, und jetzt halte ich es seit zwei Jahren gut ein, aber es ist echt schwer."), damit der Klient nicht das Bild eines hilflosen Therapeuten erhält („Ja, ich kann Sie da gut verstehen, meine Frau hat mich auch gerade vor zwei Wochen verlassen, und ich habe keine Ahnung, wie ich jetzt überhaupt weiterleben soll. Vielleicht können wir uns da ja gegenseitig helfen?!").

▶ Immer zu vermeiden sind Selbstöffnungen, die zu tief in die Intimsphäre gehen und somit unter anderem das Risiko bieten, dass der Klient sich peinlich berührt fühlt und abgeschreckt wird („Herr X., Sie sind jetzt 35 Jahre alt und hatten noch nie eine intime Beziehung. Ich weiß aus eigener leidvoller Erfahrung, wie schwer das ist. Ich habe dann über ein Internet-Forum eine Frau kennengelernt, die mich mit immerhin auch schon 38 Jahren in die Geheimnisse der Liebe eingeweiht hat.").

▶ Prinzipiell sollten Sie sich bei jedem Impuls einer Selbstöffnung fragen, welches Motiv genau dem Impuls zugrunde liegt. Unbedenklich sind dabei nur Motive, die im Dienst der Behandlung des Klienten liegen (Beziehungsaufbau, Modellfunktion, Motivationsaufbau usw.). Fehlt ein solches klares Motiv, so ist gründlich zu prüfen, ob die Selbstöffnung nicht eher egoistisch motiviert ist (den Patienten beeindrucken, „Fishing-for-compliments", eigenes Äußerungsbedürfnis befriedigen etc.).

Im Folgenden möchten wir nun prinzipiell darstellen, wie mit auf Selbstöffnung zielenden Fragen unserer Klienten umzugehen ist, und zwar in Abhängigkeit davon, ob Sie sich öffnen möchten oder nicht – was Sie nach der Lektüre der bisherigen Ausführungen für sich beantworten können sollten.

Ich will die Frage des Klienten beantworten

In diesem Fall kommt es zu keinem Konflikt, weil Sie das Bedürfnis Ihres Klienten befriedigen. Mitunter wird es dem Behandler hier möglich sein, einfach die Frage zu beantworten und fortzufahren (Begrüßungsszene in der Praxis: „Hallo Frau Therapeutin, ist ja lustig, das Kleid, das Sie anhaben, ist das von H&M?" – „Ja, stimmt, habe ich letzten Samstag gekauft. Haben Sie es dort gesehen?" – „Ja, ich wollte mir das auch schon kaufen. Echt witzig!" – „Na dann, nur zu, die haben bestimmt noch welche! [und nach dem Hinsetzen:] So, heute wollten wir ja …").

Öfter wird es vermutlich interessant sein, was genau den Klienten zu seiner Frage bewogen hat, weshalb sich der Antwort des Therapeuten die Frage nach dem Motiv anschließt, um zu überprüfen, ob hinter der Frage noch etwas weitergehend Behandlungsrelevantes steckt (Klient: „Sagen Sie, sind Sie eigentlich verheiratet?" – „Ja, das bin ich. [Und dann den Klienten erst einmal erwartungsvoll anblicken, meist wird er von alleine weitersprechen und eröffnen, warum das Thema für ihn bedeutsam ist. Doch wenn nichts kommt:] Fragen Sie das mit einem ganz bestimmten Interesse?/Was genau bedeutet meine Antwort für Sie?").

Im letztgenannten Fall können Sie, falls es Ihnen wichtig ist, den Zusammenhang zur Behandlung stärker betonen, auch die Reihenfolge umkehren: „Ich werde Ihnen Ihre Frage gleich beantworten, aber vorher interessiert mich noch, ob Sie diese Frage mit einem bestimmten Interesse stellen. Worin sehen Sie den Zusammenhang zu unserer Arbeit?" Diese Vorgehensweise ist schon etwas mehr „Psycho-Babble", aber immer noch gut zumutbar und therapeutisch jedenfalls sinnvoll. Kleine Formulierungs- oder Betonungsunterschiede können hier jedoch schon bedeutsame Unterschiede ausmachen. So erscheint uns „Worin sehen Sie den Zusammenhang zu unserer Arbeit?" semantisch gleich zu „Was hat *das* [betont] denn mit unserer Arbeit zu tun?", doch auf der Beziehungsebene könnten sich beide Sätze unterschiedlich auswirken.

Ich will die Frage des Klienten nicht beantworten

Dieser Fall ist deutlich schwieriger als der zuvor genannte, weil der Klient mit hoher Wahrscheinlichkeit eine Enttäuschung oder Zurückweisung erleben wird. Es ist – wie erläutert wurde – das gute Recht eines jeden Behandlers, seine Privatsphäre zu schützen, aber das muss unseren Klienten gegenüber mit größtmöglichem Feingefühl erfolgen, um die Qualität der Arbeitsbeziehung möglichst wenig zu gefährden. Bei solchen Fragen wird praktisch immer erforderlich sein, einerseits ihren Zusammenhang zur gemeinsamen Arbeit aus der Sicht des Klienten zu erfragen, und andererseits die Bedeutung der Frustration des Informationswunsches zu überprüfen. Das kann beispielsweise wie folgt geschehen: „Es tut mir leid, aber diese Frage ist mir zu persönlich, deshalb möchte ich sie auch nicht beantworten. Aber ich vermute, dass Sie diese Frage aus gutem Grund stellen und dass das aus Ihrer Sicht etwas mit unserer Arbeit hier zu tun hat. Können Sie mir beschreiben, worin der Zusammenhang besteht?" Nachdem die zugrundeliegenden Motive geklärt und die konkrete Bedeutung für die Therapie hinreichend besprochen wurden, ist in einem weiteren Schritt unbedingt erforderlich, noch auf die Frustration des Klienten einzugehen und diesem hier eine Brücke zu bauen (vgl. auch Umgang mit negativen Gefühlsäußerungen, Kap. 12): „Mir ist das jetzt viel klarer, warum Sie mich das gefragt haben, und ich bin mir sicher, dass wir auch dann weiterarbeiten können, wenn ich mich an dieser Stelle nicht über mich persönlich äußere. Aber ich vermute, dass es für Sie ziemlich unangenehm war, als ich gesagt habe, dass ich die Frage nicht beantworten werde. Wie war das für Sie?" Wenn nötig, kann hier noch mehr angeboten werden: „Also, ich an Ihrer Stelle wäre mir wahrscheinlich ziemlich zurückgewiesen vorgekommen. Ging Ihnen das ähnlich, oder war es für Sie ganz anders?" Sollte der Klient dann einräumen, dass negative Gefühle der genannten Art (Zurückweisung, Scham, Kränkung, …) tatsächlich bei ihm aufgekommen sind, so muss damit weitergearbeitet werden, damit sich kein Schatten über die Beziehung legt. Konkret sieht das so aus, dass die Gefühle des Patienten validiert werden, dass aber auch die Position des Behandlers und der Wunsch nach Schutz der Privatsphäre an sich bestätigt werden. Es sollten Mythen geklärt und bereinigt werden, z. B. jener, dass die Wahrung persönlicher Grenzen mit dem Ausdruck von Antipathie gleichzusetzen ist etc. Ein Monolog dazu – der für die Arbeit natürlich in einen Dialog mit dem Klienten umzusetzen ist – könnte so aussehen: „Ich kann sehr gut verstehen, dass Sie sich gekränkt fühlen, weil ich Ihre Frage nicht beantwortet habe. Das würde mir vielleicht genauso gehen. Ich möchte Ihnen aber versichern, dass mein Nicht-Antworten ganz allein damit zu tun hat, dass die Antwort auf Ihre Frage für mich zum ganz Privaten gehört, das ich in meiner Arbeit nicht berühren möchte. Da würde ich also auch keinem anderen Klienten oder meinem Chef oder sonst wem antworten. Also, mein Nein ist überhaupt nicht gegen Sie persönlich gerichtet und bedeutet deshalb auch nicht, dass ich Sie nicht mag oder Ihnen nicht vertraue oder etwas Ähnliches. Gleichzeitig heißt das auch, dass ich es Ihnen gar nicht übel nehme, dass Sie mich das überhaupt gefragt haben, oder auch, dass Sie jetzt gekränkt sind. Deshalb: Von meiner Seite aus muss das nichts Negatives für unsere Beziehung ausmachen. Wie sieht das für Sie aus?"

Ich weiß nicht, ob ich die Frage beantworten soll
In seltenen Fällen werden Fragen von Klienten so ausfallen, dass Sie prinzipiell schon noch dazu bereit wären, eine Antwort zu geben, aber diese doch sehr persönlich ausfällt und Sie sich deshalb auch nach den dieses Kapitel einleitenden Anmerkungen immer noch unsicher sind, ob Sie wirklich antworten sollen. Dies ist eine der Situationen, wo sich das Gewinnen von Zeit in Kombination mit Ehrlichkeit anbietet: „Herr X., ich bin mir gerade nicht sicher, ob ich Ihnen auf diese Frage wirklich antworten soll. Ich fände es gut, wenn Sie mir erst mal erklären, welche Bedeutung diese Frage für Sie hat, und welchen Wert meine Antwort für Ihre Behandlung hat." Auf diese Art und Weise erhalten Sie Zeit, sich über den Gehalt der Frage sowie das Ausmaß an persönlichen Inhalten in Ihrer Antwort noch weiter klar zu werden, und Sie erfahren mehr über die konkreten Beweggründe, deren Kenntnis Ihnen möglicherweise tatsächlich verdeutlicht, dass die Frage für Ihren Klienten auch therapeutisch gesehen von großer Bedeutung ist. Im Extremfall ist es auch in Ordnung, sich durch ein Verschieben auf die nächste Stunde noch mehr Wartezeit zu verschaffen: „Sie haben mir jetzt erklärt, warum diese Frage für Sie wichtig ist. Leider bin ich mir für mich persönlich aber immer noch nicht im Klaren darüber, ob ich über meine eigenen Erfahrungen hierzu sprechen möchte. Geben Sie mir bitte noch etwas Zeit, und lassen Sie uns das in der nächsten Stunde noch einmal aufgreifen." Natürlich birgt diese Vorgehensweise die Gefahr in sich, dass der Patient seinen Therapeuten für „kompliziert" hält („Meine Güte, jetzt antworte doch einfach oder lass es, was soll das Zaudern?"); aber wir halten es für modellhaft, wenn Therapeuten ihren Klienten demonstrieren, dass das eigene Persönliche ein kostbares Gut ist, mit

dem sorgsam umgegangen werden sollte. Insofern ist das Risiko, hier für kompliziert gehalten zu werden, akzeptabel.

Darf ich lügen?
Manchmal wird einem all das Vorangeschriebene zu problematisch erscheinen und sich der Eindruck aufdrängen, dass mit einer einfachen „Lüge" die Situation schneller und einfacher zu bereinigen wäre. Doch wie im echten Leben kann diese Strategie auch in der Therapie- oder Beratungssituation mittel- und langfristig problematisch sein. Ein Beispiel: Seit einiger Zeit schon haben Sie den Eindruck, dass Ihr Klient sich in Sie verliebt haben könnte. Und nun fragt er auch noch danach, ob Sie einen Freund haben. Den haben Sie zwar nicht, aber Sie denken sich, dass das doch eine gute Gelegenheit wäre, ihm ein „eindeutiges" Signal zu setzen, und deshalb sagen Sie ihm, dass Sie nicht nur einen Freund haben, sondern schon seit drei Jahren verheiratet sind. Eine Woche später treffen Sie Ihren Klienten auf einer Speed-Dating-Veranstaltung … Wir empfehlen dringend, in der therapeutischen oder beraterischen Arbeit so weit wie nur irgendmöglich bei der Wahrheit zu bleiben. Lügen haben die unangenehme Eigenschaft, Kontexte zu verkomplizieren, und der therapeutische Kontext ist kompliziert genug – weiterer Bedarf besteht hier nicht. Sie haben ein Recht auf Privatsphäre, Geheimnisse, Grenzen! Seien Sie Modell darin, wie man seine Rechte rücksichtsvoll vertritt, und stehen Sie zu sich!

Dos	Don'ts
▶ Klärung der eigenen Grenzen: Was will ich sagen, und in welcher Hinsicht will ich mich nicht öffnen? ▶ Freundliches, aber festes Vertreten der eigenen Grenzen („Ich kann gut verstehen, dass Sie sich dafür interessieren, aber ich möchte Ihnen sagen, dass mir das zu persönlich ist und ich deshalb auf die Frage nicht antworten werde.") ▶ Raum für die Bearbeitung von Kränkung, Zurückweisungsgefühlen etc. bieten und den Klienten darin aktiv unterstützen ▶ In „einfachen" Fällen einfach antworten (manchmal ist eine Klientenfrage einfach eine Frage, und es steckt nichts Gewaltiges dahinter)	▶ Schlechtes Gewissen: Seinen Klienten irgendetwas nicht sagen zu wollen, ist etwas „Böses" ▶ Lügen, um es sich leichter zu machen (ist nur in den allerwenigsten Situationen erlaubt, die Ausnahme bestätigt hier die Regel!); in der Regel führt das langfristig zu Ärger ▶ Aus eigenem Peinlich-berührt-Sein heraus aggressiv-abwehrend reagieren („Meine Güte, wie können Sie mir nur so eine Frage stellen! Ist doch klar, dass ich darauf nicht antworten werde!") ▶ Übertriebener „Psycho-Babble": („Was glauben Sie, was es mit mir macht, dass Sie mir diese Frage stellen? Und was macht es mit Ihnen, dass ich Ihnen jetzt nicht antworte? Und was glauben Sie, wie ich es erlebe, dass Sie sich nun Gedanken darüber machen, was das mit mir macht?" ▶ Sich hinter institutionellen oder berufsständischen Positionen verschanzen („Ich würde Ihnen ja gerne antworten, aber mein Chef/die Berufsordnung erlauben mir das nicht.")

16 Plaudermodus bei Klienten

Es ist die 39. Stunde Ihrer Langzeittherapie mit Christiane L. Die Depression der Klientin ist inzwischen gut remittiert, alles ist gut gelaufen. Ihr einziges Problem im Moment: Seit 5 Stunden passiert wenig, es läuft eigentlich nichts anderes mehr als „hochwertiger Smalltalk". Sie versuchen zwar immer wieder, Ziele mit der Klientin zu fokussieren, aber dann gleitet sie Ihnen doch wieder weg und es geht eine halbe Stunde damit weg, dass Frau L. von ihrem Garten erzählt, der jetzt gerade so schön am Blühen ist („… die Nachbarn sind schon ganz neidisch darauf, und wenn die Kinder zu Besuch kommen, dann ist es wirklich ganz wunderbar …"). Sie haben deshalb auch schon einen vorsichtigen Versuch gestartet, die Behandlung zu beenden, worauf Frau L. fast panisch reagierte: „Nein, ich brauche Sie wirklich noch, die Stunden bei Ihnen tun mir so gut! Ich wäre nie so weit gekommen, wie ich es jetzt bin, und wenn wir nun die Therapie beenden, geht es mir vermutlich bald schon wieder viel schlechter." Und so hangeln Sie sich von einem Smalltalk zum nächsten und fragen sich, ob das überhaupt noch den Namen „Therapie" verdient.

Psychotherapie und Beratung sind Arbeitskontexte, in denen Klienten bzw. Patienten gemeinsam mit ihren Behandlern ziel- und handlungsorientiert vorgehen sollten, um erwünschte Veränderungen herbeizuführen. Zwar unterscheiden sich die unterschiedlichen therapeutischen Ausrichtungen stark in der konkreten Ausprägung verschiedener Variablen wie z. B. der Wichtigkeit einer operationalen Zieldefinition, aber letztlich sind sich alle Ansätze darin einig, dass es sich bei Therapie und Beratung um „Arbeit" handelt. Dies stellt sich für Klienten mitunter ganz anders dar. Die Gründe, die dazu führen können, dass sich in der Behandlung schwer ein tatsächlicher Arbeitskontext verwirklichen lässt, sind dabei unterschiedlichster Natur, worauf wir im Weiteren differenziert eingehen werden. Ein mögliches Resultat ist in diesen Fällen, dass die Beratung zu einer reinen „Plauderei" degeneriert, in der sich die Klienten möglicherweise sogar sehr wohl, die Therapeuten aber sehr unwohl fühlen. Wir möchten im Folgenden mögliche Gründe für die Entwicklung von „Plauderstündchen" diskutieren und Hinweise zum Umgang damit geben.

„Smalltalk" von Anfang an

Gelegentlich bekommen wir es mit Klienten oder Patienten zu tun, bei denen eine echte zielorientierte Arbeit von Beginn an versagt. Es liegt möglicherweise durchaus eine behandlungsbedürftige Störung vor, aber es gelingt nicht, den Klienten „ins Arbeiten" zu bekommen: Bei der Ableitung eines Störungsmodells schweift der Klient ab, Hausaufgaben werden nicht gemacht (s. auch Kap. 13), spezifische Fragen nicht nützlich beantwortet. Stattdessen entsteht von Beginn an der Eindruck, dass die Behandlung mehr oder weniger ein Ersatz für fehlende Sozialbeziehungen ist: „Es tut einfach so gut, mit Ihnen zu reden! Sie sind der Einzige, der mir so zuhört, mit dem ich über alles sprechen kann. Gestern zum Beispiel ist mir Folgendes passiert …". Wir halten es für unangemessen, solchen Tendenzen früh sehr konfrontativ zu begegnen. Es ist durchaus möglich, dass ein Klient eine längere „Warmlaufphase" benötigt, als Sie das üblicherweise gewohnt sind. Immerhin erfordert eine Psychotherapie eine sehr weitreichende Selbstöffnung, was nur bei ausreichendem Vertrauen möglich ist. Das ist für Therapeuten selbstverständlich, doch mitunter irritieren die Wege, die Klienten nehmen, um dieses Vertrauen zu gewinnen. Und eine gewisse Zeit des inhaltsarmen „Geplänkels" kann eine Möglichkeit sein. Deshalb raten wir dazu, sich mindestens fünf Stunden Zeit zu nehmen, selbst wenn in dieser Phase nichts anderes passiert als der therapeutenseitige Versuch, ins Arbeiten zu kommen, was vom Klienten mit Smalltalk beantwortet wird. Dieser Rat ergeht insbesondere an Verhaltenstherapeuten, die sich unserer Erfahrung nach besonders unwohl fühlen, wenn in einer Therapiestunde nicht strukturiert, zielorientiert, handlungsunterstützend, psychoedukativ etc. gearbeitet wird. Entwickelt sich die Therapie nach einer solchen Anlaufphase dann doch in Richtung einer Arbeitsbeziehung, dann ist alles in Ordnung und die Plauderstündchen sollten nicht weiter thematisiert werden.

Interessanter ist es natürlich, wenn die Wende nicht gelingt. Prinzipiell sind mehrere Verlaufsformen denkbar, auf die wir im Folgenden eingehen.

Fortbestehender Plaudermodus

Plaudermodus persistiert, Symptome verbessern sich nicht. Dieser Fall macht ohne Zweifel eine therapeutische Intervention erforderlich, denn es wird deutlich, dass zwar einerseits eine behandlungsbedürftige Störung vorliegt, bei der Therapie wirksam sein könnte, andererseits wird genau eine solche Therapie aber nicht zugelassen, sondern „beiseite geplaudert". Dies muss vom Therapeuten nach und nach immer deutlicher thematisiert werden:
- ▶ Explorativ-erklärungsorientiert: „Wir sind jetzt in unserer achten Stunde. Ich habe Sie ja vor vier Wochen und auch jetzt noch mal gefragt, wie es Ihnen in Bezug auf [die jeweilige Störung] geht, und dadurch wurde deutlich, dass es Ihnen gleichbleibend schlecht geht. Haben Sie dafür eine Erklärung?" [Klient gibt

Erklärung ab, die vermutlich im Wesentlichen auf „Ich weiß es nicht" hinausläuft] – „Ich habe eine Idee, woran das liegen könnte. Dabei kann ich an etwas anknüpfen, was ich vor vier Wochen schon mal gesagt habe, dass mir nämlich auffällt, dass wir hier im Grunde nichts anderes tun als uns nur nett unterhalten. Verstehen Sie mich nicht falsch, wir können uns wirklich gut unterhalten, aber Therapie ist etwas anderes. Ich habe Ihnen ja auch schon einmal, ganz am Anfang, erklärt, wie Therapie funktioniert. Können Sie sich daran noch erinnern?" [Klient wird eine mindestens grob lückenhafte Version der therapeutischen Erklärung abgeben.] – „Lassen Sie mich Ihnen noch mal erklären, wie Therapie läuft, was also bei Ihrem Problem wirklich nötig ist, um es zu verändern. [Erklärung abgeben] Sehen Sie den Unterschied zu dem, was wir hier die letzten Stunden getan haben? Es ist also gar kein Wunder, dass es Ihnen nicht besser geht. Die wichtige Frage ist also: Wieso kommen wir nicht in diesen ‚therapeutischen Modus' hinein, den ich Ihnen eben beschrieben habe? Was bräuchten Sie von mir, um in der vorhin beschriebenen Art und Weise hier wirklich aktiv zu werden?"

- Leicht konfrontativ: „[Einleitung so viel wie nötig vom vorangegangenen Beispiel] Ich habe den Eindruck, dass Sie mir sozusagen ‚therapeutisch aus dem Weg gehen'. Ich gebe Ihnen ein konkretes Beispiel aus unserer Stunde letzte Woche: [Beispiel geben]. Da habe ich also versucht, mit Ihnen an ... zu arbeiten, aber Sie sind darauf gar nicht eingegangen, sondern haben mir von ... erzählt. Können Sie mir dieses Vermeiden erklären? Gibt es da etwas, das Sie abschreckt?"
- Stärker konfrontativ: „[Einleitung] Es ist also in den letzten Stunden deutlich geworden, dass es uns nicht gelungen ist, in das wirkliche therapeutische Arbeiten hineinzufinden. Damit befinden wir uns in einem echten Dilemma. Denn einerseits ist zwar deutlich, dass Sie wirklich Probleme haben und an diesen auch leiden, andererseits nehmen Sie keines meiner therapeutischen Angebote an, sondern führen das Gespräch stets in Richtung ‚Smalltalk' zurück. So funktioniert Therapie nicht, und unter diesen Bedingungen kann und will ich das auch nicht fortführen. Denn ich werde Ihnen damit keine Hilfe sein, und unser Zusammensein hier wird für Sie auch weiterhin zu nichts führen. Sind Sie bereit, das noch einmal sehr grundlegend zu überdenken und dann auch zu verändern?"

In den meisten Fällen sollte es mithilfe dieser Interventionen gelingen, zumindest Klarheit darüber zu erlangen, warum sich der Plaudermodus nicht beenden lässt. Kommen dabei bearbeitbare Motive zutage, dann sollten diese in den Fokus genommen werden. Gelingt dies jedoch nicht, dann bleibt als Schlussfolgerung nur noch, dass ambulante Therapie hier und jetzt und bei Ihnen als Therapeut nicht funktioniert und deshalb folgerichtig beendet und durch etwas anderes ersetzt werden sollte – denn schließlich steht als Ausgangsbedingung ja fest, dass es dem Klienten schlecht geht und er behandlungsbedürftig ist. Sie sollten in einem solchen Fall dem Klienten also dabei helfen, seine Behandlung in einem anderen

Kontext fortzusetzen: stationär, bei einem Therapeuten des anderen Geschlechts als Ihres, bei einem Therapeuten einer anderen Ausrichtung ... Variation halten wir hier für günstig, um die Wahrscheinlichkeit zu steigern, dass das Plaudermuster auch durchbrochen werden kann.

Plaudermodus persistiert, Symptome bessern sich. Dieser Fall ist besonders interessant und verunsichernd zugleich: Obwohl Sie mit Ihrem Klienten nur Smalltalk betreiben, geht es diesem von Woche zu Woche glaubhaft besser. Um auf Nummer sicher zu gehen und nicht nur Ihrem eigenen Eindruck zu glauben bzw. sich auf die entsprechenden Versicherungen des Klienten zu verlassen, vergeben Sie möglicherweise auch Fragebögen, und auch diese bestätigen, dass sich störungsrelevante Variablen verbessern. Wir möchten es deutlich unterstreichen: Dieser Fall ist möglich! Verunsichernd ist er für Psychotherapeuten – vor allem für Anfängertherapeuten – vor allem deshalb, weil diese regelrecht ein schlechtes Gewissen entwickeln: „Ich mach' ja gar nichts hier; es geht dem Klienten zwar trotzdem besser, aber darf ich das denn überhaupt? Wo doch hier wirklich nichts passiert, was mit Therapie zu tun hat?"

Bevor wir auf diese Frage eine Antwort versuchen, möchten wir einen kurzen Blick darauf werfen, was die moderne Therapieforschung eigentlich auf die Frage nach den Wirkfaktoren in der Psychotherapie für Antworten bereit hat. Wir fassen die Erkenntnisse von Asay und Lambert (2001) in Abbildung 16.1 zusammen.

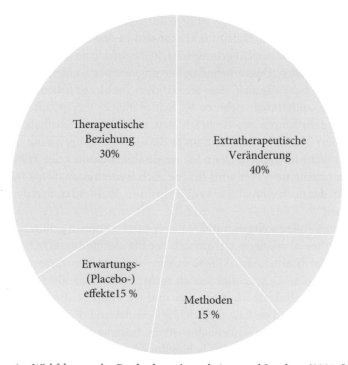

Abbildung 16.1 Wirkfaktoren der Psychotherapie nach Asay und Lambert (2001, S. 49)

Wie die Abbildung deutlich macht, liegt der Impact spezifischer Methoden verblüffend niedrig. Somit ist es nicht verwunderlich, dass es einem Klienten sehr wohl auch dann besser gehen kann, wenn der Therapeut den Eindruck hat, dass gar keine spezifischen therapeutischen Methoden eingesetzt werden – denn gemäß Abbildung 16.1 können dann immer noch über 80 Prozent der sonstigen Wirkfaktoren aktiv sein und sich günstig auswirken. Wir empfehlen in jedem Fall, im Rahmen einer videobasierten Supervision Interaktionssequenzen anzusehen: Die supervisorische Praxis zeigt, dass es durchaus vorkommt, dass (angehende) Therapeuten und Berater wichtige therapeutische Basisvariablen wie Empathie realisieren, sich dessen aber nicht bewusst sind.

Natürlich regt sich gegen diese Wahrnehmung von Wirkfaktoren durchaus auch Widerstand, die Debatte hierzu ist nicht zu Ende. Und es ist natürlich auch möglich, dass in dem großen „ungeklärten" Teil noch subtile und bislang nicht exakt gemessene Methodenanteile verborgen sind. Trotzdem scheint uns die aktuelle Datenlage folgende Schlussfolgerung zu rechtfertigen: Wenn Sie in einer Behandlung als Therapeut daran leiden, dass nur „geplaudert" wird, Sie aber parallel dazu wirklich glaubwürdig feststellen können, dass es dem Klienten tatsächlich besser geht, er sich also günstig entwickelt, dann wäre es widersinnig, ihn „aus der Therapie zu werfen", nur weil Sie keine Techniken einsetzen können so, wie Sie das gewohnt sind. Annähernd jeder Therapeut hat schon einmal das Sprichwort „Wer heilt, hat Recht" gehört; letztlich geht es darum in allererster Linie: Es soll unseren Patienten besser gehen. Können Sie das tatsächlich feststellen, gegebenenfalls auch mit Messungen gestützt, dann raten wir dazu, die Behandlung fortzusetzen und sich als Therapeut „etwas lockerer zu machen". Natürlich sollten Sie den Prozess weiter sehr gut im Auge behalten, auch gelegentlich prüfen, ob es nicht doch möglich ist, stärker in Richtung „methodische Therapie" zu schwenken. Aber wie gesagt, das Entscheidende ist letztlich, dass es unseren Klienten besser geht.

Das einzige Problem dieser Perspektive besteht darin, dass Sie auf diesem Weg kein funktionierendes Selbstmanagement fördern können – denn Sie erarbeiten mit Ihrem Patienten ja nichts, das dieser im Sinne eines veränderten Verhaltens mit in seinen Alltag hineinnehmen kann. Somit entsteht berechtigterweise ein Zweifel an der Langfristigkeit der Wirkungen, die in solch einer „Plaudertherapie" erzielt werden können. Insofern sollte der Therapeut zumindest diese Aspekte – Rückfallprophylaxe, Erarbeitung von Warnsignalen etc. – in der letzten Phase der Therapie zu thematisieren versuchen. Denn es ist zwar schön, wenn Therapie wirkt und es unseren Klienten besser geht; aber wenn sich damit keine Langzeiteffekte erzielen lassen, dann ist dem Klienten letztlich doch nicht geholfen.

Sonderfall: Plaudermodus persistiert, Therapie als Ersatz fehlender sozialer Beziehungen. In manchen Fällen wird dem Therapeuten deutlich, dass ein Klient im Wesentlichen deshalb einen Therapeuten aufsucht, weil er im „normalen" Leben keine bedeutsamen Interaktionspartner hat. Der Therapeut wird somit zum

„bezahlten Freund". In einem solchen Falle hat ein Klient möglicherweise gar kein spezielles Interesse, an einem definierbaren Problem zu arbeiten, er möchte einfach nur interpersonelle Zuwendung und einen Gesprächspartner. Dies steht somit im Vordergrund, und es ist gar nicht entscheidend, ob sich parallel dazu eine psychische Störung abspielt und im Therapieverlauf verbessert oder nicht.

In einem solchen Fall ist das Hauptaugenmerk des Therapeuten unbedingt darauf zu richten, dem Klienten klar zu machen, warum er so gerne in die Therapie kommt, dass Therapie aber kein Ersatz für fehlende zwischenmenschliche Beziehungen sein kann:

▶ „Es freut mich, dass Sie so gerne zu mir kommen und sich mit mir unterhalten. Das zeigt ja auf, dass Sie mich schätzen und wir uns miteinander wohl fühlen. Es gibt allerdings ein Problem: Therapie ist zeitlich immer begrenzt, davon gibt es keine Ausnahme. Das heißt, es zeigt sich hier in unserem Zusammensein ein wichtiges und völlig berechtigtes Bedürfnis, das Sie haben: das nach Gesprächen, Gemeinschaft, Geselligkeit, persönlicher Zuwendung. Wie ich aus unseren Gesprächen weiß, gibt es das in Ihrem Leben abgesehen von der Therapie nicht. Deshalb fühlen Sie sich hier so wohl. Aber wie gesagt, unser Zusammensein wird enden, deshalb halte ich es für wichtig, dass wir diese Erkenntnis zu dem nutzen, worum es eigentlich geht: nämlich dazu, in Ihrem Leben genau solche Beziehungen aufzubauen, wie Sie sie gerne hätten. Denn wenn Sie in Ihrem Privatleben Menschen haben, die Ihnen das bieten, was Sie hier von mir gerade bekommen, dann wird Ihr Leben sicherlich schöner sein als bislang. Was halten Sie davon?"

Somit ist im Falle eines sozial isolierten Klienten, der den Therapeuten als „Freund" erlebt, ganz unabhängig davon, ob sich Symptome bessern oder nicht, von Seiten des Therapeuten ein Therapieziel aktiv einzubringen – nämlich das einer Verbesserung des interpersonellen Netzwerks.

Smalltalk nach einer Phase „echter Therapie"

Nicht selten ergibt sich der Smalltalk-Modus auch erst nach längerer Therapiezeit, also einer Phase, in der die Arbeit so abgelaufen ist, wie sich der Therapeut das vorstellt. Zumeist ist dies dann der Fall, wenn der Klient bereits derart weitreichende Fortschritte gemacht hat, dass therapeutisch schlicht nichts mehr oder nicht mehr viel zu tun ist. Häufig klammern sich Klienten dann trotzdem noch an Therapie fest, weil sie Angst haben, dass es ihnen wieder schlechter gehen wird, wenn sie die Therapie beenden. Und da man in Therapie natürlich über irgendetwas reden muss, verschiebt sich das Gespräch folgerichtig immer stärker in Richtung Smalltalk. Wir verweisen an dieser Stelle auf unsere Ausführungen zu „Verlängerungswünschen von Klienten in der Abschlussphase" in Kapitel 2 über das Beenden von Therapien. Sie sollten entsprechende Ängste also schonend, aber deutlich zur Sprache bringen und mit dem Klienten gemeinsam einen

Plan entwickeln, wie die Therapie auf eine Weise zu Ende geführt werden kann, die für den Klienten verkraftbar ist. Eruieren Sie in diesem Rahmen zuvor auf jeden Fall noch einmal, ob es noch irgendwelche Therapieaufträge gibt, an denen Sie arbeiten können. Es ist durchaus möglich, dass es noch therapeutische Arbeitsmöglichkeiten gibt, die aber nicht so aufwändig sind, dass Sie in jeder Woche eine Stunde füllen. Dann ist es gar kein Problem, die Frequenz der Stunden zu verringern. Das ist, wie wir in Kapitel 2 ausführen, sogar eine sehr gute Idee. Denn zunehmend länger werdende Abstände zwischen den Stunden am Ende einer Behandlung geben dem Klienten die beste Möglichkeit dazu, sich wirklich schonend von der Therapie „abzunabeln" und die gewonnenen Veränderungen in seinem Alltagsleben zu erproben.

Fazit
Therapie und Beratung sind „Arbeit", und als solches sollten sie stets zielorientiert sein. Doch wie bei allen Regeln gibt es auch hier Ausnahmen: Wir haben versucht aufzuzeigen, dass es durchaus Bedingungen geben kann, unter denen Sie als Therapeut zumindest eine gewisse Zeitlang mit Ihrem Klienten im „Plaudermodus" bleiben dürfen. Behalten Sie stets den Kontakt zu Ihrem Primärauftrag: Ihren Klienten bei der Linderung oder gar Heilung von Leidenszuständen zu helfen. Wenn das auch tatsächlich passiert, dann sind Sie prinzipiell in einer guten Richtung unterwegs. Wenn aber der Smalltalkmodus zum Problem wird oder er die Entwicklung wichtiger Möglichkeiten verhindert, dann müssen Sie dies offensiv angehen und sollten sich nicht bequem dem Plätschern des Geplauders überlassen.

Dos	Don'ts
▶ Motivationale Basis des Plauderns klären: Vermeidung, Vertrauensaufbau, Therapeut als Freundschaftsersatz … ▶ Werbung für Therapie machen („Es stimmt, wir können uns wirklich klasse miteinander unterhalten. Aber: Eigentlich sind Sie hier, weil Sie an einem Problem arbeiten möchten. Das ist es, wozu Therapie eben auch genau da ist. Wie sieht es aus damit?") ▶ Videobasierte Super- bzw. Intervision zur Überprüfung der persönlichen Einschätzung des „Plauderns"	▶ In Panik geraten („Oje, jetzt haben wir schon zwei Therapiestunden komplett verplaudert, ich bin als Therapeut ein kompletter Versager!") ▶ Sich unkritisch und bequemlichkeitsorientiert dem Plaudern überlassen („Was soll's, ich weiß zwar nicht, ob ich dem Klienten überhaupt helfe, aber immer gegen seine Neigung zum Smalltalk zu gehen, das ist sooo anstrengend. Egal, dann plaudern wir halt …")

17 Schweigen und „Ich weiß nicht"

> Die Atmosphäre im Beratungszimmer wird immer angespannter und angespannter. Seit 35 Minuten versuchen Sie nun schon, Herrn M. endlich in einen Redefluss zu bringen, aber er bleibt einsilbig, antwortet stets sehr spät und kurz, und auch jetzt gerade wieder ist Ihre letzte Frage schon lange im Raum verhallt, und es ist so ruhig, dass Sie das Ticken des Sekundenzeigers Ihrer Uhr hören können, während Herr M. einfach nur da sitzt, vor sich hin starrt und nichts sagt. Und Sie ahnen schon, dass Sie ein „Ich weiß nicht" bekommen werden, wenn Sie jetzt noch mal nachsetzen. Gleichzeitig wird der Druck in Ihnen immer größer, Sie können das Schweigen kaum noch aushalten und denken, dass Sie jetzt doch etwas tun müssen, – aber was?

Menschen sind in aller Regel zutiefst kommunikative Wesen, und die Sprache ist für Berater und Therapeuten natürlich das wichtigste Medium zum Austausch und zur Veränderung. Sobald Menschen zusammenkommen, wird geredet. Schweigendes Beisammensein halten die meisten von uns nur sehr schwer aus, so als ob etwas Schlimmes passierte und es den Verlust des Kontaktes bedeute, wenn man sich nichts sagt. Deswegen löst Schweigen zumeist einen ungeheuren Druck aus, und wir bekommen das dringende Bedürfnis, etwas zu sagen. Sprechen um des Sprechens willen, auch dann, wenn man eigentlich gar nichts zu sagen hat, ist natürlich gerade in Beratung und Therapie besonders problematisch. Als Behandler sprechen wir ja nicht einfach nur, sondern wir „intervenieren" (zumindest ist das unser Plan), und unsere „Interventionen" sollen zielgerichtet, treffsicher und wohl fundiert sein. Wie häufig diesem Ideal entsprochen werden kann, das sei jetzt einmal dahingestellt; sicher erscheint jedenfalls, dass eine „Intervention", die aus der Not der Überwindung des Schweigens geboren wurde, auf tönernen Füßen steht. Deshalb ist eine erste wichtige Grundregel im Umgang mit Schweigen Besonnenheit: Nicht in voreiligen Aktionismus geraten! Wenn Sie nicht wissen, was Sie sagen sollen, dann sagen Sie lieber nichts, oder aber die Wahrheit („Ich finde das Schweigen zwischen uns gerade sehr belastend und habe den Impuls, etwas zu sagen, aber ich wüsste gerade gar nicht was. Wie geht es Ihnen damit?"). Zuerst sollten Sie sich jedoch darauf konzentrieren, was das Schweigen bedeuten könnte.

Das Schweigen lesen
Sprechpausen können unterschiedlich begründet sein. In Anlehnung an Weisbach (2008) beschreiben wir fünf unterschiedliche Arten von Sprechpausen. Diese unterscheiden sich hinsichtlich verschiedener Merkmale: Neben der Dauer

dieser Sprechpausen spielen auch nonverbale Merkmale wie etwa die Blickrichtung eine potenziell wichtige Rolle für das Verständnis.

- **„Sie sind dran"**: Mit dieser Pause signalisiert Ihr Klient, dass er fertig gesprochen hat und es nun an Ihnen ist, fortzufahren. Oft geschieht dies dadurch, dass Ihr Klient Sie direkt anblickt. Demnach handelt es sich hier strikt genommen nicht um echtes „Schweigen", sondern um das Setzen einer Interpunktion durch den Klienten, mit der er die Kommunikation strukturiert. Schwierigkeiten werden hier nicht auftreten, zumindest keine durch Schweigen bedingten.
- **„Ich denke nach"**: Hier handelt es sich um eine echte Sprechpause, in denen Berater und Therapeuten erkennen sollten, dass ihre Klienten noch nicht wirklich fertig mit ihrem Beitrag sind und somit „noch etwas kommen" wird. Nach Weisbach (2008) geht diese Art des Schweigens mit einem Blick schräg nach oben einher. Der Klient ist innerlich mit Fragen wie „Habe ich alles Wichtige gesagt?" oder „Wie kann ich das, was ich gerade denke, am besten in Worte fassen?" beschäftigt. Hier entsteht in der Regel kein schweigebedingter Stress, da klar ist, wie Aktivität und Passivität verteilt sind. Allerdings kann der Druck steigen, wenn die Sprechpause sehr lang wird. Es kann also zu einem als unangenehm empfundenen Schweigen kommen.
- **„Ich sinne nach"**: Im Gegensatz zu den gerade beschriebenen Denk-Inhalten geht es beim Nachsinnen eher um die Gefühlsebene. Der Schweigende lauscht nach innen und spürt irgendetwas nach, indem er beispielsweise Fragen wie „Was empfinde ich dabei?" oder „Was ist mir daran so wichtig?" nachgeht. Dieses nachsinnende Schweigen bleibt aus Sicht von Beratern in der Regel dann gut aushaltbar, wenn es nicht zu lange dauert und der Klient offensichtlich in einem konstruktiven Prozess ist. Problematischer wird es, wenn das Nachsinnen zu einem „dumpfen Brüten" wird, das sich im Kreis zu drehen scheint, von außen keine Veränderungssignale im Sinne einer Weiterentwicklung der Situation mehr wahrnehmbar sind und somit der Berater nicht mehr weiß, ob er noch auf eine Äußerung des Klienten hoffen und warten soll oder nicht.
- **„Das ist mir peinlich"**: Dieses Schweigen begleitet ein Schamgefühl, das im Klienten aufgrund dessen entsteht, was er gerade gesagt, gedacht oder gehört hat. In der Regel wünschen sich Menschen in dieser Verfassung von ihren Behandlern, dass diese sie aus der Situation „retten" („Ich bekomme gerade den Eindruck, dass Sie sich für das, was Sie gerade gesagt haben, vor mir schämen. Ich möchte Ihnen sagen, dass dazu kein Anlass besteht. Ich finde es völlig normal und überhaupt nicht eigenartig/abstoßend/irritierend/…, was Sie gerade gesagt haben."). Das heißt, dieses Schweigen hat häufig einen appellativen Charakter (genau wie die „Sie sind dran"-Pause), aber aufgrund der Scham kann dies oft nicht durch direkten Blickkontakt kommuniziert werden. Demnach ist der Blick in solchen Sprechpausen häufig „schamhaft niedergeschlagen".
- **„Lass uns schweigen"**: Das ist die seltenste Form der Gesprächspause, die in Beratungs- und Therapiesituationen so gut wie nie vorkommen wird. Unter übli-

chen Umständen hat diese auch keinen wirklichen Platz hier, weil es sich um ein gemeinsames Erleben in einer Ausnahmesituation handelt. Dieses Schweigen, dem als Appell nur „Sag jetzt nichts und genieße mit mir diesen Moment in Ruhe" innewohnt, gehört somit eher zum Paar beim Sonnenuntergang oder der Männerfreundschaft am Lagerfeuer. Der Blick ist in solchen Situationen eher in die unbestimmte Ferne gerichtet und wenig fokussiert.

Wie diese Betrachtung von Gesprächspausen deutlich macht, wohnt ihnen in vielen Fällen kein Appell inne, der uns dazu motivieren sollte, das Schweigen zu unterbrechen. Üben Sie sich darin, Ihre Klienten insbesondere beim Nachdenken und Nachsinnen nicht zu unterbrechen. Wenn Sie sich nicht sicher sind, ob ein Klient gerade tatsächlich noch mit den beratungs- oder therapierelevanten Inhalten beschäftigt ist, dann ist es die beste Idee, das transparent zu kommunizieren:

- „Was geht gerade in Ihnen vor?" (und dann warten!)
- „Sie schweigen jetzt schon eine Zeitlang. Wenn Sie noch Zeit brauchen, dann möchte ich Sie nicht stören, aber ich bin mir gerade unsicher."

Wenn Sie in dem Schweigen einen Appell (vgl. auch Schulz von Thun, 2006) vermuten, aber nicht wissen, wie Sie reagieren sollen, dann können Sie Folgendes sagen:

- „Gibt es eine bestimmte Frage, die Sie jetzt gerade gerne von mir gestellt bekämen?"
- „Gibt es etwas, von dem Sie möchten, dass ich es jetzt sage?"

Wir plädieren dafür, mit schweigenden Klienten in dem bislang geschilderten Sinne sehr lange rücksichts- und verständnisvoll und Zeit gebend umzugehen. Immer dann, wenn Ihr Unwohlsein mit dem Schweigen hauptsächlich auf Gedanken wie „Wenn hier geschwiegen wird, mache ich keine gute Therapie, ich muss das verändern" oder persönlicher Unsicherheit basiert, liegt das Problem vermutlich stärker auf Ihrer Seite der Interaktion, und dort sollten Sie es auch lösen, indem Sie sich zu entspannen versuchen und das Schweigen zulassen und einfach abwarten.

Mitunter haben wir Klienten, bei denen wir deutlich spüren, dass ihrem Schweigen eine Bedeutung innewohnt, sie diese aber selbst nicht in Worte zu fassen vermögen. Es kann hier für Klienten sehr hilfreich und lösend sein, wenn ihre Behandler das auszusprechen vermögen, was ihnen selbst nicht gelingt. Solche „Vorhersagen" sind natürlich riskant und sollten nur bei großer subjektiver Sicherheit unternommen werden, da sich Klienten ansonsten sehr unverstanden fühlen können. Beispiele wären:

- „Sie sind ganz überwältigt von Ihrem Schmerz, und so gerne Sie auch etwas sagen würden, es macht Sie gerade sprachlos."
- „Es ist Ihnen gerade alles zu viel, und Sie wissen gar nicht mehr, wo Sie hindenken sollen, und das verschlägt Ihnen auch die Sprache."

- „Ihre Gefühle gehen gerade viel weiter, als Sie es in Worte packen können, und Sie wissen nicht, wie Sie es bloß ausdrücken oder auch nur selbst richtig verstehen sollen."
- „Ich könnte mir vorstellen, dass die Beschäftigung mit … Sie im Moment völlig überwältigt."

Wenn Sie mit diesen unterschiedlichen Vorgehensweisen nicht weiterkommen und sich das Schweigen zu einer Dauersituation zu entwickeln droht, dann muss eine klarere und teilweise auch konfrontativere Strategie verfolgt werden:

- „Mir ist an unseren Gesprächen aufgefallen, dass wir hier sehr oft schweigend zusammensitzen. In solchen Situationen spüre ich in mir einen ziemlichen Druck entstehen, deshalb spreche ich das jetzt an. Wie stehen Sie dazu?"
- In der konkreten Schweigesituation, mit einer provokativeren Interventionsabsicht: „Worüber schweigen Sie gerade?" oder „Wollen Sie noch weiter schweigen?" oder „Wie lange möchten Sie noch schweigen?"

Lässt sich auch so das Schweigen nicht aufbrechen, so können auch erst einmal Veränderungen auf der körperlichen Ebene versucht werden: Manchmal kann das Lösen von körperlichen Blockaden auch einen Zugang zur Wiederaufnahme der verbalen Kommunikation bahnen. Sagen Sie zum Beispiel: „Ich habe den Eindruck, dass wir in unserem Gespräch gerade wie eingefroren sind; es bewegt sich nichts mehr. Was halten Sie von der Idee, dass wir uns mal kurz körperlich bewegen, um zu sehen, ob dann wieder etwas geht?" Und dann gehen Sie mit Ihren Klienten einmal durch das Zimmer, heben die Arme über den Kopf und springen kurz auf der Stelle usw.

Wenn auch diese Strategie scheitert, so müssen Sie akzeptieren, dass Sie nun bald die Grenze der beraterischen Möglichkeiten erreicht haben und es an der Zeit ist, mit dem Klienten prinzipieller zu sprechen: „Mir scheint, dass wir uns in den letzten … Stunden ziemlich festgefahren haben. Ich habe den Eindruck, dass ich Sie nicht mehr erreichen kann. Das zeigt sich darin, dass wir hier von einer Schweigephase in die nächste rutschen, ohne dass wirklich etwas passiert und auch ohne dass wir das verändern könnten. Das haben wir ja mit verschiedensten Mitteln versucht [ggf. aufzählen]. Wie stehen Sie dazu?" In Abhängigkeit von der erfolgenden Antwort geht es unterschiedlich weiter, aber nach einem bislang sehr schweigsamen Vorlauf ist nicht realistisch, dass sich hier allzu viele positive Möglichkeiten ergeben. Im Falle neuerlichen Schweigens oder unergiebiger Einsilbigkeit geht es wie folgt weiter: „Dann möchte ich Ihnen jetzt sagen, wie es sich aus meiner Sicht darstellt. Ich habe den Eindruck, dass wir im Moment nichts erreichen können, da es uns nicht gelingt, in einen wirklichen Austausch miteinander zu kommen. Und ohne diesen kann Therapie/Beratung nicht funktionieren. Wenn wir keine Möglichkeiten finden, das zu ändern, dann ist mir nicht klar, welchen Gewinn Ihnen die Arbeit mit mir im Moment bringen kann. Deshalb ist mein Vorschlag, dass wir unsere Behandlung unterbrechen, bis Sie merken, dass Sie hier aktiver mitmachen können und wir dann erst die Arbeit wieder aufnehmen."

Schweigen im Rahmen sozialer Angststörungen
Sehr häufig tritt Schweigen im Rahmen ausgeprägter sozialer Ängste („Soziale Phobie"/„Soziale Angststörungen") auf (Stangier, Heidenreich & Peitz, 2009). Zunächst ist es aus unserer Sicht sehr hilfreich, entsprechendes Schweigen in den Rahmen sozialer Ängste einzuordnen (vgl. die entsprechenden Kriterien für eine Soziale Phobie im DSM-IV-TR [American Psychiatric Association, 2000] bzw. ICD-10 [World Health Organisation, 1991]). Schweigen kann im Rahmen sozialer Ängste unterschiedliche Ursachen haben: Einzelne Klienten versuchen sicherzustellen, dass die von ihnen geäußerten Dinge in jedem Fall hoch differenziert sind und legen deshalb jedes Wort „auf die Goldwaage". Eine Konsequenz dieses „Sicherheitsverhaltens" ist häufig Schweigen – obwohl sich der Klient eine Menge Gedanken macht (die jedoch von außen schwer erkennbar sind). Eine weitere Ursache für Schweigen ist eine durch die Situation hervorgerufene Anspannung, die häufig mit Störungen der Konzentration einhergeht. Diese Anspannung resultiert häufig aus einer fast vollständig nach innen gerichteten Aufmerksamkeit, so dass Klienten die realen Aspekte einer sozialen Situation kaum erleben. Klienten schildern solche Zustände gelegentlich analog zu einem „Einfrieren", in dem subjektiv keine Bewegungen (einschließlich von Sprechbewegungen) möglich sind. In Fällen, in denen das Schweigen auf der Basis ausgeprägter sozialer Ängste entsteht, halten wir es für unabdingbar, zunächst sehr empathisch Verständnis für das Schweigen zu äußern und im weiteren Verlauf eine spezifisch auf die sozialen Ängste zugeschnittene Behandlung zu planen. Besonders bewährt haben sich in diesem Zusammenhang therapeutische Strategien, die es dem Klienten ermöglichen, seine Befürchtungen und neuen Verhaltensweisen in konkreten Situationen zu überprüfen sowie seine Aufmerksamkeit nach außen zu richten (Stangier et al., 2009).

Abschließend sei noch auf eine sehr extreme Form des Schweigens bei Kindern hingewiesen: „Elektiver Mutismus" bezeichnet nach der ICD-10 (World Health Organisation, 1991) vollständiges Schweigen eines Kindes in bestimmten Situationen bzw. einzelnen Menschen gegenüber (F 94.0, Elektiver Mutismus). Im Falle des Vorliegens dieser Störung empfehlen wir, eine gründliche kinder- und jugendlichenpsychotherapeutische bzw. -psychiatrische Diagnostik durchzuführen.

„Ich weiß nicht"
Kurz möchten wir noch auf Klienten eingehen, die ihre Behandler durch hartnäckiges „Ich weiß nicht" als Antwort auf jede Frage immer wieder ins Leere laufen lassen. Dieses Verhalten ähnelt dem Schweigen teilweise, da auch in diesem Fall der Klient nichts äußert, mit dem der Behandler konstruktiv weiterarbeiten kann. Ebenfalls ähnlich kann sich eine Dynamik entwickeln, in der der Behandler sich von dem „Ich weiß nicht" dahin manipulieren lässt, eine Möglichkeit nach der anderen vorzuschlagen. Diesem Impuls sollte nicht Folge geleistet werden. Stattdessen sollten Sie hartnäckiger an einem Thema bleiben, wenn Sie wirklich

festgestellt haben, dass das „Ich weiß nicht" sehr stereotyp kommt und somit kein wirkliches Anzeichen dafür ist, dass das aktuelle Thema ungünstig und unergiebig ist. Das kann etwa so aussehen:
- „Welches sind die Gründe dafür, dass Sie zum Thema X nichts zu sagen wissen?"
- „Sie wissen auf diese meine Frage zum Thema keine Antwort. Auf welche Frage zu diesem Thema wüssten Sie denn eine Antwort?"
- „Hm, Sie wissen also nicht. Finden Sie meine Frage interessant und relevant, oder eher nicht?"

Je nach der Güte der Beziehung, die Sie zu Ihrem Klienten haben, können Sie die Situation auch provokativ-humorvoll angehen:
- „Tun Sie mal so, als ob Sie es doch wüssten. Was würden Sie dann sagen?"
- „Auweia, Sie wissen es nicht. Ich weiß es auch nicht, jetzt sind wir aufgeschmissen. Was sollen wir jetzt bloß machen?"

Und natürlich ist es bei kontinuierlichen Mustern auch einmal wieder eine wichtige Lösungsmöglichkeit, das problematische Verhalten transparent anzusprechen: „Mir ist aufgefallen, dass Sie mir auf die verschiedensten Fragen mit ‚Ich weiß nicht' antworten. Haben Sie das auch schon bemerkt? Was bedeutet das? Wie können wir das verändern?" Eine Lösungsidee im soeben beschriebenen eher provokativ-humorvollen Stil besteht dann darin, dem Klienten vorzuschlagen: „Mit dem ‚Ich weiß nicht' kommen wir nicht weiter, das bremst uns jedes Mal stark aus. Deshalb würde ich den Satz ‚Ich weiß nicht' gerne zum verbotenen Satz erklären. Jedes Mal, wenn einer von uns den anderen bei ‚Ich weiß nicht' erwischt, muss der Erwischte fünf Liegestütze machen/einmal ‚Alle-meine-Entchen' singen/einen Witz erzählen … Was halten Sie davon? Wären Sie bereit, das einmal auszuprobieren?" – „Ja, aber wenn ich halt doch wirklich nicht weiß!" – „Tja, dann müssen Sie sich entweder richtig anstrengen und etwas sagen, mit dem Sie zumindest so tun können, als wüssten Sie doch was, oder Sie fangen einfach gleich an zu singen/tanzen/einen Witz zu erzählen …" – „Also, ich weiß nicht …" – „Aha, da ist es schon so weit! Da war das erste ‚Ich weiß nicht'. Und los geht's!" Die Idee dieser Intervention liegt im Wesentlichen darin, den Klienten zu aktivieren, erst einmal tatsächlich ohne eine wirklich konstruktive Richtung, sondern allein in der Hoffnung, mit der dadurch freigesetzten Energie produktiver voran kommen zu können. Außerdem soll durch das Vorgehen auch die Verantwortung für den beraterisch-therapeutischen Prozess stärker zum Klienten verlagert werden. Doch natürlich kann auch diese Methode – wie alle anderen – keine Wunder bewirken, und letztlich kann ein Klient mit unausgesetztem „Ich weiß nicht" einen unauflösbaren Boykott errichten, der im Extremfall ähnlich wie bereits oben beschrieben zum Unter- oder Abbrechen der Behandlung führen kann.

Dos	Don'ts
▶ Das Schweigen lesen: Beweggründe erkennen und adäquat reagieren; Blickrichtung des Gegenübers beobachten, um das Schweigen besser klassifizieren zu können ▶ Eigenes Abwarten kultivieren und persönliche Entspannung fördern ▶ Einfache Fragen stellen (erhöhen die Wahrscheinlichkeit, dass eine Antwort möglich ist) ▶ Abklären, ob beim Klienten eine erhöhte soziale Angst vorliegt, die Ursache für das Schweigen sein kann	▶ Blinder Aktionismus und überhastetes Reagieren, um das Schweigen schnellstmöglich zu beenden ▶ Von Thema zu Thema bzw. Frage zu Frage springen, ohne die Potenziale richtig auszureizen („Er schweigt, also lieber schnell wieder weg hier, auch wenn ich noch nicht genau weiß, was es mit diesem Thema nun auf sich hat.") ▶ Komplizierte, lange und verschachtelte Fragen stellen (erleichtern „Ich weiß nicht" als Antwort) ▶ Ärgerlich reagieren („Jetzt machen Sie doch endlich mal den Mund auf! So kommen wir hier nicht weiter.")

18 Ständiges Reden („Logorrhoe")

> Sie sitzen im Erstgespräch mit Michael S., 56 Jahre alt und offensichtlich mit einer einzigartigen Gabe ausgestattet: Er kann reden, ohne zwischendurch atmen zu müssen. Seit etwa 30 Minuten geht das so, und Herr S. scheint einen unerschöpflichen Vorrat an Sprechluft und zu berichtenden Themen zu haben. Jedenfalls führt das Warten auf eine Sprechpause genau so wenig zum Erfolg wie gelegentliches Ansetzen zum Sprechen. Inzwischen sind auch schon mindestens fünf verschiedene Themen angesprochen worden, und Sie wissen gar nicht mehr, was Sie zum ersten überhaupt sagen wollten.

Beratung und Therapie funktionieren am besten in einem konstruktiven Dialog. Ist einer der beiden Gesprächspartner sehr einseitig in seinem Sprechverhalten, so ist das Verfolgen konkreter Ziele sehr schwierig. Diese einseitigen Extreme sind einerseits das Schweigen (s. hierzu Kapitel 17 über schweigende Klienten) und andererseits ununterbrochenes Reden.

Damit Behandler etwas bewirken können, müssen sie intervenieren, denn Beratung und Therapie bedeuten stets die Initiierung von Veränderungsprozessen beim Klienten. In welchem Umfang und in welcher Art sie das tun, darin unterscheiden sich die verschiedenen therapeutischen Ausrichtungen zum Teil sehr deutlich, doch ohne Impulsgebung durch den Behandler kommt kein Verfahren aus. Deshalb muss der Sprechfluss des Klienten irgendwann unterbrochen werden, notfalls „mit Gewalt".

Arten des Dauerredens
Doch zuerst sollte geprüft werden, welche Ursachen dem Dauerreden zugrunde liegen. Nach unserer Erfahrung ist hier mindestens die Unterscheidung zwischen situativer und habitueller Logorrhoe zu treffen. Im Erstgespräch haben sehr viele Klienten ein enormes Bedürfnis, sich auszusprechen, weil manche dazu nur wenig Gelegenheit finden, da ihnen im Normalleben niemand zuhört. Manche haben gar zum ersten Mal in ihrem Leben einen offenen, freundlichen und zugewandten Zuhörer. Da können Dämme brechen, hinter denen ein angestautes Ausdrucksbedürfnis wartet, das für mehrere Stunden reichen kann. Zu erkennen ist diese situative Art des Dauerredens zumeist daran, dass die Klienten über leidvolle und sie persönlich stark betreffende Dinge sprechen. Es kann somit zwar durchaus zu Themenwechseln kommen, aber als gemeinsamer Kern bleibt zumeist der persönliche Leidensdruck erkennbar.

Dies ist bei habituellen Dauerrednern meist anders. Sie beginnen natürlich häufig auch bei leidensbezogenen Themen, können dann aber auch sehr gut von diesen abschweifen und über beliebige weitere Themen ohne Unterbrechung sprechen. Gesprächsinhalte sind dabei mitunter nach außen gerichtete Anklagen bzw. Beschwerden über andere Personen oder die Welt im Allgemeinen (eine Sonderform des Dauerredens kann exzessives und ununterbrochenes Jammern sein, worauf wir im Kapitel 12 über negative Gefühlsäußerungen und exzessives Jammern eingehen). Auch Berichte über Belanglosigkeiten können im Mittelpunkt stehen.

Gerade in der Anfangsphase einer Beratung kann es unter Umständen schwierig sein, die Art des Dauerredens zutreffend zu erkennen. Wir empfehlen deshalb prinzipiell, nicht zu schnell gegen dieses behandlungsstörende Verhalten vorzugehen. Mindestens in den ersten drei Vierteln des Erstgesprächs sollten Klienten die Gelegenheit haben, sich uneingeschränkt in allem darstellen zu können, was ihnen wichtig ist. Zu frühe Eingrenzungen könnten sich ansonsten beziehungsschädigend auswirken. Je nach Setting wird es dem Berater aber nur eingeschränkt möglich sein, den Klienten gewähren zu lassen. So ist beispielsweise häufig das Erfassen bestimmter Informationen durch institutionelle Regeln vorgeschrieben, weshalb dem Behandler an dieser Stelle keine andere Wahl bleibt, als den Klienten rechtzeitig vor Ende des Erstgesprächs zu unterbrechen. Wie bereits im Einleitungskapitel beschrieben, ist es nicht möglich, eine schwierige Situation unter allen Bedingungen günstig zu gestalten, und so wird bei Dauerrednern häufig der Fall eintreten, dass Sie die Beziehung zumindest zum Teil riskieren müssen, weil Sie nicht weiter abwarten können.

Dieser Moment wird bei habituellem Dauerreden selbstverständlich ohnehin irgendwann kommen, da Behandler der Logorrhoe niemals zu lange tatenlos begegnen sollten, damit sich dieser Stil nicht im Kopf des Klienten als normale und akzeptierte Umgangsform festsetzt. Es ist schwierig, hier eine exakte Zahl an Stunden anzugeben, da Beratung und Therapie äußerst individuell ablaufen. Doch wir empfehlen, über die ersten drei Stunden hinweg das Ausmaß eigenen „Unterbrechungsverhaltens" noch im sozial verträglichen und höflichen Rahmen (mit nachdrücklichem Blickkontakt im Stuhl vorrücken; eigenes Sprechenwollen durch eine Geste anzeigen; Ansetzen zum Sprechen) kontinuierlich zu steigern, und spätestens in der dritten Stunde schließlich zu den im Folgenden beschriebenen, über das sozial Übliche hinausgehenden Interventionen überzugehen.

Professionelles Unterbrechen
Menschen erleben es in aller Regel als sehr unhöflich, wenn sie beim Sprechen von jemand anderem unterbrochen werden. In Kapitel 17 über schweigende Klienten haben wir viel darüber geschrieben, wie wertvoll schweigendes Abwarten häufig sein kann. Bei extrem viel sprechenden Klienten ist dies natürlich vollkommen anders. Das Problem ist, dass sich viele Berater und Therapeuten scheuen, ihren

Klienten ins Wort zu fallen – und das mit Recht. Der prinzipiell beziehungsschädigende Charakter des Unterbrechens wurde bereits angesprochen. Doch es soll deutlich betont werden, dass die beraterische oder therapeutische Beziehung nur ein Mittel zum Zweck ist: Sie dient der Verfolgung behandlungsrelevanter Ziele. Ist dieses Zieleverfolgen aus welchem Grund auch immer nicht möglich, dann ist der Erhalt der Beziehung zwecklos. Deshalb muss sie mitunter riskiert werden, und dies auch beim Dauerredner.

Etwas gemildert wird die Brisanz an dieser Stelle auch dadurch, dass habituelle Dauerredner in aller Regel viel Erfahrung mit Versuchen anderer haben, ihnen ins Wort zu fallen. Sie als Behandler werden also mitnichten der Erste sein, der das versucht. Das senkt sozusagen die relative Unhöflichkeit Ihres Unterbrechungsversuchs; allerdings bedeutet es auch, dass habituell sehr viel redende Menschen zumeist Experten im Ignorieren von Redebedürfnissen anderer sind. Sie sprechen einfach mit zunehmender Lautstärke weiter …

Eine erste Eskalationsstufe sollte sein, dass Sie einen Themenwechsel des Klienten verwenden, um diesem ins Wort zu fallen. Sie warten also ab, bis der Klient von etwas anderem als bislang zu berichten beginnt, und schalten sich dann sehr deutlich, vernehmlich und gestisch gestützt ein: „Sie gehen gerade zu einem anderen Thema über. Ich würde gerne etwas zu dem sagen, was Sie gerade ausgeführt haben." Hiermit wird Ihr beraterischer Stil somit unter Umständen deutlich direktiver, als Sie das – je nach therapeutischer Ausrichtung – ansonsten gewohnt sind. Zu beachten ist: Das Ausmaß der Direktivität ist bei dauerredenden Menschen die wichtigste Variable, die der Behandler zu variieren hat.

Wie bei vielen anderen Situationen, die in diesem Buch beschrieben werden, bietet sich als nächste Eskalationsstufe an, das Dauerreden an sich zu thematisieren. Dazu ist vor allem der Beginn einer Stunde geeignet. Denn in schweren Fällen ist der Moment der Begrüßung der einzige, in dem Sie überhaupt die Möglichkeit haben, etwas zu sagen: „Guten Tag, Herr F., ich möchte heute mal die Stunde beginnen, denn es gibt ein wichtiges Thema. Und zwar habe ich in unseren bisherigen Gesprächen den Eindruck, kaum zu Wort zu kommen. Bemerken Sie, dass Sie hier sehr viel reden und mich kaum anhören?" Wenn es gut läuft, dann wird der Klient auf dieses Gesprächsangebot einsteigen, und Sie können miteinander die Gründe des Vielredens erörtern und Absprachen dazu treffen.

Unter Umständen reicht aber auch das noch nicht, und Sie müssen Ihre Direktivität noch weiter erhöhen. Das bedeutet, dass Sie einen Klienten, der Ihre sozial noch vertretbaren Unterbrechungsversuche ignoriert, insbesondere nonverbal in heftiger Weise auf sich aufmerksam machen: Winken, Händeklatschen, Aufstehen … Unterschiedliche Maßnahmen sind dazu geeignet, den Klienten zu irritieren und in seinem Sprechfluss zu bremsen. Wenn Sie dann seine Aufmerksamkeit haben – zumindest für kurze Zeit –, artikulieren Sie wiederum wie oben beschrieben Ihr Problem. Zur Unterstützung dessen kann es übrigens auch wertvoll sein, Videoaufnahmen von Stunden zu machen und dem Klienten solche Stellen vorzuführen, an denen Sie deutlich sichtbar etwas sagen möchten, der Klient Sie jedoch ignoriert und einfach weiterspricht. Manche Klienten erkennen dann erst, wie schwer es ist, sie zu erreichen.

Bei sehr rigidem Dauerreden empfiehlt sich als nächste Eskalationsstufe die Vereinbarung von Regeln. Der Behandler geht hierbei wiederum so direktiv wie nötig vor, was in der Arbeit mit viel redenden Klienten *sehr* direktiv sein kann: „Ich beginne die Stunde heute wiederum, weil ich Sie auf Ihr Dauerreden ansprechen möchte. Aus meiner Sicht hat sich daran nichts geändert, und ich habe nach wie vor den Eindruck, in unseren Gesprächen nicht genügend zu Wort zu kommen. So funktioniert eine Behandlung bei mir aber nicht, deshalb möchte ich, dass wir eine Regel vereinbaren. Und diese Regel wäre folgende: Sie dürfen ab jetzt nur noch drei Sätze am Stück sagen. Dann bin ich an der Reihe, und Sie erst dann wieder, wenn ich fertig bin. Was halten Sie davon?" Im weiteren Dialog über diese Veränderung wird dem Klienten vorgeschlagen, dass Sie als Behandler bei der Einhaltung der 3-Satz-Regel mithelfen: „Ich werde für Sie gut sichtbar die Enden Ihrer Sätze, also Ihre Punkte, zählen. Wenn ich das Ende des ersten Satzes höre, dann mache ich so [Faust nach vorne halten, mit abgespreiztem Daumen], beim zweiten Satz dann so [Zeigefinger kommt dazu], und nach dem dritten und letzten Satz schließlich so [Mittelfinger kommt hinzu], und dann fange ich an. Ist das okay für Sie?" Diese Regel wird dann ab sofort strikt eingehalten, also auch dann, wenn der Behandler auf eine Frage keine verwertbare Antwort vom Klienten bekommen hat (Mit dem Anzählen des dritten und letzten Satzes eines Klienten: „Und stopp, jetzt bin ich dran, das waren Ihre drei Sätze. Schade, ich habe keine Antwort auf meine Frage gehört. Dann gehen wir zu einer anderen Frage über. Was denken Sie über …"). Durch diese Maßnahme sollen die Klienten dazu „erzogen" werden, das Wesentliche auch wirklich auf den Punkt zu bringen. Letzteres kann auch durch Hausaufgaben gefördert werden: Der Klient wird dazu angehalten, zu bedeutsamen, aber noch umgrenzten Themen und Fragestellungen (z. B. „Soll es ein Tempolimit auf deutschen Autobahnen geben?"; „Was ist das Wichtigste, das Eltern ihren Kindern mit auf den Weg geben?"; „Braucht Deutschland die Bundeswehr, oder kann sie auch abgeschafft werden?") den Kern der eigenen Meinung in drei Sätzen auszudrücken. Die Themenbeispiele in der Klammer sollen verdeutlichen, dass es bei dieser Übung darum geht, solche Themen auszuwählen, die sich zwar prinzipiell in drei Sätzen beantworten lassen, aber nicht, ohne dabei doch auf Gesichtspunkte und Argumente zu verzichten. Denn genau dieser Verzicht auf Vollständigkeit kann ein wichtiges Übungsfeld für habituelle Dauerredner sein. Deshalb sind Übungsthemen mit zu engem Rahmen („Welches ist Ihre Lieblingsfarbe?") genauso ungeeignet wie solche, deren Kern sich nicht in drei Sätze fassen lässt („Was ist der Sinn des Lebens?").

Dos	Don'ts
▶ Diagnostizieren: Woran liegt das Dauerreden? Situativ? Habituell? ▶ Langsames Aufdehnen der sozialen Konventionen: erst ungehindert sprechen lassen, schließlich noch höfliche Unterbrechungsversuche, am Ende massive Formen des Unterbrechens ▶ 3-Satz-Regel vereinbaren	▶ Vorwurfsvolle und unfreundliche Grundhaltung beim Unterbrechen („Sagen Sie mal, merken Sie gar nicht, dass Sie reden wie ein Buch? Ich komme hier gar nicht zu Wort!") ▶ Sich dem Redefluss tatenlos ergeben („Ich schalte einfach auf Durchzug, irgendwann ist die Stunde schon rum.")

19 Strafbare Handlungen von Klienten

> Felix K. ist 43 Jahre alt und befindet sich seit drei Monaten in Ihrer Behandlung. Grund für die Aufnahme der Behandlung waren massive psychische Probleme im Anschluss an die Trennung, die seine Frau vor 6 Monaten vollzogen hat. Herr K. reagierte depressiv, entwickelte einen zunehmenden Alkoholmissbrauch und zeigte deutliche Leistungseinbußen im Beruf (zunehmende Fehlzeiten, Unaufmerksamkeiten). In der jetzigen, zehnten Sitzung ist Herr K. sehr aufgewühlt, er berichtet, dass er am Vortag seine Frau (die vor wenigen Wochen die Scheidung eingereicht hat) mit ihrem neuen Freund gesehen habe, das habe ihn so „runtergezogen", dass er gleich in eine Kneipe gegangen sei und ein paar Bier getrunken habe. Dabei sei ihm mit jedem Bier klarer geworden, „dass wenn ich sie nicht haben kann, auch kein anderer sie haben soll". Sie merken während dieser Schilderung, dass Ihnen zunehmend mulmiger wird und dass Sie beginnen, sich Sorgen um Leib und Leben der Ehefrau, ihres neuen Freundes und der beiden Kinder zu machen.

Neben Suizidalität (vgl. hierzu Kap. 20) gehören von Klienten angedrohte oder begangene Straftaten zu den belastenderen Aspekten psychotherapeutischer und beraterischer Tätigkeit. Besonders schwierig sind dabei Situationen, bei denen eine akute Fremdgefährdung für andere Menschen vorliegt. Damit ergibt sich auch eine Nähe zu den in Kapitel 5 (Aggressives Verhalten und Gewalt) dargestellten Inhalten. Wir werden uns in diesem Kapitel zunächst kurz mit einzelnen Merkmalen von Straftaten beschäftigen (Ist die Tat bereits begangen oder angedroht? Wie schwerwiegend ist die Straftat? In welchem Kontext und welcher Berufsgruppe wird die strafbare Handlung bekannt?) und daran anschließend Empfehlungen für den Umgang mit diesen formulieren.

Aspekte strafbarer Handlungen

Strafbare Handlungen lassen sich juristisch definieren als Handlungen, die durch ein Strafgesetz mit Strafe bedroht sind – ein bestimmtes Verhalten wird erst dadurch zu einer Straftat, dass das Vorliegen eines juristisch definierten *Tatbestands* festgestellt wird (d. h. die entsprechend definierten Merkmale der Tat inkl. Dingen wie Vorsätzlichkeit oder Fahrlässigkeit). Die *Rechtswidrigkeit* einer Tat ergibt sich, wenn der Handlungskomplex als Ganzes gegen die Rechtsverordnung verstößt (es kann z. B. sein, dass Rechtfertigungsgründe wie Notwehr oder Einwilligung vorliegen) und schließlich ist die *Schuldfrage* zu klären (Abklärung von Ausschlussgründen wie verminderte Schuldunfähigkeit oder Strafunmündigkeit). Fragen, die sich im Kontext von Beratung und Therapie ergeben, sind in der Regel unabhängig von der Frage, ob juristisch gesehen wirklich eine strafbare Handlung vorliegt: Wenn Klienten fremdgefährdendes Verhalten zeigen, kann dies sowohl im Zustand der Schuldfähigkeit als auch im Rahmen von Schuldunfähigkeit geschehen, für den Berater oder Therapeuten ist hier jedoch zunächst ausschließlich von Bedeutung, wenn möglich eine Schädigung anderer Menschen zu verhindern.

Straftaten lassen sich weiterhin hinsichtlich unterschiedlicher Schweregrade unterscheiden, die im Wesentlichen mit der Dauer der damit assoziierten Freiheitsstrafe korrespondieren. Wir halten eine Grundkenntnis strafrechtlicher Zusammenhänge in diesem Kontext für sehr hilfreich, auch wenn die subjektive Bewertung der Schwere einer Straftat durch Berater und Therapeuten nicht mit deren juristischer Bewertung übereinstimmen muss (beispielsweise ist denkbar, dass einzelne Berater „Hands on"-Delikten wie sexueller Nötigung eine deutlich höhere emotionale Bedeutung zumessen als „Blue collar"-Kriminalität wie Wirtschaftsdelikten). Eine weitere wichtige Differenzierung besteht in der Frage, ob eine Straftat bereits erfolgt oder ob sie angedroht bzw. zu erwarten ist – interessanterweise ergeben sich die komplizierteren Fragen nicht aus einer bereits erfolgten Straftat (da ist „das Kind schon in den Brunnen gefallen"), sondern aus Straftaten, die möglicherweise begangen werden.

Bereits erfolgte Straftaten

Psychotherapeuten und Berater erfahren im Rahmen ihrer beruflichen Tätigkeit je nach Kontext unterschiedlich häufig von Straftaten ihrer Klienten: In einzelnen Bereichen dürften fast ausschließlich Klienten zu finden sein, die niemals eine strafbare Handlung (manche sogar nicht einmal eine Ordnungswidrigkeit) begangen haben, während andere Kontexte wie z. B. die Bewährungshilfe voraussetzen, dass die Klienten Straftaten begangen haben (analog gilt das natürlich auch für die Arbeit im Strafvollzug und im Maßregelvollzug). In den meisten Kontexten, in denen Beratung und Therapie erfolgen, fällt die Kenntnis bereits begangener Straftaten unter die Regelungen zur Schweigepflicht (§ 203 StGB), d. h. in der Regel dürfen Berater und Therapeuten ihnen bekannt gewordene Straftaten nicht nach außen tragen.

Vor Therapiebeginn begangene und bekannte Straftaten. Straftaten, die von Klienten vor Aufnahme der Behandlung begangen wurden und die dem Behandler bekannt sind, stellen selten ein großes Problem dar: Hier ist es wichtig dass der Behandler entscheidet, ob die Art und Schwere der Straftat vor dem Hintergrund eigener ethischer Überzeugungen eine konstruktive Zusammenarbeit möglich machen oder nicht. Beispielsweise dürfte es vielen Kolleginnen und Kollegen schwer fallen, mit einem wegen Vergewaltigung verurteilten Mann zu arbeiten (vgl. Kap. 3). Solche Vorbehalte sollten bereits zu einem frühen Zeitpunkt der Therapie oder Beratung geäußert werden: „Sie haben mir offen geschildert, dass Sie vor einiger Zeit wegen Vergewaltigung verurteilt wurden und Ihre Strafe verbüßt haben. Ich möchte Ihnen für Ihre Offenheit danken, muss

Ihnen aber gleichzeitig sagen, dass ich die Behandlung nicht übernehmen kann – es ist mir nicht möglich, eine hinreichende Distanz zu dieser Thematik aufrechtzuerhalten."). Wichtig erscheint uns hier – wie in allen anderen therapeutischen Kontexten – im Sinne von „Ich-Botschaften" zu argumentieren, d. h. „Ich als Behandler tue mich schwer mit diesen Sachverhalten, deshalb kann und will ich kein Behandlungsangebot machen" – im Gegensatz zu „Du-Botschaften" wie „Das, was du getan hast, ist so abscheulich, dass ich nichts damit zu tun haben möchte". Wir erinnern hier gerade im Kontext schwerer Straftaten an § 1 des Grundgesetzes: Es gilt auch die Menschenwürde von Menschen zu wahren, die andere Menschen geschädigt haben. Im Falle der Ablehnung einer Behandlung sollten, wenn möglich, alternative Behandlungsmöglichkeiten aufgezeigt werden (z. B. Kollegen, von denen Sie wissen, dass sie mit Menschen mit bestimmten Straftats-Vorgeschichten arbeiten können). Gelegentlich kommt es vor, dass Behandler im Laufe der Behandlung (insbesondere wenn das Vertrauen der Klienten gestiegen ist) von im Vorfeld begangenen Straftaten erfahren – hier gilt im Prinzip genau dasselbe, auch wenn aus unserer Erfahrung davon auszugehen ist, dass das Toleranzvermögen der Behandler nach längerer Bekanntheit steigt. Im Rahmen der allgemeinen Aufklärung sollten Patienten darauf hingewiesen werden, dass der Berater oder Therapeut unter Schweigepflicht steht und dass diese insbesondere auch früher begangene Straftaten umfasst – und zwar unabhängig von deren Schweregrad: „Ist indessen die Tat bereits geschehen, gesteht also ein Patient eine besonders schwere Straftat, auch eine solche, die in den §§ 138, 139 StGB aufgeführt ist, oder berichtet er von einer Tat durch einen Dritten, so besteht keine Anzeigepflicht mehr (Gerlach & Lindenmeyer, 2008, S. 518)

Straftaten, die während aktueller Behandlung begangen und dem Behandler bekannt werden. Gerade bei Berufseinsteigern herrscht gelegentlich Unsicherheit, wie mit Straftaten zu verfahren ist, von denen sie während der Behandlung erfahren. So war beispielsweise eine Ausbildungsteilnehmerin verunsichert davon, dass ihre wegen Depression in Behandlung befindliche Patientin von zwanghaftem Stehlen („Kleptomanie") berichtete: Dieses bezog sich ausschließlich auf Kosmetika (die sie sich wegen ihrer angespannten finanziellen Situation nicht habe leisten können) und war auch in mehreren Fällen bereits zur Anzeige gebracht. Im vorliegenden Fall ist die juristische Frage sehr leicht zu beantworten: Die Kenntnis solcher Straftaten (oder Verfehlungen oder Ordnungswidrigkeiten) müssen Behandler für sich behalten. Das Verhältnis zwischen Klient und Behandler ist für die Kontexte Therapie und Beratung durch die Schweigepflicht (§ 203 StGB) geprägt (http://dejure.org/gesetze/StGB/203.html, Abruf vom 04.01.2013). Das heißt, dass insbesondere Angehörige von Heilberufen (wie Psychologische Psychotherapeuten) und Berater (z. B. Ehe-, Familien-, Erziehungs- und Suchtberater) „fremde Geheimnisse" (und dazu gehört in der Regel die Kenntnis von Straftaten) nicht bzw. nur in klar definierten Ausnahmefällen weitergeben dürfen. Unter diese Schweigeverpflichtung fallen zunächst alle Straftaten, die bereits begangen wurden – eine wichtige Ausnahme ist allerdings (siehe dazu den folgenden Abschnitt) darin zu sehen, dass eine Wiederholung der Straftat möglich oder wahrscheinlich ist. Ein Beispiel könnte ein pädophiler Stiefvater sein, der seine minderjährige Stieftochter missbraucht hat und von dem zu erwarten ist, dass er dies erneut tun wird.

Straftaten, die während laufender Behandlung geplant werden bzw. zu befürchten sind. Deutlich schwieriger stellen sich Situationen dar, bei denen Therapeuten und Berater davon ausgehen müssen, dass ihre Klienten Straftaten begehen werden – dies betrifft selbstverständlich wiederum in erster Linie Straftaten von erheblichem Ausmaß (die Erwartung, dass eine Klientin erneut Kosmetika stehlen wird, rechtfertigt selbstverständlich nicht einen Bruch der Schweigepflicht). Wir reden hier also von Straftaten, die sich gegen andere Menschen richten. Das zu Beginn genannte Fallbeispiel zeigt diese Problemlage plastisch auf. Prinzipiell ähnelt das Vorgehen bei Fremdgefährdung dem Vorgehen bei Suizidalität, d. h. wie dort muss eine Einschätzung vorgenommen werden, wie hoch die Gefahr einer Fremdgefährdung ist („Sie schäumen wirklich vor Wut auf Ihre Ehefrau, was ich gut nachvollziehen kann. Sie haben gesagt, dass kein anderer sie haben soll, wenn Sie sie nicht haben können. Können Sie mir mehr dazu sagen?") und zu verdeutlichen, dass vom Treffen einer verbindlichen Vereinbarung hier nicht abgesehen werden kann („Ich habe den Eindruck, dass Sie wirklich ganz knapp davor sind, Ihre Frau bzw. den neuen Partner Ihrer Frau anzugreifen. So sehr ich das einerseits verstehen kann, so klar ist es aber auch andererseits, dass wir das unbedingt verhindern müssen. Es darf nicht dazu kommen, dass Sie gewalttätig werden, weil dann alles nur noch viel, viel schlimmer werden wird. Wie können wir sicherstellen, dass Sie auch im schlimmsten Fall nicht gewalttätig werden?"). Im Weiteren sind sehr alltags- und praxisnahe Schritte zu planen, die dabei helfen können, Gewaltausbrüche zu vermeiden (z. B. Ärgerkontrolltraining, vgl. Dutschmann, 2000; Kontakteinschränkung bzw. -verbot zur kritischen Person etc.). Die Dokumentation der Gesprächsinhalte sowie die abschließende Einschätzung („Der Patient ist am Ende des Gesprächs glaubhaft von Mordabsichten distanziert") muss unbedingt sehr sorgfältig erfolgen, da im Falle einer rechtlichen Prüfung (etwa durch die Staatsanwaltschaft nach einem erfolgten Mord oder Totschlag durch einen Patienten) die Dokumentation die Basis bildet.

Voraussetzungen für einen Bruch der Schweigepflicht

Im Falle ernstzunehmender Anhaltspunkte für die Gefährdung Dritter (etwa durch einen Ehemann, der wiederholt gewalttätig gegenüber seiner Frau und den Kindern geworden ist und der ankündigt „Diesmal bringe ich sie um") gilt es zunächst, alle in der Macht des Behandlers bzw. der Behandlerin liegenden Möglichkeiten zur Abwendung der Straftat auszuschöpfen. Dies wird analog dem Vorgehen bei Suizidalität zunächst darin bestehen, eine Risikoabschätzung vorzunehmen und eine glaubhafte Absprache mit dem Klienten zu erreichen. Sollten diese Versuche scheitern ist es ggf. gerechtfertigt, die Schweigepflicht zu brechen und die Polizei zu benachrichtigen. Da dies in der Regel nicht ohne erhebliche

Störungen der beraterischen oder therapeutischen Beziehung vor sich geht, verweisen wir auf das Kapitel zu Suizidalität, in dem wir uns ausführlich mit der Frage des Brechens der Schweigepflicht auseinandersetzen. An dieser Stelle muss zunächst erneut betont werden, dass es im Rahmen der fachlichen Einschätzung des Therapeuten oder Beraters liegt, ob ein Brechen der Schweigepflicht indiziert ist – wenn es organisatorisch möglich ist (häufig sind entsprechende Situationen mit einem erheblichen Zeitdruck verbunden), raten wir Ihnen, sich mit erfahrenen Kollegen oder Kolleginnen abzusprechen (Supervision, Intervision). Die Möglichkeit, die Schweigepflicht zu brechen, ergibt sich grundsätzlich aus § 34 StGB zum „Rechtfertigenden Notstand" (der sich auf die Gefährdung eines „höherwertigen Rechtsguts" wie etwa des Lebens eines Menschen bezieht) – dieser kann dann als gegeben angesehen werden, wenn ein Behandler alle ihm zur Verfügung stehenden anderen Mittel zur Abwendung einer Gefahr für den Patienten selbst und andere erprobt hat, diese jedoch nicht ausreichend waren. Ein rechtfertigender Notstand kann auch bei Fremdgefährdung im Straßenverkehr oder bei Unterlassen der Aufklärung von Geschlechtspartnern über eine bestehende HIV-Infektion gegeben sein (Haeberle, 2006). Wie beim Vorliegen von Suizidalität ist die letztliche Entscheidung, die Sie treffen (Schweigepflicht brechen vs. Schweigepflicht nicht brechen) weniger relevant als die sorgfältige Dokumentation des Prozesses, der Sie zu Ihrer Entscheidung gebracht hat: Für die (nachträgliche) Bewertung Ihres Verhaltens ist von Bedeutung, dass Sie dokumentieren, Ihre Entscheidung nach allen Regeln der Kunst getroffen zu haben – eine Einschätzung, die sich trotz sorgfältiger Überlegung im Nachhinein als falsch herausstellt, ist für einen Therapeuten oder Berater weniger dramatisch als eine mangelhafte Dokumentation der Abläufe.

Wann muss ich die Schweigepflicht brechen?
Im vorherigen Abschnitt wurde deutlich, dass ein Bruch der Schweigepflicht nur nach sorgfältiger Abwägung erfolgen darf. Daran anknüpfend ist die Frage zu stellen, ob es Situationen gibt, in denen die Schweigepflicht nicht nur gebrochen werden darf (wie im obigen Abschnitt dargelegt), sondern gebrochen werden muss (Gerlach & Lindenmeyer, 2008, S. 516 ff). Hier lohnt zunächst ein Blick auf die Frage, welche Straftaten überhaupt (von allen Bürgern) angezeigt werden müssen. Diese sind in § 138 StGB genannt und umfassen zunächst eher seltene Phänomene wie Angriffskriege, Geld- oder Wertpapierfälschung und Hoch- oder Landesverrat. Darüber hinaus sind aber auch für den vorliegenden Kontext hoch relevante Dinge wie Mord oder Totschlag genannt. Wichtig ist weiter, dass der betreffende Mensch (hier: der Therapeut oder Berater) zu einem Zeitpunkt davon erfährt, zu dem die Ausführung der Tat noch abgewendet werden kann. Das bedeutet im Klartext, dass beim oben genannten Beispiel im Falle, dass der Behandler zur Einschätzung kommt, dass ein Mord oder Totschlag geplant ist, die Schweigepflicht gebrochen und Anzeige erstattet werden muss. Dass eine solche Entscheidung nie leichtfertig getroffen werden sollte, versteht sich von selbst –

wir raten in jedem Fall dazu, vor einem solchen Schritt wenn irgend möglich mit einem Rechtsanwalt zu sprechen, der in diesen Belangen sachkundig ist. In Frage kommen je nach Behandlungssetting z. B. die Rechtsanwälte der Psychotherapeutenkammern oder die Rechtsberatung des BDP. Es ist somit zunächst klar, dass schwere Straftaten wie die oben genannten angezeigt werden müssen. Ein gelegentlich anzutreffendes Missverständnis bezieht sich auf die im § 139 StGB vorgenommenen Einschränkungen des § 138: Hier wird geregelt, dass Angehörige einzelner Berufsgruppen (u. a. Rechtsanwälte, Ärzte, Psychologische Psychotherapeuten, nicht aber Mitarbeiter einer Beratungsstelle ohne Approbation) von ihrer Anzeigepflicht nach § 138 befreit sind (bzw. straffrei ausgehen), wenn sie sich „ernsthaft bemüht" haben, den Täter von der Tat abzuhalten. Von diesem Paragraphen unberührt sind allerdings die oben genannten und im Rahmen von Fremdgefährdung im Zentrum stehenden wirklich schweren Straftaten wie Mord und Totschlag: Die Planung solcher Straftaten muss zur Anzeige gebracht werden, selbst wenn Sie einer der genannten Berufsgruppen angehören. Wir möchten es noch einmal wiederholen: Setzen Sie sich, wenn irgend möglich, vor einem solchen Schritt mit einem Rechtsanwalt zusammen und besprechen (und dokumentieren) Sie die Sachlage. Wir können nicht sicherstellen, dass wir letztendlich die richtige Entscheidung in einem solchen schwierigen Fall treffen, allerdings können wir sicherstellen, dass die Dokumentation des Entscheidungsprozesses gründlich erfolgt.

Kindeswohlgefährdung als Spezialfall der Fremdgefährdung

In einer Reihe von Beratungs- und Therapiekontexten stellt sich mehr oder weniger häufig die Frage nach einer möglichen Gefährdung des Kindeswohls. Diese kann beispielsweise im Rahmen von psychischen Störungen von Eltern wie Schizophrenie, Affektiven Störungen oder Substanzbezogenen Störungen auftreten. Borg-Laufs, Gahleitner und Hungerige (2012, S. 188 ff) haben sich in ihrem Buch zu schwierigen Situationen in Therapie und Beratung mit Kindern und Jugendlichen ausführlich mit dieser Problematik befasst, sodass wir hier nur wenige im Kontext der Beratung und Therapie Erwachsener relevante Hinweise liefern möchten: Zunächst einmal lassen sich vier Formen der Kindesmisshandlung unterscheiden, die als Kindeswohlgefährdung verstanden werden können (Borg-Laufs et al., 2012, S. 189): physische Misshandlung, psychische Misshandlung, sexuelle Gewalt und Vernachlässigung. Das Recht bzw. die Pflicht zur Offenlegung einer Kindeswohlgefährdung durch Therapeuten oder Berater hängt dabei entscheidend vom beruflichen Kontext ab: Für eine Mitarbeiterin der Jugendhilfe gilt eine Offenbarungspflicht von erheblichen Gefährdungen gegenüber dem Jugendamt in dem Fall, dass die Eltern nicht zu einer Verhaltensänderung zu bewegen sind. „Ein niedergelassener Therapeut hat diese rechtliche Verpflichtung nicht, allerdings kann und sollte er auch die Schweigepflicht brechen, sofern er eine ernsthafte Gefährdung des Kindes sieht und die Gefahr nicht anders (etwa durch Motivierung der Eltern, sich beim Jugendamt zu melden) abzuwenden ist" (Borg-Laufs et al., 2012, S. 190). Im Falle des Vorliegens einer Kindeswohlgefährdung im oben skizzierten Fall raten wir in jedem Fall, Kontakt zu einer im Hinblick auf die Gefährdung des Kindeswohls erfahrenen Person aufzunehmen.

Gefährdung des Therapeuten oder Beraters

Im Gegensatz zur reinen Selbstgefährdung besteht bei dem Verdacht der Fremdgefährdung immer die Gefahr, dass ein ursprünglich nicht gegen den Behandler gerichteter aggressiver Impuls sich dann doch auf diesen richtet. In diesem Fall gelten die in Kapitel 5 zu „Aggressivem Verhalten" beschriebenen Aspekte zum Thema „Vorrang der persönlichen Sicherheit". Der Berater wird in einem solchen Fall somit zuerst versuchen, die aufkommenden Aggressionen in der Situation zu bearbeiten, im Bedarfsfall jedoch die aktuelle Sitzung oder gar die Behandlung abbrechen und seine persönliche Unversehrtheit sicherstellen. Der ungünstigste Fall ist dann gegeben, wenn die Situation so weit eskaliert, dass der Berater aus Gründen persönlicher Sicherheit das Gespräch abbricht, bevor er sich ein überzeugendes Urteil über die Frage des Fremdgefährdungspotenzials gebildet hat. Er kann in einem solchen Fall die Verantwortung an einen Kollegen (idealerweise Vorgesetzten) abgeben, der sich der Situation gewachsen fühlt, oder, falls ein solcher nicht zugegen ist, wie bereits oben als zweitschlimmster Ausgang beschrieben, die Polizei einschalten. Dieser obliegt dann die Verantwortung, etwaige Fremdgefährdungsrisiken einzuschätzen und entsprechend zu verfahren.

Dos	Don'ts
▶ Abklären: Handelt es sich um bereits begangene Straftaten oder um geplante/zu befürchtende Straftaten? ▶ Bei bereits begangenen Straftaten: eigene Grenzen als Berater und Therapeut feststellen und akzeptieren! Sie sind und bleiben ein guter Therapeut, auch wenn Sie nicht mit Menschen mit Vorbestrafung wegen Körperverletzung arbeiten möchten! ▶ Bei angekündigten/zu befürchtenden Straftaten: einen möglichen Bruch der Schweigepflicht mit erfahrenen Kollegen bzw. Rechtsanwalt besprechen ▶ Eventuell bestehende Fremdgefährdung sorgfältig explorieren und begründetes Urteil bilden ▶ Beratungs- und Therapieverlauf sowie Entscheidung zum Bruch der Schweigepflicht gut dokumentieren. ▶ Sich mit den rechtlichen Grundlagen vertraut machen, insbesondere § 203 StGB, § 34 StGB und §§ 138, 139 StGB ▶ Eigene Sicherheit in den Vordergrund stellen: bei Hinweisen auf mögliche Gefährdung des Therapeuten im Rahmen von Fremdgefährdung zunächst die Situation verlassen und ggf. Hilfe rufen (Polizei)	▶ Moralisieren und verurteilen („Jemand, der so etwas gemacht hat, sollte gar nicht das Recht haben, Behandlung zu bekommen.") ▶ Schweigepflicht bei bereits begangenen mutmaßlichen Straftaten brechen (selbst wenn es sich um schwere Straftaten wie Mord handelt) ▶ Bei unklarer Sachlage die Schweigepflicht leichtfertig brechen ▶ Sich hinter der Schweigepflicht „verschanzen" („Was in der Beratung und Therapie zur Sprache kommt, ist in jedem Fall durch die Schweigepflicht gedeckt.")

20 Suizidalität

> Im Kriseninterventionsdienst, in dem Sie tätig sind, entwickelt sich ein Erstgespräch in immer dramatischere Richtung. Es ist klar, dass im Leben von Hanna R., 44 Jahre alt, in den letzten Jahren so ziemlich alles schief gelaufen ist, was nur schief laufen kann: erst der Unfall des Sohnes, der seitdem querschnittgelähmt ist, dann der Brandschaden im Haus mit Verlust vieler persönlicher Gegenstände, und nun zuletzt auch noch die aufgeflogene Affäre ihres Mannes. Da wundert es Sie kaum noch, als Frau R. sagt, dass sie im Leben keinen Sinn mehr sehen könne und dass „es die auf dem Friedhof eigentlich am besten haben, die haben das ganze Elend nämlich hinter sich."

Der Umgang mit Suizidalität und suizidgefährdeten Klienten gehört in den Bereichen Therapie und Beratung ohne Zweifel zum Anspruchsvollsten und teilweise auch Ängstigendsten, was unser Betätigungsfeld zu bieten hat. In Bezug auf viele Probleme, die man mittels Beratung oder Therapie anzugehen versucht, ist der Luxus des Zeithabens gegeben. Geduld gilt gar als Kardinaltugend des Behandlers wie des Klienten. Auch kann in vielen konkreten Beratungsfällen darauf vertraut werden, dass sich noch viele Gelegenheiten ergeben werden, noch nicht Gesagtes zur Sprache zu bringen. Im Falle der Suizidalität ist dies anders: Wird hier die richtige Intervention versäumt, so gibt es vielleicht keine weitere Chance. (Sehr häufig wird in einem Atemzug von „Selbst- und Fremdgefährdung" gesprochen, so dass Sie als Leserin möglicherweise Informationen zur Fremdgefährdung in diesem Kapitel erwarten. Wir gehen darauf ausführlicher in Kapitel 5 „Umgang mit aggressivem Verhalten und Gewalt" und Kapitel 19 „Strafbare Handlungen von Klienten" ein.)

Wir möchten zunächst deutlich darauf hinweisen, dass die Arbeit mit akut Suizidgefährdeten nur in die Hand gut ausgebildeter und erfahrener Behandler gehört! Dennoch ist für alle Berufsgruppen, die im psychosozialen Umfeld aktiv sind, die Kenntnis der Suizidalität, ihrer Warnsignale sowie akuter Notfallpläne sehr wichtig, da sich bei unterschiedlichsten Klienten die Situation einer akuten Selbstgefährdung entwickeln kann. Insofern muss aus unserer Sicht auch jeder, der beruflich psychosoziale Hilfe leistet, dazu in der Lage sein, Suizidalität zu erkennen und richtig einzuschätzen, um notwendige Maßnahmen zu veranlassen (zum Beispiel auch die Weitervermittlung eines suizidalen Klienten an dafür entsprechend qualifizierte Therapeuten). Wir werden uns im Folgenden auf jene Punkte konzentrieren, die mehr oder weniger für alle Berater und Therapeuten im Umgang mit suizidalen Klienten bedeutsam sind, aber nicht ausführlich auf den weiteren therapeutischen Umgang mit dieser Klientel eingehen. Dies würde den Rahmen dieses Buches sprengen – wir verweisen deshalb auf das ausgezeichnete Buch von Dorrmann (2012), in dem sehr dezidierte und differenzierte Hinweise dazu gegeben werden, wie mit suizidalen Klienten umzugehen ist und welche Voraussetzungen beim Therapeuten gegeben sein sollten. Sehr praxisorientierte Beispiele finden sich auch im Buch zur Krisenintervention von Kunz, Scheuermann und Schürmann (2009).

Schriftliche Vorarbeiten des Therapeuten

Aus unserer Erfahrung ist der Umgang mit suizidalen Menschen für Behandler in der Regel mit starker Aufregung, bei wenig entsprechender Erfahrung bis hin zur Panik, verbunden. Es versteht sich von selbst, dass ein solcher Zustand nur schwer mit dem eigentlich wünschenswerten „kühlen Kopf" vereinbar ist, der für ein effektives Krisenmanagement hilfreich wäre. Wir raten Ihnen deshalb, alle Vorkehrungen, die bereits im Vorfeld sinnvoll zu treffen sind, zu regeln. Dazu gehört aus unserer Sicht in erster Linie das Festlegen eines für Sie passenden Notfallplans. Dieser sollte auf jeden Fall die wichtigsten Telefonnummern der Ansprechpartner in Ihrer Nähe (z. B. Adresse/Telefonnummer der nächstgelegenen psychiatrischen Klinik, Rettungsleitstelle, Polizei) enthalten. Wir raten Ihnen auch – vgl. unten – die wichtigsten Telefonnummern in Ihrem Praxis- bzw. Beratungsstellentelefon vorab zu speichern, da dies bei zittrigen Händen den Wählvorgang erheblich erleichtern kann. Ein Muster für einen solchen Notfallplan finden Sie in Anhang A4.

Einschätzung der Suizidalität

Der erste wichtige Punkt im Umgang mit suizidalen Klienten ist die Einschätzung der akuten Gefahrenlage. Hierzu gehört die Kenntnis sowohl allgemeiner Risikofaktoren für Suizidalität als auch die Beurteilung der konkreten psychischen Verfassung des Klienten.

Allgemeine Risikofaktoren
Die Forschung zeigt sehr deutlich, dass statistisch ein höheres Suizidrisiko gegeben ist bei geschiedenen, ledigen und verwitweten Menschen sowie auch bei kinderlosen Paaren im Vergleich zu Eltern von Kindern (Giernalczyk, 2003). Diese Befunde verdeutlichen die enorme Bedeutung der sozialen Situation: Je stärker ein Klient in einem sozialen Netzwerk integriert ist, desto geringer ist sein persönliches Suizidrisiko. Dazu empfiehlt es sich, mit Klienten eine gründliche Sichtung ihres sozialen Netzes, z. B. anhand einer „Netzwerkkarte", vorzunehmen. Dafür gibt es verschiedene Möglichkeiten. Die einfachste besteht darin,

auf einem Blatt Papier den Klienten in die Mitte zu schreiben und ihn aufzufordern, alle Menschen zu benennen, die in seinem Leben momentan eine Rolle spielen. Diese Personen werden dann auf dem Blatt angeordnet, wobei größerer räumlicher Abstand auf dem Papier geringere Bedeutung im Leben des Klienten versinnbildlicht. Die Art der Beziehung kann durch unterschiedliche Pfeile gekennzeichnet werden (beidseitige oder einseitige Pfeilenden je nachdem, ob die Beziehung einseitig oder wechselseitig ist; gestrichelte oder durchgezogene Linien, je nach Stabilität der Beziehung usw.), ihre Qualität durch verschiedene Zeichen (plus für gute Beziehung, minus für belastende Beziehung etc.). Manche Autoren schlagen eine Unterteilung des Blattes in unterschiedliche Sektoren vor (berufliche Beziehungen, familiäre Beziehungen etc.). Hier gibt es jedoch kein „richtig" und „falsch", sondern lediglich unterschiedliche Möglichkeiten, aus denen der Behandler die für ihn geeignete auswählen sollte.

Ein weiterer wichtiger Risikofaktor ist das Geschlecht. Frauen unternehmen doppelt so viele Suizidversuche wie Männer, doch Männer bringen sich dreimal häufiger tatsächlich um. Somit ist die reale Suizidgefahr beim männlichen Geschlecht als deutlich höher einzuschätzen. Das hängt unter anderem damit zusammen, dass Männer eher die „härteren" Suizidmethoden (z. B. Erhängen) mit geringerer Überlebenswahrscheinlichkeit wählen, während Frauen eher „weichere" Suizidmethoden (z. B. Tabletten) verwenden. Gleichzeitig wollen wir vor einer allzu naiven Einteilung in „harte" und „weiche" Suizidmethoden warnen: Letztlich können beide tödlich enden!

Zu den wichtigsten Risikomerkmalen gehört ein bereits in der Vorgeschichte erfolgter Suizidversuch. Personen, die bereits einmal versucht haben, sich das Leben zu nehmen, zeigen eine deutlich höhere Häufigkeit an weiteren Suizidversuchen als die Normbevölkerung. Deshalb sind Fragen nach der Vorgeschichte im Umgang mit suizidalen Klienten unabdingbar.

Ein weiterer wichtiger Faktor ist das Alter: Die Suizidalität erhöht sich mit steigendem Alter, deshalb ist in der Arbeit mit älteren und alten Menschen besondere Vorsicht geboten. Das gilt vor allem dann, wenn Krankheiten die Lebensqualität zunehmend beeinträchtigen, wovon ebenfalls ein erhöhtes Suizidpotenzial ausgeht.

Weiteres Risikopotenzial steckt allgemein in schwierigeren Krisen (z. B. Partnerverlust durch Trennung oder Tod, Arbeitslosigkeit usw.) sowie Verlaufsmerkmalen bestimmter psychischer Störungen (z. B. bei depressiven Störungen zu Beginn und Ende einer Phase, weil in diesen Zeiten die Stimmung schlecht ist und genügend Antrieb vorhanden, einen Suizid zu unternehmen; oder bei Schizophrenie in der akuten Phase, wenn z. B. Stimmen den Suizid befehlen, aber auch nach Abklingen der Akutsymptome, wenn dem Betroffenen das Ausmaß seiner Störung bewusst wird). Dieser letzte Punkt macht nochmals deutlich, warum wir im Zusammenhang mit Suizidalität einleitend darauf hingewiesen haben, dass der weitere Umgang mit dieser Klientel nur in die Hände gut ausgebildeter und erfahrener Behandler gehört: Gerade in Kombination mit psychischen Störungen kann die Situation schnell komplex und schwer überschaubar werden, wenn man nicht umfassendes Störungswissen im Hintergrund hat.

All die hier geschilderten allgemeinen Risikofaktoren gehören prinzipiell zu den Variablen, die ein Berater bzw. Therapeut bei seinen Klienten im Blick haben sollte, umso mehr, wenn akute Suizidalität im Raume steht. Manches lässt sich dabei schlicht erfassen (z. B. Geschlecht und Alter), andere Variablen müssen nachgefragt werden. Entsprechend den hier dargestellten Risikomerkmalen gibt es eine Reihe von Standardfragen, die als Pflicht-Fragekatalog in der Abklärung der akuten Suizidalität anzusehen sind (s. Übersicht).

Pflichtfragen zur Abklärung akuter Suizidalität
- „Wie ist Ihr Familienstand? Haben Sie Freunde, Bekannte, Verwandte, die Ihnen nahe stehen?" (sowie weitere Fragen zur sozialen Integration)
- „Gab es in der Vergangenheit jemals eine Zeit, in der Sie daran gedacht haben, sich etwas anzutun? Haben Sie bereits einmal versucht, sich das Leben zu nehmen?" (und anschließend eine genaue Exploration des früheren Suizidversuches; s. dazu auch den nächsten Abschnitt)
- „Gab es in Ihrem Leben in letzter Zeit Krisen, die Ihnen immer noch zu schaffen machen?" (sowie ggf. im Folgenden eine genauere Exploration der jeweiligen Krisen)
- „Gibt es irgendwelche Sachverhalte, die Ihre Lebensqualität im Moment stark einschränken, die bislang hier noch nicht zur Sprache gekommen sind?" (sowie nachfolgend Exploration dieser Einschränkungen)
- Abprüfen von Hinweisen auf Alkohol- oder Drogenproblematik, Psychosen, depressive Erkrankungen oder Suizide in der Familie

Abschätzung des akuten Risikos: Distanzierungs- und Absprachefähigkeit
Neben diesen allgemeinen Risikofaktoren sind natürlich auch situative Bedingungen zu erheben. Hierbei geht es um Variablen und Bedingungen, die über die allgemeinen Faktoren hinaus das Bedrohungspotenzial zu bewerten erlauben, das gerade im Moment angenommen werden muss. Letztlich läuft dieser Frageabschnitt darauf hinaus, mit einem suizidalen Klienten individuell zu klären, ob er sich akut sicher genug von seinen suizidalen Tendenzen distanzieren kann (**Distanzierungsfähigkeit**) und ob es möglich ist, mit ihm eine verlässliche Vereinbarung zu treffen, sich nichts anzutun und Hilfemaßnahmen in Anspruch zu nehmen (**Absprachefähigkeit**).

Wiederholte konkrete Prüfung. Distanzierungs- und Absprachefähigkeit korrelieren in gewissem Maße mit den im vorangegangenen Abschnitt benannten allgemeinen Risikofaktoren, aber es muss trotzdem in jedem Einzelfall erneut geprüft werden, wie sich die Situation aktuell darstellt. In schwereren Fällen muss diese Prüfung bei jedem weiteren Termin immer wieder neu vorgenommen werden, da sich suizidale Tendenzen in kurzer Zeit stark verändern können. Im Bereich der ambulanten Psychotherapie gilt ein Patient dann als noch behandlungsfähig, wenn er sich wenigstens bis zur nächsten Stunde (beispielsweise in der kommenden Woche) hinreichend von seinen suizidalen Gedanken distanzieren kann und insofern fähig ist, eine verlässliche Absprache einzugehen. Ist das nicht mehr gegeben, so muss eine stationäre Behandlung eingeleitet werden (s. dazu weiter unten).

Zur Abschätzung des akuten Suizidrisikos gehören ähnlich wie im vorigen Abschnitt über allgemeine Risikofaktoren verschiedene Bereiche.

So ist durch geeignete Fragen zu eruieren, wie stark sich der Klient mit seinen suizidalen Impulsen identifiziert bzw. wie viel Distanz er zu diesen noch einnehmen kann. Ringel hat bereits 1953 das präsuizidale Syndrom beschrieben, das dadurch gekennzeichnet ist, dass die Handlungsfähigkeiten einer Person immer weiter eingeengt werden, sie zunehmend Aggression gegen die eigene Person empfindet und auch richtet sowie immer stärkere Suizidphantasien bekommt (Ringel, 1953). Es ist somit in der Exploration zu klären, wie drängend suizidale Gedanken für den Klienten sind und wie er damit umgeht: „Wie häufig denken Sie über Selbstmord nach? Was empfinden Sie dabei?" Sehr wichtig ist es, die Konkretheit der Gedanken bzw. Pläne zu explorieren. „Haben Sie sich schon konkrete Gedanken dazu gemacht, wie genau Sie sich das Leben nehmen würden, wenn Sie sich dazu entschlössen? Haben Sie vielleicht sogar schon Vorbereitungen dazu getroffen? Haben Sie sich schon einen Tag und eine Uhrzeit dazu überlegt?"

Insbesondere angehende Berater und Therapeuten haben häufig die (aus unserer Sicht irrationale) Befürchtung, dass konkrete Fragen zur Suizidalität einen Patienten erst auf den Gedanken bringen könnten, sich das Leben zu nehmen, und vermeiden deshalb diese unangenehmen Fragen. Dies kann sehr negative Konsequenzen haben, da dadurch eine notwendige Abklärung von Suizidalität unter Umständen unterbleibt. Sehr häufig kommt durch eine solche Frage jedoch Lebensüberdruss oder Suizidalität zum Ausdruck, die Patienten nicht von alleine äußern würden. Es versteht sich von selbst, dass die Fragen nach Suizidalität in keinster Weise suggestiv sein sollten („Sie haben doch sicher auch schon mal daran gedacht, mit dem Auto gegen einen Brückenpfeiler zu fahren?")

Man kann sagen, dass die akute Suizidalität stets umso höher eingeschätzt werden muss, je stärker jemand mit seinen Suizidgedanken identifiziert ist (nicht mehr distanzierungsfähig: denkt ständig an Suizid, empfindet den Gedanken als tröstlich etc.) und je konkreter der Plan ist (macht konkrete Angaben dazu, wann, wo und wie er es tun würde und hat bereits Vorbereitungen dazu getroffen, z. B. Schlaftabletten gehortet).

Grundhaltung. Natürlich werden in dieser Phase auch gegen den Suizid gerichtete Aspekte gesammelt: „Was hat Sie bislang davon abgehalten, sich etwas anzutun?" Diese Exploration muss umso gründlicher und detaillierter erfolgen, je konkreter die Suizidpläne des Betroffenen sind. Denn je schlechter sich jemand distanzieren kann und je gründlicher er bereits vorbereitet ist, desto mehr muss er an lebensbejahenden Gründen benennen können, damit wir ihn überhaupt noch einmal aus unserer Obhut entlassen können. Gerade an dieser Stelle passieren nach unserer Erfahrung die meisten Fehler bei Berufsanfängern: Diese sind – verständlicherweise – angesichts von Suizidalität ängstlich darum bemüht, krampfhaft alles zu finden, was es an lebensbejahenden Argumenten für den Klienten gibt, und greifen danach wie nach einem letzten Strohhalm, so als ob es ihr Auftrag wäre, den Klienten unbedingt davon überzeugen zu müssen, am Leben zu bleiben. Bei einer solchen Grundhaltung resultiert als Risiko jedoch, dass das Gespräch zu einem Tauziehen um das Leben wird und der Behandler in Richtung „Leben" zieht, der Klient jedoch umso stärker in Richtung „Sterben". Die dabei wirksamen Mechanismen entsprechend dabei weitgehend den in Kapitel 11 zu mangelnder Veränderungsmotivation geschilderten: Auch bei Suizidalität handelt es sich häufig um einen Ambivalenzkonflikt und deshalb sind auch hier die Strategien des Motivational Interviewing sinnvoll einsetzbar. Demnach ist folgende Grundhaltung des Behandlers empfehlenswert (nicht ausgesprochen, sondern hier nur als Selbstinstruktion formuliert): „Er ist also suizidal, dieser Klient. Das nehme ich sehr ernst, und damit ich ihn überhaupt wieder gehen lassen kann, muss er mich jetzt davon überzeugen, dass es doch noch genügend Gründe für ihn gibt, am Leben zu bleiben". In der Terminologie des Motivational Interviewing gesprochen: „Change Talk" muss immer vom Klienten kommen! Es kommt also gewissermaßen zu einer Umkehrung der „Stoßrichtung": Nicht der Behandler muss den Klienten davon überzeugen, dass das Leben doch so schön ist, sondern der Klient muss den Behandler davon überzeugen, dass er trotz all seiner Schwierigkeiten am Leben bleiben will und das auch begründet zusichern kann.

Zu dieser Grundhaltung kann man als Behandler natürlich nur finden, wenn man vor dem Worst Case (der Einweisung des Klienten in eine psychiatrische Einrichtung; s. dazu unten) keine Angst mehr hat und diesen Schritt nicht unbedingt vermeiden will. Das halten wir für wichtig: Die Einweisung in die Klinik ist sicherlich nicht angenehm, aber dem Suizid ist sie allemal sehr deutlich vorzuziehen, und deshalb ist das ein völlig akzeptables Mittel, das der Behandler stets als „Rettungsnetz" unter seinen Interventionen spüren sollte.

Kontrakt mit dem Klienten. Am Ende der Sammlung der hier beschriebenen Faktoren wird mit dem Klienten resümiert und er wird sehr genau befragt, wie es nun konkret weitergehen wird und worauf man sich als Behandler einzustellen hat. Distanzierungs- und Absprachefähigkeit werden also abschließend auf den Punkt gebracht:

▶ „Ich fasse noch mal zusammen, was ich verstanden habe, was für Sie für den Suizid spricht und was Sie noch am Leben festhalten lässt. [Zusammenfassung] Wenn Sie das noch mal betrachten, wie sieht es dann jetzt für Sie ganz konkret aus? Können Sie mir zusichern, dass die Gründe für das Leben im Moment noch ausreichend sind und ich Sie deshalb nächste Woche zu unserem nächsten Termin hier wiedersehen werde? Oder können Sie mir dafür nicht mehr garantieren?"

Der Teil „zu unserem nächsten Termin" kann dabei natürlich durch das nächste Teilziel ersetzt werden, worin auch immer das bestehen mag, so zum Beispiel bei Behandlern, die keine Therapie mit einem Betroffenen durchführen können oder wollen und die diesen deshalb zu einem anderen Behandler überweisen wollen. Da würde es dann entsprechend lauten:
- „Kann ich mich darauf verlassen, dass Sie wie besprochen die Hilfe von Herrn Dr. X. in Anspruch nehmen werden, oder ist zu befürchten, dass Sie sich nicht daran halten und sich vorher etwas antun werden?"

Der Klient muss sich an dieser Stelle deutlich und glaubwürdig von seinen suizidalen Gedanken distanzieren und eine klare Absprache eingehen, damit wir ihn überhaupt gehen lassen! Erfolgt das nicht, so geht es mit einer Klinikeinweisung weiter, so wie unten beschrieben.

Entscheidungen und Maßnahmen bei Suizidalität

Die Art der Weiterarbeit mit dem Klienten hängt natürlich entscheidend von Ihrem Behandlungssetting sowie dem Ergebnis der akuten Suizidalitätseinschätzung ab. Wir gliedern die Möglichkeiten nach dem Schweregrad der Suizidalität. Abbildung 20.1 stellt die verschiedenen Entscheidungsprozesse und nötigen Maßnahmen übersichtlich dar. Auf Details gehen wir im Folgenden ein.

Bestehende Suizidalität, aber glaubwürdig und sicher distanziert sowie absprachefähig

Dies ist natürlich der angenehmste, einfachste und glücklicherweise auch häufigste Fall. Hier kann mit dem Klienten im Rahmen des bestehenden Behandlungssettings weitergearbeitet werden, wobei die Suizidalität bis zu ihrem Abklingen weiterhin regelmäßig zu prüfen ist, und zwar in jeder Sitzung, falls eine Beratung oder Therapie durchgeführt wird. Dies sollte der Behandler auch klar artikulieren und dann ritualisieren, ohne dass das Ritual „leer" werden darf: „Wir haben nun ja klären können, dass Sie zwar suizidale Gedanken haben, sich aber gegenwärtig sicher davon distanzieren können und unserer Behandlung hier eine echte Chance geben möchten, Ihre Situation zu verändern. Darüber freue ich mich sehr. Um sicherzustellen, dass dieser Zustand in Bezug auf Suizidalität so auch weiterhin erhalten bleibt, werde ich Sie regelmäßig dazu befragen, damit wir das nicht aus den Augen verlieren. Erfahrungsgemäß kann sich Suizidalität auch einmal schnell verändern, und es ist enorm wichtig, dass ich das erfahre, um dann angemessen darauf reagieren zu können. Deshalb brauche ich an dieser Stelle Ihre Bereitschaft, mir ehrlich und offen zu antworten, wenn ich Sie ab jetzt in unseren Stunden zu Beginn frage, wie es in der vergangenen Woche und aktuell mit den suizidalen Gedanken war und ist. Ist das okay für Sie?" In dieser Art wird weiter vorgegangen. Bei Veränderungen der Intensität suizidaler Impulse muss das Vorgehen entsprechend angepasst werden.

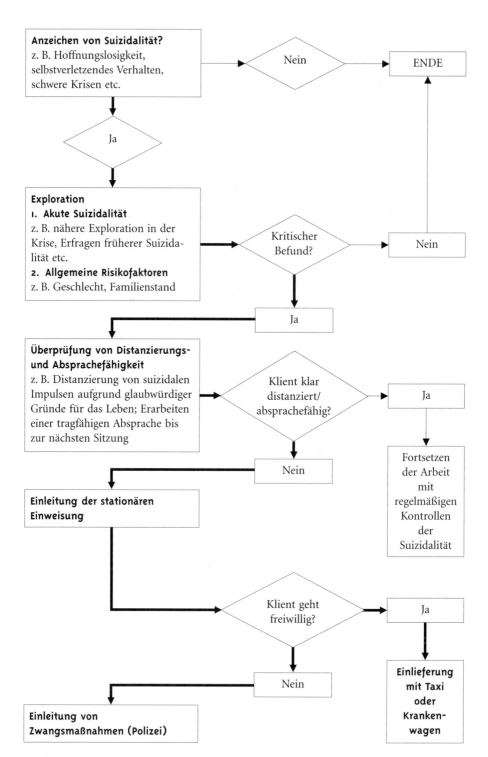

Abbildung 20.1 Suizidalität: Entscheidungsprozess und nötige Maßnahmen des Behandlers

Bestehende Suizidalität, nicht distanziert, nicht absprachefähig

Dies ist zwar ein sehr klarer Fall, aber die Bewältigung der Situation ist alles andere als einfach. Hier reden wir von Klienten, bei denen nach gründlicher Exploration der Situation deutlich wird, dass es für sie keine ausreichenden Gründe mehr gibt, am Leben zu bleiben und sie deshalb keine Zusage mehr treffen können, sich an eine Absprache (Erscheinen zum nächsten Termin, Aufsuchen von Dr. X. etc.) zu halten. Eine Klinikeinweisung ist somit unabdingbar, da hierin die einzige Möglichkeit besteht, das Überleben eines Klienten so weit wie möglich sicherzustellen. Dies ist dem Klienten klar mitzuteilen: „Wir haben nun ausführlich über Ihre Situation gesprochen, und mir ist sehr deutlich, dass Sie in großer Gefahr sind, sich etwas anzutun. Ich mache mir sehr ernste Sorgen um Sie, und wie ja deutlich wurde, können Sie nicht mehr dafür garantieren, dass Sie sich nicht umbringen werden, wenn Sie nun hier herausgehen. Deshalb gibt es jetzt nur noch eines, was wir tun können, und das ist, Sie in eine Klinik zu bringen, in der sich um Sie gekümmert wird." Es wird sich in vielen Fällen nun ein Dialog entwickeln, in dem der Klient deutlich macht, dass er nicht in eine Klinik will. Auf die Bedenken ist hierbei geduldig einzugehen, aber in der Sache selbst gibt es seitens des Behandlers hier kein Wanken mehr, es sei denn, dass Klienten auf einmal neue Argumente anführen, die begründen sollen, dass sie sich doch nichts antun werden. Dem ist von Seiten des Behandlers mit äußerstem Misstrauen zu begegnen, und dies ist auch zu artikulieren: „Nachdem ich Ihnen mitgeteilt hatte, dass es jetzt nur noch darum geht, dass Sie in eine Klinik gehen, haben Sie auf einmal begonnen, anders zu sprechen als in der ganzen Zeit davor, und nun sagen Sie, dass Sie sich doch nichts antun wollen. Ehrlich gesagt befürchte ich, dass Sie das jetzt nur sagen, um nicht in die Klinik gehen zu müssen, dass sich aber an der Sachlage selbst gar nichts geändert hat. Wie sollte es auch, es ist ja gar nichts passiert, dass etwas verändert hätte. Jetzt weiß ich nicht, was ich Ihnen glauben soll: Das, was Sie mir vor dem Thema „Klinik" gesagt haben und was klar in Richtung akute Suizidgefahr weist, oder das, was Sie jetzt danach gesagt haben, was dann alles plötzlich in einem anderen Licht erscheinen lässt. Wir können noch mal über alles sprechen, aber Sie müssen jetzt richtig viel Überzeugungsarbeit leisten, wenn Sie meine Bedenken nun doch noch zerstreuen wollen." Hier wird nochmals der bereits weiter oben geschilderte Grundsatz deutlich: Je eskalierter die Situation ist, desto stärker müssen uns die Klienten davon überzeugen, dass wir sie guten Gewissens gehen lassen können, und nicht umgekehrt müssen wir die Klienten davon überzeugen, dass sie sich doch nichts antun sollten!

Nach einer solchen weiteren Sichtung der Argumente kann es in einigen Fällen vielleicht dazu kommen, die Einschätzung doch zu revidieren und dem Klienten Absprachefähigkeit zu attestieren. Ist dies jedoch nicht der Fall, so bleibt die Pflicht „Klinik" bestehen. Dies wird dem Klienten auch mitgeteilt: „Ich spüre, dass meine Zweifel bleiben, die konnten Sie auch durch das, was Sie jetzt gesagt haben, nicht zerstreuen. Ich mache mir Sorgen um Sie, und deshalb kann ich Sie jetzt nicht einfach so gehen lassen. Aus meiner Sicht führt kein Weg an einer stationären Behandlung vorbei, und diese muss jetzt sofort beginnen, direkt im Anschluss an unsere Sitzung hier. Ich würde das gerne noch mit Ihnen vorbereiten." Es wird somit das Angebot zum freiwilligen Klinikaufenthalt erneuert. In vielen Fällen wird dies auch angenommen werden. Dann können alle notwendigen Schritte mit dem Klienten besprochen werden. Als Transportmöglichkeiten bieten sich insbesondere zwei Varianten an: Zum einen können die Klienten in Ihrer Begleitung mit dem Taxi in die für Ihren Bezirk zuständige psychiatrische Klinik gebracht werden (das Risiko, auf den Taxikosten „sitzenzubleiben" scheint uns in diesem Falle deutlich geringer als eine Gefährdung des Lebens des Klienten). Sie liefern den Klienten beim diensthabenden Arzt ab, benennen den Grund („akute Selbstgefährdung") und bleiben so lange dabei, wie dies allen Beteiligten erforderlich und nützlich erscheint. Zum anderen können Sie unter der Nummer der Leitstelle (112) einen Krankenwagen anfordern, der den Transport des Klienten in die Klinik übernimmt (die anfallenden Kosten werden von der Krankenkasse getragen, in der Regel mit einer geringen Selbstbeteiligung des Klienten). Wir möchten Sie jedoch darauf aufmerksam machen, dass es die Aufgabe der Mitarbeiter der Leitstelle ist, den Dringlichkeitsgrad einer entsprechenden Anforderung zu prüfen – Sie sollten also gut präpariert sein, um Ihr Anliegen überzeugend vorzubringen. Wir raten dringend davon ab, einen Klienten im privateigenen Pkw in die Klinik zu bringen, weil die Kfz-Versicherung sich im Schadensfalle auf eine nicht versicherte Nutzung des Fahrzeugs (Personenbeförderung) berufen und somit ihre Leistungspflicht bestreiten kann.

In einigen deutlich weniger erfreulichen Fällen sperrt sich ein Klient bis zum Ende hartnäckig gegen die Klinik, womit der Worst Case erreicht wäre. Als letzte Chance ist der Klient über die weiteren Konsequenzen zu informieren: „Wir sind uns in diesem Punkt nicht einig: Ich habe ernste Zweifel und Sorgen und befürchte, dass Sie sich etwas antun werden, wenn Sie jetzt hier rausgehen, Sie bestreiten das, seitdem ich von Klinik zu sprechen begonnen habe. So unerfreulich das auch ist, ich darf und will mich Ihnen hier nicht beugen und bestehe darauf, dass Sie in eine Klinik gehen. Dazu bin ich auch gesetzlich verpflichtet, mir bleibt an dieser Stelle gar keine andere Wahl, wenn ich professionell handeln will. Deshalb appelliere ich noch ein letztes Mal an Sie, meinem Vorschlag zu folgen. Denn sonst bleibt mir keine andere Möglichkeit, als nun die Polizei zu rufen und Sie notfalls auch gegen Ihren Willen in die Klinik bringen zu lassen. Ich wäre froh, wenn es nicht so weit kommt, aber wenn nötig, werde ich so vorgehen." Die gesetzliche Pflicht, die hier erwähnt wird, besteht immer dann, wenn Sie einer Person gegenüber eine sogenannte Garantenstellung innehaben. Dies ist bei Therapie und Beratung stets der Fall, und in diesen Fällen können Sie wegen unterlassener Hilfeleistung angezeigt werden, wenn Sie einen drohenden Suizid nicht zu verhindern versuchen.

Nach diesem Hinweis kann die Situation wiederum in verschiedene Richtungen kippen, deren günstige wir bereits besprochen haben. Die ungünstigste Variante besteht darin, dass ein Klient einfach aufsteht und den Raum verlässt: „Sie können mich mal, ich will nicht in die Klinik und ich werde dort auch nicht hingehen, und ich gehe jetzt, auf Nimmerwiedersehen." Sie können in einem solchen Fall versuchen, den Klienten durch verbale Maßnahmen am Gehen zu hindern, aber denken Sie daran, dass Sie sich nicht selbst in Gefahr bringen sollten. Wenn Sie spüren, dass die Situation weiter zu eskalieren droht, dann ist es besser, den Klienten gehen zu lassen und die Polizei zu informieren, um eine Personensuche zu initiieren. Insbesondere sollten Sie in keinem Fall versuchen, einen Klienten durch körperliche Gewalt am Verlassen Ihrer Räumlichkeiten zu hindern, denn diese würde immer das Risiko beinhalten, dass Sie selbst zu Schaden kommen, dazu sind Sie nicht verpflichtet (vgl. auch Kapitel 5 über den Umgang mit aggressiven Verhaltensweisen). Die hier beschriebenen Einschränkungen gelten natürlich auch zu jedem früheren Zeitpunkt: Wenn Sie bereits bei der Exploration der akuten Suizidalität bemerken, dass ein Klient immer aggressiver wird, und Sie sich Sorgen um Ihre persönliche Sicherheit machen, dann brauchen Sie das nicht weiter verfolgen, Sie müssen sich allerdings entsprechend der Tatsache verhalten, dass Ihre Zweifel nicht ausgeräumt werden konnten. Das kann unterschiedliche Maßnahmen nach sich ziehen: Sie können beispielsweise unter einem Vorwand den Raum verlassen und dann mit „Verstärkung" wieder zurückkommen, um so das Gespräch nicht mehr alleine führen zu müssen und sich durch die zusätzliche Person sicherer zu fühlen. Im schlimmsten Falle – wenn keine Verstärkung zu bekommen ist – würden Sie bei Eskalationsdrohungen wiederum den Raum verlassen und aus sicherer Entfernung die Polizei verständigen und erst nach deren Eintreffen wieder in Kontakt mit dem Klienten gehen. Natürlich haben all diese Maßnahmen zur Folge, dass eine hohe Wahrscheinlichkeit besteht, dass die Behandlungsbeziehung zwischen Ihnen und Ihrem Klienten zerbrechen wird (auch wenn wir schon Fälle erlebt haben, in denen die Behandlungsbeziehung nach Abklingen einer akuten Krankheitsepisode konstruktiv fortgeführt werden konnte). Doch das ist angesichts der Möglichkeit von Suizidalität oder Gefährdung Ihrer Person das geringere Übel.

In allen Fällen, in denen Sie die Polizei hinzuziehen müssen, schildern Sie den Beamten den relevanten Sachverhalt in allen Punkten, die nötig sind. Sie sind für diesen Fall explizit von der Schweigepflicht befreit bzw. haben nicht nur das Recht, sondern sogar die Pflicht, die Schweigepflicht zu brechen (vgl. die oben erwähnte Garantenstellung). Befindet sich der Klient noch in Ihrer Obhut, so müssen Sie lediglich die akute Selbstgefährdung benennen und den Beamten die aktuelle Adresse mitteilen. Hat ein Klient sich hingegen entfernt, so müssen Sie den Beamten alles mitteilen, was diesen beim Auffinden des Klienten helfen kann („… hat soeben meine Praxis verlassen. Herr X. ist ungefähr 1,80 groß und in Jeans und grünem Parka gekleidet. Er hat im Gespräch gesagt, dass er sich umbringen würde, indem er sich im Bahnhof vor den Zug werfen würde. Seine Adresse und Telefonnummern lauten …").

Dieser letzte ist sicherlich der härteste und belastendste Fall. Er kommt in der Praxis zum Glück nicht häufig vor, doch man sollte darauf unbedingt vorbereitet sein, um nicht im Falle des Falles ahnungslos dazustehen. Dazu gehört beispielsweise auch, alle notwendigen Telefonnummern (Polizeizentrale, Psychiatrie etc.) stets griffbereit zu haben bzw. noch besser – wenn technisch möglich – bereits im Telefon zu speichern. Davon abgesehen verleiht die Kenntnis der Vorgehensweise im Worst Case im Umgang mit suizidalen Menschen generell eine größere Sicherheit, was wiederum erleichtert, mit den Klienten wirklich offen und sehr klar über die Dinge zu sprechen und nicht insgeheim aus Angst vor den möglichen Konsequenzen Relevantes zu überhören.

Bestehende Suizidalität, Distanzierungs- und Absprachefähigkeit unklar
Das ist der ungünstigste Fall, denn hier ist das weitere Vorgehen nicht klar entscheid- und begründbar. Letztlich sollte zuerst immer angestrebt werden, durch weitere Exploration doch noch zu einer Klarheit zu finden, so dass die Situation in einen der beiden vorangestellten Fälle übergeht. Doch in einigen Fällen wird das nicht gelingen. Sollte bis zum Schluss die Unklarheit überwiegen, so ist die Option „im Zweifelsfall das Leben sichern" vorzuziehen: „Wir sprechen jetzt schon eine ganze Zeitlang über Ihre Suizidgedanken, und ich habe den Eindruck, wir drehen uns etwas im Kreis. Ich merke, dass es mir schwer fällt, mir wirklich ein zutreffendes Bild vom Ernst der Lage zu machen. Auf der einen Seite mache ich mir wirklich große Sorgen um Sie und befürchte, dass Sie sich etwas antun, wenn Sie jetzt hier rausgehen. Auf der anderen Seite haben Sie immer wieder auch etwas gesagt, was daran zweifeln lässt. Es geht so hin und her. In solch unsicheren Lagen halte ich mich stets daran, lieber immer den weniger tragweiten Fehler zu riskieren. Das bedeutet, dass es von allergrößter Wichtigkeit ist, dass wir Ihr Leben sichern und wir nicht den Fehler machen, die Gefahr jetzt zu gering zu schätzen. Deshalb möchte ich, dass Sie in eine Klinik gehen, damit die Therapeuten dort ausführlicher und gründlicher mit Ihnen arbeiten können." Dies wird dann im Weiteren mit dem Klienten besprochen und geplant, so wie oben beschrieben.

Wenn sich ein Klient umgebracht hat

Dieses Ereignis gehört ohne Zweifel zum Härtesten, was unsere Arbeitsfelder zu bieten haben. Doch unsere Berufe bringen es mit sich, dass je nach Betätigungsfeld eine mehr oder weniger hohe Wahrscheinlichkeit besteht, dass man einen Klienten durch Suizid verliert. Wir möchten es in aller Deutlichkeit betonen: Letztlich haben wir keine Kontrolle über das Verhalten anderer Menschen, und damit haben wir es auch letzten Endes nicht in der Hand, ob sich jemand etwas antut oder nicht; und somit haben wir dafür auch nicht die Verantwortung. Wer sich unbedingt das Leben nehmen möchte, der wird das über kurz oder lang auch schaffen, selbst bei professionellstem Verhalten seiner Betreuungspersonen. Was durch Professionalität sicherlich geleistet werden kann, ist eine Absenkung der Wahrscheinlichkeit, aber nicht ein absolut sicheres Ausschließen. Wir erinnern in diesem Kontext an die in der Einleitung geschilderte 50 %-Regel, denn sie gilt auch hier: Wir kontrollieren nicht alles, was wir kontrollieren können müssten, um Suizid sicher zu verhindern. Dafür sprechen auch die Suizide, die trotz aller Sicherheitsvorkehrungen selbst in geschlossenen Abteilungen von Psychiatrien vorkommen, also den am besten überwachten Kontexten überhaupt. Somit ist ein geschehener Suizid sicherlich ein schlimmer Vorfall, doch er zeigt nicht zwangsläufig auf, dass man als Behandler etwas falsch gemacht hat. Nach dem Suizid eines Klienten sollte der erste Schritt darin bestehen, die Korrektheit des eigenen Handelns in einem supervisorischen Kontakt zu besprechen und einzuschätzen. Stellt man dabei fest, dass man sich fachlich gesehen nichts vorzuwerfen hat, so bleibt zwar der Schock über das Ereignis erst einmal bestehen, doch die therapeutische oder beraterische Identität wird nicht grundsätzlich in Zweifel gezogen.

Zeigt diese im wahrsten Sinne des Wortes „Post-mortem"-Analyse hingegen persönliches Fehlverhalten auf, so liegt wirklich eine sehr schwierige Situation vor: Denn ein solcher Fehler bedeutet, dass man aus professioneller Sicht etwas hätte tun können, was möglicherweise den Suizid verhindert hätte. Dies wird fast notwendigerweise schwere Schuldgefühle und Einbrüche im behandlerischen Selbstwertgefühl nach sich ziehen. Der Mensch ist an sich fehlbar, und leider sind wir nicht durch die Schwere von Konsequenzen vor dem Auftreten von Fehlern geschützt. Somit kann es auch im Bereich des Umgangs mit suizidalen Klienten zu Fehlern kommen, die einfach „menschlich" sind und an sich nicht so schlimm wären, sondern dies nur durch die furchtbaren Folgen werden. Sollte so etwas vorkommen, so empfehlen wir einen längeren supervisorischen und selbsterfahrungshaltigen Kontakt mit einem Supervisor des persönlichen Vertrauens, um eine Perspektive zu erarbeiten, wie die berufliche Zukunft aussehen kann. Doch auch dieser letzte Punkt macht noch einmal deutlich, dass der Umgang mit suizidalen Menschen nur in die Hand erfahrener und gut ausgebildeter Personen gehört. Hier ist ein besonders selbstkritischer Umgang mit der eigenen Kompetenz gefordert, und wenn auch nur die geringsten Zweifel aufkommen, einer suizidalen Situation gewachsen zu sein, so ist das Zugeben der eigenen Schwäche hier in Wirklichkeit die größte Stärke und Professionalität. Wir versichern jedem Leser, dass es sich viel besser damit leben lässt, in einer grenzwertigen Situation den Vorgesetzten zum Gespräch dazu geholt zu haben, obwohl das vielleicht doch nicht notwendig gewesen wäre, als damit, dass sich ein Klient das Leben genommen hat.

Dos	Don'ts
▶ Klare und präzise Fragen („Denken Sie im Moment darüber nach, sich das Leben zu nehmen?") ▶ Distanzierungsfähigkeit prüfen ▶ Klare Absprachen treffen, ggf. schriftlich und unterschreiben lassen („Können Sie mir versprechen, dass Sie nach unserem Termin sofort Dr. X. aufsuchen werden, damit dieser Ihnen weiterhilft? … Wenn Sie bei ihm sind, dann sagen Sie seiner Sprechstundenhilfe, dass sie mich bitte anrufen soll, damit ich weiß, dass alles geklappt hat. Ich rechne mit Ihrem Anruf in … Minuten, das sollte ausreichen. Kommt der Anruf bis dahin nicht, dann gehe ich davon aus, dass etwas schief gelaufen ist, und dann werde ich entsprechende Schritte veranlassen, okay?") ▶ Schriftlichen Notfallplan erstellen, relevante Telefonnummern heraussuchen und ggf. im Telefon speichern ▶ Im Zweifelsfall in die Klinik einweisen: Lieber neun Klienten zu viel einweisen als einen zu wenig.	▶ Suizidalität als Tabu-Thema betrachten („Ich spreche es lieber nicht an, denn man soll keine schlafenden Hunde wecken …") ▶ Klienten zu überzeugen versuchen, dass das Leben doch so schön ist („Aber schauen Sie doch mal …") ▶ Klient mit Samthandschuhen anfassen („Es geht ihm schon so schlecht, da darf ich ihm nicht auch noch mit harten und klaren Fragen zusetzen.") ▶ Wunschdenken („Ich arbeite ja nur in einer Schuldnerberatungsstelle/ambulanten Praxis, da wird mir so etwas schon nicht passieren.")

21 Therapeutische Vorprägung

Manuela F., 47 Jahre, ist sichtlich unzufrieden mit Ihnen: „Also, mein früherer Therapeut hat sich nicht so wie Sie für meine Kindheit interessiert. Ich habe bei ihm gelernt, dass meine Probleme im Hier und Jetzt verankert sind, in ihren aufrechterhaltenden Bedingungen, und dass es deshalb am besten ist, auch im Hier und Jetzt zu arbeiten. Ich dachte, dass wir jetzt für meine momentanen Schwierigkeiten erst mal ein Störungsmodell erarbeiten, aber stattdessen fragen Sie mich die ganze Zeit nach meiner Kindheit, meiner Biographie und so weiter. Wo soll das denn hinführen?"

Manuela F., 47 Jahre, ist sichtlich unzufrieden mit Ihnen: „Also, mein früherer Therapeut hat mir aufgezeigt, dass meine Schwierigkeiten vor allem mit meinen frühkindlichen Konflikten zu tun haben. Er hat sich auch immer sehr für meine Träume interessiert. Warum fragen Sie eigentlich nie nach meinen Träumen? Immer wollen Sie mir nur ‚Hausaufgaben' aufgeben und mein ‚Vermeidungsverhalten' bearbeiten. Mein Unbewusstes scheint Ihnen ziemlich gleichgültig zu sein. Aber vielleicht bin ich jetzt auch unfair, und das ist nur eine Übertragungsreaktion."

Wer als Sozialarbeiter, Psychologin, Arzt, Seelsorgerin oder Pädagoge nach dem Studium professionell beratend oder therapeutisch tätig werden möchte, der muss eine Auswahl treffen: Nach wie vor ist das therapeutische „Schulendenken" nicht überwunden. So etwas wie eine „allgemeine Psychotherapie" ist zwar angedacht (z. B. Grawe & Caspar, 2011), aber noch längst nicht verwirklicht. Bevor es so weit ist, werden die Angehörigen der unterschiedlichen beraterischen und klinisch-psychologischen Paradigmen weiterhin ihre schulenspezifischen Störungsvorstellungen, Terminologien, Behandlungskonzepte usw. verwenden (McLeod, 2004). Um eine Positionierung ist hier kaum herumzukommen, da der Zugang zu helfenden Berufen in aller Regel an eine dem Studium nachfolgende Aus- oder Weiterbildung gekoppelt ist. Die Vielfalt der Möglichkeiten birgt dabei Vor- und Nachteile und einer der Nachteile besteht darin, dass die Kommunikation mit Angehörigen einer anderen „Schule" schwieriger wird. Das kann sich auch in der Klientenbehandlung zeigen, nämlich dann, wenn Sie es mit jemandem zu tun bekommen, der bereits eine Behandlung bei einem anderen Berater hinter sich hat, und dieser Berater wiederum das Verfahren vertreten hat, das zu dem Ihren am stärksten im Gegensatz steht. Natürlich fordern wir ausdrücklich zu größtmöglicher Toleranz und Integration auf: Wenn Sie mit den Begriffen, die

Ihre Klienten verwenden, gut arbeiten können und sich in Ihrer Tätigkeit nicht gestört fühlen, dann ist das wunderbar so und die Vortherapie stellt keinerlei Problem für Sie dar. Die folgenden Ausführungen gelten lediglich für Konstellationen, in denen die therapeutischen Vorerfahrungen sich so auswirken, dass es zu ständigen Konflikten in der aktuellen Behandlung kommt und ein Miteinbeziehen nicht mehr ohne Weiteres möglich ist. Wir möchten Ihnen gleichzeitig nachdrücklich empfehlen, sich so viel Information wie möglich über frühere oder parallele Behandlungen zu verschaffen. In der Regel ist dies am besten dadurch möglich, dass Sie sich von Ihren Klienten eine Entbindung von der Schweigepflicht unterschreiben lassen (ein Muster hierfür finden Sie im Anhang A5) und Kontakt mit dem entsprechenden Kollegen oder der Kollegin aufnehmen. Unabhängig davon, ob Sie in einem persönlichen Gespräch Informationen erhalten oder Vorbehandler Ihnen Dokumente schicken (z. B. Entlassungsbriefe aus früheren Behandlungen), letztlich kann diese Information für Sie sehr wertvoll sein. Gleichzeitig möchten wir davor warnen, die so erhaltene Information immer für „bare Münze" zu nehmen: Vordiagnosen beispielsweise spiegeln neben den Problembereichen des Patienten in der Regel ebenso die diagnostischen Gepflogenheiten des Vorbehandlers wider. Vorinformationen können deshalb nie oder nur sehr eingeschränkt als „Abkürzung" der Informationsgewinnung eingesetzt werden.

Prinzipiell sind bei solchermaßen therapeutisch vorerfahrenen Klienten drei Gesichtspunkte von Bedeutung:

- ▶ Zum einen können solche Klienten dazu neigen, ihren früheren Therapeuten zu glorifizieren und Ihnen bei jeder sich bietenden Gelegenheit mitteilen, das *er* doch so viel *verständnisvoller* und *treffsicherer* und … gewesen sei. Das kann ohne Weiteres so weit gehen, dass Aspekte relevant werden, die wir im Kapitel über abwertende Klienten beschrieben haben (Kap. 4) – nämlich dann, wenn in Ihnen der Eindruck entsteht, als Berater oder Therapeut demontiert und heruntergemacht zu werden. Solche fortwährenden Vergleichsprozesse können auf Dauer zermürben und eine Behandlung unmöglich machen. Diese Art von Problemen mit therapeutisch vorerfahrenen Klienten können gerade auch dann zutage treten, wenn der Vortherapeut derselben „Schule" angehörte wie Sie selbst.
- ▶ Zum anderen kann es vorkommen, dass Ihr Klient an seinem Vorbehandler kein gutes Haar lässt und Sie (und ggf. Ihren anderen therapeutischen Ansatz) demgegenüber in den höchsten Tönen lobt. So schmeichelhaft solche Äußerungen auf den ersten Blick wirken mögen, möchten wir doch sehr davor warnen, allzu unkritisch in eine selbstgefällige Haltung zu verfallen, in der Sie sich gegenüber dem Vorbehandler kompetenter/besser/das bessere Verfahren besitzend erleben. Wir verweisen an dieser Stelle auf den Abschnitt „Ständige Abwertungen unter Aussparung des Behandlers" in Kapitel 4.
- ▶ Schließlich kann es passieren, dass Ihr Klient zwar keine qualitativen Vergleiche anstellt, sich aber nicht auf Ihren therapeutischen Ansatz einlässt und darauf

beharrt, seine Probleme inhaltlich wie formal in der Terminologie des (ideologisch abweichenden) Vortherapeuten darzustellen. Er hat dann zwar den Berater gewechselt, aber seine Vorstellungen davon, wie „Therapie" auszusehen hat, werden determiniert durch seine Vorerfahrung, weshalb es Ihnen schwer fallen wird, eine gemeinsame Sprache mit dem Klienten zu entwickeln. Betrachten wir nun diese beiden Perspektiven.

Der frühere Therapeut wird glorifiziert
Sollten Sie sich in dieser Situation wiederfinden, so sollten Sie wie bereits angedeutet zusätzlich Kapitel 4 über abwertende Klienten und überkritisches Verhalten lesen. Von besonderer Bedeutung ist, dass Sie die Aufwertungen des Vortherapeuten bzw. Abwertungen Ihrer selbst nicht persönlich nehmen, sondern sich deren professionellen Kontext klar machen. Keinesfalls sollten Sie sich auf eine Diskussion mit dem Klienten einlassen bzw. den Versuch unternehmen, diesem zu beweisen, dass – falls der Vortherapeut einer anderen „Schule" angehörte als Sie – Ihre Vorgehensweise jener des früheren Behandlers überlegen ist („Ich kann Ihnen sofort zehn Studien zeigen, die nachweisen, dass Therapieverfahren X viel effektiver ist als Therapieverfahren Y!"). Mitunter mag Ihnen so manches auf der Zunge liegen, vor allem dann, wenn der Klient „gerade mal wieder unheimlichen Blödsinn erzählt hat, den er von dieser Lusche von Vortherapeut eingeimpft bekam" (eine wichtige Fertigkeit in diesem, wie in den meisten beraterischen und therapeutischen Kontexten ist es, eigene automatische Gedanken zu identifizieren). Doch solche Gedanken sollten auf keinen Fall verbalisiert werden, da Ihr Klient sonst aller Wahrscheinlichkeit nach nur umso heftiger die Überlegenheit des früheren Behandlers betonen dürfte. Bleiben Sie stattdessen gelassen, würdigend und explorativ. Einige konkrete und nützliche Interventionen lauten wie folgt:
▶ „Es ist schön, wie stark Sie offensichtlich von der früheren Therapie profitieren konnten. Psychotherapie ist damit sicher gut geeignet, Ihnen zu helfen."
▶ „Die Vorteile, die Sie sich in der früheren Behandlung erarbeiten konnten, sind für Sie sehr wertvoll. Wie können wir auf diesem bereits Erreichten so effektiv wie möglich aufbauen, also daran anknüpfen? Haben Sie da bestimmte Ideen?"
▶ „Sie haben in der Vortherapie viel darüber gelernt, welche Faktoren in Bezug auf Ihre Probleme von Bedeutung sind. Wie genau kann uns das bei unserer Arbeit jetzt helfen?"
▶ „Wie ich höre, haben Sie sehr genaue Vorstellungen davon, wie ich in der Therapie mit Ihnen umgehen soll. Mir sind diese Wünsche aber noch nicht völlig klar. Können Sie das noch genauer darstellen?"

Manche Klienten werden sich durch eine solchermaßen wertschätzende Art des Umganges mit ihren Vorerfahrungen dazu ermutigen lassen, sich stärker in den Kontakt mit Ihnen als mit dem Vortherapeuten zu begeben und in einen konstruktiven Dialog eintreten.

Doch das wird natürlich nicht bei allen der Fall sein. Wird das Vergleichen beibehalten, so sollten Sie etwas konfrontativer werden, wobei auch hier Wohlwollen und Souveränität die Basis Ihrer Interventionen bilden sollten:

- ▶ „Mir fällt auf, dass Sie sehr häufig in sehr positiver Weise von Ihrem Vortherapeuten sprechen, während Sie umgekehrt mit unserer Arbeit nicht sehr zufrieden zu sein scheinen. Können Sie das bestätigen?"
- ▶ „Mir wird immer deutlicher, wie gut die Behandlung bei Ihrem Vortherapeuten für Sie war. Ich frage mich gerade, warum Sie mit Ihrem jetzigen Problem nicht wieder zu ihm gegangen sind? Wahrscheinlich könnte er Ihnen auch jetzt sehr gut helfen."
- ▶ „Recht häufig haben wir in unserer Behandlung das Muster, dass Sie mein therapeutisches Vorgehen kritisieren und es jenem Ihres früheren Therapeuten gegenüberstellen. Vielleicht ist die Behandlung bei mir überhaupt nicht das Richtige für Sie, könnte das sein? Vielleicht können wir das auch näher eingrenzen. Was ist es hier, das Sie besonders stört: Liegt es eher an meiner Person, oder liegt es an meiner therapeutischen Vorgehensweise?"
- ▶ „Sie haben mir gesagt, dass Sie sich bei Ihrem früheren Therapeuten zwar sehr wohl gefühlt haben, er Ihnen mit seiner Vorgehensweise aber nicht helfen konnte. Deshalb sind Sie nun zu mir gekommen, weil Sie wissen, dass ich eine andere Vorgehensweise vertrete. Ich habe allerdings den Eindruck, dass es Ihnen schwer fällt, sich auf diese andere Vorgehensweise richtig einzulassen. Da stecken wir in einem Dilemma. Wie können wir das lösen?"

In einigen der hier beschriebenen Interventionen wird auch etwas deutlich, das wir besonders stark im Kapitel über „zweifelnde Klienten" herausarbeiten (vgl. Kap. 30): Wir zwingen niemandem unser Angebot auf, und wir haben auch nicht das Sendungsbewusstsein, jeden Klienten davon zu überzeugen, dass unser Paradigma das richtige und einzig selig machende ist. Das bedeutet konsequenterweise auch, dass Sie in einem Extremfall, in dem sich auch nach Ausschöpfung der bislang beschriebenen Möglichkeiten kein anderer Umgang miteinander einstellt, die Behandlung beenden sollten: „Mir ist in den letzten Stunden sehr klar geworden, dass Sie mein therapeutisches Angebot nicht annehmen können oder wollen. Ich habe meine Aufzeichnungen der letzten Stunden noch einmal durchgeschaut und dabei gesehen, dass wir im Grunde auf der Stelle treten und im Wesentlichen nur immer wieder feststellen, dass Ihr früherer Therapeut mit allem anders und aus Ihrer Sicht besser umgegangen ist als ich das tue. Wie es scheint, passen wir beide beraterisch gesehen einfach nicht zueinander, deshalb glaube ich auch nicht, dass eine Fortsetzung der Behandlung erfolgversprechend ist." Dem kann sich dann nur noch die Aufforderung anschließen, den früheren Therapeuten doch wieder aufzusuchen, bzw. das Angebot, einen Behandler zu empfehlen, der zumindest dieselbe Therapierichtung vertritt wie dieser.

Der Klient „klebt" an der Terminologie und Denkweise des Vortherapeuten
Dieser Fall ist nicht so belastend wie der zuvor beschriebene, weil Sie als Behandler hier nicht so im Kreuzfeuer eines ständigen Vergleichs und fortwährender Kritik stehen. Die Behandlung scheitert „nur" an dem Umstand, dass der Klient in der Betrachtungsweise seiner Probleme festgefahren ist und sich infolgedessen nicht auf Ihr Behandlungsangebot einlassen kann. In einem ersten Schritt kann man versuchen, dies relativ neutral, also nicht schulenspezifisch zum Ausdruck zu bringen: „Ich habe den Eindruck, dass Sie sich sehr bemühen, sich in psychologischer Fachsprache auszudrücken. Mir wäre es lieber, wenn Sie Ihre eigenen Worte verwenden. Das würde mir erleichtern, Sie wirklich persönlich zu verstehen."

Häufig wird dies natürlich nicht reichen, um möglicherweise in jahrelanger Therapie erworbene und übernommene Denkstrukturen und Begriffsverwendungen zu überwinden. Dies gilt aus unserer Sicht durchaus für verschiedene beraterische und therapeutische Angebote: Während Patienten, die zuvor eine Verhaltenstherapie absolviert haben, in Termini von Verhaltensanalyse, kognitiven Fehlern etc. denken mögen, stehen bei Patienten mit tiefenpsychologischer Vorerfahrung möglicherweise Versuche der Deutung oder Übertragungsprozesse im Vordergrund. Es wird dann nötig sein, den Klienten deutlicher darauf aufmerksam zu machen, dass Sie einen anderen Ansatz vertreten als der Vorbehandler, und dass es eine entscheidende Frage ist, ob der Klient sich darauf wirklich einlassen möchte oder nicht: „Ich bemerke in unseren Gesprächen, dass Sie sich in Ihren Antworten auf meine Fragen sehr darum bemühen, so zu sprechen, wie Sie dies wahrscheinlich in Ihrer Vortherapie gelernt haben. Ich habe Ihnen ja auch schon an manchen Stellen mitgeteilt, dass Sie Begriffe verwenden, die [tiefenpsychologisch/verhaltenstherapeutisch/…] geprägt sind und mit denen ich deshalb nicht so gut arbeiten kann, und das nicht deshalb, weil sie nicht gut wären, sondern einfach deshalb, weil sie mir nicht so vertraut sind. Wenn Sie bei mir in der Behandlung wirklich profitieren möchten, dann wird das am sichersten dann funktionieren, wenn wir hier für uns eine Sprache finden, die zu unserer Arbeit passt, auch wenn diese sich dann deutlich von der unterscheidet, die Sie von früher kennen. Möchten Sie das versuchen?" Natürlich gilt dieser Vorschlag nicht nur für die Sprechweise, sondern auch für die prinzipielle Herangehensweise: „Ich habe verstanden, dass Sie sich mit Ihrem früheren Therapeuten darin einig waren, dass die Wurzel Ihres Problems in X liegt. Ich habe Ihnen erklärt, dass es aus meiner fachlichen Sicht vielversprechend wäre, statt X nun einmal Y näher zu betrachten. Das scheint Ihnen sehr schwer zu fallen. Ich glaube, Sie sollten hier eine grundsätzliche Entscheidung treffen. Möchten Sie es mit den Ideen und Konzepten, die ich Ihnen anzubieten habe, einmal gründlich probieren und diese hinzunehmen zu dem, was Sie aus Ihrer früheren Behandlung schon wissen, oder möchten Sie doch lieber weiterhin die Ihnen vertrauten Strategien und Sichtweisen verfolgen?"

Auch hier gilt wieder, dass bei nachhaltig fruchtlosen Versuchen des konstruktiven Zusammenarbeitens irgendwann der Zeitpunkt gekommen ist, an dem die Behandlung lieber abgebrochen werden sollte.

Dos	Don'ts
▶ Die früheren therapeutischen Erfolge würdigen ▶ „Fremde" Terminologie so gut wie möglich integrieren, bei zu großer Unklarheit aber problematisieren und eine gemeinsame Sprache mit dem Klienten finden ▶ Das eigene Modell nicht als Konkurrenz, sondern als Alternative anbieten („Ich sage nicht, dass meine therapeutische Herangehensweise besser ist als die Ihres vorigen Therapeuten. Sie ist lediglich anders, und vielleicht ist dieses ‚anders' bei Ihrem momentanen Problem einen Versuch wert.") ▶ Verfügbare Vorinformationen einholen (Schweigepflichtentbindung unterschreiben lassen, Entlassungsberichte etc. anfordern, mit Vorbehandlern reden)	▶ Beleidigt reagieren ▶ Vergleiche mit dem Vortherapeuten persönlich nehmen ▶ Die Überlegenheit des eigenen Verfahrens beweisen wollen ▶ Informationen unkritisch übernehmen (insbesondere Diagnosen)

22 Umgang mit Tod und Sterben

> Seit zwölf Stunden arbeiten Sie mit Carsten F., 36-jähriger Dauerstudent, erfolgreich an dessen Selbstsicherheitsproblemen und Unselbständigkeit. Für die heutige Stunde sind Sie in der Vorbereitung zuversichtlich, möglicherweise das bereits seit einigen Stunden im Raum stehende Thema „Auszug aus dem Elternhaus und Aufbau eines eigenen Lebens" vertiefen zu können. Doch Herr F. eröffnet die Stunde mit der Mitteilung: „Ich war letzte Woche beim Arzt. Man hat bei mir Bauchspeicheldrüsenkrebs festgestellt. Nach Aussage der Ärzte habe ich noch ein halbes bis ganzes Jahr zu leben."

In vielen beraterischen oder therapeutischen Ausrichtungen herrscht eine Problem- und Lösungsorientierung vor: Mit den Klienten soll so weit wie nötig eine Analyse der Ist-Situation (also des Problems) vorgenommen werden, um vor diesem Hintergrund sinnvolle Schritte zur Veränderung der aktuellen Lage in einen erwünschten Soll-Zustand zu finden. Viele Aufträge, mit denen unsere Klienten zu uns kommen, lassen sich in diesem Schema verstehen: Partnerschaftsprobleme, Entscheidungsschwierigkeiten, verschiedenste psychische Störungen usw. Doch es gibt Sachverhalte, die unveränderlich zur menschlichen Existenz gehören und nicht lösbar (im Sinne von veränderbar) sind. Unsere Sterblichkeit ist hierfür ein besonders bedeutsames Beispiel: Die allermeisten Menschen wollen leben, doch wir werden allesamt sterben, früher oder später. Demnach können Tod und Sterben in völlig unterschiedlicher Art und Weise in einer Behandlung zum Thema werden – fast überfallartig, wie oben angeführt, aber auch als primärer Therapieauftrag, beispielsweise bei einer Person, die zwar körperlich völlig gesund ist, sich aufgrund von Reflexion oder bestimmten Ereignissen jedoch mit ihrer eigenen letztendlichen Sterblichkeit konfrontiert sieht und hierzu keine Perspektive einzunehmen vermag.

Wir werden den Begriff „Tod" als Synonym für die Tatsache der Endlichkeit des Lebens verwenden, wohingegen der Begriff „Sterben" den Prozess am Ende des Lebens bezeichnet. Im englischsprachigen Raum findet sich eine analoge Unterscheidung zwischen „death" und „dying". Für Therapeuten und Berater ist es zunächst wichtig herauszufinden, ob ihre Klienten Angst vor dem Tod (im Sinne der Endlichkeit des Lebens) oder Angst vor dem Sterben (im Sinne des Erlebens von Schmerzen) haben.

Am wichtigsten erscheint uns im Umgang mit Personen, die von Tod und Sterben bedroht sind, eine angemessene therapeutische Grundhaltung. Auf diese werden wir nun zu Beginn eingehen. Die therapeutische Arbeit schließlich kann immer nur vor dem Hintergrund der individuellen Wertewelt eines Klienten geschehen, weshalb wir uns dieser anschließend zuwenden. Abschließend stellen wir konkrete Ideen vor, die in der Arbeit mit diesem Personenkreis hilfreich sein können.

Therapeutische Grundhaltung

Sterben zu müssen ist unser aller Schicksal – niemand bleibt davon verschont, insofern handelt es sich um eine unausweichliche Gegebenheit unserer Existenz. Das Sterben ist somit kein „Problem", das man lösen kann, sondern eine Tatsache, zu der eine Einstellung gefunden werden muss. Um in diesem Prozess einem Klienten bzw. Patienten hilfreich zu sein, bedarf es auf Seiten des Therapeuten einer gründlichen eigenen Auseinandersetzung.

Bedeutung der Selbsterfahrung. Die Lektüre von Fachbüchern sowie weiterer einschlägiger Literatur zum Thema ist sicherlich eine gute Vorbereitung auf die Aufgabe, aber sie kann eine wirklich persönliche Auseinandersetzung mit dem Thema nicht ersetzen. Wer mit Menschen arbeitet, die von den Themen Tod und Sterben betroffen sind, der muss sich auf sehr intensive Begegnungen einstellen. Das Aufrechterhalten einer „therapeutischen Rolle" ist dabei nicht nur schwierig, sondern in vielen Fällen nicht hilfreich. Angesichts von Tod und Sterben gibt es keine klassisch-therapeutische Expertise, die eine der üblichen Therapeutenrolle völlig vergleichbare professionell-distante Haltung möglich und sinnvoll macht. Die Therapie mit terminal Erkrankten bzw. Menschen, die sich intensiv mit der eigenen Sterblichkeit auseinandersetzen, ist somit viel stärker eine Begegnung zwischen Mensch und Mensch als eine zwischen Klient und Therapeut. Von uns als Therapeuten ist daher zu fordern, uns in erster Linie als Menschen zu erkennen zu geben, statt uns hinter therapeutischen Rollenmerkmalen zu verbergen. Im Umfeld des Sterbens wirken diese eher als Abwehrstrategien und sind vermutlich auch begründet in der Verarbeitung unterschiedlicher Ängste. Damit gelingt es aber nicht, hilfreich zu sein, weil die therapeuteneigene Ängstlichkeit eine wirklich ehrliche Begegnung und Auseinandersetzung verhindert.

Um in dieser Weise nicht vermeidend zu sein, bedarf es der Selbsterfahrung. Ein Therapeut muss sich erst einmal selbst eine Haltung zu Endlichkeit und Sterben erarbeiten, bevor er sich diesbezüglich mit einem betroffenen Klienten fruchtbar befassen kann. Dabei ist übrigens keineswegs gemeint, dass es dann im Weiteren darum geht, den Klienten von der eigenen Perspektive zu Tod und Sterben zu überzeugen. Jeder stirbt seinen ganz eigenen Tod, so wie er auch sein ganz eigenes Leben lebt. Dennoch kann ich als Ergebnis einer offenen, ehrlichen und tabufreien eigenen Auseinandersetzung als Therapeut eine solche Haltung gewinnen, dass ich mich einem Klienten und seinen individuellen Sorgen in der gleichen Offenheit, Ehrlichkeit und Akzeptanz zuzuwenden vermag. Darin liegt der wichtigste Gehalt des therapeutischen Angebots: Eben dieses aufrechtzuerhalten, egal was passiert, sich nicht zu verstecken, dem Klienten durchaus auch eigene Ängste einzugestehen, aber ihn eben nicht zu verlassen oder durch die Zuhilfenahme distanzierender Masken eine echte und damit häufig auch erschütternde Begegnung zu verhindern. Zwar stirbt wie bereits gesagt jeder seinen eigenen Tod, aber die wahrhafte Präsenz eines anderen Menschen in dieser Phase kann unendlich tröstlich sein: Echtes und ehrliches In-Beziehung-Sein ist das wichtigste Bollwerk gegen die Isolation, eine Isolation, die gerade angesichts des Todes so überdeutlich spürbar wird. Der Therapeut kann hier zu einer wichtigen Stütze werden, indem er Gefühle von Allein- und Verlassensein reduzieren helfen kann.

Selbstöffnung des Therapeuten. Die hier skizzierte Haltung wird vom Therapeuten häufig auch ein hohes Maß an Selbstöffnung fordern. Wir haben gerade in Supervisionen mit Berufsanfängern häufig die Erfahrung gemacht, dass diese in vielen therapeutischen Situationen einen Impuls zur Selbstöffnung, zum „Einblick geben in sich selbst" erleben, dies dann aber unterdrücken („Das darf man in der Therapie doch nicht, oder?"). Hierzu ist klar festzustellen, dass Selbstöffnung seitens des Therapeuten *kein* Kunstfehler ist, sondern im Gegenteil eine angemessene Selbstoffenbarung der Therapie eher nutzt. Das konnte auch empirisch bestätigt werden: Sexton und Whiston (1994) berichten vor dem Hintergrund von 14 Studien zur therapeutischen Selbstöffnung, dass diese sich auf den therapeutischen Prozess tendenziell günstig auswirkt. Hinsichtlich weiterer Aspekte zur Frage der Selbstöffnung verweisen wir auch auf Kapitel 15. Für unseren Kontext hier stellen wir jedoch fest, dass eine angemessene Grundhaltung in der Arbeit mit den Themen Tod und Sterben sicherlich deutlich in Richtung Selbstöffnung tendiert.

In dieser Haltung werden sich dann natürlich auch Betroffenheit, Ratlosigkeit, Hilflosigkeit, Trauer usw. mitteilen, die allesamt angesichts von Tod und Sterben angemessen sind. Wesentlich ist hier die Dosis. Diese Gefühle als Therapeut in der Arbeit z. B. mit Sterbenden gar nicht zu haben, ist völlig unrealistisch und wäre eher ein Hinweis auf eine rigorose innere Abwehr. Diesen Gefühlen völlig zu erliegen und unter der Wucht der Belastungen zusammenzubrechen, wäre jedoch selbstverständlich für den Klienten sehr schädlich. Der Therapeut muss das Kunststück vollbringen, die individuelle Wirklichkeit des jeweiligen Klienten auszuhalten, emotional angemessen – weder bagatellisierend noch katastrophisierend – zu reagieren, sich dabei voll zu investieren und zu engagieren, dabei aber gleichzeitig sich selbst nicht zu überfordern, was notwendig in einem Burnout-Syndrom oder einer anderen pathologischen Verarbeitung gipfeln würde. Die meisten Therapeuten stellen jedoch fest, dass diese Arbeit weit weniger belastend ist als sie dies vorab dachten, wenn sie die hier skizzierte Grundhaltung einnehmen können. Dazu gehört auch, sauber zwischen Machbarem und Wünschenswertem zu unterscheiden: Die meisten sterbenden Klienten wünschen sich weiterzuleben, also „mehr Zeit" zu bekommen, doch natürlich ist das ein Wunsch, zu dem der Therapeut keinen Beitrag leisten kann. Wir dürfen als Therapeuten nicht den brennenden Wunsch eines Klienten („was er wirklich will" =

Weiterleben) mit einem unsererseits einzulösenden Therapieauftrag verwechseln. Diesen Wunsch zu erfüllen steht nicht in unserer Macht, somit ist dies auch nicht Gegenstand unserer Verantwortung, auch wenn wir den Wunsch noch so gerne erfüllen würden. Üblicherweise ist dies Patienten, die von einer terminalen Erkrankung betroffen sind, vollkommen klar; es sind somit meist die Therapeuten, die unangemessene Ideen davon entwickeln, was sie leisten müssten.

Zusammenfassend ist die angemessene therapeutische Grundhaltung für die Arbeit mit von Tod und Sterben betroffenen Klienten also wie folgt zu charakterisieren: Es geht um eine empathische, ehrliche und offene Begegnung, in der sich der Therapeut so weit wie möglich als der Mensch zeigt, der er ist. Wir streben eine intensive Verbindung an, in der wir uns voll einbringen, nichts abwehren, nichts bagatellisieren oder katastrophisieren und dem Klienten auch nicht die eigene Version zum Umgang mit dem Tod beibringen wollen. Aber wir haben eine solche eigene Version (zumindest eine vorläufige; diese Selbst-Auseinandersetzung ist prozesshaft, stetigem Wandel unterworfen und nie „zu Ende", so lange wir leben). Sie erlaubt es uns, in der Begegnung mit dem Klienten zumindest so angstfrei zu sein, dass wir keine Fluchttendenzen entwickeln. Und dies sind wir in der Lage so lange aufrecht zu erhalten, bis der Klient uns nicht mehr braucht.

Glaubenssätze und Werte des Klienten

Wie eine Person mit Tod und Sterben umgehen kann, hängt entscheidend von ihrer Wertewelt, ihrem Glauben, mithin der gesamten Weltanschauung ab. Entsprechend ist die Kenntnis dieser Weltanschauung eine wesentliche Basis für die Auseinandersetzung mit ihm, da die jeweilige individuelle Perspektive natürlich innerhalb der persönlichen Weltanschauung „funktionieren" muss. Für Angehörige verschiedener Glaubensrichtungen können völlig unterschiedliche Aspekte wichtig sein. Für einen gläubigen Christen beispielsweise kann der Tod eines Menschen – inklusive des eigenen Todes – als ein zwar nicht nachvollziehbarer, aber in jedem Falle bedingungslos zu akzeptierender Entschluss Gottes verstanden werden, dem der Mensch sich zu unterwerfen hat. Ein Buddhist wiederum wird im Tod die Konfrontation mit einer der Grundtatsachen des menschlichen Lebens sehen (und sich ggf. in Meditationsübungen lange darauf vorbereitet haben). Auch weil aus unserer Sicht an Berater und Psychotherapeuten in der modernen – zunehmend säkularisierten – Welt Erwartungen gestellt werden, die früher häufig religiösen Autoritäten vorbehalten waren, kommen wir um eine Auseinandersetzung mit den Weltbildern unserer Klienten nicht herum (vgl. hierzu auch Stavemann, 2008). Um mit einem Klienten angemessen arbeiten zu können, müssen wir sein jeweiliges Glaubenssystem kennen lernen, damit wir wissen, innerhalb welcher Grenzen wir uns bewegen können. Hierzu gehört nicht nur das inhaltliche Kennenlernen, sondern auch das Einschätzen der Stabilität der jeweiligen Bestandteile. Unsere Aufgabe ist dann, unter Berücksichtigung der Glaubenssätze und Axiome eines Klienten diesem dabei zu helfen, sein Leben angesichts des Todes oder seiner Sterblichkeit neu auszurichten und zu „erfinden". Werte helfen Menschen demnach in der Auseinandersetzung mit ihrer Endlichkeit.

Hinweise zum konkreten therapeutischen Umgang mit Tod und Sterben

Fußend auf einer angemessenen therapeutisch-persönlichen Grundhaltung und vor dem Hintergrund der individuellen Wertewelt des Patienten steht nun die konkrete therapeutische Arbeit mit dem Patienten an. Wir wollen im Folgenden sortiert nach unterschiedlichen Hauptmerkmalen, die möglicherweise den Grad der Erschütterung eines Patienten bestimmen, Ideen zum therapeutischen Umgang vorstellen.

Klienten berichten vom Tod nahestehender Personen

Eine verglichen mit eigener terminaler Erkrankung (wie im einleitenden Fallbeispiel) mildere, aber trotzdem sehr deutliche Form der Konfrontation mit dem Tod ist für Menschen dann gegeben, wenn nahe Angehörige oder Freunde versterben. Nicht selten erschüttert dies massiv die eigene Welt, möglicherweise nicht nur das persönliche Wohlbefinden, sondern auch das gesamte Weltbild. In jedem Falle verdienen Tragödien unsere professionelle Anerkennung und unser Mitgefühl. Es verbietet sich somit jegliche Tendenz zur Bagatellisierung oder Beschwichtigung (z. B. mittels Plattitüden wie „Er war ja schon sehr alt, das musste ja über kurz oder lang kommen."). Wir sagen dies so deutlich, weil wir gerade bei Berufsanfängern nicht selten die Tendenz feststellen, negative Gefühlszustände bei ihren Klienten möglichst schnell „korrigieren" zu wollen. Zum Selbstbild vieler Berater und Therapeuten gehört gerade in den ersten Berufsjahren offensichtlich die Überzeugung, nur dann „gute" Behandler zu sein, wenn es ihren Klienten möglichst nie schlecht geht. Das ist in dem hier besprochenen Fall – und bei weitem nicht nur hier – aber weder realistisch noch wünschenswert. Vielmehr geht es somit darum, die ganzen negativen Gefühle, die einen Todesfall begleiten, in der Behandlung zuzulassen und zu validieren (also nicht „sich gut fühlen", sondern „gut fühlen", gerade auch wenn es schmerzliche Gefühle sind). Üblicherweise ist auch festzustellen, dass, je schwerwiegender ein Schicksalsschlag ist, das professionell-therapeutische Verhalten von zunehmend mehr „Menschlichkeit" durchdrungen sein sollte. Dazu können je nach konkreter Situation die folgenden Sätze passen:
- „Oh nein, das ist schrecklich, und es tut mir furchtbar leid für Sie. Gibt es etwas, das ich für Sie tun kann?"
- „Sie haben Recht, niemand sollte so jung sterben. Das ist wirklich grausam."

▶ „Der Tod macht irgendwie sprachlos. Ich würde Ihnen jetzt so gerne etwas wirklich Hilfreiches sagen, aber ich weiß, dass ich nichts sagen kann, das Ihren Schmerz wegnehmen würde."

Die obigen Sätze sollen zu verdeutlichen helfen, dass der Behandler ruhig klar seine persönliche Beteiligung zeigen soll (kein Pokerface!). Er darf und soll also emotional mitschwingen, denn das wird vom Klienten mit hoher Wahrscheinlichkeit als tröstend und hilfreich erlebt, aber natürlich muss er dabei stets Herr der eigenen Gefühle bleiben – die Beteiligung darf also nicht so weit gehen, dass der Behandler vom Mitleid überschwemmt und dadurch handlungsunfähig wird. Die hier gemeinte Haltung kann als *hilfreiche Betroffenheit* bezeichnet werden.

Trauerprozesse benötigen Zeit, somit ist ein voreiliges „Antreiben" von Klienten absolut zu unterlassen. Das Beste, was Behandler in dieser Zeit anbieten können, ist ein menschliches Bei-Sein im oben beschriebenen Sinne. Der Berater oder Therapeut wird dabei stets wachsam sein für Anzeichen, die auf eine Vorwärtswendung des Klienten verweisen und diese auch verstärken, aber nicht sofort unmäßig Druck machen: „Ich habe Sie gerade zum ersten Mal, seit Ihre Frau vor drei Monaten gestorben ist, hier wieder lachen sehen. Und so plötzlich, wie Ihr Lachen verstummt ist, kann ich mir vorstellen, dass Ihnen genau in diesem Moment Ihre Frau wieder eingefallen und Ihnen deshalb das Lachen im Hals stecken geblieben ist. Stimmt das so? Ich bin froh, dass Sie ein erstes Mal wieder lachen konnten, aber ich kann sehr gut verstehen, dass es erst mal nur ein kleines Aufblitzen war und noch nicht mehr."

Komplizierte Trauer. Irgendwann wird natürlich der Zeitpunkt kommen, ab dem Behandler davon ausgehen müssen, dass die Trauerverarbeitung in eine ungünstige Richtung läuft. Unter dem Stichwort der „komplizierten Trauer" wird dies auch in den gängigen Klassifikationssystemen geführt. Neben verschiedenen inhaltlichen Beschreibungen der Trauer wird dabei als Zeitkriterium formuliert, dass der Todesfall länger als 13 Monate zurückliegt. Da Trauern etwas sehr Individuelles ist, kann es letztlich keine wirklich verlässliche und exakte Bestimmung einer „gesunden" Trauerzeit geben; somit ist auch die Festlegung von mehr als 13 Monaten als diagnostisches Kriterium sicherlich nicht unproblematisch, doch als Orientierung kann diese Grenze helfen. Wenn Sie mit Klienten arbeiten, bei denen Sie den Verdacht haben, dass es sich in diesem Sinne um einen komplizierten Trauerprozess handeln könnte, so verweisen wir Sie auf die hierzu verfügbare Literatur (Znoj, 2004).

Umgang mit Endlichkeit und Sinnverlust durch den Tod

Bei vielen Personen kulminiert die Auseinandersetzung mit Tod und Sterben in der Frage, ob mit dem Tod ihr Leben seinen Sinn verliert. Aus therapeutischer Sicht ist es möglich, hier eine genaue Untersuchung anzubieten. Im Folgenden werden in aller Kürze Ideen aufgezeigt, die diese Untersuchung bereichern können. (Um die Gedankengänge ausführlich nachvollziehen zu können, sei auf Noyon und Heidenreich [2012] verwiesen.) Wichtig ist, sich dabei stets klar zu machen, dass diese nun folgende Betrachtungsweise nicht mehr ist als ein Angebot. Dies kann vom Klienten angenommen und fruchtbar akzeptiert werden, das muss aber nicht der Fall sein. Wir müssen als Therapeuten damit rechnen, dass die Gedanken vom Klienten nicht als hilfreich erlebt werden, weil sie ja doch nichts an der eigentlichen Tatsache ändern: „Sterben muss ich trotzdem". Da ebendies nie veränderbar ist, kann der gesamte therapeutische Ansatz eben auch nicht lösungsorientiert sein.

Der Wert unendlichen Lebens. Ein erster wichtiger Gedanke für dieses therapeutische Reflexionsangebot ergibt sich aus der Untersuchung der Annahme, was denn wäre, wenn wir tatsächlich unsterblich wären und ewig leben würden. Die Konsequenz wäre letztlich, dass wir im Hier und Jetzt keine Auswahl mehr treffen müssten, was wir denn tun sollten, da wir alles immer noch später tun können. Es wäre somit egal, ob ich heute dieses oder jenes unternehme, denn das jetzt Nicht-Gewählte kann ich später nachholen. Anders gesagt: Alle meine Handlungsoptionen wären „gleich-gültig", und somit dann auch im Einzelnen „gleichgültig", nämlich letztlich ohne Wert. Dies ist auch historisch beobachtbar. Der Wert der Dinge wird uns erst dann bewusst, wenn sie gefährdet oder von Verlust bedroht sind – so hat sich beispielsweise vor 200 Jahren kaum jemand Gedanken über den Wert von sauberem Wasser oder sauberer Luft gemacht; erst mit der Umweltverschmutzung wurde uns deren Wert klar. Der Leser ist dazu eingeladen, die Wirksamkeit dieses Prinzips in seinem eigenen Leben zu überprüfen. Die Quintessenz letztlich lautet: Wenn sich in unserem Leben im Grunde nur die potenziell zu verlierenden und seltenen Dinge wirklich wertvoll anfühlen, warum sollte es dann mit dem Leben selbst nicht genauso sein? Worin bestünde der Wert eines unendlich langen Lebens?

Aus dem Gesagten ergibt sich als drastische Konsequenz, dass, selbst wenn ein endloses Leben möglich wäre, es uns wahrscheinlich gar nichts Gutes bringen würde. Denn erst aus der Begrenztheit, aus der Notwendigkeit und Unausweichlichkeit des Auswählens bekommen die Handlungen unseres alltäglichen Lebens ihr Gewicht. So verstanden zwingt uns ein bewusster Umgang mit unserer Sterblichkeit, also dazu, uns immer wieder mit der Frage zu konfrontieren, ob das, was wir gerade zu tun im Begriff sind, wirklich wichtig und unserer Mühe und Zeit wert ist. Das ist ein radikaler Perspektivenwechsel: Der Tod ist dann nicht mehr das, was unser Leben zerstört und ihm damit den Sinn raubt, sondern er ist genau umgekehrt gerade das, was unsere einzelnen Akte erst wertvoll sein lässt, da wir in unserer Lebensspanne nur eine begrenzte Auswahl von Alternativen in die Wirklichkeit heben können und genau diesem wirklich Gewordenen damit unseren persönlichen Stempel der Bedeutsamkeit aufprägen. Ein bewusster Umgang mit der persönlichen Sterblichkeit mahnt beständig an, die wichtigen Dinge nicht außer Acht zu lassen, sondern sich ihnen zu widmen, denn das Ende kann jederzeit kommen, und was dann noch nicht getan oder erlebt ist, das wird damit auch nicht gelebtes Leben bleiben.

Die „richtige" Anzahl von Lebensjahren – der Wunsch nach längerem Leben. Dieser Ansatz kann auch dann fruchtbar sein, wenn ein Klient sich mit der Angst davor quält, „zu früh" zu sterben. Viele Menschen beschäftigt die Frage der Länge ihres Lebens, wobei ein kurzes Leben häufig mit „weniger sinnvoll" assoziiert wird als ein längeres Leben. In diesem Zusammenhang wird „Sinn" dann gewissermaßen mit „überdauernd" gleichgesetzt. Die Gedanken im vorangegangenen Abschnitt zeigen bereits auf, dass die Lösung vermutlich nicht im ewigen Leben zu sehen ist. Doch selbst wenn das Thema „ewiges Leben" geklärt wurde, kann der Wunsch nach „länger" bestehen bleiben. Es stellt sich dann die Frage: „Wie viel länger?". Nach dem Grund des „länger" befragt, nennen die meisten Menschen als Wunsch, mehr tun und erleben zu können, als es ihnen ihre Lebensspanne erlaubt. Diese Vorstellung ist in der Regel durch eine Vergleichsfrage schnell zu problematisieren. An der Wurzel des Wunsches steht der Gedanke, im real stattfindenden Leben nicht genug Zeit zu haben, die Dinge tun zu können, die man gerne tun möchte. Man kann Klienten nun fragen, was sie glauben, wie es ihnen mit einem 48-Stunden-Tag (statt des uns gegebenen 24-Stunden-Tages) erginge, ob sie zum Beispiel glauben, dann doppelt so zufrieden zu sein wie jetzt, da sie ja doppelt so viel Zeit für ihre Lebenspläne hätten. Die meisten erkennen beim Weiterspinnen dieses Gedankenexperimentes schnell, dass die Zahl der Stunden letztlich ohne Belang ist – gefühlt sind es immer „zu wenig".

Somit liegt in dem Gedanken einer Lebenszeitverlängerung zur Sinnsteigerung zwar auf den ersten Blick Plausibilität, doch bei näherer Betrachtung ist sie nicht haltbar. Wenn man dies mit Klienten erarbeitet, dann ist es wichtig zu berücksichtigen, dass die hier aufgezeigten Betrachtungen zwar bewirken können, dass die Klienten eine Verklärung von Vorstellungen eines längeren oder ewigen Lebens aufgeben, aber damit ist natürlich nicht notwendig eine Verringerung der Angst in Bezug auf den eigenen Tod verbunden. Hier darf nicht zu viel erwartet werden: Das eigene Sterben-Müssen bleibt nach wie vor schrecklich, doch in einem ersten Schritt kann die Erkenntnis einsickern, dass die zwar nicht realen, aber doch denkbaren Alternativen nicht die Vergnügungen bereit halten, die bei grober Betrachtungsweise geträumt werden können. Das ist im wahrsten Sinne des Wortes eine „Ent-Täuschung", aus der sich selbstverständlich nicht sofort ein guter Gefühlszustand ergeben muss. Der Nutzen der Vorgehensweise liegt vielmehr darin, dass im Idealzustand keine Energie mehr darauf verschwendet wird, sich ein längeres oder ewiges Leben herbeizusehnen. Diese Idee wird aus der Welt geschafft und steht nicht mehr länger im Wege bei der realitätsorientierten Prüfung der Möglichkeiten, die im Leben wirklich gegeben sind – und das ist die tatkräftige Nutzung der zur Verfügung stehenden Zeit, egal wie kurz oder lang diese auch immer sein mag.

Unsere Spuren in der Welt. Eine andere für manche Klienten nützliche Idee bei der Bearbeitung von Todesängsten liegt in der Untersuchung von dem, was von uns bleibt. Wer den bisherigen Argumenten folgen konnte, der findet möglicherweise weiteren Trost in der Tatsache, dass wir zwar nicht individuell überleben, gleichzeitig aber gar nicht vermeiden können, etwas zu hinterlassen. Yalom (2008, S. 86) spricht in diesem Zusammenhang von „konzentrischen Einflusskreisen", die jeder von uns in der Welt hinterlässt, ähnlich wie die von einem in einen See geworfenen Stein ausgehenden ringförmigen Wellen sich auch dann noch weiter ausbreiten, wenn der Stein schon auf dem Boden des Sees angekommen ist. So hinterlassen auch wir im Leben unsere Wirkung, vor allem in den Menschen, mit denen wir zu tun haben, und durch diese hindurch auch auf die Menschen, mit denen diese wiederum zu tun haben, und immer so weiter. Für viele ist es tröstlich zu denken, dass auch dann, wenn sie selbst sich nicht mehr an irgendetwas erinnern bzw. sich einer Sache bewusst sein können, in den Erinnerungen der anderen noch etwas von ihnen überdauert; und sogar noch weiter, selbst wenn sich niemand mehr eines Menschen erinnert, so sind doch dessen Wirkungen, auch wenn sie nicht bewusst sind, weiterhin vorhanden.

Die Rolle des Bewusstseins. Yalom (2008) entlehnt bei dem griechischen Philosophen Epikur weitere Gedanken, die in der Arbeit mit von Tod und Sterben betroffenen Klienten wertvoll sein können. Eine Idee liegt in eben jenem begründet, was am Tod auf der einen Seite so schrecklich erscheint: Er vernichtet uns und lässt nichts von uns übrig. Wenn dem jedoch so ist, dann ist nach dem Tod auch nichts von uns da, was den Verlust des Lebens beklagen könnte, somit gibt es prinzipiell nichts, was wir am Tod zu fürchten hätten – es bleibt nichts von uns übrig, was sich grämen könnte. Dieser Gedanke wird noch weiter verdeutlicht durch das Epikur'sche Argument der Symmetrie: Unser Leben findet sich sozusagen „eingeklemmt" zwischen zwei Ewigkeiten der Nicht-Existenz. Vor unserer Geburt waren wir eine Ewigkeit lang nicht, und nach unserem Tod folgt eine weitere Ewigkeit des Nicht-Seins. Die Ewigkeit vor unserer Geburt beunruhigt uns gar nicht, während jene nach unserem Tod uns tragisch erscheint. Dafür gibt es aber keinen Grund, denn letztlich sind beide äquivalent.

Es wird also in der Summe deutlich, dass es letztendlich keine wirklich überzeugende Möglichkeit gibt, das Dilemma unserer Existenz – in diesem Abschnitt unsere Endlichkeit und der Sinnverlust durch Tod – zu lösen, da es sich fundamental nicht um ein lösbares Problem, sondern um eine existenzielle Tatsache handelt. Allerdings wurden verschiedene Wahlmöglichkeiten aufgezeigt, die in der Therapie angeboten und untersucht werden können. Eine Garantie zum Erfolg liegt darin aber natürlich nicht. Denn letztlich muss jeder für sich selbst eine tragfähige Antwort auf die letzten Fragen finden. Dies kann der Therapeut bestenfalls fördern, nie jedoch erzwingen und garantieren.

Zwischenmenschliche Bindung und Todesangst

Fast alle Menschen erleben die Zwischenmenschlichkeit als das Wichtigste in ihrem Leben – wir sind zwar auf der einen Seite auf Abgrenzung und Unterscheidung vom Anderen aus, aber die Gemeinschaft mit anderen ist ein sehr tief verwurzeltes Grundbedürfnis. Wenn man es genau betrachtet, dann wird klar, dass trotz dieses Strebens des Menschen nach Gemeinschaft jeder von uns im

Grunde völlig allein ist: Es ist nicht möglich, mit einem anderen Menschen voll und ganz zu verschmelzen, also die eigene Individualität aufzugeben und aus dem Alleinsein herauszutreten. Egal wie intensiv ich mich einem anderen Menschen mitteile und von ihm gehört und erlebt werde: Es sind immer noch *meine* Gefühle, *meine* Gedanken, *meine* Sorgen und Nöte. Yalom (2008) sieht in der menschlichen Verbundenheit eines der wichtigsten Geschenke in der Überwindung von Todesangst. Erst die innige Beziehung zu anderen Menschen ist es, die ermöglicht, dass all die bisher geschilderten Gedanken und Ideen zum Erringen einer lebensbegünstigenden Einstellung zum Tod beitragen können.

In der Therapie ist dies somit unsere erste Pflicht: wirklich anwesend sein, präsent, empathisch, verfügbar, verlässlich, engagiert und nicht vermeidend. Dadurch spenden wir ihm unsere so wichtige Anwesenheit, während wir mit ihm die Thematik des Todes durcharbeiten, ihn zum Beispiel mit den im vorangegangenen Abschnitt dargestellten Ideen vertraut machen. Die wirksamen Faktoren sind dabei – wie immer in der Therapie – zweifach: einerseits (vermutlich der kleinere Teil) der konkrete Inhalt der Gespräche, andererseits (vermutlich die wichtigere Wirkkomponente) das Beziehungsangebot, die menschliche Begegnung.

Vor diesem Hintergrund sollte den Klienten natürlich auch dabei geholfen werden, in ihrem Leben außerhalb der Therapie Bindungen einzugehen und anzustreben, sowohl im engeren sozialen Umfeld als auch im vielleicht erst durch z. B. eine ernste Erkrankung neu aufgehenden sozialen Kosmos (Selbsthilfegruppe, Betroffenenforum in Internet usw.).

Bibliotherapie

Im Umgang mit persönlichen Ängsten vor dem Sterben haben wir sehr gute Erfahrung mit Beratungs- bzw. Therapiegesprächen auf der Basis von Begleitlektüre gemacht. Wir empfehlen unseren Klienten die Lektüre ausgewählter Bücher, in denen sie sich die für sie relevanten Stellen markieren sollen, damit diese im Beratungsgespräch aufgegriffen werden können (s. Übersicht).

Christlich orientierte Menschen können unserer Erfahrung nach von der Lektüre einzelner Bibelstellen (insbesondere der Psalmen) profitieren. In diesem Zusammenhang kann auch der künstlerische Ausdruck sehr hilfreich sein, etwa in J. S. Bachs „Matthäuspassion" oder dem „Deutschen Requiem" von Johannes Brahms („Herr, lehre doch mich dass es ein Ende mit mir haben muss und mein Leben ein Ziel hat. Und ich davon muss"). Natürlich setzt diese Art des Arbeitens die gründliche Kenntnis der Bücher bzw. des Themas und eine bereits weit vorangeschrittene eigene Auseinandersetzung damit voraus. Sowohl diese eigene reflektierte Auseinandersetzung als auch die literarischen, filmischen oder akustischen Quellen sollen als Anregung und Basis dafür dienen, mit dem Klienten in der existenziellen Gesprächsführung in einen gemeinsamen Suchprozess einzutreten, und zwar die Suche nach einer Haltung, die der Klient für sich selbst akzeptieren kann und vor deren Hintergrund das Weiterleben trotz der persön-

Empfehlungen für die Bibliotherapie

Albom, Mitch (2002). Dienstags bei Morrie. Die Lehre eines Lebens. München: Goldmann	Ein erfolgreicher Journalist sucht nach 20 Jahren seinen ehemaligen Professor Morrie Schwartz auf. Obwohl – oder weil – dieser an einer schweren progredienten Erkrankung leidet, helfen die Gespräche dem Autor, die wesentlichen Dinge des Lebens wiederzufinden; s. auch die ausgezeichnete Verfilmung dieses Buches mit Jack Lemmon
Pausch, Randy (2008). Last Lecture – die Lehren meines Lebens. Bielefeld: Bertelsmann.	Leider in mangelhafter deutscher Übersetzung; dafür im Internet sehr sehenswerter Videomitschnitt von Randy Pauschs letzter Vorlesung, auf der das Buch beruht (http:///youtube.com; Suche nach: Randy Pausch, The Last Lecture)
Yalom, Irvin (2008). In die Sonne schauen. Wie man die Angst vor dem Tod überwindet. München: btb.	Der bekannteste Vertreter des existenziellen Ansatzes gibt eine sehr persönlich geschriebene Zusammenfassung seiner über Jahrzehnte in der Auseinandersetzung mit dem Tod gewonnenen Einsichten.
Rosenberg, L. (2000). Living in the light of death. On the art of being truly alive. Boston: Shambhala.	Aus buddhistischer Perspektive geschrieben, jedoch für die meisten Menschen mit Englischkenntnissen gut zugänglich

lichen Sterblichkeit nicht nur möglich, sondern durch welche es im Idealfalle sogar vertieft und bereichert wird. Wir weisen hier nochmals ausdrücklich darauf hin, dass es sich bei der Sterblichkeit nicht um ein Problem handelt, das mithin nicht gelöst werden kann. Ziel beraterischer oder therapeutischer Bemühungen kann somit nur sein, dem Klienten dazu zu verhelfen, seine ihn quälende und sein Leben blockierende Sicht auf die Themen Tod und Sterben aufzugeben und stattdessen eine andere Perspektive dazu einzunehmen bzw. für sich zu erringen, die lebensförderlich ist.

Umgang mit Angst vor dem Sterbeprozess

Neben all den philosophischen und weltanschaulichen Betrachtungen, die hier nur angedeutet und in Noyon und Heidenreich (2012) vertieft wurden, gibt es natürlich noch eine ganz andere Dimension der Angst vor Tod und Sterben: die Angst vor Schmerzen, Funktionsverlust und anderem Leid wie die Bedrohung durch Atemnot. Eine schonungslose Darstellung, welche physiologischen Abläufe beim Sterbeprozess ablaufen, findet sich bei Nuhland (1994). Angesichts beispielsweise der vernichtenden Schmerzen im terminalen Zustand vieler Krebserkrankungen erscheinen Erwägungen rund um unsere Vergänglichkeit und existenziellen Gegebenheiten möglicherweise fast schon als „Luxusproblem". Wenn langwierige Krankheit die Ursache des Sterbens ist, dann schiebt sich der Körper mit seinen Symptomen unmittelbar in den Vordergrund der Aufmerksamkeit. Als Sterbender kann man dies direkt erleben und deshalb möglicherweise in die Therapie einbringen, aber auch der (noch) Gesunde kann hiervon beherrscht sein, zwar noch nicht real, aber eben in Form lähmender Ängste im Vorfeld.

Ängste ohne vorhandene Erkrankung. Handelt es sich um letzteres, also Ängste ohne bereits real vorhandenen Grund, so ist das ehrliche und tiefe Ergründen dieser Ängste therapeutisch angezeigt. Es geht darum, zu prüfen, ob es tatsächlich ausschließlich um Ängste vor dem Sterbeprozess selbst geht, oder ob dahinter bzw. darunter noch andere, existenziellere Ängste verborgen sind. Je weniger dies der Fall ist, desto deutlicher geht es darum, den Klienten ins Hier und Jetzt zu holen, ihn also dazu zu ertüchtigen, sein gerade stattfindendes Leben zu ergreifen, statt sich von etwas paralysieren zu lassen, dass noch gar nicht eingetreten ist und vielleicht auch nie eintreten wird – denn längst nicht jeder Sterbeprozess muss lange dauern und qualvoll sein. Da es nicht möglich ist, in der Gegenwart etwas zu tun, das in der Zukunft einen qualvollen Tod sicher verhindern wird, ist hoher Energieeinsatz in der Beschäftigung mit dergleichen Ängsten nicht angemessen. Therapeutisch sind wir somit eher bei klassisch-kognitivem Arbeiten angekommen, in dessen Rahmen es darum geht, Irrationalitäten abzubauen und lebensbegünstigende Entscheidungen zu fällen. Diese Arbeit kann von den hier skizzierten Gedanken ohne Zweifel profitieren, doch wenn die Ängste sich tatsächlich nicht auf existenzielle Fragen, sondern wirklich nur auf Schmerzen etc. an sich beziehen, wird sich die Therapie nicht wesentlich von einer klassischen kognitiven Verhaltenstherapie unterscheiden.

Ängste bei Erkrankung bzw. im Sterbeprozess. Ist jemand hingegen real betroffen, leidet also bereits unter z. B. massiven Schmerzen als Vorboten eines bevorstehenden körperlichen Zusammenbruchs, so ist die Sachlage natürlich eine ganz andere. In solchen Fällen sind psychotherapeutische Maßnahmen erst einmal sekundär, primär sind hier zweifelsohne die Möglichkeiten der Medizin, allem voran der Palliativmedizin. Erst wenn diese erreichen konnte, dass der körperliche Zustand wieder zu ertragen ist, wird bei den meisten Menschen ein Raum dafür gegeben sein, sich mit der psychologischen Realität des Sterbens zu befassen.

Je weiter man sich dabei dem Ende nähert, desto geringer ist der noch verbleibende Spielraum. Entsprechend wird auch das therapeutische Angebot einem Entwicklungsprozess unterzogen: Je mehr Zeit noch verblieben ist, eine desto stärkere Rolle spielen all die im bisherigen erarbeiteten konkreten Ideen, Veränderungsangebote, Perspektivenwechsel, Aufforderungen zur Handlung, also schlicht gesagt die „Aktions"-Anteile der Therapie. Mit sich verschlechterndem Zustand des Klienten verbleiben immer weniger Zeit und Gestaltbarkeit, und somit reduziert sich auch der aktiv veränderungsorientierte Anteil der Therapie. Stattdessen wird der „Beziehungs"-Anteil der Therapie immer wichtiger. Wir sind einfach nur „da", um den Klienten in ihren Ängsten und anderen Gefühlen beizustehen, spenden Trost, wo dies möglich ist, und halten ohne Ausweichen aus, wo dies nicht möglich ist. Denn ganz am Ende, wenn die Möglichkeiten zu explorieren, zu untersuchen, die Perspektive zu ändern usw. an ihre Grenzen gekommen sind, ist nur noch ein Bei-Sein zu spenden. Natürlich sollte dies von den Menschen übernommen werden, die dem Sterbenden am nächsten stehen, und wenn es solche gibt und diese dazu in der Lage sind, zu spenden, was hier noch zu geben ist, dann kann der Therapeut sich zurückziehen. Doch wir sollten empfangsbereit bleiben, wenn vom Klienten noch ein letzter Wunsch dieser Art geäußert wird, und hier – ohne dies aufzudrängen – zu einem Angebot in der Lage sein.

Fazit
In diesem Kapitel haben wir versucht, uns für Therapeuten möglichst hilfreich mit einer der größten Fragen auseinander zu setzen, mit der ein Mensch konfrontiert sein kann. Wir sind überzeugt davon, dass jeder Therapeut, der sich auf die Arbeit mit Klienten vorbereiten möchte, die von Tod und Sterben betroffen sind, insbesondere dann profitieren wird, wenn er sich seinen eigenen Ängsten stellt, selbst eine tiefe Auseinandersetzung mit der Thematik anstrebt und damit eine Grundhaltung erwirbt, die eine ehrliche Begegnung mit solchen Klienten zulässt. Das ist aus unserer Sicht viel wichtiger als das Erlernen einer bestimmten therapeutischen Technik. Der Umgang mit dem Tod lässt sich nicht manualisieren, und deshalb ist das Präsentsein als Mensch das Wichtigere als der Einsatz spezifischer Techniken.

Dieser Aussage entsprechend ist der Abschluss unserer Ausführungen mit den in diesem Buch üblichen „Dos and Don'ts" in gewissem Sinne widersinnig, weil sich der gute Umgang mit Personen, die mit dem Sterben ringen, eben nicht in simple „Kurzanweisungen" übersetzt werden kann. Um die Systematik des Buches nicht aufzubrechen geben wir trotzdem einige prägnante Aussagen zum Thema in der gewohnten tabellarischen Form. Doch bei diesem Thema noch mehr als bei allen anderen soll dies nicht als „Abkürzung" missverstanden werden, die die Lektüre des gesamten Kapitels erspart.

Dos	Don'ts
▶ Dem Klienten bei Verlusterfahrungen mit Mitgefühl begegnen und mehr „Mensch" als „Behandler" sein ▶ Die religiöse bzw. philosophische Haltung des Klienten explorieren und diesen ggf. dabei unterstützen, „seelsorgerische" Hilfe außerhalb von Beratung und Therapie in Anspruch zu nehmen ▶ Den Klienten zur engagierten Auseinandersetzung mit diesen Themen anregen (z. B. durch Bibliotherapie) ▶ Dem Klienten Raum geben, seine „Thematik" zu entfalten ▶ Dem Klienten bei der Entwicklung einer tragfähigen Haltung helfen	▶ Lösungsorientiert bzw. perspektivorientiert arbeiten ▶ Den Klienten von eigenen religiösen oder philosophischen Auffassungen überzeugen wollen. ▶ Versuchen, den Klienten zum Glauben zu bekehren oder der Situation einen „Sinn" zu geben ▶ Ausweichen und Vermeiden („Ihre Fragen zum Thema Sterblichkeit sind sicherlich interessant, aber im Grunde haben sie ja nichts mit dem Problem zu tun, wegen dem Sie gekommen sind.") ▶ Fertige Argumentation vorkauen („Ich erkläre Ihnen jetzt mal, was die klugen Philosophen dazu zu sagen haben …")

23 Ungünstige Arbeitsbedingungen

> In der Klinik, in der Sie arbeiten, hat ein neuer Chefarzt die Leitung übernommen. Bei einer Teambesprechung stellt er seine Ideen zur „Effizienzsteigerung und Qualitätssicherung" vor. Er möchte, dass alle Einzelgespräche fortan direkt während des laufenden Gesprächs vom Therapeuten am Computer dokumentiert werden. „Ich habe für die Kliniktherapeuten insgesamt 20 neue Laptopcomputer anschaffen lassen, auf denen im Moment das neue QM-System installiert wird. Ab nächster Woche können Sie dann Ihre laufenden Therapien direkt computergestützt dokumentieren. Damit fällt jegliche Schreibarbeit im Anschluss an die Therapien weg, was unsere Effizienz um schätzungsweise 15 Prozent erhöhen wird!" Während er stolz in die Runde blickt, denken Sie an Ihre Ausbildungsseminare zu Gesprächsführung und Beziehungsgestaltung und fragen sich, wie Sie das dort Gelernte mit einem Laptop auf den Knien in Einklang bringen sollen.

In aller Regel haben Berater und Therapeuten einen sehr langen Lernweg hinter sich. So blicken ausgebildete Psychologische Psychotherapeuten beispielsweise auf vier bis fünf Jahre Studium plus noch einmal drei bis vier Jahre Psychotherapie-Ausbildung zurück, haben also häufig um die zehn Jahre „gelernt", wie sie ihren Job zu machen haben. Meist haben sie danach sehr genaue Vorstellungen davon, wie sie arbeiten wollen und sollen, welche Bedingungen für die therapeutische und beraterische Arbeit günstig sind und welche eher hinderlich. Denn gerade in Seminaren im Rahmen der Therapieausbildung wird von den Experten sehr häufig dargestellt, wie eine Therapie idealerweise auszusehen hat. Nicht selten – eigentlich sogar im Regelfall – prallt diese Idealversion an der Realität der Therapeuten ab: Klienten sind selten so monosymptomatisch, wie das im Therapiemanual bzw. Workshop vorgesehen ist, es stehen auch nicht so viele potenzielle Rollenspielpartner zur Verfügung, wie man sie für die im Workshop geübten therapeutischen Rollenspiele brauchen könnte, im Klinikkontext ist kaum Zeit dafür vorhanden, eine wirklich gründliche Exploration der Störung vorzunehmen und so weiter. Es gehört somit zum Berufsalltag, mit begrenzenden Bedingungen konfrontiert zu werden, die es nicht erlauben, in der beraterischen oder therapeutischen Arbeit so vorzugehen, wie es der eigenen professionellen Haltung idealerweise entspricht.

Es gibt dabei zu viele unterschiedliche Problemszenarien, als dass wir diese hier auch nur ausschnittsweise darstellen könnten. Dazu sind die Bedingungen, die unser professionelles Handeln regulieren, einfach zu vielfältig:

▶ Merkmale des Arbeitssettings (z. B. lange vs. kurze Therapiedauer),

- Eigenschaften der Kollegen (z. B. kooperativ vs. konkurrenzorientiert),
- Führungsstil des Chefs (z. B. kontrollierend vs. Eigenverantwortlichkeit unterstützend),
- persönliche Fähigkeiten (z. B. warmherzig vs. sachlich),
- materielle Ressourcen (z. B. gute Mittelverfügbarkeit vs. Notausstattung)

– die Liste von einflussnehmenden Faktoren ließe sich nahezu unendlich fortsetzen. Wir können deshalb hier nur auf relativ abstrakter Ebene auf den Umgang mit solchen Begrenzungsfaktoren eingehen und diese lediglich durch einzelne Beispiele plausibler machen. Im Regelfall wird der Leser die geschilderten Ideen jedoch inhaltlich erst auf seine konkrete Situation anwenden müssen, um einen gangbaren Weg zu finden.

Wir werden nun zuerst einige grundsätzliche Aspekte des Umgangs mit den hier geschilderten Situationen erläutern, von denen wir denken, dass sie von generellem Interesse sind und eine fruchtbare Einstellung zu Ideal-Real-Konflikten ermöglichen können. Anschließend werden wir diese Konflikte gemäß ihres Schweregrades systematisieren und jeweils spezifische Hinweise geben, wie professionelles Handeln aussehen kann.

Grundsätzliches: „Ideal" gibt es selten

Die wichtigste Grundbotschaft besteht aus unserer Sicht darin, dass man sich als Betroffener eines Ideal-Real-Konflikts klar machen muss, dass eine „perfekte Lösung" vermutlich nicht zur Debatte steht. Wenn Sie im Workshop lernen, dass Sie für die saubere Ausführung einer bestimmten Intervention mit einem Klienten x Therapiestunden brauchen, Sie in der Realität aber nur x minus n Stunden zur Verfügung haben, dann können Sie die Zielintervention nicht durchführen, egal wie sinnvoll sie wäre! Zumindest dürfen Sie von sich nicht verlangen, die Intervention in der gleichen Eleganz und mit dem gleichen Outcome wie im Workshop demonstriert durchführen zu können. Wenn Sie nicht die gleiche Investition tätigen können, dann ist die Hoffnung auf einen trotzdem gleich hohen Gewinn nicht realistisch. Wir bewegen uns hier also im Bereich des sogenannten „unmöglichen Auftrages". In Therapie und Beratung ist es generell wichtig, darauf zu achten, ob ein Klientenauftrag überhaupt möglich ist oder nicht, und unmögliche Aufträge von Klienten („Können Sie mir helfen, ohne dass ich einen Beitrag dazu leiste?"; „Können Sie mir einen Weg zeigen, der hocheffektiv und easy zugleich ist?"; „Können Sie meine Umwelt ändern, so dass Sie mir besser zusagt, ohne dass ich das selbst in die Hand nehme?") sollten Sie nie annehmen und sich auch nicht selbst setzen, denn dann ist das Scheitern vorprogrammiert. Suboptimale Bedingungen lassen per definitionem auch nur suboptimale Ergebnisse zu, alles andere wäre unrealistisch.

Machen Sie sich also frei von der Vorstellung, ein perfektes Ergebnis erreichen zu müssen, und streben Sie stattdessen „nur" ein optimales Ergebnis an – also eines, bei dem Sie unter den bestehenden Bedingungen das Beste herauszuholen versuchen, was in der jeweiligen Situation realistisch denkbar ist. Ihre Professionalität misst sich nicht daran, stets das Beste zu erreichen, sondern das Best*möglich*e. In vielen Fällen wird das auch ausreichend sein, aber leider nicht immer. Letzterer Fall ist natürlich bedauerlich, aber Sie haben es dann nicht in der Hand. Machen Sie sich genau klar, welchen Teil der Arbeitsbedingungen, die für Sie gelten, Sie kontrollieren können und welchen nicht. In unserem Beruf zu scheitern hat häufig damit zu tun, Bedingungen außerhalb unseres Kontrollbereichs nicht ernst zu nehmen und deren limitierende Wirkung nicht akzeptieren zu wollen. Das ist einer der sichersten Wege in einen Burnout-Zustand oder mindestens ein chronisches Überforderungssyndrom. Die Beachtung des Realitätsprinzips gilt nicht nur für unsere Klienten und Patienten, sondern sehr nachhaltig auch für uns selbst.

Wir werden im Folgenden nun weitere Hinweise zum Umgang mit Ideal-Real-Konflikten geben, jeweils in Abhängigkeit vom Schweregrad, also der Größe des Abstandes zwischen Ideal- und Realzustand. Wir geben dabei Beispiele für die möglichen Begrenzungsfaktoren „Klient", „Umwelt" und „Behandler". Für die „Umwelt" führen wir neben einem variablen Beispiel stets eine Situation mit einem Vorgesetzten an, da diesem Situationstypus häufig eine besondere Bedeutung zukommt.

Schwacher Ideal-Real-Konflikt

Das Vorliegen absolut idealer Bedingungen ist nach unserer Erfahrung etwas, das im realen Leben nicht vorkommt. Insofern ist das Gestalten schwacher Ideal-Real-Konflikte beraterischer bzw. therapeutischer Alltag und verdient keine große Auseinandersetzung, da Sie darin vermutlich sowieso geübt sind. Typische Beispielsituationen hierzu wären etwa:

- **Begrenzungsfaktor: Klient.** Klienten machen ihre „Hausaufgaben" nicht so regelmäßig, wie es das Manual fordert, obwohl ansonsten in der Therapie eigentlich „alles stimmt" und Ihre Motivationsarbeit sehr gut gelaufen ist (vgl. hier Kap. 13, „Nicht-Einhalten von Absprachen").
- **Begrenzungsfaktor: Umwelt (hier: Angehörige).** Als Schulpsychologin haben Sie ein monatliches Elternfrühstück eingerichtet, zu dem leider nur wenige Eltern kommen, was Ihre Einflussmöglichkeiten limitiert.
- **Begrenzungsfaktor: Umwelt (hier: Vorgesetzter).** Als Neuropsychologe würden Sie gerne den Standard der Diagnostik in der Klinikstation, in der Sie arbeiten, anheben, auch um die Dokumentation zu erleichtern. Dazu wäre eine Standardisierung der Diagnostik über alle Therapeuten hinweg notwendig, was Sie Ihrem leitenden Psychologen als Idee vorschlagen, was von diesem aber abgelehnt wird.
- **Begrenzungsfaktor: Sie selbst (hier: Ihr Zeitmanagement).** Bei Grepmair und Nickel (2007) haben Sie gelesen, dass Therapeuten, die selbst Achtsamkeit praktizieren, im Vergleich zu einer Kontrollgruppe bessere Therapieergebnisse

erzielen. Deshalb wollen Sie im Interesse Ihrer therapeutischen Qualitätssteigerung Achtsamkeitsübungen in Ihr Leben integrieren, merken aber, dass Sie dazu „keine Zeit haben".

In all diesen Beispielen werden Sie den Einwand erheben können, dass das doch veränderbar sein sollte – insbesondere im letzteren Fall, da Sie Ihr Zeitmanagement ja weitgehend unter Kontrolle haben. Das mag im Einzelfall auch so sein, doch das ist hier nicht zentral: In dieser Kategorie von Ideal-Real-Konflikt geht es darum, dass es zwar einen spürbaren Abstand zwischen Ist und Soll gibt, Sie aber mit diesem letztlich auch gut weiterleben können sollten, denn in allen Fällen ist eine gute weitere beraterische oder therapeutische Arbeit möglich. Sie haben also sozusagen ein „Luxusproblem" („Es könnte aber *noch besser* sein!"). Dieses Streben nach dem *noch besser* wird von uns ausdrücklich begrüßt und wir möchten Sie dazu ermuntern, Möglichkeiten der Verbesserung stets zu prüfen. Wenn Ihre Arbeit aber an sich im professionellen Bereich anzusiedeln und somit nicht zu beanstanden ist, dann sollten Sie das mit einer gewissen Gelassenheit tun und sich die entstehende Bilanz sehr gut überlegen: Um welchen Einsatz geht es, und was ist zu gewinnen? Sicherlich können Sie in Beispiel 1 insistieren und die Klientin mit der Problematik des nicht perfekten Mitarbeitens konfrontieren. Aber ist das bei einer ansonsten gut laufenden Therapie zu empfehlen? Wir denken nicht, denn getreu der Maxime „Never change a running system" halten wir nichts davon, nur aus Perfektionsgründen (kleine Ist-Soll-Abweichung im Bereich „Hausaufgaben machen") eine gut laufende Therapie bzw. die in ihr sicherlich vorhandene gute Arbeitsbeziehung durch letztlich nicht notwendige Konfrontationen zu gefährden.

Fazit: Wenn die Dinge „gut" laufen, dann halten Sie ruhig Ausschau nach Möglichkeiten der Reduktion einer noch bestehenden Ist-Soll-Diskrepanz, aber streben Sie diese nur an, wenn es ökonomisch, organisatorisch, menschlich usw. Sinn macht. Halten Sie sich vor Augen, dass auch für Berater und Therapeuten gilt, was Winnicott (1953) über Mütter sagte: Die Frage sollte nicht sein, ob die Berater und Therapeuten „gut" sind, sondern sie müssen lediglich „gut genug" sein. Perfektionismus ist an dieser Stelle – wie auch in den meisten anderen Bereichen – kontraproduktiv. Wenn eine Annäherung an den Idealzustand aktuell nicht möglich bzw. machbar ist, dann üben Sie sich in Gelassenheit und erfreuen Sie sich lieber daran, dass die Dinge „gut genug" laufen, statt sich auf den letzten Rest an Optimierungspotenzial zu konzentrieren. Es muss nicht unbedingt immer „sehr gut" sein.

Mittlerer Ideal-Real-Konflikt

Mitunter spitzt sich die Lage jedoch zu. Möglicherweise befinden Sie sich in einer Situation, in der der Abstand zwischen dem Ist-Zustand und Ihrer Vorstellung davon, unter welchen Bedingungen Sie arbeiten möchten, schmerzlich abweicht.

Sie haben also den deutlichen Eindruck, dass die Dinge nicht mehr „gut" laufen, sondern es steht die Frage an, ob sie wirklich noch „gut genug" laufen. Beispiele hierfür:

▶ **Begrenzungsfaktor: Klient.** Sie führen eine Therapie mit einem Klienten mit Migrationshintergrund durch. Erst im Verlauf der Probatorik wird Ihnen klar, dass Sie die deutschen Sprachfähigkeiten des Klienten wohl zu optimistisch eingeschätzt haben, denn aus dem Feedback, das Sie einholen, wird Ihnen zunehmend deutlich, dass der Klient Sie häufig nicht versteht, und auch, dass er sich selbst auf Deutsch nicht immer so ausdrücken kann, wie er das gerne würde.

▶ **Begrenzungsfaktor: Umwelt (hier: Versorgungssystem).** Sie möchten eine Borderline-Klientin zur Behandlung aufnehmen und merken im Rahmen der Behandlungsplanung, dass ein begleitendes Skills-Training in der Gruppe im Stile der Dialektisch-Behavioralen Therapie nach Linehan (1993) günstig oder gar notwendig wäre. Leider ist in keiner der Skillsgruppen, die Sie im Umkreis kennen, ein Platz für Ihre Klientin frei.

▶ **Begrenzungsfaktor: Umwelt (hier: Vorgesetzter).** Sie arbeiten als Gruppentherapeut in einer Klinik mit einer problemzentrierten Gruppe. Zwei Gruppenmitglieder stören die Zusammenarbeit der Gruppe nachhaltig und profitieren selbst von der Gruppenteilnahme in keiner Weise, weshalb Sie die beiden Klienten gerne aus der Gruppe entfernen würden. Der stationsleitende Oberarzt genehmigt das jedoch nicht, weil dann die entsprechenden Leistungen nicht mehr abgerechnet werden können und der Behandlungsplan nicht mehr wirtschaftlich ist.

▶ **Begrenzungsfaktor: Sie selbst (hier: individuelle Sympathie/Antipathie).** Sie arbeiten als Paartherapeutin in einer Beratungsstelle. Zur Beratung erscheint ein Paar, bei dem Ihnen die Frau spontan hoch unsympathisch ist und Sie bemerken, dass Ihnen das Einhalten einer unparteiischen/allparteilichen Grundhaltung zunehmend schwerer fällt.

In all diesen Fällen handelt es sich nicht mehr um „Luxusprobleme", sondern um handfeste Schwierigkeiten, von denen eine deutlich spürbare Behinderung ausgeht. Während Sie im vorangegangenen Falle noch einfach „weitermachen" konnten, besteht hier in jedem Falle ein Klärungs- und in vielen Fällen möglicherweise auch ein Handlungsbedarf.

Klärung der Situation. Definieren Sie für den jeweils vorliegenden Fall möglichst klare Kriterien für die Beurteilung der Frage, ob die Arbeit, die stattfindet, noch als „gut genug" bezeichnet werden kann. Akzeptieren Sie dabei, dass in unserem sich in der Regel der präzisen Messbarkeit entziehenden Arbeitsbereich auch bei solch klaren Kriterien noch Interpretationsspielraum und somit ein Rest an Unklarheit bestehen bleiben wird. Beziehen Sie Ihre Klienten und Patienten so weit wie irgend möglich in diese Klärungsphase mit ein. Exemplarisch erläutern wir dies anhand der ersten beiden genannten Beispiele:

▶ **Klient mit Migrationshintergrund:** „Ich bin mir unsicher, ob wir uns auf Deutsch gut genug verständigen können. Möglicherweise reichen Ihre Deutschkenntnisse für eine Therapie bei mir nicht aus. Das täte mir zwar sehr leid, aber ich möchte verhindern, dass Sie hier bei mir in einer Therapie bleiben, die Ihnen nur aufgrund unserer Sprachbarriere nicht helfen kann. Ich würde mit Ihnen gerne fünf Stunden lang ausprobieren, ob unsere Zusammenarbeit funktioniert. Um das zu erfassen, würde ich Ihnen gerne am Ende jeder Stunde ein paar Fragen stellen, mit Hilfe derer wir einschätzen können, wie gut Sie mich in der Stunde verstanden haben …". Für diese Klärung sollten Sie ggf. einen Dolmetscher hinzuziehen, um sicherzustellen, dass zumindest dieser Vorgang wirklich verstanden wird. Für die zum Schluss zu stellenden Fragen entwickeln Sie sich einen genügend einfachen, aber trotzdem aussagekräftigen Fragebogen, der Ihnen nach den fünf Stunden erlaubt, qualifiziert dazu Stellung zu beziehen, ob die Arbeit funktionieren kann oder nicht.

- **Borderline-Klientin:** ähnliche Vorgehensweise wie oben, aber fokussiert auf das fehlende Skills-Training ("Eine optimale Therapie würde voraussetzen, dass Sie parallel dazu ein Skills-Training besuchen. Leider ist im Moment kein Platz frei, und die Wartezeit auf den nächsten Platz beträgt sechs Monate. Ich würde mit Ihnen gerne die nächsten fünf Stunden ausprobieren, ob wir trotz der fehlenden Gruppenbegleitung arbeiten können, dieses reine Einzeltherapieangebot für Sie also im Moment wenigstens ‚gut genug' ist. Was würden Sie sagen, woran wir das feststellen könnten? […] Aus meiner Sicht wäre es wichtig, dass wir es in diesen fünf Wochen schaffen, dass [Aufzählung konkreter Verhaltensziele]. Wenn wir das schaffen, dann können wir die Wartezeit bis zum Antritt der Gruppentherapie so überbrücken, wenn nicht, dann müssen wir nach einer anderen Lösung suchen …".)

Die Klärung wird somit in der Regel prozessualen Charakter haben. Wenn sie zu dem Ergebnis führt, dass die Behandlung so, wie sie läuft, „gut genug" ist, dann kann sie so fortgesetzt werden. Eine Veränderung des Settings in einem solchen Fall empfehlen wir nur dann, wenn im Rahmen der Situationsanalyse eine alternative Möglichkeit klar wird, die sehr viel besser als „gut genug" für den Klienten wäre. Das wird aber selten der Fall sein; in den meisten Fällen sollten Sie lernen, auch mit einem „gut genug" leben zu lernen.

Möglicherweise führt die Analyse aber auch zu dem Ergebnis, dass die Behandlung in der laufenden Form nicht einmal mehr „gut genug" ist (im ersten Beispiel: die Fragen zum Stundenende offenbaren, dass der Klient von Ihren wichtigsten Botschaften keine einzige verstanden hat). Dann müssen Sie etwas verändern.

Handlungsbedarf. Die Arbeit kann also nicht ohne eine grundlegende Veränderung der gegebenen Bedingungen fortgesetzt werden. Aus der Situationsanalyse sollte sich dabei klar ergeben, an welcher Bedingung Ihre Arbeit scheitert. Sie sollten dann versuchen, diese Bedingung unter Einsatz aller ökonomisch sinnvollen Mittel zu verändern. In unseren ersten beiden Beispielen:

- **Klient mit Migrationshintergrund:** „Wir können uns nicht ausreichend gut verständigen, das haben wir jetzt herausgefunden. Die Therapie kann nicht funktionieren, wenn wir uns sprachlich nicht sicher verständigen können. Deshalb kann unsere Arbeit miteinander nur funktionieren, wenn wir für die gesamte Zeit einen Dolmetscher hinzuziehen. Das ist natürlich eine extreme Änderung, und wir müssen nicht nur prüfen, ob das überhaupt finanzierbar ist, sondern auch, ob es für uns funktioniert, immer einen Dritten dabei zu haben. Wenn das nicht geht, dann bleibt als Alternative leider nur noch, dass wir für Sie einen Therapeuten suchen, der mit Ihnen in Ihrer Muttersprache arbeiten kann."

- ▶ **Borderline-Klientin:** „Es ist klar geworden, dass das Fehlen einer begleitenden Skills-Gruppe uns auch in der Einzeltherapie zu stark boykottiert. So funktioniert unsere Arbeit nicht. Wir können aber auch nicht einfach auf das Freiwerden des Platzes in der Skillsgruppe warten. Lassen Sie uns deshalb nun nach anderen Alternativen Ausschau halten. Haben Sie dazu Ideen? [...] Möglicherweise müssen wir unseren ‚Suchkreis' ausweiten, also den Radius vergrößern, innerhalb dessen wir bislang nach einer Skillsgruppe gesucht haben. Was ist die größte Entfernung, die Sie sich hierfür vorstellen können? ..."

Wenn sich die Situation durch eine entsprechende Handlung „retten" lässt, dann kann die Arbeit unter den nun veränderten Bedingungen fortgesetzt werden. Wenn das nicht möglich ist, dann geht die Situation in den letzten zu besprechenden Typus über. Machen Sie sich dabei klar, dass Sie für viele der bestehenden Hinderungsbedingungen keine Verantwortung haben – nämlich immer dann, wenn Sie diese nicht kontrollieren können. Versuchen Sie, in diesen Fällen nicht in die „Schuldgefühlsfalle" zu geraten. Es ist okay, dass Sie sich nicht wohl fühlen oder für Ihre Klienten oder Patienten traurig sind, wenn die Bedingungen nicht so sind wie sie sein sollten, und wenn sie sich auch nicht mit vernünftigem Aufwand verändern lassen. Aber das ist etwas anderes als „Schuld". Die Verwechslung von „Bedauern" mit „Schuld" kommt bei Therapeuten nicht selten vor, und davon geht viel unnötiges Leid aus.

Schwerer Ideal-Real-Konflikt

Als letztes kommen wir nun zu Fällen, in denen für Sie die Diskrepanz zwischen dem, was Sie wollen, und dem, was möglich ist, nicht mehr nur schmerzhaft, sondern eindeutig zu groß ist, um sich noch „professionell" zu fühlen. Wieder einige Beispiele zur Illustration:

- ▶ **Begrenzungsfaktor: Klient.** In Ihre Behandlung begibt sich ein Klient mit einer extrem schweren Zwangsstörung, die sich bei näherer Durchleuchtung der psychiatrischen Vorgeschichte als „Kontrollorgan" einer darunter liegenden Schizophrenie entpuppt. Der Klient leidet zwar sehr unter seinen Zwangssymptomen, aber Ihnen wird fachlich schnell klar, dass eine Behandlung des Zwangs zu einer Exacerbation der Schizophrenie führen wird.
- ▶ **Begrenzungsfaktor: Umwelt (hier: Kollegen und Eltern).** Sie kommen als neue Kollegin in eine Einrichtung, die mit schwierigen Kindern und Jugendlichen ar-

beitet. Schnell wird Ihnen klar, dass das völlige Chaos herrscht: Ihre Kollegen sind ausgebrannt und machen einen „Dienst des geringsten Widerstandes". Es gibt keine Konsequenz, die Kinder dürfen bei dem einen dieses, beim anderen jenes, ständig werden Ausnahmen gemacht, und mit Ihrem Beharren auf „Konsequenz und verhaltenstherapeutischen Verstärkerplänen" rennen Sie gegen eine Wand. Dieses Chaos setzt sich in den Elternhäusern der Kinder nahtlos fort.

▶ **Begrenzungsfaktor: Umwelt (hier: Vorgesetzter).** Der Chefarzt der Klinik, in der Sie tätig sind, will die „Integration des Teams" verbessern. Er ordnet an, dass in Zukunft alle therapeutischen Einzelgespräche im Beisein einer Person aus dem Personal des Pflegedienstes stattfinden, die damit den Status einer Co-Therapeutin bekommt. Sie rebellieren geschlossen gegen diese Regelung und berufen sich auf die Notwendigkeit einer geschützten Privatsphäre im therapeutischen Kontakt sowie die Kompetenzen Ihrer Profession, doch damit finden Sie kein Gehör. „So wird es ab jetzt gemacht, basta!".

▶ **Begrenzungsfaktor: Sie selbst (hier: Unmöglichkeit des Einhaltens einer therapeutischen Distanz wegen eines eigenen Schicksalsschlages).** Sie haben das Erstgespräch mit einer Klientin, die dringend Ihre Hilfe braucht, weil ihre 5-jährige Tochter vor einem halben Jahr bei einem Autounfall ums Leben gekommen und sie infolgedessen völlig verzweifelt ist und mit dem Leben überhaupt nicht mehr klar kommt. Alles weitere, was die Klientin sagt, bekommen Sie nicht mehr mit, weil Ihre eigene Tochter vor einigen Jahren beim Schlittschuhfahren ins Eis eingebrochen und ertrunken ist. Sie merken, dass Sie sich überhaupt nicht auf die Klientin konzentrieren können, weil Ihre Wunde, die nie richtig verheilt ist, ungebremst aufbricht.

In all diesen Fällen ist klar, dass Sie kein therapeutisches Angebot machen können (oder zumindest nicht dasjenige, das sich der Klient wünscht, bzw. eines, das ihm helfen würde). Sie selbst können also auf keinen Fall für ein „genügend gut" einstehen. Im letztbeschriebenen Fall liegt das auch noch im Bereich Ihrer eigenen Verantwortung. Auch hier wieder ist eine saubere Unterscheidung notwendig: „Schuld" ist nach wie vor nicht angemessen, denn selbstverständlich haben Sie sich Ihren Schicksalsschlag nicht selbst beigebracht, um diese Klientin nicht behandeln zu können. Aber natürlich liegt das Nicht-Zustandekommen einer Behandlung im Bereich Ihrer Verantwortung, denn es ist ja *Ihr* Schicksalsschlag (zur näheren Differenzierung von Schuld und Verantwortung vgl. Kapitel 5 und 6 in Noyon & Heidenreich, 2012).

Konsequenzen für die Arbeit mit den Klienten. Negative Gefühle wie Traurigkeit, Bedauern, Betroffenheit, Mitleid, Wut, Ärger etc. sind im Falle des Eintretens insbesondere dieser letzten Kategorie von Ideal-Real-Konflikten meistens unvermeidbar. Und leider gibt es in diesen Fällen noch nicht einmal mehr eine „genügend gute" Lösung. Sie sollten natürlich Ihren gesamten Handlungsspielraum ausreizen. Aber Sie müssen akzeptieren, dass es diese Kategorie hier gibt, sich also nicht jedes Bedingungsset so beeinflussen lässt, dass doch noch ein „genügend gut" machbar ist. Wenn Sie alles Menschen- und Therapeutenmögliche getan haben, wenn alle Ressourcen ausgeschöpft sind, wenn auch nach der Hinzuziehung von Intervision, Supervision und anderen Expertenberatungen keine Optionen erkennbar sind – dann bleibt Ihnen leider nur, dies klar mitzuteilen und den Klienten mit einer unbefriedigenden (Nicht)Lösung zu entlassen bzw. weiterzuverweisen. Möglicherweise verändert sich durch diese Setzung das Setting noch einmal, nämlich dadurch, dass für den Klienten „zweitbeste" Lösungsmöglichkeiten als Optionen nachrücken (z. B. im ersten Fall: „Na gut, wenn ich die Zwangsstörung also nicht loswerden kann, weil die Schizophrenie das größere Übel wäre – können Sie mir denn wenigstens dabei helfen, mit dem Zwang so gut wie möglich leben zu lernen?"); dann kann ein völlig neuer Auftrag entstehen, so dass die Situation diese Kategorie des zu großen Konflikts verlässt. Aber das ist nicht in allen Fällen möglich (z. B. im letztgenannten Beispiel; wenn Sie Ihre Möglichkeiten ausgeschöpft haben und trotzdem keine ausreichende Distanz zur Klientin herstellen können, dann bleibt nur die Weiterverweisung an eine Kollegin mit anderen Bedingungen).

Bezogen auf Ideal-Real-Konflikte im Arbeitskontext gehen wir analog zu den gerade gemachten Erwägungen davon aus, dass sich vielfach positive Veränderungen erzielen lassen – dennoch wird es vereinzelt Situationen geben, bei denen nur noch Hölderlins (im „Hyperion") Diktum umsetzbar ist: „Und ist er in ein Fach gedrückt wo gar der Geist nicht leben darf, so stoss ers mit Verachtung weg und lerne pflügen!" (1799, Hyperion, II. Band, 2. Buch, Brief LIX). Wir müssen es akzeptieren lernen: Wenn die Kluft zwischen Sein und Sollen zu groß ist, dann hilft auch noch so heftiges Wünschen nicht zu einer wunderbaren Änderung der Situation.

Auseinandersetzung mit der eigenen Position im Team. Im oben angeführten dritten Beispiel rund um den Chefarzt mit seinen Vorstellungen deuten wir exemplarisch Schwierigkeiten an, die für einen Mitarbeiter durch seinen Vorgesetzten entstehen können. Konflikte zwischen Vorgesetztem (z. B. Chefarzt, leitender Psychologe) und Angestelltem (z. B. Stationspsychologe, psychologischer Berater im Team) sind für den Angestellten häufig schwere Ideal-Real-Konflikte, weil das Lösungspotenzial mitunter gering ist – bedingt durch die Beziehungskonstellation hat der Mitarbeiter wenig Macht und somit eingeschränkte Kontrolle über die Situation. Zum spezifischen Problem kann das in der therapeutischen Arbeit insbesondere vor dem Hintergrund der Interventionswahl werden: Psychotherapeuten können häufig aus einer Fülle von Behandlungsmöglichkeiten wählen, von denen keine „richtiger" ist als die andere (wenngleich sich die Therapieforschung natürlich darum bemüht, immer striktere und präzisere Richtlinien zur Behandlung zu entwickeln). Besonders eklatant kann solch ein Widerspruch dann werden, wenn z. B. der leitende Psychologe eine ganz andere Therapieausbildung hat als sein Mitarbeiter. In solchen Fällen kann es passieren, dass wie im obigen Beispiel zwar fachlich betrachtet nur unterschiedliche Meinungen ohne Richtigkeitsanspruch aufeinander treffen, der Vorgesetzte seine Version aber aufgrund seiner Machtposition einfordern kann.

Wir raten in solchen Fällen dazu, die eigene Kompromissfähigkeit so weit wie möglich auszureizen und nicht zu früh in eine starre Blockadehaltung zu verfallen. Möglicherweise führen die vom Chef geforderten Veränderungen gar nicht zu den Katastrophen, die man als untergebener Therapeut oder Berater befürchtet, oder eventuell sind die Konsequenzen zumindest nicht zu gravierend. Doch natürlich wird man diese Kompromisstendenz nur so weit wie möglich verwirklichen können, nicht weiter; wenn persönliche Wertvorstellungen und Ideale über Gebühr in Widerspruch geraten, dann bleibt in Extremfällen wohl nur der Arbeitsplatzwechsel.

Dos	Don'ts
▶ Konflikte mit den Betroffenen offen ansprechen („Es gibt das Problem X, das es uns im Moment unmöglich macht, erfolgreich zu arbeiten. Wie ist Ihre Einstellung dazu?") ▶ Externe Hilfestellung suchen: Supervision, Intervision … manchmal stellen sich Situationen von außen betrachtet als weniger widersprüchlich dar als von innen erlebt ▶ Schuld und Bedauern sauber trennen ▶ Regelmäßig (mindestens einmal pro halbes Jahr) die eigene berufliche Situation analysieren und ggf. mit einer Person des Vertrauens besprechen („Welche Aspekte meiner beruflichen Tätigkeit stimmen mit meinen Werten und Zielen überein, welche sind problematisch?")	▶ Nach Perfektion streben („Ich kann nur zufrieden sein, wenn meine Arbeit perfekt ist. ‚Gut genug' zählt für mich nicht.") ▶ Realitätseinsicht verweigern („Es muss doch eine Möglichkeit geben! Wenn ich sie noch nicht gefunden habe, dann ist das nur ein Beweis dafür, dass ich blöd bin.") ▶ Eigene Gesundheit ignorieren: sich völlig ausbeuten, um auch in solchen Fällen noch Hilfe zu leisten, wo diese nur um den Preis des eigenen Wohlergehens noch realisierbar ist ▶ „Märtyrerrolle" einnehmen („Alles an dieser Organisation ist schlecht, nur ich bin okay.")

24 Verliebtsein bei Klienten

> In der Behandlung bei Ihnen ist Peter F., 33 Jahre, sichtlich aufgeblüht: Von seinem depressiven Verhalten ist nicht mehr viel übrig geblieben, und seit vier Stunden fällt Ihnen auch auf, dass er sich zunehmend schicker und modischer kleidet. In den Sitzungen ist er inzwischen regelrecht beschwingt, lebendig und hat sichtlich wieder Freude am Leben. Ein neues Licht fällt auf diese Verhaltensweisen, als er zur heutigen Stunde mit einem Bund roter Rosen erscheint, Ihnen diese noch in der Tür bei der Begrüßung entgegenhält und sagt: „Sie ahnen ja gar nicht, wie sehr Sie mir in den letzten Monaten geholfen haben. Sie sind einfach ein solch besonderer Mensch, und noch nie hat mich jemand so verstanden wie Sie. Schon lange wollte ich Ihnen das sagen, und heute finde ich endlich den Mut dazu. Ich habe mich in Sie verliebt, und ich will das nicht mehr unterdrücken."

Wir erleben häufig, dass Therapeuten in Ausbildung in der Supervision oder in Ausbildungsveranstaltungen angesichts der Idee, dass sich ihre Klienten in sie verlieben könnten, sehr erschrocken reagieren. Oft wird auch dem Gedanken Ausdruck verliehen, dass die Behandlung dann sofort beendet werden müsse. Wir möchten direkt vorweg schicken, dass das nicht der Fall ist und ein deutlich entspannterer Umgang mit dieser Thematik angemessen ist.

Verliebtheit ist „normal"
Es ist keine Seltenheit, dass sich Klienten in ihre Behandler verlieben (schon Sigmund Freud sprach von der „Übertragungsliebe"; Freud, 1915). Sehr viele Merkmale an der beraterischen oder therapeutischen Situation sind dazu geeignet, die Wahrscheinlichkeit hierfür zu erhöhen. Vieles, was hierfür relevant ist, beschreiben wir auch in Kapitel 14 „Persönliche Einladungen von Klienten sowie weitere Angebote zur Veränderung des Settings", weil diese einem direkten Verliebtheitsgeständnis häufig vorausgehen. Je intensiver ein Behandlungskontakt ist, desto größer ist häufig die Wahrscheinlichkeit, dass sich eine Verliebtheit entwickeln kann. Denn gerade bei sehr intensiven Behandlungen machen die Klienten mit ihren Behandlern sehr viele positive Erfahrungen, die ihnen im „normalen" Leben unter Umständen oft fehlen: Ihnen hört jemand zu, fühlt mit ihnen mit, leistet direkte Hilfe, entlastet sie, ist verlässlich, lacht mit ihnen usw. Durch diese Erfahrungen kann es zu einer Verklärung der Person des Behandlers kommen, die der Entstehung romantischer Gefühle Vorschub leistet. Da es sich bei all diesen Merkmalen um günstige Faktoren einer gelungenen therapeutischen Beziehung handelt, ist die Entstehung von Verliebtheit somit gewisserma-

ßen ein „Berufsrisiko" und nicht prinzipiell zu vermeiden. Das möchten wir in dieser Form auch deutlich hervorheben, da gerade unerfahrenere Therapeuten und Berater sich mitunter Vorwürfe machen, wenn sich Klienten in sie verlieben: „Das hätte nicht passieren dürfen, ich muss etwas falsch gemacht haben." Die Realität besteht vielmehr darin, dass so gut wie jeder Berater oder Therapeut mit mehrjähriger Berufserfahrung bereits mindestens einmal erlebt hat, dass sich ein Klient bzw. eine Klientin verliebt hat. Wenn wir in unseren Kursen die Frage stellen, wer der Anwesenden es schon erlebt hat, dass sich ein Klient in den Therapeuten bzw. die Therapeutin verliebt hat, dann zeigen bereits in den Kursen während der Therapieausbildung im Mittel 10 bis 20 Prozent auf; in Fortbildungen mit Personen mit mehrjähriger Berufserfahrung steigt der Wert drastisch auf 60 bis 80 Prozent.

Doch natürlich kann Verliebtheit bei Klienten auch ein Hinweis darauf sein, dass sich der Behandler unprofessionell verhalten hat. Ähnlich wie bei persönlichen Einladungen durch Klienten sollte sich ein Behandler selbstkritisch darauf prüfen, ob er sich unprofessionell verhalten hat und dadurch die Entstehung von Verliebtheit gefördert hat, z. B. durch flirtendes Verhalten oder das Übersehen von „Frühwarnzeichen" (vgl. unten). Sollte dies der Fall sein, so ist neben der weiteren Arbeit mit dem Klienten in jedem Falle eine selbsterfahrungsorientierte Supervision angemessen, um zu ermitteln, welche Motive diesem Verhalten zugrunde liegen und wie damit umgegangen werden kann. Sollten jedoch keine solchen Faktoren eine Rolle spielen, sondern sich die Verliebtheit aus einer professionell geführten Beziehung heraus ergeben haben, so hat sich der Behandler nichts vorzuwerfen, sondern muss im Folgenden nur einen weiterhin professionellen Umgang mit dieser Situation zeigen.

Bevor wir diesen schildern, möchten wir noch auf einen weiteren Sachverhalt hinweisen, der unter Umständen auch Selbsterfahrungsbedarf auslösen kann. Wie im „Normalleben" auch gibt es deutliche Unterschiede in der Häufigkeit, in der Berater und Therapeuten „Opfer" von Verliebtheit ihrer Klienten sind, und das unabhängig von der Professionalität des Verhaltens. Ein hierfür wesentlicher Faktor kann schlicht und einfach die Attraktivität von Behandlern sein. Überdurchschnittlich attraktive Menschen lösen nicht nur als „Privatpersonen" in ihrem sozialen Umfeld häufiger Begehrlichkeiten aus als weniger attraktive Menschen, sondern natürlich auch als „Professionelle" im beruflichen Kontext. Viele Forschungsbefunde unterstreichen, dass überdurchschnittliche körperliche Attraktivität mit positiveren Lebensperspektiven verbunden ist (Anderson, Adams & Plaut, 2008) – ein Befund, der unter anderem durch die Neigung erklärt werden kann, dass attraktiven Personen im Übermaß positive Eigenschaften zugeschrieben werden. So kann sich die Wahrnehmung des Behandlers als mitfühlende, sensible, tiefgründige ... Person noch weiter verstärken und die Idealisierung verdichten. Aus diesen Gründen sollten sich überdurchschnittlich attraktive Berater und Therapeuten klar machen, dass sie „weniger tun" müssen, um beim Klienten eine Verliebtheit auszulösen. Besondere Umsicht ist natürlich gerade dann geboten, wenn die allgemeinen Merkmale der Konstellation von Behandler und Klient die Entstehung von Verliebtheit begünstigen: Gegengeschlechtlichkeit (bzw. bei homosexuellen Klienten Gleichgeschlechtlichkeit), passender Altersabstand etc.

Doch auch physisch durchschnittlich oder weniger attraktiven Behandlern wird es in ihrem Berufsleben mit an Sicherheit grenzender Wahrscheinlichkeit passieren, dass sich Klienten in sie verlieben, da die „inneren Werte" in der beraterischen Situation naturgemäß eine große Rolle spielen. Unter Umständen kann eine solche Verliebtheit vom Klienten dann auch viel „überzeugender" vorgetragen werden, als wenn sie sich „nur" an einem schönen Äußeren schnell entzündet.

In diesem Zusammenhang ist auch das Privatleben der Berater von Bedeutung: Wer in seinem Privatleben häufig und regelmäßig Zuspruch in Form von Avancen erhält, der wird mit der Bewältigung solcher Situationen – also dem Ablehnen – schlicht geübter sein als jemand, der das selten erlebt. Im Extremfall kann für jemanden, der im Privaten kaum entsprechende Erfahrungen macht, die Verliebtheit eines Klienten eine totale Überforderung darstellen, während diesbezüglich Geübtere nur „einen weiteren Korb austeilen" müssen, das allerdings unter professionellen Bedingungen und besonders freundlich und rücksichtsvoll. Die besorgniserregendste Situation ist, wenn der Behandler durch die Verliebtheitsbekundungen des Klienten so verunsichert wird, dass er sich gar überlegt, darauf einzugehen. Dann ist eine der schwierigsten Situationen gegeben, die im therapeutisch-beraterischen Kontext entstehen können, – wir gehen darauf im Kapitel über Verliebtsein bei Behandlern ein (Kap. 25).

Die professionelle Reaktion auf Verliebtheitsbekundungen
Ähnlich wie im Kapitel über persönliche Einladungen (Kap. 14) vertreten wir natürlich auch bei Verliebtheit einen strikten Abstinenzstandpunkt. In diesem Abschnitt gehen wir von einem diesbezüglich klaren Behandler aus, der selbst nicht verliebt ist und sich deshalb „nur" mit der Frage auseinandersetzt, wie er dies seinem Klienten nun mitteilen soll und wie die Behandlung weitergehen kann. Alles Weitere rund um das Abstinenzgebot, gesetzliche und berufsrechtliche Regeln etc. beschreiben wir in Kapitel 25 über den verliebten Behandler.

Die akute Reaktion auf das Verliebtheitsgeständnis eines Klienten sollte zuerst der Ausdruck von Wertschätzung über die Offenheit des Klienten sein: „Ich bin froh, dass Sie das jetzt gesagt haben, denn so können wir nun darüber sprechen, was das bedeutet. Das ist viel besser, als wenn Sie Ihre Gefühle versteckt hätten." Wir halten es für günstiger, in den Dialog auf diese positive Weise einzusteigen, als sofort mit dem nun kommenden „Nein" zu antworten, weil das Äußern an sich nicht bestraft werden sollte. Doch in der Tat muss unmittelbar nach der Offenheitsanerkennung die Absage-Botschaft kommen. Dies ist natürlich einer der diffizilsten Teile des Dialogs, weil das „Nein" des Behandlers immer frustrierend, beschämend und unerwünscht ist. Der Negativitätsgrad wird dabei natürlich auch davon abhängig sein, wie ein Klient seine Gefühle äußert: Es macht einen großen Unterschied, ob sich ein Klient tatsächlich Hoffnungen macht, oder ob er sich zwar darüber im Klaren ist, dass es keine Liebesbeziehung geben wird, seine Gefühle aber nicht mehr verschweigen will. Je nach Grundsituation sind somit sehr unterschiedliche Absage-Botschaften möglich. In jedem Falle sollten diese rücksichtsvoll, wertschätzend und freundlich gegeben werden. Doch lässt sich auch bei umsichtigster Formulierung natürlich nicht der harte Charakter einer Grenzziehung vermeiden. Wir geben nun einige Formulierungsvorschläge, die sich der obigen Offenheitswürdigung anschließen können:

- „Ich kann mir vorstellen, dass das jetzt sehr schwer ist für Sie zu hören, aber ich möchte Ihnen sagen, dass ich nicht in Sie verliebt bin, und dass es zwischen uns keine andere Beziehung geben wird als die therapeutische."
- „Sie haben es in dem, was Sie sagten, ja schon angedeutet, dass Ihnen klar ist, dass wir keine Beziehung eingehen werden. Ich möchte das noch mal bestätigen, das ist so. Wir werden in unserer beraterischen Beziehung bleiben."
- „Ich möchte Sie nicht verletzen, aber wahrscheinlich tue ich genau das, wenn ich Ihnen jetzt sage, dass ich nicht in Sie verliebt bin, und ich deshalb möchte, dass wir bei unserer therapeutischen Beziehung bleiben. Diese kann ich Ihnen auch weiter anbieten, eine andere nicht."

Wie diese Formulierungen deutlich machen, sollte die Position zwar mitfühlend, aber klar und ohne Ausreden erfolgen. Letztere (z. B. „Aber Sie wissen doch, ich bin verheiratet!") könnten nämlich dazu führen, dass die Hoffnungen des Klienten nicht zerstört werden, sondern Phantasien entstehen („Sie hat nicht nein gesagt, vielleicht ist ihre Ehe ja nicht so gut, und da geht doch noch was!"), aber so grausam es auch klingen mag, genau um das Zerstören von Hoffnungen geht es hier. Deshalb muss der Behandler die volle Verantwortung für diese Entscheidung übernehmen und sich nicht auf externe Gründe beziehen, denn nur dann ist das Signal wirklich klar. Deshalb ist es auch günstig, in die beraterische Botschaft möglichst keine Inhalte oder Formulierungen einzubinden, die Argumentationspotenzial bieten:

- „Meine Berufsordnung lässt Beziehungen zwischen Therapeut und Patient nicht zu." – „Aha, aber ohne die Berufsordnung würden Sie schon wollen?!"
- „Ich *kann* [statt echter Ich-Botschaft: ich will/ich werde /...] Ihnen keine andere Beziehung anbieten als die therapeutische." – „Wieso *können* Sie nicht? Das heißt, *wollen* würden Sie schon?!"

Was in den Modellformulierungen auch anklingt, ist die deutliche Botschaft der Möglichkeit der Aufrechterhaltung der beraterischen oder therapeutischen Beziehung: Verliebtheit von Klienten ist kein Grund, die Behandlung abzubrechen! Hiermit soll auch Katastrophisierungen vorgebeugt werden. Natürlich kann Verliebtheit zum Störfaktor werden, aber das ist nicht zwangsläufig der Fall, deshalb sollten Behandler erst einmal ihr Angebot aufrecht erhalten und im Weiteren mit den Klienten gemeinsam prüfen, welche Bedeutung die Verliebtheit genau für die Behandlung hat und wie weiterhin damit umzugehen ist. Das kann wie folgt eingeleitet werden:

- „Wie haben sich Ihre Gefühle für mich entwickelt, und was war und ist von besonderer Bedeutung?"
- „Welche Bedeutung haben Ihre Gefühle für unsere Arbeit hier?"
- „Wie ist das in Ihrem Alltagsleben, abseits der Therapie? Wie geht es Ihnen da mit Verliebtsein, wie gehen Sie damit um?" [Klienten gegenüber sprechen wir möglichst von „Verliebtsein", nicht von „Verliebtheit", da Letzteres evtl. weniger ernsthaft klingt und sich Klienten deshalb möglicherweise in ihren Gefühlen nicht ernst genommen fühlen. Wem dies zu spitzfindig ist, der mag aber nach einer entsprechenden Reflexion gerne bei seinem Sprachgebrauch bleiben.]
- „Es kommt gar nicht so selten vor, dass sich Klienten in ihre Therapeuten verlieben [falls eine solche Normalisierung günstig zu sein scheint, was immer dann der Fall ist, wenn Klienten sich für ihre Gefühle deutlich zu schämen scheinen]. Lassen Sie uns doch mal gemeinsam überlegen, was alles in der Beziehung zwischen Berater und Klient dazu führen kann, dass sich der Klient verliebt." [Diese Intervention leitet nun auch ein, die Verliebtheit auslösenden Merkmale mit der Rolle des Therapeuten in Kontakt zu bringen und sie etwas von der Person selbst zu lösen.]
- „Ich kann mir vorstellen, dass es für Sie enorm schwierig war, mir das zu sagen. Und auch, dass Sie sich jetzt überhaupt nicht wohl fühlen. Möchten Sie etwas dazu sagen, wie es Ihnen jetzt geht, nachdem ich Ihnen gesagt habe, dass ich Ihre Gefühle nicht erwidern werde?"

Diese Vorschläge verdeutlichen, dass es in der weiteren Arbeit mit dem Klienten darum geht, die Gründe für sein Verliebtsein zu ermitteln, da hierdurch die Bedürfnisse des Klienten weiter verdeutlicht werden können. Daraus können sich für die weitere therapeutische Arbeit wichtige Impulse ergeben, nämlich im Sinne einer Verwirklichung dieser Bedürfnisse im Alltagsleben. Auch soll mit Hilfe dieser Interventionen geklärt werden, dass es insbesondere bestimmte therapeutische Rollenmerkmale sind, die Verliebtheit auslösen können. Es geht also darum, den Berater zu „ent-idealisieren" und zu verdeutlichen, dass die Verliebtheit des Klienten (zumindest zu einem bedeutsamen Teil) nicht die einzigartige und unverwechselbare Persönlichkeit des Therapeuten meint, sondern Merkmale seines professionellen Handelns. Das kann eine wichtige Grundlage dafür sein, sich im weiteren Behandlungsverlauf auch wieder vom Berater zu „entlieben", was nicht nur der Behandlung an sich zuträglich ist, sondern für den Klienten auch ein Reifungsschritt im Sinne des Anwendens bzw. Erwerbens einer wichtigen Fähigkeit im sozialen Alltagsleben ist.

Der letzte Gedanke zeigt bereits, wie wichtig es ist, die Bedeutung der Verliebtheit für die laufende Behandlung zu klären:

- „Was denken Sie, welche Bedeutung hat Ihr Verliebtsein für unsere Behandlung? Wie wollen Sie damit in der nächsten Zeit umgehen?"
- „Mein Behandlungsangebot bleibt bestehen. Aber wir sollten uns Gedanken darüber machen, wie sich Ihr Verliebtsein auswirken könnte. Wenn Sie noch mal an die Ziele denken, die Sie hier in der Therapie verfolgen ... Wie ist es mit diesen? Was müssen wir berücksichtigen?"

- „Wie kann ich Ihnen dabei helfen, dass Ihre Gefühle für mich nicht in Konflikt kommen mit unserer Arbeit hier?"
- „Sind Sie einverstanden, wenn ich in unserer weiteren Zusammenarbeit konkret anspreche, wenn ich bei irgendetwas die Vermutung habe, dass Ihre heute für mich geäußerten Gefühle von Bedeutung sein könnten?"

Im weiteren Verlauf der Behandlung sollte dann entsprechend auch darauf geachtet werden, die Entwicklung der Verliebtheit zu beachten und in ihrer Relevanz für den Behandlungsprozess zu erkennen. Nach unserer Erfahrung wird sich in vielen Fällen zeigen, dass Verliebtheit in Beratung und Therapie für den Klienten zwar einen krisenhaften Charakter haben kann, aber zumeist doch günstig ausgeht und die Behandlung nicht grundlegend stört. Aber es gibt natürlich auch andere Varianten. Wenn sich im weiteren Verlauf zeigt, dass ein „Entlieben" nicht möglich ist bzw. die Verliebtheit sich immer wieder in den Mittelpunkt drängt und ein Arbeiten an therapeutischen oder beraterischen Zielen unmöglich macht, dann muss dies vom Behandler offen angesprochen werden: „Ich möchte mit Ihnen noch mal die letzten sechs Stunden Revue passieren lassen, die Stunden, nachdem Sie mir gesagt hatten, dass Sie sich in mich verliebt haben. Wie sehen Sie diese Sitzungen?" – [Klientenantwort] – [Je nach Ausprägung an diese anknüpfend oder konfrontierend:] Ich habe den starken Eindruck, dass wir seitdem nicht mehr richtig arbeiten können. Ich merke das an … [Merkmale aufführen]. Wie sehen Sie das?" Je nach Verlauf dieses Dialoges kann sich unter Umständen noch mal eine weitere Probephase anschließen, in der der Klient sozusagen „beweisen" kann, dass die Behandlung doch funktioniert. Dabei sollte auch schon als Option in den Raum gestellt werden, dass im Falle des Nichtgelingens die Behandlung beendet werden sollte. Dies empfiehlt sich, damit im eventuellen nächsten Schritt – der Beendigung der Behandlung – nicht zum ersten Mal vom Behandlungsende gesprochen wird; erfahrungsgemäß fällt es Therapeuten äußerst schwer, „harte Konsequenzen" folgen zu lassen, wenn sie den Klienten diesbezüglich nicht vorab mindestens einmal „gewarnt" haben. Führt diese Probephase nicht zum Erfolg, dann bleibt dem Behandler nichts anderes übrig, als die gemeinsame Arbeit zu beenden: „Die letzten Stunden lassen aus meiner Sicht keinen anderen Schluss zu, als dass Ihr Verliebtsein nach wie vor sehr stark bestimmend ist für unsere Arbeit und unseren Umgang miteinander. Beratung kann so nicht funktionieren, und ich würde Ihnen schaden, wenn ich das noch weiter zulassen würde. Das will ich aber nicht tun, deshalb werde ich unsere Zusammenarbeit beenden. Das tut mir sehr leid, und um den Schaden so klein wie möglich zu halten, möchte ich mit Ihnen schauen, wie es jetzt für Sie weitergehen kann. Konkret meine ich damit, dass ich mit Ihnen gerne darüber sprechen würde, bei wem Sie die Behandlung fortsetzen könnten, denn ich möchte Sie auf keinen Fall alleine da stehen lassen." Es wird sich eine mehr oder weniger heftige Auseinandersetzung anschließen, in der sich der Behandler nicht auf inhaltliche Diskussionen seines Standpunktes einlassen sollte. Am Ende steht dann in jedem Falle die Überweisung an einen Kollegen, aber natürlich wird es kaum mehr gelingen können, solch eine Behandlung „in gutem Einvernehmen miteinander" abzuschließen.

Der Verdacht der Verliebtheit

Nicht immer werden Klienten ihre Verliebtheit so offen eingestehen wie in den bisherigen Ausführungen unterstellt. Häufig wird es ähnlich wie im Alltagsleben so sein, dass eher kleine Zeichen und Andeutungen den Verdacht erwecken, dass eine Verliebtheit im Spiel sein könnte. Berater und Therapeuten sollten sich darin schulen, solche Zeichen wahrzunehmen: Der Kleidungsstil ändert sich plötzlich zum Positiven/Freizügigen/Schicken, Blickkontakte in der Behandlung werden länger und intensiver, es häufen sich Fragen nach dem Privatleben des Behandlers, Idealisierungen werden deutlich und ausgesprochen („Sie sind wirklich eine ganz besondere Frau!"), Geschenke werden mitgebracht und immer persönlicher (statt der Flasche Wein zu Weihnachten Ihr aktuelles Aftershave mit der Bemerkung „Das rieche ich an Ihnen immer so gerne, ich habe es gleich erkannt, schon als ich das erste Mal hier war!") und noch vieles mehr.

Bemerkt der Behandler solche Signale, so sollte er erst einmal kritisch prüfen und genauer beobachten, ob sie sich häufen, und wenn ja, nach deren Bedeutung fragen: „Mir ist aufgefallen, dass Sie in den letzten drei Stunden häufiger, als ich das sonst von Ihnen kenne Fragen nach mir als Privatperson stellen. Hat das einen bestimmten Grund?" Wenn Klienten „Farbe bekennen", geht es dann so wie oben beschrieben weiter, aber es kann natürlich auch sein, dass sie sich weiter bedeckt halten. Dann ist es Aufgabe des Behandlers, nachzuhaken und den Dingen auf den Grund zu gehen: „Ich habe den Eindruck, dass sich unsere Beziehung aus Ihrer Sicht verändert hat bzw. dass Sie in unserem Zusammensein hier etwas anderes sehen als Therapie. Darauf komme ich wegen [Gründe angeben]. Wie sehen Sie das?" Gegebenenfalls kann es sich auch anbieten, direkter eine Klärung anzubieten: „Ich würde mit Ihnen gerne noch einmal darüber sprechen, wodurch sich Therapie und eine therapeutische Beziehung auszeichnen, was darin wichtig ist, wie unser Umgang miteinander aussieht. Wie sehen Sie unsere Beziehung? Wodurch zeichnet sie sich für Sie aus?" Mitunter werden alleine durch solche Klärungsangebote die Botschaft an den Klienten überbracht und Verhaltensänderungen eingeleitet. Es ist günstig, wenn man als Behandler nicht sofort „mit der Tür ins Haus fällt" und beim ersten Anzeichen fragt: „Sind Sie vielleicht in mich verliebt?", schließlich ist das für jeden Klienten eine belastende Situation, die als beschämend oder als Gesichtsverlust erlebt werden kann. Doch wenn Anzeichen sehr stabil und eindeutig bleiben, der Klient auf die vorsichtigen Gesprächsangebote wie oben illustriert aber nicht eingeht, bleibt im Extremfall nichts anderes übrig, als sehr konkret zu werden: „Ich habe es ja in den letzten Stunden einige Male angesprochen, dass mir an Ihrem Verhalten mir gegenüber einige Dinge aufgefallen sind. Sie haben dann stets geantwortet, dass das nichts Besonderes bedeutet. Ich tue mich schwer damit, das so zu verstehen. Ihre Verhaltensweisen [benennen] kommen mir so gar nicht bedeutungslos vor. Deshalb frage ich mich, ob vielleicht etwas dahintersteckt, worüber Sie aber nicht reden möchten. Konkret gesagt habe ich den Eindruck, dass Sie sich vielleicht in mich verliebt haben könnten / dass sich Ihre Gefühle für mich verstärkt haben / dass Sie mehr für mich zu empfinden begonnen haben [Wählen Sie die Formulierung, die so deutlich wie möglich und so wenig beschämend für den Klienten wie möglich ist]; zumindest würde mir das Ihr Verhalten in den letzten Stunden gut erklären. Liege ich damit richtig?" Wenn der Klient nun nicht sofort antwortet, dann kann es günstig sein, in diese Pause noch hineinzusagen: „Ich mache natürlich gerade etwas sehr Schwieriges: Ich habe ja selbst gesagt, dass ich mir vorstellen kann, dass Sie vielleicht nicht darüber reden möchten, und trotzdem frage ich Sie danach. Das tue ich deshalb, weil ich denke, dass Ihre Gefühle für unsere gemeinsame Arbeit sehr bedeutsam sind, wir sie nicht ignorieren können, und nur deshalb frage ich nach. Das ist bestimmt sehr unangenehm für Sie, aber ich glaube, es ist zu wichtig, als dass ich einfach darüber hinweg gehen möchte." Spätestens jetzt sollten sich die Dinge klären, womit es so wie im vorigen Abschnitt beschrieben weiter gehen kann.

Abschließend möchten wir noch einmal betonen, dass Verliebtheit von Klienten nicht zum Problem für Behandlungen werden muss. Es sind sogar positive Effekte denkbar, wie beispielsweise der Umstand, dass Verliebtheit einen größeren Grad der Selbstöffnung fördern kann (Kurth, 2004). Maßnahmen müssen erst ergriffen werden, wenn die Verliebtheit zum Problem für die beraterische Beziehung und damit den Behandlungsprozess wird.

Dos	Don'ts

▶ Klare Botschaften setzen:
  a) Würdigung der Selbstöffnung,
  b) Erklärung der Unveränderbarkeit der therapeutischen Beziehung,
  c) Klärung der Bedeutung für die weitere Arbeit
▶ Reflexion der eigenen Professionalität („Habe ich unangemessen zur Entstehung dieser Gefühle beigetragen?")
▶ Freundlich, rücksichtsvoll, unterstützend bleiben
	▶ Katastrophisieren („Oh Gott, furchtbar, er hat sich verliebt, jetzt ist alles ganz schwierig!")
	▶ So tun „als wäre nichts" („Ich spreche es lieber mal nicht an, vielleicht passiert ja nichts.")
	▶ Brüsk, harsch, empört reagieren („Es sollte Ihnen doch klar sein, dass es zwischen uns nichts geben wird!")
	▶ Identifikation mit dem Verliebtsein („Ich muss ein toller Mensch sein, wenn andere sich in mich verlieben.")

25 Verliebtsein von Behandlern

Sie sitzen abends zu Hause, und ertappen sich dabei, dass Sie zum wiederholten Male an Ihre Patientin Michelle F. denken. Sieben Termine hatten Sie bislang, und schon beim Erstgespräch war Ihnen klar, dass das eine ganz besondere Patientin ist. Sie wirkte so zerbrechlich und hilfsbedürftig auf Sie, was Sie schnell für sie einnahm. Das Leben hatte ihr übel mitgespielt, und alle Ihre Beschützerinstinkte sprangen an. Stets hängt sie Ihnen an den Lippen, und wenn Sie Ihre Erkenntnisse darlegen, dann blickt sie Sie aus ihren schönen großen Augen so dankbar an, dass es Ihnen ganz warm ums Herz wird. Sie freuen sich schon auf die morgige Stunde mit ihr, und Sie überlegen sich, ihr vielleicht doch lieber sogar zwei Stunden pro Woche anzubieten, um ihr noch viel besser helfen zu können …

Rechtliche Grundlagen
Wie im vorherigen Kapitel über „Verliebtsein bei Klienten" deutlich wurde, birgt die beraterische oder therapeutische Situation aufgrund der spezifischen Beziehungsmerkmale dieser Zusammenarbeit ein gewisses Potenzial, dass sich Klienten in Therapeutenrollenmerkmale verlieben können. Unter entsprechenden Bedingungen kann das auch umgekehrt geschehen: Spezifische Klientenmerkmale (z. B. Hilfsbedürftigkeit) treffen auf komplementäre Bedürfnisse auf Seiten des Behandlers (z. B. das Motiv, gebraucht zu werden), und so können auch Therapeuten und Berater sich in Klientenmerkmale verlieben und in die Gefahr geraten, die ihnen anvertrauten oder sich anvertrauenden Personen zu missbrauchen. „Missbrauchen" deshalb, weil wir hier unmissverständlich klar machen möchten: Liebesbedürfnisse des Behandlers haben in seiner Arbeit mit Klient/inn/en und Patient/inn/en nichts zu suchen! Hier gilt ein klares und umfassendes Abstinenzgebot. Entsprechend heißt es in § 174c des Strafgesetzbuches:

> „(1) Wer sexuelle Handlungen an einer Person, die ihm wegen einer geistigen oder seelischen Krankheit oder Behinderung einschließlich einer Suchtkrankheit oder wegen einer körperlichen Krankheit oder Behinderung zur Beratung, Behandlung oder Betreuung anvertraut ist, unter Missbrauch des Beratungs-, Behandlungs- oder Betreuungsverhältnisses vornimmt oder an sich von ihr vornehmen lässt, wird mit Freiheitsstrafe von drei Monaten bis zu fünf Jahren bestraft.
> (2) Ebenso wird bestraft, wer sexuelle Handlungen an einer Person, die ihm zur psychotherapeutischen Behandlung anvertraut ist, unter Missbrauch des Behandlungsverhältnisses vornimmt oder an sich von ihr vornehmen lässt.
> (3) Der Versuch ist strafbar."

Wichtig ist, dass der Tatbestand des Missbrauches auch durch das Einverständnis des Opfers nicht aufgehoben wird. Somit sollte sich ein jeder im psychosozialen Bereich Tätige schon allein aus rechtlichen Gründen bzw. der Abwendung persönlichen Schadens hier an eine glasklare Regel halten: In dem Moment, in dem Sie als Therapeut oder Berater eine Person in der Rolle eines Klienten kennenlernen, verliert diese Person automatisch ihr Potenzial als möglicher Partner in einer Liebesbeziehung. Diese Regel gilt kategorisch und absolut. Mancher mag dem entgegen halten, dass man immer wieder von „Einzelfällen" hört, in denen aus einem Therapeuten und seiner Patientin ein glückliches Paar geworden sei. Das mag so sein, doch wir halten es für klug, das als Ausnahmen von der Regel zu betrachten, und das eigene Verhalten sollte nicht an den Ausnahmen, sondern an der Regel orientiert sein. In aller Regel folgen für Klienten und Patienten, die sich mit ihren Therapeuten oder Beratern auf Liebes- oder sexuelle Beziehungen einlassen, massive Erschütterungen im Selbstwerterleben, Schuld- und Schamgefühle, Wut, Trauer, Depression und nicht selten sogar Suizidversuche (vgl. z. B. Abschn. 7.4. in Hutterer-Krisch, 2007). Grund für diesen in der Regel schlechten Ausgang von Liebesbeziehungen zwischen Therapeuten und Patienten ist dabei vor allem die ungünstige Konstellation, unter der die wechselseitige Faszination zustande kommt: Sie speist sich aus dysfunktionalen und potenziell psychopathologischen Bedürfnissen, und das sowohl auf Seiten des Klienten (insbesondere dann, wenn dieser eine manifeste psychische Störung aufweist) als auch des Therapeuten oder Beraters (der offensichtlich in seinem Alltagsleben derart deutliche Defizite aufweist, dass er mit seinen privaten Bedürfnissen nicht angemessen umgehen kann und diese mit in die Therapie nimmt). Entsprechend lesen sich „Täter-Typologien" bei sexuellem Übergriff in der Psychotherapie großenteils auch nicht allzu schmeichelhaft: So unterscheiden Schoener und Gonsiorek (1989) die folgenden Therapeutentypen, die zum Patientenmissbrauch neigen (Begriffsverwendungen übersetzt aus dem englischen Originaltext):

- „Uninformiert Naive", die aufgrund unzureichender Ausbildung und mangelnder Persönlichkeitsreifung übergriffig werden;
- Gesunde bzw. „durchschnittlich Neurotische", die nur einmal auffällig werden und für den Vorfall auch die volle Verantwortung übernehmen;
- „Schwer Neurotische" und/oder „Sozial Isolierte", für die Therapie der zentrale Lebensinhalt ist, und die aufgrund einer häufig langen persönlichen Vorgeschichte psychischer Störungen unfähig sind, ihre Bedürfnisse in einem angemessenen Privatleben zu befriedigen;
- „Impulsiv Charaktergestörte" mit Problemen in der Triebkontrolle;
- „Soziopathische oder narzisstische Charaktergestörte", die ähnlich der vorigen Gruppe handeln, nur stärker berechnend und mit klarer krimineller Energie (Vertuschungsmaßnahmen).

Maßnahmen für den Umgang mit Verliebtheit bei Therapeuten und Beratern
Wir sind in diesem Kapitel stärker als in den anderen vor dem Beschreiben der konkreten Vorgehensweise auf die Grundlagen der problematischen Situation eingegangen, um die wichtigste und erste Maßnahme, die im Falle einer Verliebtheit des Behandlers zu ergreifen ist, zu begründen: Sofort die „Reißleine" ziehen und so schnell wie möglich einen Supervisor des persönlichen Vertrauens aufsuchen und die gesamte Geschichte offenlegen! Denn wie die bisherigen Ausführungen zeigen sollten, liegen Verliebtheiten von Therapeuten und Beratern in aller Regel selbsterfahrungsrelevante Bedingungen zugrunde, und dieser Situation wohnt, falls sie nicht professionell gehandhabt wird, ein erhebliches Schadenspotenzial inne – sowohl für den Klienten als auch für den Behandler.

Bedauerlicherweise ist gerade dieser Bereich natürlich dazu geeignet, bei betroffenen Beratern und Therapeuten große Scham und einen Geheimhaltungsimpuls auszulösen. Wir können hier nur dringend dazu ermahnen, dem nicht zu folgen, sondern darauf zu bauen, dass ein guter Supervisor für eine solche Entwicklung Verständnis aufbringen wird und nicht an Bestrafung, sondern an einem bestmöglichen Gestalten der Situation interessiert sein wird. Je früher Sie reagieren, desto geringer wird der Schaden für alle Beteiligten bleiben und umso geringer somit auch die Konsequenzen, die es im Falle des Falles zu tragen gilt.

Es handelt sich hier um eine Situation, in der das unmittelbare Verhalten dem Klienten gegenüber natürlich allererste Bedeutung hat, aber ausschließlich im negativen Sinne: Sie sollen hier – vor allem spontan und akut – erst einmal gar nichts tun! Wenn Sie Verliebtheitsgefühle bei sich bemerken, dann ist es nicht der Klient, mit dem das zu klären ist. Das ist diesem auch nicht mitzuteilen, zu keinem Zeitpunkt. Der direkte Weg führt zum Supervisor, auch dann, wenn Sie schon (lange) nicht mehr in einer (Therapie)Ausbildung sind. Alles Weitere ist mit diesem zu besprechen.

Auch hier ist, wenn frühzeitig reagiert wird, keinerlei Katastrophisieren angezeigt. Es ist an sich noch gar nichts Schlimmes, sich in einen Klienten zu verlieben, denn schließlich sind Klienten nicht nur Klienten, sondern auch „Menschen", womit Sympathie und Attraktion natürlich nicht ausgeschlossen sind. Hiermit ist auch verdeutlicht, dass Sie einen Klienten natürlich attraktiv, sexuell anziehend etc. finden dürfen. Es darf hier nur nie zu einer Verwirklichung von Phantasien kommen. Die Grenze hierzu wird bei echter Verliebtheit jedoch schnell überschritten. Stattdessen muss geklärt werden, welche Probleme und Faktoren dem Verliebtsein zugrunde liegen. Sofern diese in der Supervision bearbeitet und gelöst werden können, ist auch eine begleitende Fortführung der Behandlung denkbar. Aber dafür muss sichergestellt sein, dass die Gefühle des Behandlers den Prozess nicht stören. Das kann ein Betroffener häufig aufgrund der bei Verliebtheit nicht seltenen Realitätsverzerrung nicht selbst beurteilen, weshalb hier eben der enge Kontakt zum Supervisor vonnöten ist.

Sollte sich zeigen, dass eine Fortführung der Behandlung nicht möglich ist, so muss diese natürlich abgebrochen werden. Die hier beschriebene Situation ist eine der sehr wenigen, bei denen wir es nicht für günstig halten, dem Klienten die Wahrheit zu sagen. Denn vom eigenen Therapeuten eröffnet zu bekommen, dass dieser sich verliebt hat, kann eine Vielzahl schwieriger Emotionen auslösen: Verunsicherung und Schuldgefühle („Habe ich ihn ermutigt? Habe ich mich falsch verhalten?"), Sehnsüchte und Hoffnungen („Was für ein Glück, ich liebe ihn ja auch, wir können eine Beziehung eingehen!") und anderes mehr. Natürlich ist prinzipiell auch denkbar, dass ein Patient eine solche Rückmeldung positiv verarbeitet („Wenn er sich in mich verliebt, dann muss ich ja echt klasse sein."), aber die Risiken sind zu groß und wiegen hier den potenziellen Gewinn in keiner Weise auf. Deshalb ist es aus unserer Sicht empfehlenswert, die Behandlung unter einem akzeptablen Vorwand zu beenden. Dieser muss dabei vollständig im Verantwortungsbereich des Behandlers liegen. Es ist sehr schwierig, hier ein wirklich völlig geeignetes und „nebenwirkungsfreies" Modell zu finden. So verbieten sich zum Beispiel Begründungen im Sinne von „Ich bin nicht kompetent genug, Ihr Problem weiter zu behandeln. Ich möchte Sie zu einem erfahreneren Therapeuten überweisen.", weil der Klient daraus im Umkehrschluss zu der (falschen) Überzeugung gelangen könnte, ein schwerer und hoffnungsloser Fall zu sein. Aus unserer Sicht lautet die noch tauglichste Variante wie folgt: „Leider ist in meinem Privatleben etwas passiert, was für mein therapeutisches Arbeiten sehr bedeutsam ist, und zwar im schädigenden Sinne. Ich kann zu [konkretes Problem des Patienten] keine therapeutisch notwendige Distanz mehr einnehmen, und ohne die kann ich nicht arbeiten. Deshalb stecke ich gerade mit Patienten wie Ihnen, die Hilfe bei [Lösung des konkreten Patientenproblems] brauchen, im Dilemma. Ich würde die Behandlung mit Ihnen zwar gerne fortführen, aber aus dem genannten Grund geht es nicht; ich bin dafür im Moment kein geeigneter Therapeut. Und da ich nicht weiß, wie lange das so bleibt, überweise ich gerade alle Patienten mit [Problem X] zu Kollegen, bei denen sie besser aufgehoben sind." Auch diese Variante ist nicht ohne Nachteile, da sie beim Klienten zum Beispiel Sorgen um den Behandler auslösen kann. Es ist somit wichtig, in der folgenden Bearbeitung auf alle Bedenken, Sorgen, Fragen etc. des Klienten einzugehen und diesen in vollem Umfange zu entlasten: „Ich höre, dass Sie sich um mich Sorgen machen. Das ist sehr nett von Ihnen, aber das brauchen Sie nicht. Ich kümmere mich in solchen Fällen stets gut um mich und habe mir auch schon Hilfe gesichert.").

Wir möchten nicht ausschließen, dass es in bestimmten Fällen durchaus die bessere Wahl sein könnte, dem Klienten die Wahrheit zu sagen. Dabei handelt es sich aber um sehr spezielle Fälle, in denen vorher gründlich geklärt und abgesichert werden muss, dass durch die Eröffnung der Verliebtheit beim Klienten eben nicht die oben angeführten negativen Konsequenzen zu befürchten sind. Das kann nur in einer sehr intensiven supervisorischen Einzelfallanalyse erfolgen, weshalb wir zu diesem Punkt hier nicht weiter ins Detail gehen.

Und wenn ich doch die Ausnahme bin?
Die bis hierher vertretene Position ist sehr klar, eindimensional und dadurch natürlich auch leicht zu befolgen – ein striktes „niemals" lässt keine Probleme mit Grauzonen aufkommen. Natürlich sieht die Landschaft der helfenden Berufe insgesamt komplizierter und vielschichtiger aus. Deshalb wollen wir nun noch einen Blick auf die Ausnahmen werfen, auch auf die Gefahr hin, das bisher Dargestellte damit wieder etwas zu verwässern.

Als Ansatzpunkt soll dabei noch einmal der eingangs zitierte Paragraph aus dem Strafgesetzbuch in Erinnerung gebracht werden. Dort wird klar geregelt, in welchen Fällen das Eingehen einer Beziehung mit einem Klienten bzw. Patienten strafbar ist. Wie bei Lektüre des Gesetzes deutlich wird, werden durch es Personen geschützt, die aufgrund diagnostizierbarer Einschränkungen tatsächlich auch schutzbedürftig sind. Dies lenkt den Blick noch einmal darauf, dass es bei den hier besprochenen Regeln natürlich in allererster Linie um den Schutz der Patienten geht. Durchaus gerechtfertigt ist damit auch die Frage, was denn ist, wenn dieser Schutz nicht erforderlich ist. Häufig wird uns die Frage gestellt, was denn zum Beispiel *nach* einer Behandlung für Regeln gelten? Wie ist zu verfahren, wenn ein Patient kein Patient mehr ist?

Eine sehr knappe und nicht allzu hilfreiche Äußerung dazu findet sich in der Berufsordnung für Psychotherapeuten, wie sie von den Psychotherapeutenkammern erlassen wird. So ist z. B. in der Berufsordnung der Psychotherapeutenkammer Hessen in § 3 zu lesen: „(3) Sexuelle Kontakte zu Patientinnen und Patienten sind unzulässig. […] (7) Auch nach Abschluss einer Behandlung entspricht es dem professionellen Standard, die abstinente Haltung zu beachten" (Psychotherapeutenkammer Hessen, 2004). Die Formulierung in § 13, Absatz 7, ist natürlich relativ schwammig, denn ein klares Gebot oder Verbot ist hiermit nicht verbunden.

Inhaltlich deutlich differenzierter sind die Ethikrichtlinien der American Psychological Association, die wir hier in ihren relevanten Passagen übersetzt wiedergeben möchten:

> „10.05 Sexuelle Kontakte mit aktuellen Klienten. Psycholog/inn/en gehen keine sexuelle Beziehung zu ihren aktuellen Klient/inn/en ein.
> […]
> 10.08 Sexuelle Kontakte mit früheren Klienten. (a) Psycholog/inn/en gehen mindestens in den ersten beiden Jahren nach Abschluss einer Behandlung keine sexuelle Beziehung mit früheren Klient/inn/en ein. (b) Psycholog/inn/en gehen auch nach Ablauf der 2-Jahres-Frist keine sexuelle Beziehung zu früheren Klient/inn/en ein, außer es liegen sehr ungewöhnliche Umstände vor. Psycholog/inn/en, die im Anschluss an die Zweijahresphase, die seit dem Ende der Behandlung verstrichen ist und in der keinerlei sexueller Kontakt mit dem/der früheren Klienten/Klientin stattgefunden hat, eine sexuelle Beziehung zum/zur Klienten/Klientin aufnehmen, tragen die Verantwortung dafür aufzuzeigen, dass im jeweiligen Fall keine Ausbeutung vorliegt, unter Berücksichtigung aller relevanter Faktoren, darunter (1) der Zeit, die seit dem Therapieende verstrichen ist; (2) der Natur, Dauer und Intensität der Therapie; (3) der Umstände

des Therapieendes; (4) der persönlichen Geschichte des/der Klienten/Klientin; (5) dem aktuellen Gesundheitszustand des/der Klienten/Klientin; (6) der Wahrscheinlichkeit eines negativen Einflusses auf den/die Klienten/Klientin; sowie (7) jeglicher Aussagen oder Handlungen seitens des/der Therapeuten/Therapeutin im Verlauf der Therapie mit dem Hinweis auf oder der Einladung zu einer sexuellen oder romantischen Beziehung nach Ende der Therapie."
(APA, 2010)

Es wird deutlich, dass sich die APA-Autoren große Mühe dabei geben, so exakt wie möglich zu operationalisieren, unter welchen Bedingungen befürchtet werden muss, dass von der Aufnahme einer sexuellen Beziehung zu einem Klienten bzw. Patienten Gefahren für diesen ausgehen. Jedem kritischen Leser wird aber bei der Lektüre der hier referierten Paragraphen klar sein, dass es umfangreiche Kritik- und Diskussionsmöglichkeiten gibt.

Wir möchten uns fokussieren auf die Schutzfunktion, die mit dem Abstinenzgebot verbunden ist. Darauf ist aus unserer Sicht das Hauptaugenmerk zu richten. Es kann nicht sinnvoll sein, Therapeuten unangemessen zu kriminalisieren, aber noch wichtiger als dies ist der Schutz des Patienten. Ausnahmen von den hier diskutierten Abstinenzgeboten sind somit nur dann überhaupt denkbar, wenn eine solche Gefährdung ausgeschlossen werden kann. Wir sind der Ansicht, dass diese Frage nur im Rahmen des konkreten Kontexts und in Kenntnis der betroffenen Person wirklich gründlich betrachtet werden kann. Um es an konkreten Beispielen deutlich zu machen: Wenn Sie sich in Ihrer psychotherapeutischen Praxis in Ihre unter einer emotional instabilen Persönlichkeitsstörung leidende Patientin verlieben, dann stehen wir strikt und ohne Ausnahme zur Verpflichtung der Einhaltung des Abstinenzgebots, denn wir wären in diesem Fall nicht nur sehr klar im strafrechtlichen Bereich, sondern auch psychologisch betrachtet handelt es sich hier um eine Patientin, die bei einem Eingehen einer Beziehung extreme Risiken zu tragen hat und höchstwahrscheinlich durch sexuelle Avancen des Therapeuten schwer geschädigt werden würde. Lernen Sie hingegen im Rahmen einer Erziehungsberatung eine alleinerziehende Mutter kennen, die frei von psychischen Störungen ist und Sie einmalig aufsucht, um sich genauer erklären zu lassen, wie ein verstärkerplanbasiertes Vorgehen im Rahmen der Kindererziehung funktioniert, dann ist die Sachlage eine andere. Es handelt sich in diesem Fall nicht um eine „Patientin" im strengen Wortsinn, sondern um eine Klientin, bei der keine Faktoren (wie z. B. psychische Störungen) vorliegen, die den Kontakt massiv von einem Kennenlernen in einem weniger einschlägigen beruflichen Bereich (z. B. Steuerberater, Architektenbüro …) unterscheiden. In solchen Fällen, in denen Sie Ihre Klienten in einem nicht-therapeutischen Kontext kennenlernen, *und* Sie sicherstellen können, dass keine Faktoren vorliegen, die eine Gefährdung wahrscheinlich machen, halten wir eine kritische Prüfung des Abstinenzgebots zumindest für begründbar. Wir sprechen hier somit von Fällen, in denen der Dienstleistungscharakter der psychologischen Arbeit ganz eindeutig im Vordergrund steht und es keine wie auch immer geartete therapeutische Komponente gibt. Nur weil im Beraterstuhl ein Psychologe sitzt, muss die entstehende Beziehung nicht automatisch mit einem Verbot der Privatisierung verbunden sein, auch wenn das sicherlich in den meisten Fällen durch den Charakter der psychologischen Tätigkeit doch der Fall ist. Wir haben oben ein Ausnahmebeispiel geschildert. Aufgrund der großen Brisanz der Sachlage möchten wir aber eindringlich dazu raten, einen solchen Fall nicht alleine zu prüfen, sondern sich erst einmal komplett an die Abstinenzregel zu halten und den konkreten Fall mit einem externen Supervisor durchzusprechen. Denn als „verliebter Beteiligter" ist höchstwahrscheinlich nicht mehr nüchtern prüfbar, ob tatsächlich eine reine Dienstleistungsbeziehung wie zwischen einem Steuerberater und seinem Mandanten vorliegt, oder ob nicht doch therapienahe Elemente mit eine Rolle spielen, die Elemente der Imbalance und Gefährdung nach sich ziehen, die wiederum die Aufrechterhaltung des Abstinenzgebots erzwingen.

Fazit
Wie unsere Ausführungen in diesem Kapitel gerade im Vergleich zum Kapitel 24 über verliebte Klienten deutlich machen, ist die Situation eines verliebten Behandlers auf jeden Fall ein ernsterer Sachverhalt, der einer sehr gründlichen Prüfung bedarf. In nahezu allen Fällen befürworten wir strikt die Einhaltung des Abstinenzgebots, sowohl bei laufenden Behandlungen als auch nach dem Ende einer Therapie. Dies gilt in absoluter Konsequenz für alle Kontakte, in denen die uns anvertrauten Klienten und Patienten von Schädigung bedroht sind. Dies halten wir im psychotherapeutischen Bereich für immer gegeben, weshalb sich im Bereich ambulanter und stationärer Psychotherapie für uns keinerlei Ausnahmen vom Abstinenzgebot erkennen lassen. Je weiter sich der konkrete Arbeitskontext von Psychotherapie entfernt, desto eher können auch Ausnahmen von der Regel denkbar sein, wobei wir die entsprechenden Formulierungen der Ethikrichtlinien der APA bedenkenswert finden. Die Beurteilung des konkreten Kontexts und des ihm innewohnenden Schädigungspotenzials wird in aller Regel den betroffenen Psychologen überfordern; deshalb erachten wir die hier beschriebene Situation der Verliebtheit von Behandlern von allen in diesem Buch beschriebenen Situationen als eine derjenigen mit dem zwingendsten Supervisionsbedarf.

Dos	Don'ts
▶ Sofort Kontakt zu einem Supervisor des persönlichen Vertrauens aufnehmen und in voller Offenheit alles berichten ▶ Ggf. Therapiestunden unter Vorwand absagen, um mehr Zeit zu bekommen ▶ Kristallklares Einhalten aller Settingregeln und sonstiger Normen (Gesprächsdauer, Formalien, Sachlichkeit etc.) ▶ Therapie mit geeigneter Begründung beenden und Klienten überweisen, wenn die eigene Verliebtheit nicht unter Kontrolle zu bringen ist	▶ Mit dem Feuer spielen („Vielleicht legt sich das ja wieder, ich mach einfach mal weiter, da wird schon nichts passieren.") ▶ Sich mit dem Klienten auf Dinge abseits der Therapie einlassen (Treffen, Berührung etc.); hier gilt das Abstinenzgebot! Übertretungen fallen in den Bereich des Strafrechtes! ▶ Dramatisieren („Oh Gott, das hätte mir nie passieren dürfen. Ich muss ein Katastrophentherapeut sein, sonst hätte es mir nie passieren können, mich zu verlieben."); es gilt: Die Phantasie ist noch gar kein Problem, erst die Umsetzung wird eines! ▶ Verliebtheit „mit sich selbst ausmachen"

26 Wenig Eigenverantwortung

„Ich kann da wirklich nichts dafür, dass es mir so mies geht", berichtet Manfred S., „das ist alleine die Schuld meiner Frau. So wie die mit mir umgeht, da kann es einem nur schlecht gehen, das sage ich Ihnen. Den ganzen Tag nervt sie an mir herum; das geht los nach dem Aufstehen und endet erst nach dem Einschlafen wieder." Im weiteren Gespräch zeigt sich, dass nach Ansicht von Herrn S. „der Ball nun wirklich im Feld meiner Frau liegt" und es an ihr sei, etwas zu verändern, er könne da nur abwarten. Auf Ihre Frage, wie Sie ihm denn nun helfen könnten, blickt er Sie nur konsterniert an: „Ja, Sie sind doch der Experte!"

Berater und Therapeuten werden mit den unterschiedlichsten Problemen konfrontiert, bei denen sie Hilfe leisten sollen. Diese sind thematisch und strukturell von solcher Vielfalt, dass sich kaum sinnvoll gemeinsame Nenner finden lassen. Einer der wenigen dieser gemeinsamen Nenner besteht jedoch darin, dass Beratung und Therapie fast immer Hilfe zur Selbsthilfe sind. Es handelt sich somit nicht um Maßnahmen, die der Behandler am Behandelten ohne dessen Zutun vollzieht. Vielmehr ist der Berater ein Begleiter, der zwar Anteil am Gesamtprozess hat, der eigentlich Aktive ist jedoch der Klient. Gegenstand dieser Aktivität ist dabei stets Veränderung. Diese ist der Dreh- und Angelpunkt einer jeden Beratung oder Therapie: Ohne Veränderung kann es keinen Fortschritt, keine Entwicklung geben.

Sinnvolle Veränderungen sind in unserem Arbeitsfeld nur erreichbar, wenn unsere Klienten persönliche Verantwortung für den Veränderungsprozess übernehmen, das heißt, wenn sie Ziele finden, die sie aus eigener Kraft zu erreichen können glauben, und diese dann auch anstreben. Natürlich gibt es hiervon auch Ausnahmen: Ein Patient mit einer akuten Schizophrenie hat keine persönliche Verantwortung für seinen akuten Zustand und dessen Veränderung, weshalb ihm diese folgerichtig dann auch abgenommen und in die Hände der behandelnden Ärzte einer geschlossenen psychiatrischen Klinik gelegt wird. Doch für die allermeisten Klienten und Problemlagen gilt der Grundsatz der (zumindest teilweisen) Eigenverantwortlichkeit.

Bedeutung des subjektiven Behandlungsmodells
Darin unterscheiden sich Beratung und Therapie beispielsweise recht grundsätzlich von einem zwar veralteten, von Patienten jedoch häufig favorisierten medizinischen Behandlungsansatz: Viele Menschen haben die Auffassung, dass eine Behandlung dadurch gekennzeichnet ist, dass sie dem Arzt lediglich ihre

Symptome und Beschwerden schildern müssen und anschließend abwarten, welche Diagnose der Arzt ausspricht und welche Behandlung sich daraus ergibt („Bring-in"-Mentalität). Ideal ist es aus Sicht von Patienten mit dieser Haltung dann, wenn der patienteneigene Beitrag zum Heilungsprozess minimal ist, beispielsweise ausschließlich in der regelmäßigen Einnahme von Tabletten besteht. Das ist nachvollziehbar, denn schließlich ist ein Minimum an eigenem Beitrag auch mit einem Minimum an persönlichem Aufwand verbunden, was der eigenen Bequemlichkeit wiederum maximal zugutekommt. Jahrzehntelang ist diese Haltung von Patienten gerade auch durch Ärzte unterstützt worden, weil ein die Behandlung passiv hinnehmender Patient als unkomplizierter Patient wahrgenommen wurde. Erst in den letzten Jahren mehren sich Ärzte, die aktiv sich beteiligende, kritische und motivierte Patienten ausdrücklich begrüßen. Dementsprechend sind moderne medizinische Behandlungsparadigmen nicht in erster Linie an der „Compliance" (d. h. der regelmäßigen Einnahme von Medikamenten) orientiert, sondern betrachten in erster Linie die „Adhärenz" (also den Grad, in dem sich ein Patient an einem im Idealfall gemeinsam vereinbarten Behandlungsplan orientiert). Darüber hinaus wird als Entscheidungsgrundlage das sogenannte „Shared Decision Making" betont, bei dem Arzt und Patient gemeinsam aktiv werden: Während der Arzt Experte für mögliche Interventionen und deren Erfolgsaussichten ist, wird der Patient als Experte für sein Werte- und Normensystem in den Entscheidungsprozess einbezogen. Die Behandlung erfolgt schließlich, nachdem der Patient sein informiertes Einverständnis („Informed Consent") erklärt hat.

Dies wurde hier deshalb so ausführlich beschrieben, weil wir trotz aller neuen Entwicklungen in der Medizin als Berater und Therapeuten bei unseren Klienten damit rechnen müssen, dass sie eine solche für die Behandlung problematische Haltung aufweisen. Vor allem niedergelassene Psychotherapeuten, aber auch andere in unserem Bereich Tätige werden von ihren Klienten häufig in das ärztliche Behandlungssystem eingereiht und insofern ähnlich behandelt bzw. wahrgenommen wie Ärzte auch. Nicht umsonst werden Sie als niedergelassener Psychotherapeut nicht selten als „Frau Doktor" oder „Herr Doktor" tituliert werden, ob Sie nun promoviert oder Arzt sind oder nicht. Wir sollten somit grundsätzlich damit rechnen, dass unsere Klienten eine Erwartung haben, die sich durch den Satz „Hier sind meine Probleme, jetzt weißt du Bescheid, du bist der Experte, dann mach mal." charakterisieren lässt.

„Ich bin nicht schuld!"
Kern des Problems ist somit die Verlagerung der Verantwortung für den Veränderungsprozess von sich selbst weg auf den Behandler oder auf einen externen „Schuldigen", so wie im einleitenden Fallbeispiel geschildert: „Er hat mir die Suppe eingebrockt, jetzt soll er sie auch wieder auslöffeln." Von der Perspektive der Fairness aus betrachtet ist diese Haltung natürlich völlig nachvollziehbar: Es ist einfach nur „unfair", wenn ich ein Problem beseitigen muss, das ich gar

nicht selber hervorgerufen habe. Unserer Erfahrung nach lassen sich viele Klienten durch diesen Gedanken von eigener effektiver Problemlösung abhalten. Sehr häufig ist eine Variante dieser Haltung bei Menschen zu finden, die in ihrer Vergangenheit traumatisiert wurden bzw. erheblichen Ungerechtigkeiten ausgesetzt waren (etwa nach sexuellem Missbrauch in der Herkunftsfamilie): In solchen Fällen kommt es u. U. zu Befürchtungen, dass eine erfolgreichere Bewältigung des eigenen Lebens in gewissem Sinne dem Missbrauchenden Recht gibt („Wenn sie so gut mit ihrem Leben zurechtkommt, kann es nicht so schlimm gewesen sein, wie sie immer behauptet."). Wir möchten an dieser Stelle lediglich auf Interventionen verweisen, die z. B. Marsha Linehan (1996) im Rahmen ihrer „dialektischen Verhaltenstherapie" entwickelt hat: Unter der Bezeichnung „interpersonelle Effektivität" beschreibt sie Methoden, die es Menschen ermöglichen, erlittenes Unrecht „stehenzulassen" und sich auf zielführende Weise mit weiteren Aktivitäten zu beschäftigen, statt im Versuch stecken zu bleiben, den Missbraucher mit eigenem Leiden zu „bestrafen".

Die bisherigen Ausführungen machen deutlich, dass es bei Klienten des hier beschriebenen Zusammenhanges somit sehr wichtig ist, zwischen dem „Störungsmodell" und dem „Lösungsmodell" zu unterscheiden (bzw. diese Unterscheidung innerhalb eines umfassenden Störungsmodells zu treffen): Es kann gut sein, dass ein Klient für sein Problem (scheinbar) keine persönliche Verantwortung trägt, also „jemand anderes schuld ist". Das ist dann noch kein prinzipielles Hindernis für Beratung und Therapie. Ein solches entsteht erst dann, wenn der Klient in seinem persönlichen Handlungsspielraum auch keine Möglichkeiten sieht, Lösungen anzustreben. Das Minimal-Motto muss somit lauten: „Ich habe zwar gar keine Schuld an meinem Problem, und eigentlich müsste X. jetzt für mich die Kohlen wieder aus dem Feuer holen, aber das tut er nicht. Also kümmere ich mich selbst darum, auch wenn das total unfair ist." Genau zu dieser Haltung sind viele Klienten aus Trotz nicht bereit: „Aber er ist doch schuld, nicht ich!"

Der Umgang mit dysfunktionalen Behandlungsmodellen und passiv machendem Trotz

Aus diesen grundsätzlichen Ausführungen ergeben sich nun auch die angemessenen beraterischen oder therapeutischen Reaktionen. Zuerst muss beim konkreten Klienten genauer geklärt werden, welche der im vorangegangenen beschriebenen Problemlagen vorliegt. Handelt es sich um eine falsche (weil zum Beispiel nach dem medizinischen Modell geprägte) Vorstellung von Beratung oder Therapie? Dann muss die Thematik erarbeitet und verändert werden. Dabei ist es gut, mit Vergleichen zu arbeiten: „Wenn Sie Zahnschmerzen haben, dann gehen Sie zum Zahnarzt, sagen, wo es wehtut, machen anschließend den Mund auf und lassen die Behandlung über sich ergehen. Viel mehr müssen Sie nicht machen. Das ist in unserer Arbeit sehr anders." Und im Weiteren beschreiben Sie, wie Ihre Arbeit funktioniert, wobei Sie einerseits nicht beschönigen und die Notwendigkeit der

Eigenbeteiligung sehr deutlich artikulieren, andererseits aber auch Verständnis für die vom Klienten gezeigte Haltung aufbringen und diese validieren: „Ich kann Sie gut verstehen. Es wäre viel besser, wenn ich ab jetzt einfach übernehmen könnte und Sie nicht auch noch selbst aktiv werden müssten, wo es Ihnen ja auch noch schlecht geht. Das würde ich auch gerne tun, wenn es denn ginge, aber so funktioniert das bei Ihrer Art von Problem leider nicht, und das mit keiner Arbeitsweise." Je stärker jemand einem auf eigene Passivität zentrierten Behandlungsmodell verhaftet ist, desto eher wird er empört an Ihre Expertenrolle appellieren. Auch hier ist es wichtig, gut aufzuklären: „Sie haben Recht, ich bin Experte für die Lösung von Problemen wie dem Ihren. Und ein Teil meiner Expertise besteht genau darin, dass ich sehr genau weiß, dass es nicht möglich ist, solche Probleme quasi ‚von außen' zu lösen. Ich kann Ihnen dabei helfen, dass Sie Ihr Problem selber lösen, darin besteht meine Expertise. Aber ohne Ihr aktives Zutun geht es nicht." Im Weiteren wird es sich dann anbieten, die genaue Art der Zusammenarbeit zu beschreiben und notwendige Schritte zu operationalisieren. Doch die grundsätzliche Art der Arbeit (Hilfe zur Selbsthilfe statt Behandlung von außen ohne persönliches Zutun) sollte unbedingt thematisiert werden und zwar so früh wie möglich, damit ein passiver Klientenstil möglichst gar nicht erst entsteht, aber gleichzeitig auch so spät wie nötig, um die Klienten nicht aus der Behandlung „herauszuschrecken". Das kann passieren, wenn man sie zu früh mit der eigenen Arbeitsnotwendigkeit konfrontiert. Hier sollte man es sich zur Regel machen, die Klienten im Erstgespräch diesbezüglich noch zu schonen, um möglichst sicherzustellen, dass sie auch wiederkommen werden – denn nur ein Klient, der wiederkommt, ist einer, mit dem Sie auch arbeiten können.

Trotzdem kann es jederzeit passieren, dass sich ein Klient dann doch lieber an einen anderen „Experten" wendet, der ihm Erfolg ohne wesentliche Eigenbeteiligung in Aussicht stellt. Das sollten Sie akzeptieren. In nicht wenigen Fällen kommen die Klienten dann nach kurzer Zeit wieder zurück („Ich war jetzt bei dem Wunderheiler, aber außer einem Batzen Geld weniger in der Tasche hat es mir nichts eingebracht …").

Die hier beschriebene Konstellation ergibt sich übrigens relativ häufig bei Psychotherapiepatienten mit somatoformen Störungen (z. B. einer Schmerzstörung). Diese haben oft einen sehr geringen Eigenverantwortungsanteil in ihren Störungs- bzw. Lösungsmodellen und sehen die „eigentliche" Behandlung ihrer Probleme in einer adäquaten ärztlichen Behandlung ihres somatischen Grundproblems. Diese Klienten suchen Psychotherapie aus diesem Grund häufig auch nur widerwillig auf („Ich weiß ja eigentlich nicht, was ich hier soll, aber mein Arzt hat mich zu Ihnen geschickt. Er sagt, dass meine Schmerzen psychisch bedingt sind. Ich glaube da ja nicht dran, aber ich bin trotzdem mal gekommen."). Das ist eine schwierige therapeutische Ausgangssituation, zu der in einschlägigen Behandlungsmanualen Einiges gesagt wird (z. B. Rief & Hiller, 2010). Wir möchten hier daher nur kurz darauf eingehen, dass es in der Regel am günstigsten ist, so systemimmanent wie möglich zu arbeiten, also die persönlichen Störungsmodelle von Klienten so wenig wie möglich zu kritisieren. Denn eine zu stark auf die Korrektur einer vermeintlich falschen Haltung gerichtete Aktivität wird mit großer Wahrscheinlichkeit Widerstand auslösen, die Therapie erschweren oder gar unmöglich machen. Eine beispielhafte Intervention kann wie folgt aussehen: „Ich habe verstanden, dass Sie davon ausgehen, dass Ihre Beschwerden an einer organischen Ursache liegen, die die Medizin bislang noch nicht feststellen und behandeln kann. Gehen wir mal davon aus, dass das so ist, das ist ja plausibel gedacht. Diesen Teil des Problems können wir hier, in einer Psychotherapie, natürlich gar nicht beeinflussen, und in diesem Sinne haben Sie dann natürlich auch Recht, dass Sie gar nicht wissen, warum Sie überhaupt hier sind. Gibt es in Ihrer Vorstellung neben diesem zugrundeliegenden medizinischen Faktor noch Spielraum, den Sie selbst haben? Glauben Sie, es lohnt sich, danach Ausschau zu halten, ob Sie selbst durch Ihr Verhalten darauf Einfluss nehmen können, wie stark die Schmerzen Sie stören oder nicht? Denn dabei könnte ich Ihnen helfen." Bei dieser Vorgehensweise kann der Klient bei seiner medizinischen Krankheitsvorstellung bleiben, wenn er möchte, aber es steht ihm frei, nach eigenen Möglichkeiten Ausschau zu halten.

Teilweise ähnlich gelagert ist der Umgang mit Klienten, die in zornigem Trotz den Finger auf den Schuldigen richten: „Er hat es verbockt, er soll es auch wieder richten." Solche Klienten *könnten* häufig zwar prinzipiell handeln, *wollen* es aber nicht, weil sie sich im Recht und somit nicht zuständig sehen. Diese Klienten müssen somit erst einmal dazu gebracht werden, von der Position des sich ungerecht behandelt Fühlens so weit Abstand zu nehmen, dass sie wieder handlungswillig werden. Dazu ist eine Veränderung des Standpunktes notwendig, zu der die Klienten eingeladen werden. Wir führen einige nützliche Interventionsideen hierzu auf, wobei sich im Übrigen auch die Interventionen einsetzen lassen, die im Kapitel über negative Gefühlsäußerungen und exzessives Jammern (Kap. 12) beschrieben wurden, da exzessives Jammern eine sehr starke Komponente der Abschiebung von Verantwortung aufweist:

▶ **Strategie „Berater können nur mit Leuten arbeiten, die da sind"**: „Ich verstehe, schuld an Ihrer Problematik ist also der Kollege X., da dieser sich Ihnen gegenüber sehr negativ verhält. Ich kann verstehen, wieso Sie denken, dass X. sein Verhalten ändern müsste. Haben wir eine Möglichkeit, auf das Verhalten von X. hier Einfluss zu nehmen?" – [Klient sagt mehr oder weniger elaboriert „Nein"] – „Dann sind wir hier natürlich in einer schwierigen Lage. Sie sagen, X. ist an Ihrem Problem Schuld, er müsste es somit auch aus der Welt schaffen, aber Einfluss auf X. haben weder Sie noch ich. Das ist ein Problem: Aus Ihrer Sicht müsste eigentlich X. hier sitzen, damit er sich verändert. Aber X. ist nicht da, also kann ich auch nicht mit ihm arbeiten. Was machen wir denn jetzt?" – [Klient beklagt die Ungerechtigkeit] – „Stimmt, das ist ungerecht, jetzt sollen Sie auch noch mit eigener Mühe die Lage verändern, die Sie sich gar nicht selbst eingehandelt haben. Wollen Sie das machen oder nicht?"

▶ **Strategie „Funktionsmodell vor Gerechtigkeitsmodell"**: „Ja, mir wird klar, wie ungerecht Sie sich behandelt fühlen. Sie wollen Gerechtigkeit; Sie wollen, dass das an Ihnen wieder gutgemacht wird, was Ihnen angetan wurde, und zwar von dem Übeltäter." – [Klient stimmt zu und legt noch einmal die Beweise für die ihm widerfahrene Ungerechtigkeit dar.] – „Wie lange versuchen Sie nun schon, Gerechtigkeit zu bekommen?" – [Klient benennt die Zeit, in der er nun schon passiv die Verantwortung für sein Leben einem Schuldigen zuweist] – „Hm, das Bestehen auf Ihrem Recht hat Ihnen also schon eine ganze Zeitlang nicht dabei geholfen, ein besseres Leben zu bekommen bzw. Ihre Probleme zu lösen. Was ist Ihnen wichtiger: Dass Sie Ihr Recht bekommen, oder dass Ihr Leben funktioniert?" Im weiteren Dialog ist der Klient auf diese Entscheidung zu verpflichten, da sie die entscheidende Wegscheide darstellt: Bleibt er beim Beharren auf seinem Recht, so wird er handlungsunfähig bleiben (Lageorientierung); entscheidet er sich für ein besser funktionierendes Leben, so kann er positive Veränderungen anstreben, obwohl er es als ungerecht erlebt, selbst zu handeln. Prinzipiell muss bei geringer Eigenverantwortung im Störungs- bzw. Lösungsmodell auch berücksichtigt werden, dass dies bequemlichkeitszuträglich ist: Nehme ich mich als Handlungsmächtigen aus der Gleichung, so kann ich mich kraftschonend zurücklehnen und abwarten, dass andere handeln. Insofern wird sich gegen das Übernehmen von Verantwortung auch aus reinen Bequemlichkeitsgründen häufig Widerstand regen. Hiermit muss in der Behandlung ggf. auch gearbeitet werden: „So wie wir die Lage jetzt betrachtet haben, scheint es schon Möglichkeiten zu geben, die in Ihrem Handlungsspielraum liegen. Das würde aber persönliche Mühe von Ihnen verlangen. Es wäre natürlich viel weniger anstrengend für Sie, wenn X. Ihr Problem aus der Welt schaffen würde. Das ist jetzt die Frage: Möchten Sie diese Mühen auf sich nehmen?"

Wichtig ist für Berater und Therapeuten grundsätzlich, sich durch die Ablehnung von Verantwortung seitens des Klienten nicht dazu verleiten zu lassen, quasi automatisch selbst mehr Verantwortung als nötig zu übernehmen. Je stärker Sie den Druck der Verantwortung für das Leben des Klienten auf Ihren Schultern spüren, desto gründlicher sollten Sie sich fragen, ob Sie sich hier zu viel haben aufbürden lassen. Verantwortung übernehmen wir von unseren Klienten niemals, um diesen das Leben einfach und bequem zu machen, sondern stets nur dann, wenn sie die Verantwortung aufgrund von harten Fakten wie beispielsweise Erkrankungen mit Realitätsverlust oder akuter Suizidalität selbst nicht mehr tragen können.

Dos	Don'ts
▶ Störungsmodell mit dem Klienten gründlich klären und Hauptaugenmerk auf die Lösungsansätze legen ▶ Systemimmanent arbeiten und innerhalb des Klientenmodells nach Handlungsspielraum suchen ▶ Validieren, Verständnis zeigen und mit dem Klienten angemessen kurz die Ungerechtigkeit der Welt feststellen und beklagen, dann aber schnellstmöglich zu konkreten Operationen übergehen	▶ Sich auf lange Diskussionen zur Klärung der Schuldfrage einlassen („Schuld an meiner elenden Situation ist X., weil …") ▶ Reflexartig mit Verantwortungsübernahme reagieren („Oje, wenn Ihnen so übel mitgespielt wurde, dann werde ich mich natürlich sofort darum kümmern und Ihren bösen Kollegen mal anrufen.") ▶ Zu früh (z. B. schon im Erstgespräch) und zu hart konfrontieren („Wenn Sie weiter Ihrem Nachbarn die Schuld für Ihre Misere geben, dann können Sie warten, bis Sie schwarz werden, bevor sich in Ihrem Leben irgendwas zum Besseren wenden wird.")

27 Zerstrittenheit bei Paaren

> Sie befinden sich im Gespräch mit Monika und Peter F., einem Paar, das wegen eines Seitensprungs von Peter zu Ihnen in Beratung kommt. Die Stimmung ist gerade auf dem absoluten Siedepunkt angekommen, und seit etwa drei Minuten schreien sich die beiden Partner nur noch an und scheinen Ihre Anwesenheit vergessen zu haben.

In den unterschiedlichsten Settings kann es erforderlich werden, mit einem Paar zu arbeiten. Bei Paarberatung oder -therapie liegt dies unmittelbar auf der Hand, doch auch in der Arbeit mit Einzelklienten kommt es mitunter dazu, dass die Hinzunahme der Partnerin bzw. des Partners nötig oder günstig erscheint. Die Arbeit mit zwei Klienten ist im Durchschnitt stets komplexer als die mit nur einem (meistens sogar mehr als doppelt so komplex – das Ganze ist mehr als die Summe seiner Teile). Um nur einige der Schwierigkeiten zu nennen: Häufig besteht bei den Partnern das Bedürfnis, den Behandler „auf die eigene Seite" zu ziehen, um mit seiner Hilfe den anderen Partner endlich davon zu überzeugen, dass er sich ändern muss. Um hier nicht in die Falle zu gehen, muss sich ein Berater in der Arbeit mit einem Paar äußerst konzentriert um Allparteilichkeit und Fairness bemühen. Er muss darauf achten, dass beide Partner in ihren Redeanteilen den ihnen angemessenen Raum bekommen; und dies bedeutet nicht nur schlicht, beiden Partnern die genau gleiche Redezeit zu gewähren – je nach Problemlage kann es sehr wohl angemessen sein, dass der eine Partner deutlich mehr spricht als der andere. Es ist somit ein tiefgreifendes Problemverständnis und Fingerspitzengefühl auf Seiten des Beraters vonnöten. Bei seiner Moderation darf der Berater weiterhin nicht den Eindruck eines Punktrichters vermitteln, der bewertend auftritt und dadurch dem einen Grund gibt, sich über den anderen hinsichtlich der Korrektheit des eigenen Verhaltens zu erheben. Der Berater hat gegenüber der Einzelbehandlung das Problem, zwei individuelle Aufträge zu klären und das Paar dann darin zu unterstützen, einen gemeinsam tragbaren Auftrag zu finden und so weiter und so fort. Angesichts dieser und anderer Schwierigkeiten verwundert es nicht, dass für den Umgang mit Paaren am Therapie- und Beratungsmarkt eigenständige und umfangreiche Weiterbildungen angeboten werden, die in der Regel als Ergänzung einer bereits vorhandenen Grundausbildung zu verstehen sind. Insbesondere im Bereich der systemischen Beratung und Therapie gibt es sehr nützliche und vielseitige Instrumente und Interventionsvorschläge, die deutlich über die in diesem Bereich häufig eingesetzten kognitiv-verhaltenstherapeutischen Verfahren (z. B. Schindler, Hahlweg & Revenstorf, 1998) hinausgehen. Das ist nicht verwunderlich, da der systemische

Ansatz schon rein theoretisch dafür prädestiniert ist, Wichtiges zum Umgang mit Paaren beizutragen. Wer viel mit Paaren arbeitet, dem sei aus diesem Grund eine entsprechende Weiterbildung sehr dringend empfohlen. Die Ausführungen im vorliegenden Kapitel können eine solche auch nicht einmal ansatzweise ersetzen. Hier sollen nur einige Aspekte beleuchtet werden, die dabei helfen können, eine verfahrene Situation mit einem Paar konstruktiv zu gestalten. Um eine weiterreichende Kompetenz zu erlangen, ist eine entsprechende Weiterbildung unabdingbar. Als einleitende Lektüre in diesen Bereich empfehlen wir Hansen (2012), Schmidt (2007), Clement (2011) und Retzer (2011).

Auftragsklärung
Gerade in der Arbeit mit Paaren ist die Auftragsklärung von herausragender Bedeutung. Häufig zeigen sich schon hier, also in der Vorstellung davon, was eigentlich in einer Sitzung erreicht werden soll, erhebliche Diskrepanzen. Diese zu klären und zu überwinden ist häufig ein erster wichtiger Schritt in der Arbeit mit Paaren und kann Konstruktivität fördern. Es sind somit beide Partner zu Beginn zu fragen: „Was möchten Sie in der heutigen Stunde erreichen?" oder „Was muss hier heute passieren, damit Sie sich nach der Stunde sagen, es hat sich gelohnt zu kommen?" Dies soll jeder erst einmal für sich selbst formulieren; erst im Anschluss wird versucht, aus den beiden individuellen Vorstellungen einen Kompromiss zu formen bzw. bei Vorliegen mehrerer Aufträge eine Reihenfolge abzustimmen, in der diese aufzugreifen sind. Es kann auch hilfreich sein, bei der Auftragsklärung zirkuläre Fragen anzuwenden: „Was, meinen Sie, ist Ihrer Frau besonders wichtig, was hier geklärt werden sollte?" (Hansen, 2012, S. 22). Neben der reinen Auftragsklärung (*Was?*) muss dabei auch erfragt werden, mit welchen Methoden die avisierten Ziele erreicht werden sollen (*Wie?*): „Welchen Beitrag brauchen Sie von mir, um dieses Ziel zu erreichen?" oder „Welche Vorstellungen haben Sie davon, wie Sie hier arbeiten möchten, um Ihrem Ziel näher zu kommen?"

Die direkte Auftragsklärung hat den Vorteil, dass Paare dadurch unter Umständen sofort in eine andere Form der Interaktion geraten als sie das üblicherweise beim direkten Umgang miteinander tun, was zumindest die Chance bietet, dass sich nicht sofort eingeschliffene (Streit)Muster etablieren – doch natürlich wird das oft genug anders sein.

Regeln klären
Sollte es im zuletzt genannten Sinne doch schnell zu streithaften Auseinandersetzungen kommen, so sind diese so schnell wie möglich zu unterbinden, um dem Paar zentrale Regeln des Umgangs in der Paarberatung zu verdeutlichen: „Entschuldigen Sie, dass ich Sie unterbreche. Ich habe den Eindruck, dass jetzt gerade etwas passiert, was Sie beide zu Hause oft genug erleben, ohne dass sich bisher etwas zum Positiven verändert hat. Hier in unseren Stunden sollten die Dinge anders laufen als bei Ihnen zu Hause, sonst wiederholen wir hier nur, was

Ihnen auch dort schon nicht geholfen hat; dann wird es überhaupt keine Änderungsmöglichkeiten geben. Deshalb spielen wir hier sozusagen nach bestimmten Regeln, und eine der wichtigsten Regeln ist die, dass jeder ausreden darf. Sie dürfen einander nicht dazwischen sprechen. Der Einzige, der hier unterbrechen darf, bin ich [was durchaus mit Humor vorgetragen werden darf, um die Stimmung aufzulockern]. Ich verspreche Ihnen, dass ich darauf achten werde, dass Sie beide zu Wort kommen und dass Sie alles Ihnen Wichtige sagen dürfen. Sind Sie mit dieser Regel einverstanden?"

Häufig wird ein solches erstes durch Störungen induziertes Regelaufstellen ein guter Moment sein, weitere Prinzipien der Kommunikation zu verdeutlichen (Gebrauch von Ich-Sätzen, Paraphrasierungen etc.; vgl. hierzu beispielsweise Schulz von Thun, 2006, sowie Schindler et al., 1998). Wir empfehlen, solche Regeln idealerweise erst dann festzulegen, wenn sich die Notwendigkeit dafür zeigt, und nicht bereits einleitend, bevor Sie vom Paar entsprechende Verhaltensstichproben haben, denn möglicherweise stellen Sie erst durch solche Stichproben fest, welche Regeln für das jeweilige Paar notwendig sind und welche nicht.

In manchen Fällen – zum Beispiel unserem einleitenden Fall – wird das Unterbrechen eines Paares nicht so einfach sein. Hier empfiehlt sich eine langsam aufsteigende Eskalation (vgl. auch Kapitel 18 „Ständiges Reden"): So lange wie möglich sollte das Unterbrechen im Rahmen des sozial Üblichen erfolgen, also durch direkte Ansprache, dabei gegebenenfalls leicht gehobene Lautstärke etc. Wenn möglich, sollte eine kurze Sprechpause genutzt werden, aber wenn nötig, muss das Paar im Streiten auch aktiv unterbrochen werden. In stärker verfahrenen Situationen reicht unter Umständen auch das verbale Einschreiten nicht, sondern es muss ein reales „Dazwischengehen" erfolgen: Der Berater wird dann versuchen, erst durch deutliche nonverbale Signale die Aufmerksamkeit des Paares auf sich zu lenken, im Extremfall sogar mit der Hand oder gar dem ganzen Körper zwischen die Streitenden treten, um den Blickkontakt zwischen ihnen zu unterbrechen. Spätestens hier werden sich fast alle Paare wieder der Anwesenheit des Beraters erinnern und aus dem Streit aussteigen. Sollte auch das nicht funktionieren, so bleibt dem Berater als extremes Mittel noch das möglichst auffällige Verlassen des Raumes, doch das sollte nur in absoluten Ausnahmesituationen notwendig sein.

Ist es nur durch eine der letztgenannten starken Eskalationen gelungen, ein Paar aus dem Streit zu reißen, so sollte die Wichtigkeit eines anderen Umgangs zumindest in der Paarberatung mit großem Nachdruck betont und eine entsprechende Veränderung gefordert werden. Dem Paar sollten in diesem Fall auch klare „Streitregeln" mit nach Hause gegeben werden, um derart destruktive Auseinandersetzungen so gut wie möglich zu verhindern (z. B. ein Verbot, über ein hochbrisantes Thema überhaupt außerhalb der Behandlung zu sprechen; zeitliche Limitierung von Streitgesprächen auf maximal eine halbe Stunde usw.). Es kann auch hilfreich sein, einem Paar die Subjektivität von Ereigniserinnerungen transparent zu machen: „Sie haben sich gerade heftig über eine Situation gestritten, die Sie beide gemeinsam erlebt haben, über deren Realität Sie sich jetzt aber völlig uneinig sind. Sie, Frau X., erinnern es so, und Sie, Herr X., erleben es anders. Was Sie da erleben, zeigt, dass jeder von uns seine hochsubjektive Wahrnehmung hat. Ich kann Ihnen versichern, dass das sehr vielen Paaren so geht, und ich kann Ihnen auch versichern, dass es meistens nicht gelingt, herauszufinden, was ‚wirklich' [mit deutlicher Betonung und mit den Händen angezeigten Gänsefüßchen] geschehen ist. Das werden Sie wahrscheinlich nicht zweifelsfrei klären können. Dieses ‚wirklich' ist deshalb auch häufig gar nicht so wichtig. Was können Sie hier und jetzt, heute und miteinander, tun, um Ihre Situation zu verbessern?" Natürlich soll diese Intervention nicht dahingehend missverstanden werden, dass in der Beratung die Vergangenheit ignoriert werden soll. Stattdessen geht es um einen konstruktiven Umgang mit der Vergangenheit. Dieser ist eher erreichbar, wenn statt der „Wie-war-es-wirklich"-Suche die jeweilige Erinnerung beider ernst genommen und nun nach einer für beide tragbaren Reaktion angesichts dieser Erinnerungen gesucht wird.

Konkrete Ziele verfolgen
Nach der Auftragsklärung steht die Verfolgung der jeweiligen Ziele an. Deren Vielfalt ist abhängig von den zahlreichen Therapieanlässen und Konfliktfeldern der Paartherapie (Kommunikationsprobleme, Eifersucht, Untreue, Haushaltsführung, Kindererziehung, abweichende Wertvorstellungen, Hobbies, Urlaub und noch sehr viele andere Bereiche mehr) deutlich zu groß, als dass es uns hier möglich wäre, auch nur exemplarisch sinnvoll darauf einzugehen. Die im vorangegangenen aufgezeigte Möglichkeit des Umgangs mit extremen Streitsituationen kann dabei im Zusammenhang mit jedem konkreten Ziel notwendig werden. Wir empfehlen, völlig unabhängig vom jeweiligen Ziel so bald wie möglich für ein konstruktives Miteinander einzutreten (vgl. hier auch das in der Verhaltenstherapie bedeutsame Prinzip der „positiven Reziprozität", bei dem die Partner systematisch dazu angehalten werden, statt der häufig etablierten bestrafenden Muster regelmäßig positiv-wertschätzendes Verhalten zu zeigen). Partner kommen häufig mit dem großen Bedürfnis in die Beratung, in ihrer Position bestätigt zu werden („Ich habe Recht, mein Partner hat Unrecht"). Diese Perspektive muss für einen fruchtbaren Umgang mit Partnerschaftsproblemen so weit wie möglich aufgegeben werden. Der Umgang mit heftigen Streits kann dabei gut zur Veranschaulichung dienen.

Dos	Don'ts
▶ Paare bei sich aufbauenden Streits sehr früh unterbrechen ▶ So freundlich wie möglich, aber so nachhaltig wie nötig unterbrechen (Eskalationsstufen) ▶ Regeln abstimmen ▶ Präzise und frühestmögliche Auftragsklärung	▶ Streits zu lange laufen lassen ▶ Immer nur einen der Partner unterbrechen ▶ Sich mit dem „schwächeren" Partner gegen den „stärkeren" verbünden

28 Zufällige Begegnungen mit Klienten im privaten Kontext

> Es ist Freitagabend und Sie sind froh, dass die anstrengende Arbeitswoche vorbei ist. Auf die Ü30-Party, zu der Sie gerade unterwegs sind, freuen Sie sich schon seit Tagen, denn Sie können es kaum erwarten, endlich mal wieder die „Sau rauszulassen", nach der ganzen Woche voll der kontrollierten Interaktion und Kommunikation, und Arme und Beine zu schlenkern, bis Ihnen der Schweiß aus dem Ärmel läuft. Voller Energie kaufen Sie sich Ihre Eintrittskarte und nehmen Kurs auf die Tanzfläche, als Sie an deren Rand Ihren Patienten Klaus F. sehen, der aufmerksam die Tanzenden betrachtet. Ihr gerade noch fast berstendes Energiepaket zerplatzt wie eine Seifenblase …

Schwierige Situationen können sich mit unseren Klienten nicht nur im professionellen Kontext ergeben. Insbesondere dann, wenn wir am selben Ort wohnen, an dem wir auch arbeiten, sind Begegnungen mit Klienten im privaten Bereich mehr oder weniger vorprogrammiert. Aus diesem Grund ist es günstig, für diesen Fall einige vorbereitende Überlegungen anzustellen, um nicht in einer Art zu reagieren, die einem später möglicherweise leid tut. Hierzu sind einige prinzipielle Überlegungen hilfreich, auf die wir im Folgenden eingehen. Anschließend unterscheiden wir die wichtigsten Varianten privater Begegnungen und geben Hinweise zu dem aus unserer Sicht korrektesten und erfolgversprechendsten Verhalten.

Schweigepflicht

Grundsätzlich ist es wichtig, dass Sie bei einer zufälligen Begegnung mit Klienten nicht versehentlich die Schweigepflicht brechen! Sie müssen immer damit rechnen, dass es einem Klienten nicht angenehm ist, irgendwem gegenüber zuzugeben, dass er sich in einer professionellen beraterischen oder therapeutischen Behandlung befindet. Deshalb müssen Sie allen Klienten, denen Sie zufällig privat begegnen, die Möglichkeit zu einem Verhalten im Sinne des „Wir kennen uns nicht" geben. Das ist besonders wichtig, wenn der Klient, dem Sie begegnen, nicht allein ist. Denn eine noch so harmlose Begrüßung zwischen Ihnen und Ihrem Klienten kann in einem solchen Falle dazu führen, dass seine Begleiter ihn anschließend mit der „Wer war das denn?"-Frage in Verlegenheit bringen.

Aus diesem Grund machen wir Behandler bei einer zufälligen Begegnung im Privatbereich nie den ersten Schritt auf einen Klienten zu. Strenggenommen brechen Sie mit einer bloßen Begrüßung natürlich nicht die Schweigepflicht, denn Sie geben ja keine konkreten Informationen preis, wenn Sie „Hallo" sagen. Aber aus unserer Sicht ist Spitzfindigkeit hier nicht angemessen: Es geht darum, welche Konsequenzen unser Verhalten insgesamt haben kann, und die mögliche Erklärungsnot, in die wir einen Klienten gegenüber seinen Begleitern bringen können, sollte uns hier als Grund zur Zurückhaltung genügen.

Persönliche Bedürfnisse des Behandlers

Einige unserer in einer Großstadt wohnenden und arbeitenden Supervisanden berichten, dass sie sich in öffentlichen Großveranstaltungen häufig „irgendwie beobachtet" fühlen, einfach deshalb, weil die Wahrscheinlichkeit, von einem Klienten oder Patienten gesehen zu werden, sehr groß ist. Diese Gefühle verdeutlichen, wie schwierig eine saubere Trennung zwischen Berufs- und Privatleben sein kann. Die konkrete Vorgehensweise hängt hier sehr stark von dem individuellen Bedürfnis des Behandlers ab. Wem eine solche vollständige Trennung äußerst wichtig ist, dem bleibt kaum eine andere Wahl, als zwischen seinen Privatbereich (Wohnort, Freizeitort) und seinen Arbeitsplatz eine möglichst große Entfernung zu legen. Wir kennen Kollegen, die aus diesem Grund tägliche Fahrten von 50 km oder mehr (ein Weg) auf sich nehmen, um die Wahrscheinlichkeit zu erhöhen, ihren Patienten und Klienten nicht im Privaten zu begegnen. Wir möchten betonen, dass aber auch in einem solchen Fall keine Sicherheit gewährleistet ist: Die Wahrscheinlichkeit ist sicherlich geringer, als wenn Wohn- und Arbeitsort identisch sind, doch gleich Null kann sie nie sein. Deshalb ist es wichtig, für den Umgang mit solchen Situationen, wie sie im Folgenden beschrieben werden, auf jeden Fall gewappnet zu sein. Glücklicherweise ist hierin aus unserer Sicht auch kein wirklich ernstes Problem zu sehen, selbst in extremen Situationen, wie wir noch zeigen werden. Doch Sie sollten sich Gedanken darüber machen, wie unangenehm Ihnen Situationen dieser Art prinzipiell sind, um dann gegebenenfalls Konsequenzen für die Wahl Ihres Wohn- und Arbeitsortes zu ziehen. Beide Extreme sind hier prinzipiell völlig in Ordnung, sowohl der Wunsch nach möglichst scharfer Trennung als auch ein völlig unängstlicher Umgang mit solchen zufälligen Begegnungen.

Arten von persönlichen Begegnungen mit Klienten

Im Folgenden beschreiben wir nun die konkrete Vorgehensweise, die aus unserer Sicht in den hier fraglichen Situationen angeraten ist. Dabei gehen wir auch auf spezielle Ängste ein, die Behandler dabei möglicherweise haben werden.

Begegnung in „harmlosen" Situationen

Am häufigsten wird es Ihnen vermutlich passieren, dass Sie einem Klienten in einer wenig bedeutungsschwangeren Situation begegnen (z. B. in der Fußgängerzone, im Getränkemarkt usw.). „Harmlos" nennen wir diese Situationen deshalb, weil Sie sich in ihnen nicht in einer besonderen Weise präsentieren müssen oder wollen (anders als beispielsweise in unserem einleitenden Beispiel zur Ü30-Party; dazu später mehr) und Ihr Klient somit von Ihnen nichts sonderlich Privates zu sehen bekommt. Eine solche Situation sollte möglichst unverkrampft und natürlich gestaltet werden. Wie oben im Abschnitt über Schweigepflicht ausgeführt machen wir nicht den ersten Schritt, sondern bieten unaufdringlich Blickkontakt an und versuchen zu erkennen, ob der Klient es zu einer Begrüßungssituation kommen lassen möchte oder nicht. Sehr selten wird es passieren, dass ein Klient dies nicht will, beispielsweise weil er in Begleitung ist und nicht erklären möchte, woher er Sie kennt. In solchen Fällen wird der Klient deutlich zeigen, dass er keine Kontaktaufnahme wünscht (Kopf wegdrehen, Blickkontakt abbrechen), die Sie dann natürlich auch nicht anstreben. Es wird somit eine Situation wie „unter Fremden" stattfinden, auf die Sie in der nächsten Sitzung mit dem Klienten unbedingt noch einmal kurz zu sprechen kommen sollten, damit Ihr Klient nicht fälschlicherweise befürchtet, dass Sie sich unhöflich behandelt fühlten oder dergleichen. Dieses Thematisieren der zufälligen Begegnung in der nächsten regulären Beratungs- oder Therapieeinheit ist im Übrigen in jedem der folgenden Fälle angeraten! Sie sollten damit rechnen, dass eine solche Begegnung für den Klienten irgendeine Relevanz besitzt, die für Ihre weitere Behandlung bedeutsam sein kann – deshalb sollte hier nichts versäumt werden.

Sehr viel häufiger wird es unserer Erfahrung nach so sein, dass Ihre Klienten Sie völlig normal grüßen möchten, ganz ähnlich wie bei einer Begegnung mit einer anderweitig bekannten Person auch. Gehen Sie hierauf ruhig in normaler und unkomplizierter Art und Weise ein, je nach der konkreten Situation: In einer „schnellen" Situation (z. B. auf Rolltreppen aneinander vorbeifahren) Zunicken mit freundlichem Lächeln, in einer ruhigeren Situation (z. B. Fußgängerzone) ggf. auch kurze Begrüßung („Hallo" mit Händedruck). Abweichend von der Begegnung mit einem persönlich Bekannten sollten Sie in Ihrer Grundhaltung nicht einladend in Richtung eines „kleinen Schwätzchens" wirken. Die Standardfrage „Und, wie geht's?" ist deshalb nicht unbedingt ratsam, weil sie den Klienten möglicherweise ermuntern wird, das zufällige Treffen zu einer außerplanmäßigen Beratungssituation zu nutzen. Wenn es zu einem echten Kontakt und nicht nur einem schlichten zunickenden Grüßen und Weitergehen kommt, ist es somit eher ratsam, diesen mit einer situationsspezifischen Floskel einzuleiten („Hallo … Sie also auch heute in der Fußgängerzone unterwegs …") und möglichst flott dann auch wieder zu beenden („Ich muss noch Einiges erledigen, wir sehen uns ja dann am Dienstag. Viel Spaß noch!"). Gehen Sie prinzipiell davon aus, dass eine zufällige Begegnung für Ihre Klienten auch tendenziell eher leicht verunsichernd ist, diese deshalb möglicherweise nicht genau wissen, wie sie sich verhalten sollen, und deshalb gut finden, wenn Sie die Situation strukturieren, lenken und damit eben auch beim Auflösen der Situation helfen. Die Leitlinie lautet also allgemein: Freundlichen und kurzen Kontakt anbieten, diesen kurz gestalten und dann zügig wieder auflösen (mit „zügig" meinen wir hier konkreter: innerhalb von einer halben bis einer Minute).

Etwas anders wird es laufen, wenn Ihr Klient sich sehr darüber freut, Sie zufällig zu treffen und er die Gelegenheit tatsächlich gerne beim Schopf ergreifen möchte („Wie gut, dass ich Sie treffe, denn gestern ist was passiert, worüber ich sowieso mit Ihnen reden wollte …"). Hier ist ein schnelles Abschätzen des Ernstes der Lage vonnöten. In allen nicht-gravierenden Fällen sollten Sie den Kontakt ganz ähnlich wie oben zügig beenden und nicht auf das Redebedürfnis des Klienten eingehen („Ich kann verstehen, dass Sie darüber jetzt gerne sprechen würden, aber das geht jetzt für mich leider nicht. Wir sehen uns ja am Dienstag, da können wir darüber sprechen, okay?"). Problematischer wird es, wenn die Verfassung des Klienten schlechter ist und Sie sich nicht innerhalb der oben angegebenen Minuten vergewissern können, dass der bereits verabredete nächste Termin ausreicht. Die dann nötige Klärung sollte aber nicht innerhalb Ihres Privatraumes stattfinden, sondern verschoben werden: „Mir wird klar, dass es Ihnen gerade wirklich nicht gut geht. Da wir uns jetzt aber nur zufällig begegnet sind, kann ich im Moment darauf nicht tiefer eingehen. Können Sie mich morgen anrufen/sich an Ihren Hausarzt wenden/meinen Kollegen X jetzt direkt anrufen/… [je nach Möglichkeiten und konkreter Problemlage]?"

Der schlimmste und gleichzeitig unwahrscheinlichste Fall tritt ein, wenn Sie Ihrem Klienten zufällig in einem Moment begegnen, in dem dieser suizidal oder fremdgefährdend ist. Dann bleibt Ihnen keine andere Wahl als Ihr wie auch immer geartetes privates Vorhaben aufzuschieben und Notfallmaßnahmen einzuleiten (vgl. dazu Kap. 20 „Suizidalität").

Begegnung in bedeutsameren privaten Situationen

Mitunter wird es vorkommen, dass Sie einen Klienten in einer für Sie wichtigeren und stärker persönlich relevanten Situation treffen (z. B. eine Party, ein Konzert, eine Hochzeit usw.). Die Rede ist somit im Folgenden von Situationen, die stärker mit Ihnen persönlich in Verbindung sind und nicht so „anonym" sind wie die oben beschriebenen Situationen in der Fußgängerzone etc. Die prinzipielle Vorgehensweise hinsichtlich der Frage, ob und wenn ja wie Kontakt hergestellt wird, gleicht der im vorangegangenen Abschnitt beschriebenen. Auch in persönlicheren Situationen gilt die Grundhaltung der Schweigepflicht. Schwieriger werden solche Situationen vor allem dadurch, dass es sich in aller Regel nicht mehr nur um zeitlich sehr stark begrenzbare Kontakte handeln wird. Wenn Sie einem Klienten beispielsweise bei einer Party begegnen, dann bleibt die Kontaktspannung wahrscheinlich so lange aufrecht erhalten, bis einer von Ihnen beiden die Situation verlässt. In einem größeren Rahmen (z. B. einem Konzert) wird sich durch räumliche Distanz wieder ein größeres Ausmaß an Privatheit herstellen lassen, doch ein Rest an Gefühlen des Unwohlseins und des Beobachtetwerdens bleibt möglicherweise.

Es kommt hier wesentlich auf Ihr persönliches Gefühl an: Wenn die Anwesenheit Ihres Klienten für Sie ein solch prinzipielles Problem darstellt, dass der eigentliche Zweck, zu dem Sie die Situation aufgesucht haben, für Sie nicht mehr erfüllbar ist (z. B. das einleitende Beispiel der Ü30-Party), dann wird sich die Situation nicht mehr ohne Nachteil gestalten lassen. Es wird in solchen Fällen meist darauf hinauslaufen, nach einer angemessenen Zeit des „Ausharrens" den Rückzug anzutreten. Ist ein Verlassen der Situation nicht möglich, so bleibt Ihnen kaum eine andere Wahl, als die Situation auszuhalten, bis sie zu Ende ist und sich währenddessen so normal wie möglich zu verhalten.

Wie Sie schon bemerken, klingt das allerdings alles andere als angenehm, weshalb wir eine kurze Reflexion dazu anbieten möchten, ob die Anwesenheit eines Klienten überhaupt ein prinzipielles Problem darstellen muss. Worin genau bestehen bei Behandlern hier typische Befürchtungen? Nach unserer Erfahrung speisen sich diese aus zwei Bereichen:

a) „Ich will nicht, dass mein Klient mich ‚so' (z. B. tanzend, Alkohol trinkend, Spaß habend …) sieht, weil ich mich persönlich damit unwohl fühle". So verständlich dieses Gefühl auf der einen Seite ist, so unbegründet erscheint es uns in den meisten Fällen. Wann immer Sie sich in einer Weise verhalten, zu der Sie so offen stehen können, dass es Ihnen nichts ausmacht, wenn Ihre Bekannten und Freunde sowie Fremde Sie dabei erleben, brauchen Sie das auch vor Klienten nicht zu verstecken. Gehen Sie der konkreten Befürchtung, warum Sie allen anderen Menschen gegenüber mit einer bestimmten Situation keine Probleme haben, aber speziell Ihren Klienten gegenüber doch, genau auf den Grund. Und machen Sie sich klar, dass es letztlich unproblematisch ist, bei für Sie akzeptablem, zu Ihrer Person gehörigem und öffentlichkeitstauglichem Verhalten von Klienten gesehen zu werden. Ihre Sorgen werden sich wahrscheinlich vor allem darauf richten, was Ihr Klient nun über Sie denken könnte, dass er den Respekt vor Ihnen als seinem Behandler verliert und Ähnliches mehr. Hinsichtlich dieser und ähnlicher Fragen haben Sie nichts zu befürchten, wenn es sich um Verhalten so wie oben gekennzeichnet handelt. Natürlich wird Ihr Klient Sie in einem veränderten Licht gegenüber der rein professionellen Situation sehen. Sprechen Sie das auch an, sobald sich die nächste Gelegenheit dazu ergibt: „Wir haben uns ja letzte Woche zufällig auf der Ü30-Party getroffen. Wie war das eigentlich für Sie, mich da zu sehen? Haben Sie dazu bestimmte Gedanken, die für unsere Arbeit hier wichtig sind?" Sie werden bei Klärungsgesprächen dieser Art in der Regel die Erfahrung machen, dass sich das Bild des Klienten von Ihrer Person zwar verändert hat, darin aber kein Problem liegt. Wenn Sie durch Ihr professionelles Verhalten in der Behandlung selbst deutlich machen, dass Ihre private Begegnung für Sie selbst keine Bedeutung für die weitere Arbeit hat, dann wird das in den meisten Fällen auch für die Klienten kein Problem sein. Eine der Ausnahmen geht in Richtung der nun zu besprechenden Befürchtung.

b) „Es könnte etwas Problematisches bei meinem Klienten auslösen, wenn er mich hier ‚so' sieht." Hierbei kann es sich grundsätzlich um eine berechtigte Befürchtung handeln. So kann es beispielsweise sein, dass ein bereits schlummernder Keim der Verliebtheit eines Klienten zur vollen Blüte reift, wenn er Sie mit Lebensfreude tanzen sieht. Oder genau andersherum kann es in derselben Situation einen depressiven Klienten in eine Krise stürzen, wenn er den Gedanken hat, wie gut Sie Ihr Leben leben und wie stark Sie daran teilhaben, während er nur als unbeteiligter Zuschauer am Rande steht. In den meisten Fällen werden Sie sich vor dem Hintergrund Ihrer Kenntnis der Person des Klienten hierzu recht schnell ein Urteil bilden können, bevor die Situation in vollem Gange ist. Diese Gedanken sollten Sie in Ihre Entscheidung, wie Sie mit der Situation weiter verfahren, mit einbeziehen. Doch wir möchten ausdrücklich betonen, dass die hier angeführten beispielhaften Möglichkeiten nicht notwendigerweise nach sich ziehen, dass Sie die Situation verlassen müssen. Zwar kann aus der persönlichen Begegnung wie hier in b) beschrieben eine neue schwierige Situation für die weitere Behandlung erwachsen, aber das muss Sie nicht daran hindern, die Situation trotzdem zu erleben. Konkret angewandt auf die beiden Beispiele, die geschildert wurden, finden Sie hinsichtlich der Verliebtheit in Kapitel 24 Hinweise, wie damit umzugehen ist; und wenn ein depressiver Klient in eine Krise stürzt, weil er Ihre Lebensfreude sieht, dann kann das möglicherweise auch genau der Anstoß sein, den er braucht, um Dynamik in sein Verhalten zu bringen. Machen Sie sich klar, dass Sie letztlich keine Kontrolle darüber haben, welche Konsequenzen genau Ihr Verhalten für andere hat. Es könnte Ihnen schließlich auch passieren, dass Sie beim wilden Tanzen oder beim Arm-in-Arm-Gehen mit Ihrem Partner von einem Klienten beobachtet werden, dessen Anwesenheit Sie noch gar nicht bemerkt hatten. Eine völlige Risikovermeidung ist hier somit ohnehin gar nicht möglich. Behandler machen sich meistens Sorgen darum, dass ihr privates Verhalten sich auf Klienten negativ auswirken könnte. Das ist eine einseitige Betrachtung; genauso gut kann es nämlich positive Konsequenzen haben. Wichtig ist letztlich, dass Sie zu Ihrem Verhalten stehen können und dass Sie, sobald Sie mit Ihrem Klienten gemeinsam wieder den professionellen Kontext betreten, sich auch wieder ausschließlich professionell verhalten, aber auf die zufällige private Episode zu sprechen kommen, um mögliche Wirkungen der Begegnung zu klären und mit diesen dann zu arbeiten.

Begegnungen in schambesetzten Situationen
In den bisherigen Beispielen wurde deutlich, dass es in den allermeisten Fällen überhaupt nicht problematisch ist, einem Klienten zufällig außerhalb des professionellen Kontextes zu begegnen, wenn man sowohl mit der konkreten Situation

reflektiert umgeht als auch später in der Behandlung Raum dafür gibt, das zufällige Treffen zu besprechen.

Anders wird dies sein, wenn Sie das „Pech" haben, einem Klienten in einer für Sie wirklich schwierigen Situation zu begegnen. Meistens sind das Situationen, in denen unsere Klienten nicht der einzige Personenkreis sind, denen wir nicht begegnen wollen würden (z. B. der Kauf von Kondomen in der Apotheke, falls Ihnen dies peinlich wäre). Anders als im vorangegangenen Abschnitt geht es also um solche Verhaltensweisen Ihrer selbst, die Ihnen vielleicht selbst peinlich sind (also nicht völlig in Ihre Person integriert) oder zu denen Sie zwar stehen können, aber nur ausgesuchten Personen gegenüber. Es resultiert somit ein Gefühl des „Erwischtwerdens", wenn Sie bei so etwas einem Klienten begegnen. Das ist ohne Frage höchst unangenehm und kann für die professionelle Behandlung kaum ohne Folgen bleiben (womit nicht gesagt ist, dass es negative Folgen sein müssen; dazu gleich mehr). In solchen Situationen ist es wichtig, so souverän wie möglich zu bleiben, obwohl gerade das natürlich schwierig ist. Wichtig ist es aber deshalb, weil Souveränität, Professionalität und Kompetenz unspezifische Wirkfaktoren von Beratung und Therapie sind. Gehen uns diese einem Klienten gegenüber verloren, dann wird das für die Behandlung negative Folgen haben und eine Fortführung damit eventuell unmöglich. Der „souveräne Umgang mit Peinlichkeit" mag auf den ersten Blick nach einem Widerspruch in sich aussehen, doch sollten Sie nicht vergessen, dass jeder Mensch peinliche Situationen erlebt, somit die Tatsache des Peinlich-Berührt-Seins an sich noch nicht mit dem Verlust von Souveränität gleichgesetzt werden kann. Wenn Sie es gut gestalten, dann kann in solch einer Situation sogar therapeutisches Potenzial zu finden sein.

Wir empfehlen, eine solche peinliche Situation so schnell wie möglich, aber nicht überhastet zu beenden, in dieses Ende aber bereits den Ausblick auf das Aufgreifen im nächsten Gespräch einzubetten. Am Beispiel des Kondomkaufs kann das z. B. wie folgt aussehen (unter Berücksichtigung all dessen, was wir oben über Schweigepflicht ausgeführt haben, und für das konkrete Beispiel unter der Annahme, dass Ihnen der Kauf von Kondomen peinlich ist und Sie zusätzlich direkt sehen, dass auch Ihr Klient die Situation peinlich findet): „Oh, hallo Herr X … Ich weiß nicht genau, wie Sie das jetzt gerade finden, dass wir uns hier treffen. Mir ist es unangenehm, ich kann mir vorstellen, dass es Ihnen vielleicht ähnlich geht. Aber besonders furchtbar finde ich es jetzt auch nicht [oder was auch immer Ihrem Sprachschatz am besten entspricht, um zu verdeutlichen, dass nicht jetzt sofort etwas passieren muss]. Lassen Sie uns am Dienstag darüber sprechen, okay?" – und dann nach einer kurzen wechselseitigen Bestätigung die Situation verlassen. Wenn dann der nächste Termin gekommen ist, sprechen Sie das Thema direkt an und gehen auch offen mit den peinlichen Gefühlen um, demonstrieren also Souveränität im Umgang mit negativen Gefühlen, womit Sie einerseits deren Normalität unterstreichen („So etwas kann passieren, man darf ruhig auch einmal peinlich berührt sein, das war unangenehm, aber der Mensch kann unangenehme Dinge aushalten.") und andererseits entkatastrophisierend wirken („Es war nur Peinlichkeit, kein Weltuntergang, wir können hier trotzdem weiterarbeiten, unsere Beziehung muss sich nicht verändern, nur weil wir einen Moment der Peinlichkeit geteilt haben."). Allerdings muss hier gründlich exploriert werden, welche weiteren Konsequenzen die Begegnung für Ihren Klienten hat. Mehr oder weniger zwangsläufig wird sich sein Bild von Ihrer Person verändern („Aha, der braucht also auch Kondome, wer hätte das gedacht."), und möglicherweise steht für Ihren Klienten diese an Ihnen neu entdeckte Verhaltensweise im Widerspruch zu Aspekten, die er (möglicherweise irrational) mit Ihnen als professionellem Behandler verknüpft („Ich kann meine Gesundheit unmöglich jemandem anvertrauen, den ich bei so etwas Peinlichem ertappt habe."). Diese Gründe müssen im Weiteren genau untersucht werden. Irrationales kann dabei Gegenstand von Veränderungsbemühungen sein. Aber wenn der Klient für sich zu dem Schluss kommt, dass er nun eine Seite von Ihnen gesehen hat, die für ihn selbst mit einer Fortführung der Behandlung unvereinbar ist und sich diese Sicht der Dinge nicht modifizieren lässt, dann muss die Behandlung folgerichtig auch beendet werden.

Dies gilt natürlich auch für den Fall, dass Sie selbst bei etwas „erwischt" wurden, das für Sie nicht mehr mit einer Fortführung professioneller Behandlung vereinbar ist. Der Kondomkauf ist Ihnen möglicherweise „nur" peinlich, aber er ist noch integrierbar. Aber für jeden Menschen sind vermutlich Situationen denkbar, die für ihn derart extrem wären, dass eine Aufrechterhaltung der professionellen Arbeitsbeziehung nicht mehr möglich erscheint. Dazu gehören sowohl Ereignisse aus dem Bereich „peinlich" (z. B. vom Klienten beim Freiluftsex im Wald erwischt werden; vor der Klientin in der Sauna eine Erektion bekommen usw.) als auch solche, die neben der Peinlichkeit noch eine Komponente des unmittelbaren Kompetenzverlusts beinhalten (z. B. vom Klienten gesehen werden, während man gerade lautstark mit dem Partner auf der Straße streitet; bei einem Fachvortrag eine „dumme" Frage zu stellen, für die einen sowohl Redner als auch andere Anwesende auslachen, und der Klient sitzt zufällig vor einem usw.). Sollte etwas dergleichen der Fall sein, dann ist es Ihr gutes Recht, die Behandlung nicht mehr fortführen zu wollen. Wir möchten aber ausdrücklich dazu einladen, solch eine Entscheidung nicht voreilig zu treffen, sondern idealerweise vor dem Gespräch mit dem Klienten selbst den Vorfall mit einem Supervisor durchzusprechen, um zu sehen, ob der Abbruch der Behandlung wirklich notwendig ist. Wir erinnern noch mal an den Aspekt der Menschlichkeit (das gilt natürlich insbesondere auch für den hier nicht näher betrachteten Fall, dass ein Behandler seinen Klienten in einer peinlichen Situation antrifft!): Zu irren, peinliche Dinge zu tun, unangenehm aufzufallen ... all das sind unerfreuliche Vorfälle, aber Katastrophen sind es nicht, und Sie sollten sowohl Ihre eigene als auch die Peinlichkeitstoleranz Ihres Klienten nicht unterschätzen bzw. das in solchen Situationen liegende Potenzial zur Weiterentwicklung zu nutzen suchen, bevor Sie einen Abbruch der Behandlung ernsthaft erwägen. Geht der Entschluss allerdings tatsächlich in diese Richtung, so ist dies dem Klienten gut zu erklären, und selbstverständlich sollte er darin unterstützt werden, eine für sich geeignete Fortsetzungsbehandlung zu finden.

Dos	Don'ts
▶ Unaufdringlich die Möglichkeit zur Kontaktaufnahme anbieten ▶ Beobachten, wie der Klient die Situation gestalten möchte ▶ Freundliche und kurze Begrüßung, wenn diese vom Klienten gewünscht zu sein scheint ▶ Ansprechen der Situation in der nächsten regulären Beratungs- oder Therapieeinheit ▶ Grundsätzliche Reflexion: Wie groß möchte ich den räumlichen Abstand zwischen meiner Berufswelt und meiner Privatwelt haben?	▶ Schweigepflicht brechen! ▶ Sich auf längeres Gespräch einlassen ▶ Privatheit mit dem Klienten in der Situation vertiefen (vgl. Kap. 12 über persönliche Einladungen von Klienten sowie Kap. 13 zu persönlichen Fragen) ▶ Dramatisieren („Oh Gott, es wird katastrophale Auswirkungen auf meinen Klienten haben, dass er mich hier und heute gesehen hat!") ▶ Sich einschränken und vermeiden („Ich gehe einfach nicht mehr auf Straßenfeste, dann kann es mir auch nicht passieren, einem Klienten über den Weg zu laufen.")

29 Zwangskontexte

> In Ihrer Praxis erscheint Manfred M., 47 Jahre alt. Im Rahmen des Erstgesprächs zeigt sich, dass er Sie nicht ganz freiwillig aufsucht. Herr M. wurde wegen Körperverletzung angezeigt und rechtskräftig verurteilt, weil er seine Frau bereits seit Jahren im Rahmen von Auseinandersetzungen regelmäßig schlägt. Nach der Eskalation des letzten Streits war Frau M. so schwer verletzt, dass sie ihren Mann angezeigt hat. Der Richter hat entschieden, Herrn M. im Falle des Aufsuchens einer Therapie ein gemildertes Strafmaß zuzubilligen. Hintergrund der gewünschten „Therapie" ist somit vor allem der Erhalt einer Bescheinigung, was Herr M. auch freimütig einräumt: „Sehen Sie, wir können es uns hier eigentlich recht leicht machen: Sie geben mir die Bescheinigung, dass ich bei Ihnen in Therapie war, dann hab' ich was für den Richter, und das war es dann auch schon. Also, wie sieht's aus?" Und mit diesem letzten Satz blickt Herr M. Sie erwartungsvoll an.

Beratung und Therapie sind Arbeitskontexte, in denen auf die aktive Mitwirkung der Betroffenen in der Regel auf keinen Fall verzichtet werden kann: Nicht umsonst wird der Motivationsarbeit zumeist eine so große Aufmerksamkeit gewidmet. So beschäftigen sich etwa Kanfer, Reinecker und Schmelzer (2012) in der Phase 2 ihres siebenphasigen Therapiemodells explizit und umfangreich mit dem Aufbau von Veränderungsmotivation. Wir gehen also in der Regel davon aus, dass Behandler nichts gegen den Willen ihrer Klienten oder Patienten erreichen können, sondern sogar darauf angewiesen sind, dass sie aktiv mitwirken und sich engagiert für das Erreichen eines gemeinsam gesetzten Zieles einsetzen (positive Motivation). Sogar schon eine sogenannte „bring-in"-Haltung im Sinne einer reinen Zielorientierung ohne die Bereitschaft eigener Anstrengung („Hier bin ich, und das Problem X habe ich dabei, mach' das mal weg") gilt als äußerst ungünstig (vgl. hierzu auch Kap. 11).

Wenn eine Behandlung wie im Fallbeispiel geschildert unter Zwangsbedingungen zustande kommt, dann ist eine solche positive Veränderungsmotivation häufig von vornherein nicht gegeben. Vielmehr wird es regelmäßig so sein, dass der Berater oder Therapeut als „Angehöriger des Apparats" verstanden und somit als „Feind" wahrgenommen wird. Hier sind unterschiedliche Schweregrade möglich, auf die wir differenziert im Weiteren eingehen werden. Vorab soll aber schon einmal betont werden, dass die Arbeit im Zwangskontext im Regelfall natürlich ungünstiger ist als eine freiwillig und aus eigenen Stücken angestrebte beraterische oder therapeutische Arbeit, dass die Erwartungen also auch von vornherein heruntergesetzt werden sollten. Was sich konkret erreichen lässt, hängt insbesondere von den Vorbedingungen ab, unter denen ein Behandlungskontakt zustande kommt, sowie dem Grad an Veränderungsmotivation, der sich im weiteren Verlauf aufbauen lässt.

Wir schildern nun zuerst die grundsätzliche Strategie in der Herangehensweise, da diese in unterschiedlichen Nuancen stets günstig ist in der Arbeit mit Klienten im Zwangskontext. Anschließend differenzieren wir verschiedene Bedingungsgefüge, die den jeweiligen konkreten Zwangskontext definieren und besprechen innerhalb dessen weitere Facetten der Vorgehensweise.

Grundstrategie: Wind aus den Segeln nehmen

Eine der wichtigsten therapeutischen bzw. beraterischen Basisvariablen ist die Empathie. Diese brauchen Sie in besonderem Maße bei der Arbeit mit Personen im Zwangskontext. Stellen Sie sich als Berater vor, wie es Ihnen an Stelle Ihres Klienten ginge und wie Sie sich in der Situation konkret fühlen würden. Sie werden durch diese Perspektivenübernahme in den meisten Fällen schnell bemerken, dass Sie sich in die Enge getrieben, bedroht, unter Druck gesetzt, eben „gezwungen" fühlen würden. Dies zu verbalisieren kann sehr wirksam das Eis zwischen Behandler und Klient im Zwangskontext brechen. Machen Sie deutlich, dass Sie das Unbehagen des Betroffenen nachvollziehen können:

▶ „Sie sind ja zu mir gekommen, weil Sie vom Richter die Auflage zur Therapie haben. Das ist ehrlich gesagt ein sehr ungünstiger Rahmen für die Arbeit hier. Ich an Ihrer Stelle jedenfalls hätte wahrscheinlich gar keine Lust darauf, mich auf irgendwas einzulassen. Ich würde mich auch nicht wundern, wenn Sie mich hauptsächlich als verlängerten Arm des Richters wahrnehmen und deshalb erst mal denken, dass Sie von mir nichts Gutes zu erwarten haben."

Mit einer solchen Intervention zu Beginn haben Sie die Chance, dass beim Klienten die Grundhaltung, von Ihnen nichts annehmen zu wollen, zumindest abgeschwächt wird, weil Sie ihm so klar signalisieren, dass Sie seine Situation nachvollziehen können, ja sogar ähnlich fühlen würden, wären Sie in einer vergleichbaren Situation. Doch wie jede andere empathische Äußerung darf auch diese hier nicht zu weit gehen und in eine Identifikation mit dem Klienten übergehen („Das System ist auch wirklich das allerletzte. Der Richter, der Sie zu der Therapie verdonnert hat, sollte lieber selbst eine Therapie machen!"). Stattdessen sollten Sie in angemessener Form auch die „andere Seite" verbalisieren und diese Ambivalenz zwischen dem Verständnis der ungünstigen Ausgangssituation einerseits und dem Sinn des anstehenden Auftrags andererseits erst einmal so stehen lassen:

▶ „Doch auch wenn die Bedingungen also nicht günstig sind – das können wir im Moment erst einmal nicht ändern. Die Frage ist, ob Sie mit mir gemeinsam schauen möchten, was trotz dieser ungünstigen Bedingungen möglich ist. Denn an der Realität der richterlichen Auflage wird sich nichts ändern."

Der Berater oder Therapeut sollte sich also idealerweise nicht für eine der beiden sich anbietenden Positionen (Klient versus Zwangsausübender) entscheiden, sondern beides einbringen und in diesem Rahmen nach Möglichkeiten suchen. In der systemischen Therapie wird diese Vorgehensweise „De-Triangulation" genannt (Conen, 2005). In sehr ähnlicher Weise finden wir das Modell auch im „Motivational Interviewing" (Miller & Rollnick, 2005): Hier wird der Berater explizit dazu aufgefordert, mit dem Widerstand zu gehen („roll with resistance") und keinen Gegendruck aufzubauen.

Die Beachtung der hier geschilderten Grundstrategie sollte dabei helfen, vergleichsweise günstige Ausgangsbedingungen für die Behandlung zu schaffen. Weitere Hinweise geben wir nun folgend in Abhängigkeit vom jeweils vorliegenden konkreten Kontext.

Schwacher Zwang: Klient wird von Angehörigem/Freund/…/ geschickt

Nicht selten kommen Klienten in unsere Praxen, die uns nicht wirklich unter Zwang aufsuchen, sondern die von einer Person geschickt werden, die sich um sie sorgt oder die unter ihnen leidet. Ein typisches Beispiel hierfür wäre ein Mensch mit einem zwanghaften Persönlichkeitsstil, der ich-synton ist (vgl. Fiedler, 2007), so dass der Klient keine Einsicht hat und nun von seiner/seinem Lebenspartner/in in Therapie geschickt wird, weil sie oder er unter dem/der Klienten/in im Alltag massiv leidet („Meine Frau schickt mich zu Ihnen, denn sie sagt, dass sie es mit mir einfach nicht mehr aushält und dass sie mich verlässt, wenn ich nicht in Therapie gehe."). Ein anderes Beispiel wäre ein Klient mit einer Somatisierungsstörung, der von seinen Ärzten zu Ihnen geschickt wird („Ich weiß auch nicht, was ich jetzt bei Ihnen soll. Mein eigentliches Problem sind ja meine Bauchschmerzen, Rückenschmerzen und der ständige Kloß im Hals, aber meine Ärzte scheinen sich da jetzt nicht mehr zu helfen zu wissen und schicken mich zum ‚Psycho'. Mir gefällt das gar nicht, aber mir bleibt wohl erst mal keine andere Wahl.").

In solchen Fällen wird es in aller Regel klare Vorstellungen darüber geben, wie die Behandlung an sich abzulaufen hat: So gibt es zum Beispiel für die hier verwendeten Beispiele Therapiemanuale zur Behandlung des zwanghaften Persönlichkeitsstiles oder der Somatisierungsstörung. Das Problem ist eher die Initiierung einer solchen Behandlung. Der Weg dorthin führt aus unserer Sicht sehr deutlich über eine Variation der eingangs geschilderten „Wind-aus-den-Segeln-nehmen"-Technik. Der Ausgangspunkt liegt dabei auf dem von Klienten dieser ersten Kategorie in aller Regel berichteten Leidensdruck. Dieser wird entweder unmittelbar selbst erlebt (Beispiel Somatisierungsstörung) oder vermittelt sich über die Reaktion der Umwelt (die Drohung der Frau des Mannes mit dem zwanghaften Persönlichkeitsstil). Also konkret bei den beiden geschilderten Beispielen:

▶ **Zwanghafter Persönlichkeitsstil:** „Ich kann mir vorstellen, dass es unter diesen Umständen für Sie ganz schön schwierig war, heute hierher zu kommen.

Denn eigentlich sind Sie ja nur wegen dieser Drohung Ihrer Frau hier. Wenn *ich* so ‚mit der Pistole im Rücken' zu einer Therapie gehen würde, dann hätte ich wahrscheinlich keine große Lust, mich mit dem Therapeuten überhaupt zu unterhalten. Wie geht es Ihnen denn da so? […] Allerdings wird mir auch sehr deutlich, dass Sie auf keinen Fall möchten, dass Ihre Frau Sie verlässt. Um das zu vermeiden sind Sie ja hier. Was halten Sie davon, wenn wir einmal genau zu verstehen versuchen, warum Ihre Frau so weit gegangen ist, diese Drohung auszustoßen? Denn egal unter welchen Voraussetzungen Sie heute hierher gekommen sind – Sie wollen Ihre Frau ja nicht verlieren, und ich kann Ihnen jedenfalls anbieten, Möglichkeiten zu suchen, das zu verhindern."

▶ **Somatisierungsstörung:** „Ich verstehe Sie so, dass Sie Ihre Beschwerden körperlich einordnen; völlig nachvollziehbar, wenn Sie dann eigentlich keinen Sinn darin sehen, zu mir, also einem ‚Psycho' zu kommen. Sie wollen einfach nur Ihre Symptome los sein, und die sind alle körperlich, also eigentlich ja völlig normal, damit zum Arzt zu gehen und zu hoffen, dass der Ihnen geeignete Medikamente verschreiben kann oder etwas anderes. Ich glaube, ich wäre an Ihrer Stelle auf jeden Fall auch erst einmal zu ein paar Ärzten gegangen. Sie haben auch völlig Recht damit, wenn Sie sagen, dass ich Ihnen Ihre Schmerzen auch nicht werde nehmen können. Das kann ich tatsächlich nicht. Aber wie sich anscheinend zeigt, können Ihre Ärzte das auch nicht, und deshalb haben diese Sie jetzt zu mir geschickt. Ich sage es noch mal – ich kann Ihnen mit psychologischen Mitteln nicht die Schmerzen nehmen. Aber ich glaube trotzdem, dass ich Ihnen vielleicht etwas Nützliches anbieten kann. Manchmal spielen psychische Faktoren nämlich eine bedeutende Rolle dabei, wie mit den Schmerzen umgegangen wird, wie stark sich diese im Leben auswirken, wie stark man darunter leidet und so weiter. Wenn Sie sich das einmal anschauen möchten, dann können wir uns damit genauer befassen."

Es geht also in diesen Beispielen darum, durch die „Wind-aus-den-Segeln"-Technik die Tür zu öffnen und dann vor diesem Hintergrund eine Überleitung zur störungsindizierten Behandlung zu schaffen. Dies wird häufig gelingen, denn im Gegensatz zu mancher anderen Situation einer Behandlung im Zwangskontext haben die hier Gemeinten tatsächlich einen Leidensdruck, der in der Behandlung nur richtig aufgenommen und kanalisiert werden muss, um einen Handlungsspielraum zu generieren.

Mittlerer Zwang: Behandlung als Auflage

Anders als im vorangegangenen Beispiel kann es auch sein, dass die Behandlung nicht auf die Initiative einer Person aus dem privaten Umfeld des Betroffenen zurückgeht, sondern im Rahmen einer offiziellen Auflage stattfindet. Wir befinden wir uns also im institutionellen Kontext: Irgendjemand (ein Richter, der Gutachter zur Feststellung der Fahreignung etc.) hat reale Macht über den Klienten und stellt zwischen diesen und das von ihm angestrebte Ziel (Haftbefreiung, Wiedererhalt der Fahrerlaubnis etc.) eine Therapie als korrektives Instrument.

Der Klient hat somit durchaus ein Motiv (nämlich den Erhalt einer Bescheinigung über die Ableistung der Therapie), aber dieses deckt sich in aller Regel nicht mit den Vorstellungen des Therapeuten. Die Sachlage ist im Vergleich zur letztgenannten Situation deutlich schwieriger, weil der Therapeut vom Klienten als Besitzer einer Ressource (der Bescheinigung) betrachtet wird. Für den Klienten stellt sich die Sachlage somit häufig sehr einfach dar („Gib mir doch einfach die Bescheinigung!"), für den Behandler natürlich nicht. Es ist in solchen Fällen häufig nicht zu vermeiden, dass die Auseinandersetzung an bestimmten Stellen sehr viel konfrontativer verläuft als im ersten Fall. Wir versuchen dabei im Sinne einer günstigen Beziehungsgestaltung natürlich, diesen „Stahlkern" in ein paar Samthüllen zu verpacken, aber es bleibt letztlich dabei, dass wir für die Klienten in dieser Situation erst einmal noch stärker frustrierend auftreten als im zuerst geschilderten Fall:

▶ „Ich verstehe, dass Sie hier sind, um von mir diese Bescheinigung zu bekommen, denn aus Ihrer Sicht fehlt nur sie zu Ihrem Glück. Die gute Botschaft ist, dass ich Ihnen diese Bescheinigung gerne ausstellen werde – die schlechte hingegen, dass ich das erst dann tun werde, wenn es dazu auch wirklich einen tragenden Grund gibt. Etwas anderes erlauben mir weder meine Berufsethik noch mein Gewissen. Also, so sehr ich Sie auch verstehen kann – der ‚einfache' Weg ist hier wie so oft der falsche und nicht gangbare. Und ich werde Ihnen jetzt auch gerne genau erklären, warum das so ist."

Diese Erklärung hängt sehr vom konkreten Sachverhalt ab. In den meisten Fällen, an die hier zu denken ist, wird es um die Rückfallgefahr gehen. Dies sollte dem Klienten dann möglichst plausibel erklärt werden, damit er im Idealfall verstehen kann, warum die hinter der Bescheinigung stehende Maßnahme (nicht die Bescheinigung selbst) das ist, worum es eigentlich geht:

▶ „Der TÜV-Gutachter hat Ihre Fahreignung also als negativ bewertet und verlangt von Ihnen, vor einer neuerlichen Begutachtung erst einmal eine Therapie zu machen. Ich möchte Ihnen erklären, was genau er damit meint. Für den TÜV-Gutachter und die Führerscheinstelle dreht sich alles um die Frage: ‚Wird Herr M. wieder alkoholisiert Auto fahren, wenn wir ihm den Führerschein wiedergeben?' Sie konnten den Gutachter nicht davon überzeugen, dass das nicht wieder passieren wird. Er sieht also eine große Rückfallgefahr, und deshalb hat er Ihnen kein positives Gutachten ausgestellt, sondern Sie in Therapie geschickt, weil er anscheinend glaubt, dass nur eine Therapie dazu führen kann, dass Sie in Zukunft nicht mehr alkoholisiert Auto fahren werden. Das ist es, worum es in der Bescheinigung, die Sie haben möchten, eigentlich geht: gute Argumente dafür, dass Sie sich in Zukunft nicht mehr mit Alkohol ans Steuer setzen werden. Wenn uns miteinander eine erfolgreiche Arbeit gelingt, und wenn diese Arbeit dazu führt, dass wir überzeugende Argumente aufführen können, die den Gutachter auch wirklich zu der Ansicht bringen, dass Sie in Zukunft wieder für Ihr Verhalten garantieren können, dann werde ich diese mit Freude in eine Bescheinigung schreiben. Wollen Sie das angehen?"

Im Idealfall gelingt es weiterhin, den Horizont des Klienten über den Erhalt der Bescheinigung hinaus zu erweitern und ihm klarzumachen, dass die Erreichung der bescheinigungsbegründenden Ziele in seinem eigenen besten Interesse steht:

▶ „Es ist ganz klar, dass Sie wieder Auto fahren möchten, dass Sie also Ihren Führerschein wiederhaben wollen. Verloren haben Sie diesen durch den Unfall unter Alkoholeinfluss. Sie haben dabei noch Glück im Unglück gehabt – bei dem Unfall wurde zwar Ihr Auto zerstört, aber weder Ihnen noch anderen ist dabei etwas passiert. Sie wissen nicht, ob Sie das nächste Mal auch noch so viel Glück haben. Deshalb ist es in Ihrem eigenen besten Interesse, wirklich alles dafür zu tun, dass es nicht mehr zu alkoholisierten Autofahrten kommt. Es geht hier also eigentlich nicht wirklich um die Bescheinigung an sich: Sehr viel mehr werden Sie davon haben, wenn Sie etwas aufbauen, das für die Zukunft eine größere Sicherheit schafft, nie mehr mit Alkohol am Steuer zu sitzen." – „Aber da bin ich mir doch schon sicher, das war eine Ausnahme, das passiert mir nie wieder!" – „Ja, ich habe verstanden, dass Sie das als Ausnahme erlebt haben. Wenn ich Sie zwei Wochen vor dem Unfall gefragt hätte, ob Sie sich vorstellen können, in Bälde einen Unfall in sturzbetrunkenem Zustand zu haben – wie hätten Sie da geantwortet?" – „Hm, na ja ..." – „Genau. Das ist das Problem. Sie wären sich damals sicher gewesen, und Sie sind sich jetzt sicher. Das haben wir jetzt schon gelernt: Dieses Gefühl der Sicherheit alleine ist nicht genug. Das hier ist mein Angebot: Ich schaue mir mit Ihnen Ihre Situation genau an, und ich werde Ihnen aufzeigen, wie ein Weg zu einer besseren Basis für zukünftiges Fahren ohne Alkohol aussehen kann. Aber das geht nicht sofort, das ist ein Prozess, und Sie müssen dabei voll mitarbeiten. Wenn das alles klappt, dann werde ich anschließend einen wirklich guten Grund dafür haben, die Bescheinigung für den Gutachter zu schreiben. Wollen Sie diesen Weg gehen?"

Es geht also darum, die „motivationalen Zeiger umzubiegen": Der Klient kommt mit einer sehr klaren Zielvorstellung, und es muss ihm vermittelt werden, dass er an diesem Ziel ruhig festhalten kann, allerdings nur auf dem Umweg über ein anderes – nämlich das institutionelle – Ziel, damit daraus ein Arbeitsauftrag entstehen kann, mit dem sowohl Behandler als auch Klient leben können.

Starker Zwang: Therapie wider Willen

In manchen Fällen geht der Zwang noch weiter als im vorangegangenen Abschnitt: Therapie ist keine Auflage, an deren Erfüllung unmittelbar und kurz- bzw. mittelfristig Vorteile geknüpft sind, sondern die Behandlung erfolgt vollständig gegen den Willen des Betroffenen. Das ist natürlich der ungünstigste Kontext, in dem eine Arbeit stattfinden kann. Wir sind im Bereich der „Täterarbeit" angekommen, weil der hier beschriebene Kontext unter anderen Bedingungen nicht vorstellbar ist. Eine hierfür typische Situation ist somit die Behandlung des psychisch Kranken in der forensischen Psychiatrie oder die Arbeit mit einem Straftäter in der Justizvollzugsanstalt. Vor der Aufnahme einer therapeutischen

Arbeit sollte wirklich kritisch geprüft werden, ob hierin überhaupt eine Chance zu sehen ist. Bei allem Wert eines therapeutischen Optimismus – die Realität setzt diesem deutliche Grenzen, die keinesfalls ignoriert werden sollten. Elsner stellt in diesem Sinne folgerichtig fest, dass „die Grenzen von Tätertherapien nicht außer Acht gelassen werden [sollten], sie sind im Einzelfall immer wieder zu bestimmen. Zum Beispiel sind therapeutische Bemühungen bei denjenigen Tätern, die sich bewusst, d. h. nach Abwägung der Vor- und Nachteile, für kriminelles Handeln entscheiden, sicherlich als sinnfrei einzuschätzen" (Elsner, 2004, S. 110).

Aus dem Zitat ergibt sich auch die entscheidende Ausrichtung einer therapeutisch sinnvollen Arbeit in diesem Kontext: sie kann nur gelingen, wenn der Täter darin ein für ihn nützliches zu erreichendes Ziel wahrnehmen kann. Der Aufbau von Veränderungsmotivation muss somit in besonderem Maße auf den „egoistischen Vorteil" des Klienten ausgerichtet sein. In diesem Sinne wäre es zum Beispiel verfehlt, mit einem Gefängnisinsassen mit einer antisozialen Persönlichkeitsstörung primär daran zu arbeiten, ethisch und moralisch hochwertige Normen aufzubauen. In schweren Fällen ist dies schlicht nicht möglich, weil den Betroffenen die dafür notwendige Empathiefähigkeit fehlt. Das motivierende Ziel sollte vielmehr in diese Richtung formuliert sein: „Sie sind an Ihrem Vorteil interessiert. Ist der Aufenthalt in Gefängnissen für Sie von Vorteil? Nein. Wollen Sie Verhalten lernen, das dafür sorgt, dass Sie so bald nicht wieder im Gefängnis landen? Alles klar, dann sind wir im Geschäft." Man könnte es auch so sagen: Von allergrößter Wichtigkeit ist erst einmal, dass der Täter gesellschaftsverträgliches Verhalten zeigt. Wenn er das aus den „falschen Gründen" (egoistische Motive anstatt echter moralischer und empathischer Einsicht) tut, dann ist das zwar ein Schönheitsfehler, aber dieser ist zu verschmerzen, solange das Verhalten wirklich stabil gezeigt wird. Mit manchen Tätern ist nicht mehr möglich als solch eine Verhaltenskorrektur im Sinne eines „clevereren Egoismus".

Die eigentliche Therapie mit Personen aus diesem Kreis wird bei Elsner (2004) weitergehend beschrieben; es würde den Rahmen des vorliegenden Kapitels sprengen, darauf ausführlicher einzugehen. Nur so viel sei angeführt, dass es sich um eine sehr verhaltensnahe und strukturierte Grundorientierung handelt, die bei dieser therapeutischen Arbeit am ehesten erfolgversprechend ist. Der Behandler sollte sehr zielorientiert, planmäßig und operational vorgehen, um spezifische therapeutische Fortschritte möglich und auch feststellbar zu machen. Durch eine solche sehr behavioral orientierte Vorgehensweise lassen sich die empirisch deutlichsten Rückfallreduktionsraten erreichen. Doch es sei nochmals daran erinnert, dass in der Regel keine herausragenden Erfolge erwartet werden sollten. So berichten Gendreau und Goggin (1996; zitiert nach Elsner, 2004) für angemessene Behandlungssettings bei Straftätern metaanalytisch bestimmte Effektstärken von 0,25, somit Behandlungseffekte, die klar im niedrigen Bereich angesiedelt sind.

Dos	Don'ts
▶ Wind aus den Segeln nehmen („Ich glaube, mir ginge es an Ihrer Stelle ähnlich, ich hätte jetzt auch Schwierigkeiten, mich auf Therapie einzulassen.") ▶ Beide Seiten der Ambivalenz ansprechen („Es ist einerseits ganz klar, dass es unter diesen Bedingungen äußerst schwierig ist, Therapie zu machen. Andererseits gibt es für Sie viel zu verlieren oder zu gewinnen, je nachdem, wie Sie sich jetzt verhalten.") ▶ Klar von unangemessenen Klientenwünschen distanzieren („Ich werde Ihnen die gewünschte Bescheinigung nicht ausstellen, wenn es aus meiner Sicht nichts zu bescheinigen gibt. Das möchte ich von Anfang an ganz klar stellen.")	▶ Mit dem Klienten überidentifizieren („Sie haben völlig Recht, das System ist durch und durch verdorben, und Sie sind das Opfer, das das jetzt ausbaden muss."). ▶ Überredungsversuche starten („Schauen Sie doch einfach mal genau hin, es ist doch klar, dass Sie sich hier nur schaden! Sehen Sie das doch endlich ein und benehmen Sie sich vernünftig!") ▶ Unrealistische Erwartungen hinsichtlich der Motivation des Klienten („Wir können erst dann mit der therapeutischen Arbeit beginnen, wenn der Klient die Unrechtmäßigkeit seines Handelns wirklich eingesehen hat.")

30 Zweifel von Klienten an Behandlern

> Schon als Sie Stefan R., 44 Jahre alt, aus dem Wartezimmer in Ihren Beratungsraum holen, bemerken Sie an seinem Blick, dass ihn etwas irritiert. Er kommt dann nach der Begrüßung auch gleich zur Sache: „Bevor ich auf mein Problem eingehe, möchte ich Sie erst mal fragen, wie alt Sie den eigentlich sind. Ich muss sagen, ich hatte mit einer deutlich älteren Beraterin gerechnet, Sie sehen mir doch noch ziemlich jung aus. Haben Sie überhaupt schon Berufserfahrung?"

Gerade zu Beginn einer Laufbahn als Therapeut oder Berater haben viele mit dem „Problem" zu kämpfen, scheinbar zu jung für den Beruf zu sein: Beraterische Kompetenz wird von den meisten Menschen mit Lebenserfahrung, Weisheit und Souveränität assoziiert, alles Eigenschaften, die einem 50-Jährigen weitaus eher unterstellt werden als einem 25-Jährigen. Nicht selten kommen zu uns Supervisanden, die gewissermaßen selber an ihrer Jugend leiden, sich unsicher und unerfahren fühlen, womit dann im schlimmsten Fall sogar zwei Zweifelnde am Beratertisch sitzen.

Zweifel sind in Ordnung!
Wir möchten vorab betonen, dass es das gute Recht eines jeden Klienten ist, die Kompetenz seines Beraters oder Therapeuten zu bezweifeln bzw. zumindest zu hinterfragen und darüber aufgeklärt zu werden! Es ist ein verständliches Anliegen eines jeden Klienten, die bestmögliche Behandlung zu bekommen, insofern ist es ein Zeichen, gut für sich selbst zu sorgen, wenn ein Klient sich absichert und zur Kompetenz seines Behandlers kritische Fragen stellt. Deshalb sollte dieses Verhalten auch belohnt werden. In der Psychotherapieforschung gilt es als unstrittig, dass die wahrgenommene Kompetenz des Therapeuten ein sehr wichtiger unspezifischer (also für alle Störungen und Problembearbeitungen wichtiger) Wirkfaktor ist (vgl. z. B. Jacobi, 2006). Insofern besteht ein bedeutender Entwicklungsschritt auf dem Weg zum Psychotherapeuten oder Berater darin, eine stabile Kompetenzausstrahlung zu entwickeln. Dies wird nur möglich sein, wenn ein Behandler sich selbst für kompetent hält, wofür wiederum eine gute und fachgerechte Ausbildung die zentrale Grundlage darstellt. Bei persönlich erlebten Mängeln ist somit die erste Pflicht deren Behebung: also gründliches Studium, Literatursichtung, Supervision etc. Doch auch dann bleibt in den ersten Berufsjahren immer noch die nicht auflösbare mangelnde Berufserfahrung.

Die Effekte der Berufserfahrung

Hier mag es für viele Betroffene wertvoll sein sich zu vergegenwärtigen, dass eine große Zahl von Studien zwischen erfahrenen und nicht oder wenig erfahrenen Therapeuten keine signifikanten Unterschiede in ihren Therapieerfolgen nachweisen konnten! Die klassische Untersuchung zum Thema ist bereits über 30 Jahre alt: Smith und Glass (1977) fanden in ihrer groß angelegten Meta-Analyse zu Effekten von Psychotherapie zwischen der Anzahl der Berufsjahre und den erzielten therapeutischen Effektstärken eine Korrelation von $-0{,}01$. Dieser Befund wurde auch später von einer Vielzahl von Studien bestätigt (z. B. Shapiro & Shapiro, 1982; Smith, Glass & Miller, 1980). Die wissenschaftliche Auseinandersetzung mit diesem Thema ist natürlich nicht beendet. So argumentiert beispielsweise Beutler (1997), dass die reine Anzahl an Berufsjahren seit dem Berufsabschluss eine schlechte Operationalisierung von „Erfahrung" ist. Eine neuere Studie hat sich dieser Fragestellung spezifischer angenommen: Leon, Martinovich, Lutz und Lyons (2005) schlussfolgern auf der Basis ihrer Daten, dass Therapeuten im Vorteil sein können, wenn sie kurz nach der Behandlung eines Patienten mit spezifischen demographischen und klinischen Parametern einen weiteren Patienten mit ähnlichen Merkmalen behandeln. Diese eingegrenzte Aussage ist weit davon entfernt, erfahreneren Therapeuten gegenüber ihren weniger erfahrenen Kollegen einen umfassenden Vorteil einzuräumen. Somit haben Sie als angehender Therapeut mit wenig Berufserfahrung zumindest wissenschaftlich gesehen keinerlei Grund, mit niedrigem Selbstbewusstsein auf Ihre Klienten zuzugehen.

Die Grundhaltung im Umgang mit zweifelnden Klienten

Aus dem bislang Gesagten ergibt sich die Haltung, mit der Sie zweifelnden Klienten begegnen sollten: Zweifel sind prinzipiell berechtigt und Zeichen eines sorgsamen Umganges mit sich selbst, da Ihre Klienten dadurch aufzeigen, dass sie für sich die bestmögliche Behandlung suchen. Somit sollten Zweifel auf Klientenseite auch nicht als persönlicher Angriff gewertet werden (was Ihrerseits im ungünstigsten Fall eine beleidigte Reaktion nach sich ziehen könnte), sondern in ihrem Fokus (z. B. auf die Berufs- oder Lebenserfahrung) ernst genommen werden. Günstigerweise haben Sie auch als wenig erfahrener Berater oder Therapeut nichts zu verstecken, wie die oben referierte Studienlage auch wissenschaftlich nachweist – Offenheit kann also im Umgang mit Klientenzweifeln Ihr Ratgeber sein. Wenn Sie es schaffen, sich diese Grundhaltung zu eigen zu machen, dann sollte es Ihnen auch gelingen, auf Zweifel von Klienten gelassen und ruhig zu reagieren. Machen Sie sich klar, dass Sie absolut nichts zu verlieren haben: Sollte sich ein Klient aufgrund von Zweifeln an Ihrer Erfahrung gegen eine Behandlung bei Ihnen entscheiden, dann ist das sein gutes Recht! Für Sie erwächst daraus in der Regel keinerlei Nachteil, denn die Wartelisten in allen Bereichen helfender Berufe sind gut gefüllt. Deshalb ist es auch gänzlich verfehlt, wenn Sie Zweifeln in der Grundhaltung eines Verkäufers begegnen, der unbedingt seine Ware an den Mann bringen muss (genaugenommen ist hier und in der Folge als Negativbeispiel nur der *schlechte* Verkäufer gemeint, nämlich jener, der seine Waren unbedingt loswerden will. Gute Verkäufer zeichnen sich in ihrer Gesprächshaltung durch Unaufdringlichkeit und seriöse Unparteilichkeit aus. In diesem Sinne sind Therapeuten und Berater sehr wohl Verkäufer, aber sie bleiben dabei entspannt und sind völlig damit einverstanden, wenn ihre Waren nicht gewollt werden). Sie haben ein spezifisches Angebot, dieses beschreiben Sie, zu diesem stehen Sie auch, und wer dies nicht nutzen will, der hat vielleicht gute Gründe dafür, die mit Ihrem therapeutischen oder gar persönlichen Wert überhaupt nichts zu tun haben müssen. Und auch wenn er keine guten Gründe hat – die Entscheidung steht dem Klienten frei, und für Ihr berufliches Zufriedensein sollte das keine signifikante Bedeutung haben.

Konkrete Interventionen im Umgang mit zweifelnden Klienten
Nun leitet sich der erste Schritt des Beraters, wenn er mit Klientenzweifeln konfrontiert wird, auch schon logisch ab: „Ich bin froh, dass Sie Ihre Bedenken äußern, denn dann können wir darüber reden und prüfen, ob sie zutreffend sind oder nicht. Welche konkreten Nachteile befürchten Sie für sich wegen [meines Alters, meiner Berufserfahrung …]?" Das heißt, dem Klienten wird klar signalisiert, dass seine Zweifelsäußerungen willkommen sind und ernst genommen werden. Es schadet nicht, noch hinzuzufügen: „Ich kann mir vorstellen, dass es mir an Ihrer Stelle genauso gehen würde, dass ich ähnliche Zweifel oder Sorgen hätte. Lassen Sie uns sehen, wie wir damit umgehen können."

Der Klient soll nun konkret formulieren, worüber er sich Sorgen macht, damit Sie dazu offen und informativ Stellung nehmen können. Ihrer Stellungnahme schließt sich dann jeweils die Einladung zur Untersuchung der konkreten Bedeutung an:

▶ „Ich höre, dass Sie sich Sorgen machen darüber, ob ich so jung wie ich bin, überhaupt schon genug Lebenserfahrung haben kann, um Ihnen wirksam zu helfen. Diese Bedenken kann ich gut verstehen. Ich bin 26 Jahre alt, und damit habe ich natürlich weniger Lebenserfahrung als jemand mit 40 oder auch als Sie mit [Alter des Klienten] Jahren. Was glauben Sie, welche Lebenserfahrungen es genau sind, die Ihr Therapeut haben müsste, um Ihnen wirksam helfen zu können?"

▶ „Sie befürchten, dass ich noch nicht genügend Klienten mit ähnlichen Problemen wie den Ihren behandelt habe und deshalb nicht fähig genug bin, Ihnen auch wirklich zu helfen. Das ist eine nachvollziehbare Sorge, und Sie haben recht, ein Kollege mit mehr Berufsjahren hat schon häufiger Klienten mit den Ihren vergleichbaren Schwierigkeiten behandelt als das bei mir der Fall ist. Wenn Sie möchten, dann kann ich Sie über wissenschaftliche Ergebnisse darüber informieren, welche Erfolgsunterschiede es zwischen erfahreneren und weniger erfahrenen Therapeuten gibt. Ich werde Ihnen alle Informationen geben, die ich habe, damit Sie entscheiden können, ob ich der richtige Therapeut für Sie bin. Und wenn Sie zu dem Schluss kommen, dass Sie doch lieber mit einem erfahreneren Kollegen arbeiten möchten, dann werde ich Ihnen helfen, einen solchen zu finden. Und ich versichere Ihnen, dass ich Ihnen das auch nicht übel nehmen werde. Ich finde es nämlich wichtig, dass Sie Ihre Behandlung mit einem guten und zuversichtlichen Gefühl beginnen. Wenn Sie dieses bei mir nicht haben, weil ich aus Ihrer Sicht noch nicht genügend Erfahrung habe, dann ist das absolut in Ordnung für mich."

▶ „Sie haben gesagt, dass Sie Zweifel daran haben, ob ich auch wirklich der richtige Berater für Sie bin. Es ist wichtig, dass Sie sich hier wohl fühlen. Vielleicht möchten Sie etwas von mir wissen, brauchen noch eine Information, damit Sie sich gut entscheiden können. Sie dürfen mich alles fragen, was da für Sie wichtig ist, und ich werde Ihnen, so gut ich das kann, antworten, wenn Ihnen das hilft."

Wie diese Interventionsbeispiele deutlich machen, geht der Berater gar nicht erst in eine Verteidigungshaltung. Vielmehr wird ein offener Umgang mit den Sorgen angeboten, die Zweifel werden exploriert, es werden Informationen gesammelt, und dann wird eine Entscheidung gefällt. Entsprechend werden beispielsweise wissenschaftliche Studien auch nicht als Beweisführung angebracht, sondern als Informationsbasis, die der Klient in seine Entscheidung einbeziehen kann, wenn er will. Die entspannte und nicht auf ein Überreden abzielende Grundhaltung des Beraters hat dabei in der Regel den paradoxen Effekt, dass Klienten schnell Abstand nehmen von ihren Bedenken, während sie bei einer „Ja, aber schauen Sie doch mal …"-Haltung des Therapeuten tendenziell in einer Gegenargumentations-Schleife festgehalten werden. Durch das deutliche Offerieren der Möglichkeit, die Behandlung auch bei einem erfahreneren Therapeuten aufnehmen zu können, wird den meisten Klienten hier stark der Wind aus den Segeln genommen, weil sie bemerken, dass der Behandler sicher und souverän auftritt, ein Eindruck, der praktisch nie entstehen kann, wenn man versucht, jemand anderen mit allen Mitteln von etwas überzeugen zu wollen. Deshalb noch mal das Credo: Sie sind Berater, nicht (schlechter) Verkäufer.

In die souveräne und informierende Aufklärung des Klienten fließt dabei durchaus eine selbstbewusste Position als „guter Therapeut" mit ein. Der entscheidende Unterschied zum Verkäufer liegt darin, dass der Behandler niemals den Eindruck erweckt, dass ihm der Klient dies auch unbedingt glauben müsse. Der unausgesprochene Subtext lautet somit: „Ich bin mir meiner Sache sicher und überzeugt, ein gutes therapeutisches/beraterisches Angebot zu haben. Aber ob du das annimmst oder nicht, ist mir gleichwertig: Teilst du meine Ansicht, dann freue ich mich, dass wir zusammen arbeiten können; gelangst du diesbezüglich zu einer anderen Meinung, so ist das absolut okay für mich, und ich nehme den nächsten Klienten." Dem Klienten gegenüber wird das natürlich anders ausgesprochen: „Mir sind Ihre Bedenken [kurz zusammenfassen] jetzt deutlich klarer geworden. Es sind wichtige Fragen, die Sie da haben, und wir müssen uns mit diesen auseinandersetzen, bevor wir etwas anderes tun können. Möchten Sie das tun? Oder sind Ihre Zweifel so stark, dass Sie lieber direkt zu einem anderen Behandler gehen möchten?" In den seltensten Fällen wird ein Klient hier den Kontakt abbrechen. „Gut, dann sollten wir uns jetzt erst einmal die Zeit nehmen, Ihre Zweifel zu untersuchen. Vorab möchte ich dazu sagen, dass ich glaube, Ihnen ein gutes therapeutisches Angebot machen zu können. Aber das ist nicht das Wesentliche, sondern wichtiger ist Ihr Gefühl, hier auch am richtigen Platz zu sein. Ich werde Ihnen dazu alles sagen, was aus meiner Sicht wichtig ist, und Ihnen natürlich auch Ihre Fragen beantworten. Dann können Sie am Ende entscheiden, was für Sie der richtige Weg ist. Wie auch immer Sie sich entscheiden, ist für mich okay." Die Untersuchung geht dann mitunter in sehr konkrete Fragen über. Ein Beispiel: „Ein großer Teil meiner Probleme dreht sich ja um meine Kinder. Haben Sie denn überhaupt Kinder?" – „Nein, ich habe noch keine Kinder, und mir leuchtet ein, dass Sie sich Sorgen darum machen, ob ich wirklich verstehen kann, was bei Ihnen zu Hause passiert. Was genau sind Ihre Befürchtungen? Was glauben Sie, gibt es für Erfahrungen, die mir fehlen könnten?" Dieser Punkt kann dann weiter erörtert werden. Auch hier sollten Behandler – ganz im Sinne der Gesprächsführung des Motivational Interviewing (vgl. Kap. 11 zu mangelnder Veränderungsmotivation) – darauf achten, nicht zu früh mit Gegenargumenten aufzuwarten („Ja, aber schauen Sie doch mal, glauben Sie denn, dass man einem Alkoholiker nur helfen kann, wenn mal selbst Alkoholiker ist oder war? Oder dass ein Hirnchirurg selbst einen Hirntumor haben musste, um ihn gut operieren zu können?"). So plausibel diese Vergleiche zum Teil sein mögen, so stark führen sie das Gespräch doch wieder zu einem schlechten Verkaufsgespräch zurück und lösen mit einiger Wahrscheinlichkeit Widerstand aus. Günstiger ist, eine Therapieprobe anzubieten: „Ich glaube, ich habe jetzt verstanden, worin Ihre Sorgen bestehen, die sich darauf gründen, dass ich selbst noch keine Kinder habe. Sie denken, dass ich im Gespräch mit Ihnen nicht hilfreich sein kann, wenn Sie spezielle Probleme im Umgang mit Ihren Kindern berichten, weil ich solche Probleme noch nicht selbst erlebt habe. Ich schlage Ihnen folgendes vor: Wir schieben sozusagen mal eine kleine Therapieprobe ein, das heißt, wir sprechen über ein konkretes Problem, das Sie haben, und Sie prüfen für sich gründlich, ob Ihnen unser Gespräch darüber nutzt oder nicht. So finden wir vielleicht am zuverlässigsten heraus, ob es für Sie eine Rolle spielt, dass mir diese Erfahrungen fehlen oder ob das doch keine so große Rolle spielt. Was halten Sie davon?" Kaum jemand wird sich diesem Angebot verwehren können, und wenn doch, so können Sie sich wiederum entspannt zurücklehnen und fragen: „Gut, was haben Sie für eine Idee? Wie können Sie herausfinden, ob ich für Sie der richtige Berater bin oder nicht?" Auch hierin zeigt sich noch mal die Grundhaltung: „Ich brauche dir nichts zu beweisen; du willst etwas von mir, nicht ich von dir. Ich werde dich gerne informieren, und ich finde das auch wichtig und richtig. Aber mein Leben hängt nicht davon ab, ob du mich willst oder nicht."

Alles hier Beschriebene gilt mitunter noch mehrere Jahre nach Abschluss jeglicher Ausbildung. So habe ich (A.N.) es vor mehreren Jahren erlebt, dass ein Patient in meiner Praxis anrief und um einen Termin nachsuchte. Es war bereits alles vereinbart, als er anmerkte, dass meine Stimme doch recht jugendlich klinge und er nach meinem Alter fragen wolle. Selbiges war bereits deutlich jenseits der 30, was dem Patienten trotzdem einen erschreckten Ruf entlockte: „Ach Gott, noch so jung, ich bin ja über 30 Jahre älter als Sie!" In sehr kurzer Form lud ich den Patienten analog zur oben beschriebenen Vorgehensweise dazu ein, seine Bedenken in einem Erstgespräch zu benennen, ich würde ihm dann dazu alles Wichtige sagen, und er könne für sich entscheiden, ob eine Therapie bei mir für ihn das Richtige sei oder nicht. Darauf könne er sich einlassen, sagte er, und wir beendeten das Gespräch. Am nächsten Tag fand ich jedoch eine Absage auf meinem Band vor: „Ich habe es mir noch mal anders überlegt. Sie sind mir doch einfach zu jung, das ist mir ganz klar geworden. Deshalb bringt es auch nichts, wenn ich zu einem Erstgespräch komme. Vielen Dank und auf Wiedersehen." So kann es gehen, und ich merkte mir von dieser Episode im Wesentlichen, dass meine Stimme noch jugendlich klingt. So hat mir der Patient etwas Gutes getan, auch wenn er von meiner Behandlung nicht profitieren konnte.

Therapeuten und Berater in Ausbildung
Besonders schwierig kann die Situation für Berater und Therapeuten werden, die nicht nur jung sind, sondern sich noch in einer Aus- oder Weiterbildung befinden. Doch auch für diese gilt alles oben Gesagte, insbesondere die Empfehlung zur Offenheit. Sie können nichts Schlimmeres tun, als zu versuchen, Ihren Ausbildungsstatus zu umschiffen und sich darum zu drücken, so als hätten Sie etwas zu verstecken oder müssten sich schämen. Denn gerade solches Verhalten weckt nachvollziehbarerweise das Misstrauen von Klienten: „Wenn er da so rumdruckst und sich windet, dann muss da ja was faul sein." Stattdessen informieren Sie auch hier freiherzig, offen und mit klarem und festem Blick: „Ich möchte Sie noch über etwas informieren, was meine Tätigkeit als Therapeut angeht und was vielleicht wichtig ist für Ihre Entscheidung, mit mir zusammenzuarbeiten oder nicht. Ich habe mein Studium mit dem Diplom beendet und befinde mich zurzeit in einer Ausbildung zum Verhaltenstherapeuten. Das ist eine gesetzlich geregelte Ausbildung, die man machen muss, wenn man zum Beispiel einmal eine psychologische Praxis aufmachen möchte, und das ist eines meiner Ziele. Das Wesentliche an dieser Ausbildung ist, dass ich meine Patientenbehandlungen regelmäßig mit einem erfahrenen Supervisor durchspreche. Das heißt, dass ich ungefähr nach jeder vierten Stunde mit Ihnen mein Vorgehen mit dem Supervisor bespreche und von ihm auch Hinweise bekomme, die ich dann in der Behandlung berücksichtige. Dazu gehört auch, dass ich meine Stunden prinzipiell immer auf Video aufnehme, damit ich unsere konkrete Arbeit dem Supervisor auch zeigen kann. Die Ausbildung, an der ich teilnehme, hat den Anspruch, Psychotherapie nach dem neuesten Stand der wissenschaftlichen Forschung zu lehren, und zu diesem Konzept gehört neben der beschriebenen Supervision auch die inhaltliche Auseinandersetzung, also die Wissensvermittlung. Ich biete Ihnen also Therapie nach dem modernsten Stand, aber ich möchte, dass Sie

auch um meinen Status als Therapeut in Ausbildung wissen. Haben Sie Fragen dazu?" Dieser lange Monolog muss für die konkrete Situation natürlich variiert werden, nicht alle Passagen sind bei jedem Klienten relevant, inhaltlich muss er angepasst werden usw. Als Grundidee sollte jedoch auch hier deutlich werden: Es gibt nichts zu verstecken, wir informieren offen und souverän, und wir stellen uns gern allen aufkommenden Fragen und Zweifeln und tun, was wir können, um die bestmögliche Entscheidung zu ermöglichen.

Andere Zweifel
Natürlich können sich Zweifel von Klienten auch auf gänzlich andere Fragen beziehen als die Erfahrenheit oder Jugend ihrer Behandler („Hilft Therapie überhaupt? Ist das überhaupt alles wirklich anonym? Wäre XY-Therapie [das jeweils von Ihnen nicht vertretene Verfahren] für mich nicht viel besser geeignet?"). Die Vorgehensweise ist jedoch in all diesen Fällen analog zu dem bisher Beschriebenen: Die Zweifel des Klienten werden so ernst genommen wie möglich, sie werden engagiert, aber nicht aufdringlich untersucht, und in völliger Neutralität überlässt der Behandler dem Klienten die Entscheidung, ob er hier nun richtig ist oder nicht. Wir haben uns hier deshalb intensiv mit Fragen nach dem Alter und der Berufserfahrung auseinandergesetzt, weil diese Bereiche bei Klienten besonders häufig Anlass zu Zweifeln geben, und weil sie besonders dazu geeignet sind, bei Beratern und Therapeuten Selbstwertkrisen und Souveränitätsmängel auszulösen. Bei neutralen Zweifeln sollte es Beratern prinzipiell noch leichter fallen, die hier vertretene gelassene und informierende Grundhaltung an den Tag zu legen.

Zum Schluss möchten wir alle Behandler, die sich mit zweifelnden Klienten konfrontiert sehen, dazu einladen, die hier beschriebene Perspektive auszuprobieren. Sie werden unserer Erfahrung nach feststellen, dass Klienten damit sehr gut zurechtkommen, sich ernst genommen fühlen und mit viel weniger Widerstand reagieren, als wenn Sie sie zu überreden versuchen.

Dos	Don'ts
▶ Offenheit und Information ▶ Grundhaltung: „Ich habe nichts zu verstecken, und für mein Leben ist es nicht wichtig, ob dieser Klient zu mir in Behandlung kommt oder nicht." ▶ Zweifel von Klienten validieren und den Aspekt positiver Selbstfürsorge, der in den Zweifeln steckt, herausarbeiten ▶ Entspannte und unverkrampfte Haltung	▶ Verstecken („Ich sag mal nichts dazu, dass ich noch in Ausbildung bin, vielleicht kommt es ja nicht raus.") ▶ Übermotivierte Verkäuferhaltung („Ich muss den Klienten unbedingt dazu kriegen, dass er bei mir in Behandlung bleibt, sonst bin ich völlig gescheitert.") ▶ Verteidigung („Was bilden Sie sich ein? Ich habe schließlich Psychologie/Medizin/Soziale Arbeit/… studiert und kenne mich deshalb bestens aus.")

Fazit: Kompetenzen für den Umgang mit schwierigen Situationen

Wir hoffen, dass Sie die bis hierher genannten Hinweise für den Umgang mit schwierigen Situationen als hilfreich erlebt haben. Vielleicht haben Ihnen einige Anmerkungen und Ideen auch geholfen, die eine oder andere schwierige Situation konstruktiv zu bewältigen. Abschließend möchten wir Ihnen Hinweise geben, wie Sie ganz konkret Ihre Kompetenzen für den Umgang mit schwierigen Situationen erhöhen können und einen kurzen Ausblick zu möglichen weiteren schwierigen Situationen liefern

Üben Sie die entsprechenden Situationen im kollegialen Kreis

Wie bei vielen anderen Fertigkeiten reicht es auch für den Erwerb von Kompetenzen für den Umgang mit schwierigen Situationen in der Regel nicht aus, die entsprechenden Abschnitte zu lesen – es dauert eine erhebliche Zeit, bis diese Dinge auch im Ernstfall abrufbar sind. Gerade wenn Sie relativ am Anfang einer therapeutischen oder beraterischen Laufbahn stehen, können Sie deshalb sehr gut von Rollenspielen profitieren, die Sie im kollegialen Kreis durchführen können. Diese finden idealerweise unter Einsatz einer Videokamera statt und sollen die entsprechende Situation möglichst realistisch nachstellen. Wir empfehlen auch, regelhaft nicht nur die Rollen von Berater/Therapeut und Klient zu vergeben, sondern auch die Rolle eines Beobachters, der jeweils spezifische Beobachtungsaufgaben erhalten sollte.

Waren das jetzt alle schwierigen Situationen?

Jetzt, am Ende dieses Buches, stellt sich uns die Frage, ob wir mit den hier herausgegriffenen Situationen wirklich die für Sie in der Praxis wichtigsten Situationen gefunden haben oder ob wir bedeutsame vergessen haben. In Diskussionen haben wir eine Reihe durchaus spannender Situationen verworfen, da sie sich auf Phänomene in der Behandlung einzelner spezifischer Störungen bezogen (z. B. Umgang mit akuter Panikattacke, Bewältigung eines dissoziativen Zustands). Andere Situationen erschienen uns zum Zeitpunkt des Schreibens der ersten Auflage zwar alltäglich, aber nur grenzwertig schwierig (etwa „Wie überweise ich Patienten, für deren Leiden ich mich nicht kompetent fühle?" oder auch „Wie gehe ich mit halbberuflichen Fragen im Privatleben um? [„Du bist doch Berater, kannst Du mir nicht mal …"]). Gerade bei der letzteren Frage zeigte sich jedoch, dass sie vielen am Beginn ihrer beruflichen Laufbahn stehenden Kolleginnen und Kollegen durchaus hoch relevant erschien – so dass wir in der zweiten Auflage ein entsprechendes Kapitel ergänzt haben. Wie schon im Vorwort erwähnt, sind wir sehr daran interessiert zu erfahren, welche weiteren schwierigen Situationen Ihnen im therapeutischen und beraterischen Alltag begegnen und möchten wir Sie noch einmal auffordern, uns Hinweise auf mögliche weitere Situationen zu geben. Auch über kritische Einschätzungen und Anregungen per E-Mail würden wir uns freuen.

Anhang

Musterformulare

A1 Muster Behandlungsvertrag

Dieser Muster-Behandlungsvertrag muss in relevanten Passagen den eigenen Bedürfnissen angepasst (z. B. Bezeichnungen Therapeut/Berater/…, Löschen nicht relevanter Passagen etc.) sowie ggf. auf gültige Regelungen des jeweils eigenen Berufsstandes (Berater, Psychotherapeut, …) abgestimmt werden.

Organisatorische Bedingungen: Eine Therapiesitzung dauert in der Regel mindestens 50 Minuten. Die Termine werden individuell zwischen Therapeut und Patient vereinbart und gelten für beide Seiten als verbindlich. Vereinbarte Termine müssen seitens des Patienten prinzipiell mindestens 48 Stunden vorher abgesagt werden. Ausgefallene und nicht fristgerecht abgesagte Sitzungen werden dem Patienten/der Patientin privat in Rechnung gestellt, da die Krankenkassen für ausgefallene Sitzungen nicht aufkommen. Hier ist die Bestimmung des § 615 BGB auf den Vertrag zwischen dem Behandler und der Patientin/dem Patienten anzuwenden. Das Ausfallhonorar beträgt 50,– Euro pro ausgefallene Sitzung. Im Falle eines Hinderungsgrundes, der nicht im Entscheidungsbereich der Patientin/des Patienten liegt (z. B. plötzlich eingetretene Krankheit, Unfall auf dem Weg zum Termin) wird das Ausfallhonorar auf 25,– Euro reduziert. Sie erhalten von uns im Falle einer nicht rechtzeitig abgesagten Stunde eine Rechnung über den jeweiligen Betrag. Wunschweise ist auch Barzahlung gegen Quittung möglich. Vorsorglich weisen wir darauf hin, dass wir den Vorgang bei Nichtzahlung von angefallenen Ausfallhonoraren (einmal Rechnung, anschließend einmal Zahlungserinnerung) einem Inkassobüro übergeben werden, welches dann wiederum weitere Schritte einleitet (z. B. Mahnbescheid). Mit der Unterschrift erklärt sich der Patient/die Patientin mit dieser Regelung und der Weitergabe seiner/ihrer Rechnungsanschrift sowie des Rechnungsgegenstandes an das Inkassobüro sowie ggf. von diesem beauftragten weiteren Stellen einverstanden. Sämtliche weiteren Daten hinsichtlich Ihrer Person unterliegen auch im Falle der Stellung einer Ausfallhonorarrechnung der Schweigepflicht.

Schweigepflicht: Psychotherapeuten unterliegen der Schweigepflicht nach § 203 StGB. Sie haben über das, was ihnen im Zusammenhang mit ihrer beruflichen Tätigkeit anvertraut oder bekannt geworden ist, zu schweigen. Ihre persönlichen Angaben sind somit geschützt. Ohne Ihr ausdrückliches Einverständnis wird Ihr/e Therapeut/in keinerlei Informationen über Sie preisgeben, auch nicht die Tatsache, dass Sie sich überhaupt in Behandlung befinden. Eine Ausnahme von der

Schweigepflicht ist in Fällen akuter Selbst- oder Fremdgefährdung gegeben; in diesen Fällen sind Therapeuten gesetzlich dazu verpflichtet, entsprechende Maßnahmen zu ergreifen und notfalls auch die Schweigepflicht zu brechen. Dies geschieht jedoch nur in extrem Ausnahmesituationen und wenn mildere Mittel versagen. Ich werde Sie über diesen Punkt gerne detaillierter aufklären, wenn Sie weitere Informationen haben möchten. Ausführliche Informationen zur Schweigepflicht und weiteren Pflichten, an die in Hessen tätige Therapeuten gebunden sind, finden Sie in der „Berufsordnung der Landeskammer für Psychologische Psychotherapeutinnen und Psychotherapeuten und Kinder- und Jugendlichenpsychotherapeutinnen und -psychotherapeuten Hessen". Auf Wunsch werde ich Ihnen gerne ein Exemplar dieser Berufsordnung aushändigen. Sie finden Sie auch im Internet auf der Website der Psychotherapeutenkammer Hessen.

Inhalte der Therapie: Die Psychotherapie umfasst insgesamt Diagnostik (z. B. auch durch Fragebögen), die Behandlungsstunden selbst sowie gegebenenfalls vereinbarte Aufgaben (beispielsweise das Aufschreiben wichtiger Gedanken zu vereinbarten Themen usw.).

Therapeut/in: Die Therapeutin/der Therapeut unternimmt jede sinnvolle Anstrengung, um kompetente und effektive Psychotherapie durchzuführen, und hält dabei die festgesetzten ethischen und beruflichen Richtlinien ein (s. dazu auch die bereits zitierte Berufsordnung). Sie/er unternimmt die notwendigen Schritte im Rahmen der Antragstellung bzw. bespricht die Erforderlichkeiten mit dem Patienten. Zu diesen Notwendigkeiten gehört auch eine vor Antragstellung erfolgende körperliche Untersuchung durch einen Konsiliararzt; dies kann beispielsweise der Hausarzt sein. Sinn dieser Untersuchung ist die Feststellung, ob eine medizinische Erkrankung vorliegt, die einer Psychotherapie entgegensteht. Weiterhin soll durch die ärztliche Diagnostik festgestellt werden, ob die Psychotherapie durch medizinische Maßnahmen begleitet werden muss. Die ärztliche Untersuchung ist für die Durchführung bzw. Antragstellung der Psychotherapie gesetzlich vorgeschrieben und somit zwingend erforderlich.

Kündigung des Vertrags: Die Kündigung des Behandlungsvertrags ist während der probatorischen Sitzungen von beiden Seiten sofort und nach Therapiebeginn mit einer Frist von 14 Tagen möglich. Die Therapie gilt als abgebrochen, wenn zwei vereinbarte Termine hintereinander unentschuldigt nicht wahrgenommen wurden.

Einverständniserklärung

Ich bestätige, dass ich über die Rahmenbedingungen und Grundsätze der Behandlung informiert wurde und mit den oben genannten Vereinbarungen einverstanden bin.

_____ _____
(Ort, Datum, (Ort, Datum,
Unterschrift Patient/in) Unterschrift Therapeut/in)

A2 Musteranschreiben 1 — Ausfallstunde

13. Februar 2009

Herrn
Ulrich Unzuverlässig
Bahnhofstraße 123
45678 Neunhausen

Sehr geehrter Herr Unzuverlässig,

leider sind Sie zu unserer letzten Therapiestunde am _____ um _____ Uhr nicht erschienen. Es ist mir auch nicht gelungen, Sie telefonisch zu erreichen. Bitte rufen Sie mich innerhalb der nächsten 5 Tage zurück, damit wir klären können, wie es jetzt weitergeht. (optional: Unser nächster planmäßig vereinbarter Termin ist am _____. Bitte rufen Sie mich spätestens bis _____ [48 Stunden vor dem nächsten planmäßigen Termin] an, damit ich weiß, dass Sie kommen werden. In diesem Termin können wir dann über alles Weitere sprechen. Vorsorglich weise ich Sie darauf hin, dass ich Ihren nächsten Termin anderweitig vergeben werde, wenn ich keine Terminbestätigung von Ihnen erhalte).

Mit freundlichen Grüßen

Michaela Musterfrau
Diplom-Psychologin

A3 Musteranschreiben 2 – Ausfallstunde Mahnung

13. Februar 2009

Herrn
Ulrich Unzuverlässig
Bahnhofstraße 123
45678 Neunhausen

Sehr geehrter Herr Unzuverlässig,

leider sind Sie zu unserer letzten Therapiestunde am _____ um _____ Uhr nicht erschienen, und Sie haben auch nicht auf mein Schreiben vom _____ [Datum] reagiert. Deshalb gehe ich im Moment davon aus, dass Sie keine Fortsetzung der Therapie möchten. [ggf.: Ihre weiteren noch ausstehenden Termine werde ich nun anderweitig vergeben.] Es würde mich sehr freuen, wenn Sie sich doch noch melden würden, da ich ein solches Ende einer Therapie gar nicht günstig finde. Für den Fall, dass Sie sich nicht mehr melden, finden Sie anbei eine Rechnung über das vereinbarte Ausfallhonorar bezogen auf die nicht wahrgenommene Stunde vom _____ [Datum].

Mit freundlichen Grüßen

Michaela Musterfrau
Diplom-Psychologin

A4 Muster Notfallplan bei Suizidalität

1. **Stationäre Aufnahme empfehlen.** Patient ankündigen (mit Name, Adresse, Geburtsdatum, Diagnose)!

    Adresse und Telefonnummer lokale Psychiatrische Klinik 1

    Adresse und Telefonnummer lokale Psychiatrische Klinik 2

    Adresse und Telefonnummer lokale Psychiatrische Klinik 3

2. **Patient bis zur Klinik begleiten;** je nach Ort zu Fuß oder im Taxi.

    ▶ Taxi-Zentrale:

3. Der Transport kann (wenn Patient aufgrund seines Zustandes nicht steuerbar erscheint) auch durch den Notarzt erfolgen.

    ▶ **Notruf 112** oder **19222** (Rettungsleitstelle)

4. Bei Weigerung, stationäre Hilfe in Anspruch zu nehmen: Polizei anrufen.

    ▶ Telefonnummer lokales Polizeirevier:
    ▶ Polizei 110

A5 Muster Schweigepflichtentbindung

Entbindung von der Schweigepflicht

Hiermit entbinde ich Frau/Herrn _____

_____

_____

Adresse der Praxis/Beratungsstelle

und

_____

(behandelnder Arzt/Ärztin, Therapeut/Therapeutin, Klinik, Beratungsstelle)

gegenseitig von der Schweigepflicht.

Die Entbindung von der Schweigepflicht umfasst Inhalte, die ich den Behandlern/Behandlerinnen berichtet habe. Diese Erklärung kann ich jederzeit zurücknehmen.

Name: _____

Geb. am: _____

Anschrift: _____

_____

_____

Ort, Datum, Unterschrift

Literatur

Abramson, L.Y., Seligman, M.E. & Teasdale, J.D. (1978). Learned helplessness in humans. Critique and reformulation. Journal of Abnormal Psychology, 87, 49–74.

Albom, M. (2002). Dienstags bei Morrie. Die Lehre eines Lebens. München: Goldmann.

American Psychiatric Association (2000). Diagnostic and Statistical Manual of Mental Disorders DSM-IV-TR (4th ed., text revision). Washington, D.C.: American Psychiatric Association.

Anderson, S.L., Adams, G. & Plaut, V.C. (2008). The cultural grounding of personal relationship. The importance of attractiveness in everyday life. Journal of Personality and Social Psychology, 95, 352–368.

APA, American Psychiatric Assocation (2010). Ethical Principles of Psychologists and Code of Conduct. URL: http://www.apa.org/ethics/code/index.aspx; letzter Zugriff am 21. 12. 2012.

Asay, T.P. & Lambert, M.J. (2001). Empirische Argumente für die allen Therapien gemeinsamen Faktoren: Quantitative Ergebnisse. In M.A. Hubble, B.L. Duncan & S.D. Miller (Hrsg.), So wirkt Psychotherapie: Empirische Ergebnisse und praktische Folgerungen (S. 41–82). Dortmund: Verlag Modernes Leben.

Bartmann, U. (2009). Laufen und Joggen für die Psyche. Ein Weg zur seelischen Ausgeglichenheit (5. Aufl.). Tübingen: Deutsche Gesellschaft für Verhaltenstherapie.

Bernstein, H.A. (1981). Survey of threats and assaults directed toward psychotherapists. American Journal of Psychotherapy, 35, 542–549.

Beutler, L.E. (1997). The psychotherapist as a neglected variable in psychotherapy: An illustration by reference to the role therapist experience and training. Clinical Psychology: Science and Practice, 4, 44–52.

Borg-Laufs, M., Gahleitner, S.B. & Hungerige, H. (2012). Schwierige Situationen in Therapie und Beratung mit Kindern und Jugendlichen. Weinheim: Beltz.

Caspar, F. (2007). Beziehungen und Probleme verstehen. Eine Einführung in die psychotherapeutische Plananalyse (3. Aufl.). Bern: Huber.

Clement, U. (2011). Systemische Sexualtherapie (5. Aufl.). Stuttgart: Klett-Cotta.

Comer, R.J. (2008). Klinische Psychologie (6. Aufl.). Heidelberg: Spektrum.

Conen, M.-L. (2005). Zwangskontexte konstruktiv nutzen. Psychotherapie im Dialog, 6(2), 166–169.

Covey, S. (1989). The seven habits of highly effective people. New York: Fireside.

Dorrmann, W. (2012). Suizid. Therapeutische Interventionen bei Selbsttötungsabsichten (5. Aufl.). Stuttgart: Klett-Cotta.

Dutschmann, A. (2000). Das ABPro – Aggressions-Bewältigungs-Programm: Aggression und Konflikt unter emotionaler Erregung: Deeskalation und Problemlösung. Manual zum Typ B. Tübingen: Deutsche Gesellschaft für Verhaltenstherapie.

Elsner, K. (2004). Tätertherapie. Psychotherapie im Dialog, 5(2), 109–119.

Farrelly, F. & Brandsma, J.M. (2005). Provokative Therapie. Heidelberg: Springer.

Festinger, L. (1957). A Theory of Cognitive Dissonance. Stanford, CA: Stanford University Press.

Fiedler, P. (2005). Verhaltenstherapie in Gruppen. Psychologische Psychotherapie in der Praxis (2. Aufl.). Weinheim: Beltz.

Fiedler, P. (2006). Stalking. Weinheim: Beltz.

Fiedler, P. (2007). Persönlichkeitsstörungen (6. Aufl.). Weinheim: Beltz.

Fliegel, S. & Schlippe, A. von (2005). „Grenzliches": Schwierige Situationen im therapeutischen Alltag. Psychotherapie im Dialog, 2, 207–213.

Freud, S. (1915). Bemerkungen über die Übertragungsliebe. London: Image.

Gerlach, H. & Lindenmeyer, J. (2008). Das Geständnis: Vorgehen bei Ankündigung oder Geständnis einer Straftat. In H.H. Stavemann (Hrsg.), KVT-Praxis – Strategien und Leitfäden für die Kognitive Verhaltenstherapie (2. Aufl., S. 506–524). Weinheim: Beltz.

Gendreau, G. & Goggin, C. (1996). Principles of effective programming. Forum on Corrections Research, 8, 38–41.

Gesetz zur Strafbarkeit beharrlicher Nachstellungen (§ 238 StGB; 40. StrÄndG) vom 22. März 2007. Bundesgesetzblatt Jg. 2007, Teil I, Nr. 11, ausgegeben zu Bonn am 30. März 2007 [URL: http://dejure.org/gesetze/StGB/238.html; Abruf vom 30. 12. 2012].

Giernalczyk, T. (2003). Suizidgefahr – Verständnis und Hilfe. Tübingen: dgvt.

Görlitz, G. (2011). Körper und Gefühl in der Psychotherapie. Basisübungen (4. Aufl.). Stuttgart: Klett-Cotta.

Görlitz, G. (2009). Körper und Gefühl in der Psychotherapie. Aufbauübungen (3. Aufl.). Stuttgart: Klett-Cotta.

Grawe, K. & Caspar, F. (2011). Allgemeine Psychotherapie. In W. Senf & M. Broda (Hrsg.), Praxis der Psychotherapie (5. Aufl., S. 33–47). Stuttgart: Thieme.

Grepmair, L.J. & Nickel, M.K. (2007). Achtsamkeit des Psychotherapeuten. Wien: Springer.

Haeberle, K.N. (2006). Erläuterungen zur Schweigepflicht in der Praxis. Landespsychotherapeutenkammer Baden-Württemberg. [Download unter: http://www.lpk-bw.de/archiv/news2006/pdf/060413bo_schweigepflicht.pdf; letzter Zugriff am 04. 01. 2013]

Hansen, H. (2012). A bis Z der Interventionen in der Paar- und Familientherapie. Ein Praxishandbuch (3. Aufl.). Stuttgart: Klett-Cotta.

Hautzinger, M. (2007). Verhaltenstherapie und kognitive Therapie. In C. Reimer, J. Eckert, M. Hautzinger & E. Wilke (Hrsg.), Psychotherapie. Ein Lehrbuch für Ärzte und Psychologen (3. Aufl., S. 167–225). Heidelberg: Springer.

Hayes, S.C., Strosahl, K.D. & Wilson, K.G. (1999). Acceptance and Commitment Therapy: An Experiential Approach to Behavior Change. New York: Guilford.

Heidenreich, T. (2000). Intrapsychische Konflikte und Therapiemotivation in der Behandlung von Substanzabhängigkeit. Regensburg: Roderer.

Heidenreich, T., Junghanns-Royack, K. & Fydrich, T. (2009). Diagnostik in der Verhaltenstherapie. Psychotherapeut, 54, 145–159.

Heidenreich, T. & Michalak, J. (2009). Achtsamkeit und Akzeptanz in der Psychotherapie: Ein Handbuch (3. Aufl.). Tübingen: Deutsche Gesellschaft für Verhaltenstherapie.

Heidenreich, T. & Noyon, A. (2004). Soziale Kompetenz und soziales Kompetenztraining bei narzisstischen Störungen. Psychotherapie im Dialog, 3, 266–270.

Hoffmann, J. (2011). Sicherer Arbeitsplatz – Gewalt, Angst und Arbeitsausfall durch ein psychologisches Bedrohungsmanagement verhindern. In H. Olschok (Hrsg.), Jahrbuch Unternehmenssicherheit (S. 163–172). Köln: Carl Heymanns.

Hoffmann, N. & Hofmann, B. (2001). Verhaltenstherapie bei Depressionen. Lengerich: Pabst.

Hoffmann, N. & Hofmann, B. (2012). Selbstfürsorge für Therapeuten und Berater (2. Aufl.). Weinheim: Beltz.

Hölderlin, F. (1799). Hyperion – Hyperion an Diotima LI. In F. Hölderlin: Hyperion oder der Eremit aus Griechenland. Erster Band (S. 48–52). Tübingen: Cotta'sche Buchhandlung.

Hutterer-Krisch, R. (2007). Grundriss für Psychotherapieethik: Praxisrelevanz, Behandlungsfelder und Wirksamkeit. Wien: Springer.

Jacobi, F. (2006). Entwicklung und Beurteilung therapeutischer Interventionen. In H.-U. Wittchen & J. Hoyer (Hrsg.), Klinische Psychologie & Psychotherapie (S. 553–580). Heidelberg: Springer.

Kabat-Zinn, J. (1990). Full catastrophe living. New York: Delta.
Kabat-Zinn, J. (1994). Wherever you go there you are. Mindfulness meditation in everyday life. New York: Hyperion.
Kanfer, F.H., Reinecker, H. & Schmelzer, D. (2012). Selbstmanagement-Therapie. Ein Lehrbuch für die klinische Praxis (5. Aufl.). Berlin: Springer.
Klerman, G.L., Weissman, M.M., Rounsaville, B. & Chevron, E. (1984). Interpersonal psychotherapy of depression. New York: Basic Books.
Klinkenberg, N. (2007). Achtsamkeit in der Körperverhaltenstherapie. Ein Arbeitsbuch mit 20 Probiersituationen aus der Jacoby/Gindler-Arbeit. Stuttgart: Klett-Cotta.
Knubben, K., Reischies, F.M., Schlattmann, P., Bauer, M. & Dimeo, F. (2007). A randomized, controlled study on the effects of a short-term endurance programme in patients with major depression. British Journal of Sports Medicine, 41, 29–33.
Kriz, J. (2007). Grundkonzepte der Psychotherapie (6. Aufl.). Weinheim: Beltz.
Kunz, S., Scheuermann, U. & Schürmann, I. (2009). Krisenintervention. Ein fallorientiertes Arbeitsbuch für Praxis und Weiterbildung (3. Aufl.). Weinheim: Juventa.
Kurth, R.A. (2004). „Wenn du so fühlst wie ich". Wenn sich Patienten in ihren Therapeuten verlieben. Psychotherapeut, 49, 277–280.
Leon, S.C., Martinovich, Z., Lutz, W. & Lyons, J.S. (2005). The Effect of Therapist Experience on Psychotherapy Outcomes. Clinical Psychology and Psychotherapy, 12, 417–426.
Lieb, H. (1998). Persönlichkeitsstörung. Zur Kritik eines widersinnigen Konzepts. Tübingen: Deutsche Gesellschaft für Verhaltenstherapie.
Linden, M., Schippan, B., Baumann, K. & Spielberg, R. (2004). Die posttraumatische Verbitterungsstörung (PTED). Abgrenzung einer spezifischen Form der Anpassungsstörungen. Nervenarzt, 75, 51–57.

Linehan, M.M. (1993). Cognitive-behavioral treatment of borderline personality disorder. New York: Guilford.
Linehan, M.M. (1994). Acceptance and Change: The central dialectic in psychotherapy. In S.C. Hayes, N.S. Jacobson, V.M. Follette & M.J. Dougher (Eds.), Acceptance and Change: Content and Context in Psychotherapy (pp. 73–86). Reno: Context Press.
Linehan, M.M. (1996). Dialektisch-Behaviorale Therapie der Borderline-Persönlichkeitsstörung. München: CIP Medien.
Lutz, R. (2009). Euthyme Therapie. In J. Margraf (Hrsg.), Lehrbuch der Verhaltenstherapie. Band 1: Grundlagen, Diagnostik, Verfahren, Rahmenbedingungen (3. Aufl., S. 233–248). Berlin: Springer.
McIvor, R.J., Potter, L. & Davies, L. (2008). Stalking behaviour by patients towards psychiatrists in a large mental health organization. International Journal of Social Psychiatry, 54, 350–357.
McLeod, J. (2004). Counselling – eine Einführung in Beratung. Tübingen: Deutsche Gesellschaft für Verhaltenstherapie.
Menninger, W.W. (1993). Management of the aggressive and dangerous patient. Bulletin of the Menninger Clinic, 57, 208–217.
Messer, T., D'Amelio, R. & Pajonk, F.-G. B. (2012). Aggressive und gewalttätige Patienten. Risikoabschätzung und Krisenmanagement. Lege artis, 2, 20–27.
Michalak, J., Heidenreich, T. & Hoyer, J. (2009). Goal Conflicts. In W.M. Cox & E. Klinger (Eds.), Motivating People for Change: A Handbook of Motivational Counseling (2nd ed., pp. 83–98). New York: Wiley.
Miller, W.R. (1985). Motivation for treatment: a review with special emphasis on alcoholism. Psychological Bulletin, 98, 84–107.
Miller, W.R. & Rollnick, S. (2002). Preparing People for Change. New York: Guilford.
Miller, W.R. & Rollnick, S. (2005). Motivierende Gesprächsführung. Freiburg: Lambertus.

Noyon, A. & Heidenreich, T. (2012). Existenzielle Perspektiven in Psychotherapie und Beratung. Weinheim: Beltz.

Nuhland, S.B. (1994). Wie wir sterben. Ein Ende in Würde? Hamburg: Kindler.

Orlinsky, D.E. & Howard, K.I. (1986). A generic model of psychotherapy. Journal of Integrative and Eclectic Psychotherapy, 6, 6–26.

Pausch, R. (2008). Last Lecture – die Lehren meines Lebens. Bielefeld: Bertelsmann.

Potreck-Rose, F. & Jacob, G. (2012). Selbstzuwendung, Selbstakzeptanz, Selbstvertrauen. Psychotherapeutische Interventionen zum Aufbau von Selbstwertgefühl (4. Aufl.). München: Pfeiffer.

Prochaska, J.O., DiClemente, C.C. & Norcross, J.C. (1992). In search of how people change. Applications to addictive behaviors. American Psychologist, 47, 1002–1114.

Psychotherapeutenkammer Hessen (2004). Berufsordnung der Landeskammer für Psychologische Psychotherapeutinnen und Psychotherapeuten und Kinder- und Jugendlichenpsychotherapeutinnen und -psychotherapeuten Hessen. URL: http://www.google.de/url?sa=t&rct=j&q=&esrc=s&frm=1&source=web&cd=1&cad=rja&sqi=2&ved=0CDMQFjAA&url=http%3A%2F%2Fwww.ptk-hessen.de%2Fneptun%2Fneptun.php%2Foktopus%2Fdownload%2F112&ei=-k7UULaNCsnasgaW1oHABQ&usg=AFQjCNEq-yrUt-6NzKbYxIIoxQ6XxmuhGSQ; letzter Zugriff am 21. 12. 2012.

Reimer, C. (2007). Tiefenpsychologisch fundierte Therapie. In C. Reimer, J. Eckert, M. Hautzinger & E. Wilke (Hrsg.), Psychotherapie. Ein Lehrbuch für Ärzte und Psychologen (3. Aufl., S. 79–133). Heidelberg: Springer.

Reimer, C., Eckert, J., Hautzinger, M. & Wilke, E. (Hrsg.) (2007). Psychotherapie. Ein Lehrbuch für Ärzte und Psychologen (3. Aufl.). Heidelberg: Springer.

Retzer, A. (2011). Systemische Paartherapie: Konzepte, Methoden, Praxis (4. Aufl.). Stuttgart: Klett-Cotta.

Rief, W. & Hiller, W. (2010). Somatisierungsstörung und Hypochondrie (2. Aufl.). Göttingen: Hogrefe.

Ringel, E. (1953). Der Selbstmord. Abschluss einer krankhaften psychischen Entwicklung. Eschborn: Dietmar Klotz.

Roberts, M. (1997). The man who listens to horses. New York: Random House.

Rosenberg, L. (2000). Living in the light of death. On the art of being truly alive. Boston: Shambhala.

Sachse, R. (2004). Persönlichkeitsstörungen – Leitfaden für die Psychologische Psychotherapie. Göttingen: Hogrefe.

Schindler, L., Hahlweg, K. & Revenstorf, D. (1998). Partnerschaftsprobleme: Diagnose und Therapie (2. Aufl.). Berlin: Springer.

Schmidbauer, W. (1992). Hilflose Helfer. Über die seelische Problematik der helfenden Berufe (18. Aufl.). Reinbek: Rowohlt.

Schmidt, G. (2007). Liebesaffären zwischen Problem und Lösung. Hypnosystemisches Arbeiten in schwierigen Kontexten. Heidelberg: Carl Auer.

Schmidt, L.R. (2008). Zum Umgang mit Aggression und Gewalt in der stationären Psychiatrie: Gemeindenähe und offene Türen oder Anwendung von Kampfsporttechniken? Verhaltenstherapie und Psychosoziale Praxis, 40, 859–869.

Schoener, G.R. & Gonsiorek, J.C. (1989). Assessment and Development of Rehabilitation Plans for the Therapist. In G.R. Schoener et al. (Eds.), Psychotherapists' Sexual Involvement with Clients: Interventions and Preventions (pp. 401–420). Minneapolis: Walk-In Counseling Center.

Schramm, E. (2009). Interpersonelle Psychotherapie (2. Aufl.). Stuttgart: Schattauer.

Schulz von Thun, F. (2006). Miteinander reden (3 Bände). Reinbek bei Hamburg: Rowohlt.

Sexton, T.L. & Whiston, S.C. (1994). The Status of the Counselling Relationship: An Empirical Review, Theoretical Implications, and Research Directions. The Counselling Psychologist, 22, 6–78.

Shapiro, D.A. & Shapiro, D. (1982). Meta-analysis of comparative therapy outcome studies: A replication and refinement. Psychological Bulletin, 92, 581–604.

Shazer, S. de (2012). Der Dreh – überraschende Wendungen und Lösungen in der Kurzzeittherapie (12. Aufl.). Heidelberg: Carl Auer System Verlag.

Smith, M.L. & Glass, G.V. (1977). Meta-analysis of psychotherapy outcome studies. American Psychologist, 32, 752–760.

Smith, M.L., Glass, G.V. & Miller, T.I. (1980). The benefits of psychotherapy. Baltimore: Johns Hopkins University Press.

Stangier, U., Heidenreich, T. & Peitz, M. (2009). Soziale Phobien. Ein kognitiv-verhaltenstherapeutisches Behandlungsmanual (2. Aufl.). Weinheim: Beltz.

Stavemann, H.H. (2007). Sokratische Gesprächsführung in Therapie und Beratung: Eine Anleitung für Psychotherapeuten, Berater und Seelsorger. Weinheim: Beltz.

Stavemann, H.H. (2008). Lebenszielanalyse und Lebenszielplanung in Therapie und Beratung. Weinheim: Beltz.

Veale, D. (2008). Behavioural activation for depression. Advances in Psychiatric Treatment, 14, 29–36.

Weisbach, C.-R. (2008). Professionelle Gesprächsführung. Ein praxisnahes Lese- und Übungsbuch (7. Aufl.). München: dtv.

Winnicott, D. (1953). Transitional objects and transitional phenomena, International Journal of Psychoanalysis, 34, 89–97

World Health Organisation (1991). The ICD-10 Classification of Mental and Behavioural Disorders. Clinical Descriptions and Diagnostic Guidelines. Geneva: World Health Organisation.

Yalom, I.D. (2010). Theorie und Praxis der Gruppentherapie. Ein Lehrbuch (9. Aufl.). München: Pfeiffer.

Yalom, I.D. (2008). In die Sonne schauen. Wie man die Angst vor dem Tod überwindet. München: btb.

Znoj, H.-J. (2004). Komplizierte Trauer. Fortschritte der Psychotherapie. Göttingen: Hogrefe.

Sachwortverzeichnis

Absprachefähigkeit 138, 140 f., 143, 146
Absprachen
– Nicht-Einhalten 88
Abwertendes Verhalten 37 ff.
Abwertung 36 ff., 99, 151
Acceptance and Commitment Therapy 83
Achtsamkeitsbasierte Ansätze 62
Achtsamkeitsübungen 63
Adhärenz 196
Ägerkontrolltraining 130
Aggression 41 ff., 49, 133, 139
– instrumentelle 41, 46
– verbale 42 f.
Aktionismus 51, 115, 121
Akutsymptome 137
Akzeptanz 16, 79, 83, 87
Allgemeine Psychotherapie 149
Ambivalenz 78 ff., 89
Ambivalenzkonflikt 79, 81, 140
Änderungsdruck 43, 85
Angst 22, 27, 43 f.
Angststörung 32, 61
– soziale Angststörung 119, 121
Anspannung 13, 119
Antriebslosigkeit 50 ff.
Antriebsstörung 50 ff.
Anzeigepflicht 129, 132
Arbeitsbedingungen, ungünstige 169
Arbeitshonorar 65
Auftrag, unmöglicher 170
Ausfallhonorar 65 ff., 84

Bagatellisierung 159
Behandlung
– als Auflage 219
– wider Willen 221
Behandlungsabbruch 19 ff.
Behandlungserfolg 20
Behandlungsmodell
– subjektives 195, 198
Behandlungsplan 20, 32, 196
Behandlungsstil 13, 124
Behandlungsvertrag 19, 64 ff.
Bequemlichkeit 76, 196, 200

Beratungsanliegen 56
– persönlicher Kontext 54
Betroffenheit, hilfreiche 160
Beziehungsarbeit 74, 84 f.
Beziehungsaufbau 42, 102
Beziehungsgestaltung 32, 38, 72
– komplementäre 46, 72 f., 75
Beziehungswunsch 27 ff., 99
Bibliotherapie 164
Blickkontakt 43, 49, 116, 123, 185, 204, 209
Burnout-Syndrom 157

Compliance 88, 196

Dauerreden 122 ff.
Deeskalieren 45
Depression 34, 51 f., 61, 188
Diagnose 14, 150, 154, 196
Direktivität 72, 124
Dissonanztheorie 82
Distanzierungsfähigkeit 138 ff., 143, 146, 148
Dramatisieren 99, 194, 215
Drohungen 46

Eifersucht 205
Eigenverantwortlichkeit 195, 200
Einladung, persönliche 95 ff., 101, 180, 215
Emotionalität 61 f.
Empathie 17, 42, 79, 85
Empathiefähigkeit 222
Empathietraining 46
Entkatastrophisieren 214
Eskalation 204
Eskalationsdrohung 145

Feedback 39, 75
– Feedbackregeln 75
– Gruppenfeedback 75
– negatives 22
– positives 22, 96 f.
– Video 38, 40, 72, 124, 229, 232
Fehlverhalten 21, 23, 96, 147
Fragen
– geschlossene 81

– offene 81
Fremdgefährdung 21, 41, 127, 130, 133 f., 135
– Potenzial 133
– Risiken 133
Freundschaft 29, 95
Freundschaftsphantasien 27
Frustration 98, 103
Fürsorgepflicht 35

Gegenübertragung 17
Geheimnisse 97, 105
Gelernte Hilflosigkeit 77
Generalisierung 14
Genusstraining 62

Handlungsorientierung 86
Hausaufgaben 76, 81, 125
Helfersyndrom 55
Hoffnungslosigkeit 21

Idealisierung 180, 185
Ideal-Real-Konflikt 170 f.
– Kompromissfähigkeit 172, 176, 178
Impulskontrolle 41, 45 f.
Innere Distanz 40
Intellektualisieren 61 ff.
Intellektueller Machtkampf 61, 63
Interpersonelle Effektivität 197
Interpersonelle Therapie 25
Irrationale Gefühlszustände 85

Jammern 85 f., 123, 199
Jammerteufelskreis 86

Katastrophisierung 99, 182, 186, 189
Kindeswohlgefährdung 132
Klientenauftrag 170
Kommunikation 18, 116, 118, 149, 204, 207
Kommunikationsprobleme 205
Konfrontationstherapie 32
Kongruenz 17
Körperfokussierter Ansatz 62
Körperhaltung 43, 49
Körperliche Gegenwehr 45
Körperliche Gewalt 43, 46 f., 145
Krankheit, schwere 156
Krankheitsgewinn 82
Krisenintervention 136
Krisenmanagement 136
Krisensituation 21

Lageorientierung 77, 82, 200
Leidensdruck 76 f., 122, 218
Lösungsorientierung 74
Lügen 105 f.

Machtkampf 71 ff.
Mahnverfahren 68
Medizinischer Behandlungsansatz 195
Missbrauch 187 f., 197
Mitgefühl 168
Motivation 11, 18, 76 f., 79, 81
Motivational Interviewing 38, 78, 82, 94, 140, 218, 228
Motivationsarbeit 78, 82, 216
Motivationsaufbau 53, 102
Motivationsklärung 71, 77 f., 91
Motivationsproblem 71
Mutismus, elektiver 119

Negative Gefühlsäußerungen 67, 83 ff., 87
Normen 78, 194, 196
Notfallplan 44, 135 f., 148

Offenheit 100, 181, 225, 229, 231

Partnerschaftsprobleme 205
Perfektionismus 172
Persönliche Fragen 100, 215
Persönlichkeitsstil 72 ff.
– misstrauisch, vorsichtig 71, 73
– narzisstisch 46, 72 f.
Persönlichkeitsstörung 7, 48, 73
– Borderline 37
– narzisstisch 14, 37
– paranoid 73
Plaudermodus 107
Positive Reziprozität 205
Posttraumatische Belastungsstörung 63
Posttraumatische Verbitterungsstörung 85
Präsuizidales Syndrom 139
Privatsphäre 103 ff.
Problemanalyse 81
Problemorientierung 74
Problemverhalten 14, 37
Professionalität 68, 97, 147, 186, 213
Professionelle Distanz 36 f., 87, 95
Prokrastination 91
Psychoanalyse 26
Psychohygiene 46, 82, 100
Psychotische Krise 45

Qualitätskontrolle 12

Realitätsverlust 200
Realitätsverzerrung 189
Ressourcenaktivierung 51
Risikoabschatzung 130
Rollenkonflikt 15, 54, 58
Rollenkonfusion 95
Rollenspiel 43, 232
Rückfall 22, 27
Rückfallprophylaxe 24 ff.

Scham 15, 48, 103, 116, 188 f.
Schema 14
Schizophrenie 137, 195
Schmerzstörung 198
Schuldgefühle 65, 68, 70, 147, 188, 190
Schweigen 115 ff., 121 f.
Schweigepflicht 68, 128 ff., 145, 150, 207, 210, 213, 215
– Dokumentation 131 f., 134
Schweigepflichtentbindung 154
Selbsterfahrung 33, 35, 45, 56, 156, 180
Selbstfürsorge 16, 33, 231
Selbstgefährdung 21, 41, 133, 135, 144 f.
Selbsthilfe 195, 198
Selbstmanagement 24 ff., 111
Selbstöffnung 101 f., 157, 186
– Behandler 100 ff.
– Klient 186
Selbstverantwortung 86
Selbstwertkrise 22, 230
Selbstwirksamkeit 80
Sexuelle Orientierung 31
Sexueller Übergriff 188
Sicherheitsverhalten 119
Sinnverlust 160
Smalltalk, s. Plaudermodus 108
Sokratische Gesprächsführung 61, 79
Somatoforme Störungen 198
Soziales Kompetenztraining 39, 70
Sportliche Aktivität 52
Stalking 47 f.
Sterben 155
Sterblichkeit 155, 161
Störungswissen 14, 138
Strafbare Handlung 127
Straftat 131
– begangene 127 f.
– geplante 127, 130

– während der Behandlung 129
Suizid 137, 139, 144, 146 f.
Suizidalität 41, 127, 135 ff., 143, 145 f., 148, 200
Suizidgedanken 139, 141, 146
Suizidgefahr 137
Suizidmethoden 137
Suizidpotenzial 137
Suizidrisiko 136, 139
Suizidversuch 137 f., 188
Supervision 35, 96, 111, 131, 180, 189, 224, 229
Symptom 14, 27, 196
Syndrom 14

Tätertherapie 222
Therapeutische Beziehung 13, 17, 25, 28, 48, 66, 95, 100 f., 124, 131, 179, 182, 185 f.
Therapie
– eklektische 17
– euthyme 62
– existenzielle Psychotherapie 18
– integrative 17
– kognitiv-behaviorale 17
– personzentrierte 17, 79
– provokative Psychotherapie 87
– systemische 17
– tiefenpsychologische 17, 24 ff., 153
– Wirkfaktoren 111
Therapieschulen 17, 24, 149 ff., 153
Tod 155
Todesangst 164
Trauer 25, 27, 29, 188
– komplizierte 160
Trauerprozess 160

Überforderung des Klienten 90
Übertragung 17
Übertragungsliebe 179
Unhöflichkeit 124
Unmotiviertheit 53, 76, 81
Untreue 205
Unzufriedenheit 20

Validierung 27, 30, 40, 42, 85 f., 104, 159, 198, 201, 231
Veränderungsmotivation 77 f., 82, 140, 216, 228
Veränderungsorientierung 16
Veränderungswunsch 79, 96

Verantwortungsverlagerung 196
Verhaltensanalyse 81, 153
Verhaltenstherapie 24 ff., 77, 153, 197, 205
Verliebtheit 20, 97, 179 ff., 189 f., 212
Verliebtheitsbekundung 179, 181
Vermeidung 22, 35, 43, 45, 49
Vermeidungsmotiv 28
Vermeidungstendenz 28
Vermeidungsverhalten 30
Vorbehandlung 34, 40, 150, 153 f.
Vorstellungsübung 37

Wertklärung 93
Wertschätzung 17, 85 f., 96, 151, 181 f., 205
Widerstand 13, 67, 79 f., 199 f., 228, 230
– Veränderungswiderstand 77

Zentrale Dialektik 16, 42
Zielklärung 71, 76, 93
Zielkonflikte 76
Zwangskontext 216
– Empathie 217
– Grundstrategie 217

Grundlegende Lebensfragen praxisnah aufbereitet

Alexander Noyon •
Thomas Heidenreich
Existenzielle Perspektiven in Psychotherapie und Beratung
2012. 224 Seiten. Gebunden.
ISBN 978-3-621-27931-4

Dieses Buch ist auch als
E-Book erhältlich.
ISBN 978-3-621-27961-1

Existenzielle Themen wie die Frage nach dem Sinn des Lebens, Schuld, Verantwortung, Tod und Sterben sind seit jeher zentral in Psychotherapie und Beratung. Klienten fühlen sich einsam, leiden unter schweren Schuldgefühlen oder fühlen sich von der Auseinandersetzung mit Sinnfragen überfordert.

Alexander Noyon und Thomas Heidenreich zeigen die philosophischen Hintergründe, vor allem aber den therapeutischen Umgang mit existenziellen Fragen auf. Themen sind u. a. Aufbau von Werten, Sinn des Lebens, Schuldgefühle, Einsamkeit, unveränderbare Leidenszustände. Letztgültige Antworten können hier nicht vorgegeben werden, es werden aber Argumentationslinien für das Gespräch mit dem Klienten sowie eine mögliche Grundhaltung existenziellen Fragen gegenüber aufgezeigt.

Die Therapie mit Kindern und Jugendlichen optimal gestalten

Michael Borg-Laufs • Silke Birgitta Gahleitner • Heiko Hungerige
Schwierige Situationen in Therapie und Beratung mit Kindern und Jugendlichen
Mit Online-Materialien
2012. 240 Seiten. Gebunden
ISBN 978-3-621-27804-1

Dieses Buch ist auch als E-Book erhältlich.
ISBN 978-3-621-27944-4

Die Therapie und Beratung mit Kindern und Jugendlichen bringt eine Reihe von Herausforderungen mit sich: Hartnäckiges Schweigen oder aggressive Ausbrüche der jungen Klienten, Schwierigkeiten im Umgang mit deren Eltern sowie ungenaue Zuständigkeiten machen die Zusammenarbeit oft unnötig schwer.

Das Autorenteam erläutert anhand konkreter Fallbeispiele 25 typische Problemsituationen aus Therapie und Beratung sowie deren Lösungen. Dabei werden u.a. folgende Fragen beantwortet:
- ▶ Wann kann und muss ich die Schweigepflicht brechen?
- ▶ Wie motiviere ich die Eltern zur Mitarbeit?
- ▶ Wie viel Nähe ist zulässig, wenn der Klient Körperkontakt sucht?
- ▶ Wie nehme ich Kindern die Angst vor einem Gespräch?
- ▶ Wie gehe ich bei getrennt lebenden Eltern vor?

Hinweise auf kritische Momente und Vorschläge für das eigene Vorgehen in der therapeutischen Begegnung runden das Buch ab.

Verlagsgruppe Beltz • Postfach 100154 • 69441 Weinheim • www.beltz.de